SCHÄFFER
POESCHEL

Jürgen Weber / Utz Schäffer / Christoph Binder

# Einführung in das Controlling

Übungen und Fallstudien mit Lösungen

Unter Mitarbeit von Kai Böhme

2011
Schäffer-Poeschel Verlag Stuttgart

Bibliografische Information der Deutschen Nationalbibliothek
Die Deutsche Nationalbibliothek verzeichnet diese Publikation in der Deutschen
Nationalbibliografie; detaillierte bibliografische Daten sind im Internet
über <http://dnb.d-nb.de> abrufbar.

Gedruckt auf chlorfrei gebleichtem, säurefreiem und alterungsbeständigem Papier

ISBN 978-3-7910-2964-1

Dieses Werk einschließlich aller seiner Teile ist urheberrechtlich geschützt.
Jede Verwertung außerhalb der engen Grenzen des Urheberrechtsgesetzes ist ohne Zustimmung
des Verlages unzulässig und strafbar. Das gilt insbesondere für Vervielfältigungen, Übersetzungen,
Mikroverfilmungen und die Einspeicherung und Verarbeitung in elektronischen Systemen.

© 2011 Schäffer-Poeschel Verlag für Wirtschaft · Steuern · Recht GmbH
www.schaeffer-poeschel.de
info@schaeffer-poeschel.de

Einbandgestaltung: Willy Löffelhardt/Melanie Frasch
Layout: Ingrid Gnoth | GD 90
Satz: Claudia Wild, Konstanz
Druck und Bindung: CPI – Ebner & Spiegel GmbH, Ulm

Printed in Germany
März 2011

Schäffer-Poeschel Verlag Stuttgart
Ein Tochterunternehmen der Verlagsgruppe Handelsblatt

# Vorwort

Die »Einführung in das Controlling« ist den meisten von Ihnen als einführendes Lehrbuch bekannt. Neben vielen positiven und ermunternden Rückmeldungen haben wir in den letzten Jahren immer wieder den Hinweis erhalten, dass auf die »Einführung« abgestimmte Übungen und Fallstudien eine wertvolle Ergänzung für den Einsatz in Studium und Lehre wären. Nun ist es (endlich) soweit!

Um die Aufgabe schultern zu können, wurde das bewährte Autorenteam des Lehrbuchs mit Christoph Binder von der ESB Business School der Hochschule Reutlingen um eine Person ergänzt, die nicht zuletzt durch die Promotion bei Utz Schäffer fester Bestandteil unserer akademischen Familie ist.

Das gemeinsam erarbeitete Werk umfasst drei Teile: Im ersten Teil stellen wir Übungen und Rechenaufgaben (mit Lösung!) zur Verfügung. Im zweiten Teil präsentieren wir eine durchgängige Fallstudie, d. h. alle wesentlichen Controlling-Instrumente können am Beispiel der X-presso AG anhand praktischer Fragestellungen geübt werden. Unsere Firma wurde im Januar 2008 im Zuge des Zusammenschlusses der beiden Familienunternehmen Webersche Kaffeerösterei GmbH (WKR) und Kaffeemaschinen Schäffer GmbH (KMS) gegründet. Der Zusammenschluss der beiden Unternehmen unter dem neuen Dach der in Vallendar ansässigen Holdinggesellschaft X-presso AG war die Konsequenz aus der mehrjährigen Kooperation der beiden Unternehmen. Neben der Verarbeitung und Produktion von Bohnenkaffee, Mahlkaffee und Kaffeekapseln umfasst die Produktpalette der X-presso AG insbesondere Filterkaffee- Siebträger- und Kapselmaschinen sowie Kaffeevollautomaten. Erwähnenswert ist an dieser Stelle, dass die Zahlenbasis der X-presso Fallstudie nicht fiktiv »gegriffen« ist, sondern sich eng an den tatsächlichen Werten der relevanten Märkte orientiert! Im abschließenden dritten Teil stellt schließlich eine Reihe namhafter Unternehmen Praxisfälle aus ihrem Erfahrungsschatz vor. Natürlich enthält das Begleitbuch auch für den zweiten und dritten Teil Lösungen bzw. Lösungsskizzen.

Um eine optimale Verzahnung der beiden Bücher sicherzustellen, haben wir auch die illustrativen Zahlenbeispiele in der zeitgleich erscheinenden Neuauflage des Lehrbuchs auf das Fallbeispiel der X-presso AG umgestellt. Wir glauben, dass die durchgängige Orientierung an einem Beispielunternehmen in Lehr- *und* Übungsbuch didaktisch hilfreich ist und Ihnen das Eindenken in immer neue Kontexte und Beispielunternehmen erspart. Zudem weist nun eine Kaffeetasse in der Marginalie des Lehrbuchs darauf hin, dass es zu den Ausführungen der Seite bzw. zu dem an dieser Stelle vorgestellten Instrument entsprechende Übungen und Fallstudien im Begleitbuch gibt. Wenn Sie wollen, können Sie dann Ihre Lektüre der »Einführung« durch das Lösen praktischer Aufgaben und Fallstudien ergänzen.

Zu guter Letzt wollen wir mehreren Personen danken, die uns bei der Entstehung und Fertigstellung der 1. Auflage dieses Übungs- und Fallstudienbuches unterstützt haben. An erster Stelle ist Kai Böhme zu nennen, der aktiv an der Erstellung von Aufgaben und Fallstudien mitgewirkt und das Projekt mit außerordentlichem Engagement begleitet hat. Daneben hat Florian Herschung (den der aufmerksame Leser von Vorworten schon aus der 13. Auflage des Lehrbuchs kennt) an der einen oder anderen Stelle wertvolle Unterstützungsarbeit geleistet und insbesondere die Verzahnung mit dem Lehrbuch sichergestellt. Als Autorenteam müssen wir festhalten: Es hat unglaublich Spaß gemacht, mit den beiden in diesem Projekt zusammenzuarbeiten! Daneben haben Michael Grimm, Christina Küppers, Fred Przymusinski und Fabian Stolz die Qualität der Fallstudien intensiv aus einer studentischen Perspektive überprüft. Gerhard Berssenbrügge, Hubert Stücke und Dieter Schmid von der Nestlé Deutschland AG sowie Ulrich Müller von der WMF AG haben uns wertvolle

Vorwort

Nachhilfe im Kaffee- und Kaffeemaschinengeschäft gegeben, ohne die dieses Buch wohl kaum in der vorliegenden Form hätte entstehen können. Dafür auch an dieser Stelle herzlichen Dank! Natürlich gehen alle verbliebenen Fehler und Irrtümer dennoch zu unseren Lasten.

Jürgen Weber, Utz Schäffer und Christoph Binder
Vallendar und Reutlingen, im Januar 2011

# Inhaltsverzeichnis

|  |  | Aufgabe | Lösung |
|---|---|---|---|
| Vorwort | | V | |
| **A.** | **Einzelaufgaben** | 1 | |
| 1 | Jahresabschluss bei der SchokoLaden GmbH | 1 | 45 |
| 2 | Cashflow bei der Blindflug AG: Den Kapitalfluss derivativ ermitteln | 3 | 49 |
| 3 | Erstellen einer Kapitalflussrechnung auf Basis von Bilanz und GuV | 5 | 51 |
| 4 | Liquiditätsanalyse bei der Hinterwäldler AG | 7 | 53 |
| 5 | Die Vollkostenrechnung zur Produktkalkulation in der Weihnachtsbäckerei | 9 | 56 |
| 6 | Ergebnisanalyse in der Schrauben- und Dübelfabrik anhand der Deckungsbeitragsrechnung | 11 | 60 |
| 7 | Prozesskostenrechnung bei der Amazing Ltd. | 15 | 66 |
| 8 | Zeig mir Deinen Jahresabschluss, und ich sag Dir, wer Du bist | 18 | 70 |
| 9 | CFROI und CVA im Konzern | 21 | 73 |
| 10 | Das DuPont System of Financial Control zum Vergleich der Regionalgesellschaften der Energie AG | 23 | 77 |
| 11 | Verrechnungspreise bei der Solaranlagen AG | 24 | 80 |
| 12 | Budgetierung bei der KoRoVa Studentenbar | 26 | 84 |
| 13 | Break-Even-Analyse zweier neuer Produkte bei der Möbel & Lifestyle GmbH | 28 | 87 |
| 14 | Abweichungsanalyse bei der Racing GmbH mittels flexibler Plankostenrechnung auf Vollkostenbasis | 29 | 89 |
| 15 | Investitionsentscheidung der Cannelloni Pizza GmbH – die Pay-off-Methode | 31 | 92 |
| 16 | Kapitalwertmethode und IRR zur Bewertung zweier Investitionsalternativen bei der Corretti Eis GmbH | 33 | 95 |
| 17 | Target Costing – das neue Netbook der Nerd iT | 35 | 99 |
| 18 | Effizienzvergleich durch internes Benchmarking von Prozessabläufen | 39 | 103 |
| 19 | Die BCG-Portfolio Matrix: Portfolioanalyse bei der Blindflug AG | 43 | 115 |
| **B.** | **Fallstudie X-presso AG** | 117 | |
| | Arbeitshinweise zur X-presso Fallstudie | 117 | |
| | Der Konzern: Die X-presso AG und ihre Töchter | 118 | |
| | Fallstudienaufgaben | 130 | |
| 1 | Die Kapitalflussrechnung zur Analyse von Finanzmittelherkunft und -verwendung ⚑⚑ | 130 | 156 |
| 2 | Das Zusammenspiel von Menge, Kosten und Preis – die Break-Even-Analyse auf Basis der Deckungsbeitragsrechnung ⚑⚑⚑ | 131 | 161 |
| 3 | Eigen- oder Fremdfertigung – Kostenrechnung zur Fundierung von Programmentscheidungen ⚑⚑ | 133 | 167 |
| 4 | Die Prozesskostenrechnung ⚑⚑⚑ | 136 | 178 |
| 5 | Der ROCE zur Analyse der wirtschaftlichen Situation ⚑ | 140 | 183 |
| 6 | CFROI und CVA zur Bewertung des Markteintritts in China ⚑⚑⚑ | 140 | 186 |

# Inhaltsverzeichnis

Aufgabe Lösung

| | | | | |
|---|---|---|---|---|
| 7 | Ermittlung von Verrechnungspreisen für das Chinageschäft | | 142 | 193 |
| 8 | Planung und Budgetierung der Fertigungskosten bei der WKR | | 144 | 200 |
| 9 | Lohnt sich die Investition in eine zusätzliche Kaffeemühle? | | 146 | 208 |
| 10 | Target Costing zur Entwicklung der neuen Yuppie-Line-Kapselmaschinen | | 147 | 213 |
| 11 | Senkung des Materialeinsatzes durch Benchmarking der Produktionsprozesse | | 149 | 217 |
| 12 | Strategieimplementierung mittels Balanced Scorecard | | 152 | 223 |
| 13 | Die BCG-Portfolio-Matrix zur Entwicklung der langfristigen Produktstrategie | | 153 | 229 |

| | | | |
|---|---|---|---|
| **C.** | **Praxisfälle** | 237 | |
| 1 | Praxisfall von Ernst & Young zur Thematik HGB vs. IFRS | 237 | 243 |
| 2 | Praxisfall der HUGO BOSS AG zur Nutzung der Deckungsbeitragsrechnung für die Geschäftssteuerung | 251 | 255 |
| 3 | Praxisfall der GARDENA GmbH zur Prozesskostenrechnung | 266 | 269 |
| 4 | Praxisfall von Bayer zur Beurteilung und Steuerung der Geschäftsentwicklung mit Hilfe finanzieller Kennzahlen | 273 | 276 |
| 5 | Praxisfall der SternStewart & Co. GmbH zum Thema Wertorientiertes Management | 282 | 286 |
| 6 | Praxisfall von Henkel zum Thema Verrechnungspreise | 295 | 297 |
| 7 | Praxisfall von Nestlé zum Thema Planung und Budgetierung | 302 | 306 |
| 8 | Praxisfall der Lufthansa zum Investitionscontrolling | 312 | 316 |
| 9 | Praxisfall der Volkswagen AG zum Target Costing | 325 | 333 |
| 10 | Praxisfall der Daimler AG zum Thema Benchmarking | 339 | 342 |
| 11 | Die Balanced Scorecard bei der Südostbayernbahn, einer Tochter der Deutschen Bahn AG | 347 | 351 |
| 12 | Praxisfall der Boston Consulting Group zur Portfolioanalyse | 354 | 358 |

Zu den Autoren ........................................................ 365

# Einzelaufgaben

In diesem ersten Teil des Übungsbuches finden sich voneinander unabhängige, in sich geschlossene Einzelaufgaben. Vorrangiges Ziel der Aufgaben in diesem Buchteil ist es, anhand verhältnismäßig einfacher Zahlenbeispiele die verschiedenen Controlling-Instrumente in ihrer praktischen Anwendung zu üben und ein erstes Verständnis für deren Einsatzgebiete sowie deren Stärken und Schwächen zu entwickeln. Auf den folgenden Seiten finden sich zunächst alle 19 Aufgaben dieses Buchteils, ab Seite 45 dann ein Lösungsvorschlag zu sämtlichen Aufgabenstellungen.

## Aufgabe 1

### Jahresabschluss bei der SchokoLaden GmbH

Die Inhaberin der SchokoLaden GmbH möchte für das zweite Jahr ihrer Geschäftstätigkeit den Jahresabschluss erstellen. Folgende Daten aus der Buchhaltung liegen ihr vor:

a) Es wurden Sachanlagen in bar i. H. v. EUR 15 Tsd. gekauft.
b) Es sind Sachanlagen zu einem Verkaufspreis i. H. v. EUR 2 Tsd. verkauft worden. Der Verkaufserlös steht jedoch noch aus. Der Restbuchwert der verkauften Sachanlagen betrug EUR 3 Tsd.
c) Es wurden planmäßige Abschreibungen auf Sachanlagen i. H. v. EUR 12 Tsd. vorgenommen.
d) Es wurden Finanzanlagen i. H. v. EUR 5 Tsd. verkauft. Der Verkaufserlös wurde durch sofortige Bankgutschrift eingenommen.
e) Es wurden gleichmäßig über das Jahr verteilt Vorräte i. H. v. EUR 60 Tsd. mit einem Zahlungsziel von 30 Tagen eingekauft und im gleichen Geschäftsjahr verbraucht.
f) Der Anfangsbestand der Vorräte betrug zu Beginn des Geschäftsjahres EUR 15 Tsd. Für den Endbestand wurde am Ende des Geschäftsjahres ein Wert von EUR 14 Tsd. ermittelt, so dass sich eine Bestandsverringerung im Laufe des Geschäftsjahres i. H. v. EUR 1 Tsd. ergibt.
g) Es sind Umsatzerlöse i. H. v. EUR 120 Tsd. erzielt worden. EUR 3 Tsd. davon sind noch ausstehend, für den Rest konnte bereits ein Zahlungseingang verzeichnet werden.
h) Die Verbindlichkeiten aus Lieferungen & Leistungen aus dem ersten Geschäftsjahr i. H. v. EUR 3 Tsd. sind vollständig beglichen worden.
i) Die Eigentümerin des SchokoLadens hat beschlossen, den gesamten Vorjahresgewinn i. H. v. EUR 10 Tsd. nicht auszuschütten, sondern in die Gewinnrücklagen einzustellen.
j) Es wurden Pensionsrückstellungen i. H. v. EUR 2 Tsd. gebildet.
k) Es wurden kurzfristige Bankkredite i. H. v. EUR 10 Tsd. getilgt.
l) Stattdessen wurde ein langfristiger Bankkredit i. H. v. EUR 10 Tsd. aufgenommen.
m) Von den noch aus dem ersten Geschäftsjahr ausstehenden Forderungen aus Lieferungen und Leistungen konnten EUR 1 Tsd. eingenommen werden. Forderungen in Höhe von EUR 1 Tsd. mussten leider abgeschrieben werden.
n) Laut Steuerbescheid beträgt die Ertragssteuerbelastung für das zweite Geschäftsjahr EUR 3 Tsd. Sie sind jedoch erst im Laufe des dritten Geschäftsjahres zur Zahlung fällig.

# Einzelaufgaben
## Aufgabe 1

o) Die Steuerverbindlichkeiten aus dem ersten Geschäftsjahr i. H. v. EUR 2 Tsd. sind zwischenzeitlich beglichen worden.
p) Der Personalaufwand im zweiten Geschäftsjahr betrug EUR 20 Tsd. Er ist vollständig ausbezahlt worden.
q) Der Zinsaufwand betrug EUR 5 Tsd. und ist vollständig bezahlt worden.

Die nachfolgende Bilanz stellt die Schlussbilanz des ersten Geschäftsjahres und damit die Eröffnungsbilanz des zweiten Geschäftsjahres dar:

### Abb. A-1

**Bilanz der SchokoLaden GmbH** (Angaben in Tsd. EUR)

| AKTIVA | 31.12.01 | PASSIVA | 31.12.01 |
|---|---|---|---|
| *Anlagevermögen* | | *Eigenkapital* | |
| Sachanlagen | 65 | Gezeichnetes Kapital | 25 |
| Finanzanlagen | 5 | Jahresüberschuss | 10 |
| *Umlaufvermögen* | | *Verbindlichkeiten* | |
| Vorräte | 15 | Verbindlichkeiten ggü. Kreditinstituten | 50 |
| Forderungen aus L&L | 2 | Verbindlichkeiten aus L&L | 3 |
| Zahlungsmittel | 3 | Steuerverbindlichkeiten | 2 |
| **Bilanzsumme** | **90** | **Bilanzsumme** | **90** |

### Aufgabenstellungen

Verbuchen Sie die Geschäftsvorfälle aus der Buchhaltung zunächst auf Bestands- und Erfolgskonten. Erstellen Sie anschließend aus den Saldi der T-Konten eine Kapitalflussrechnung und eine Gewinn- und Verlustrechnung nach dem Gesamtkostenverfahren für das zweite Geschäftsjahr sowie die Bilanz zum Ende des zweiten Geschäftsjahres.

*Die Lösung zur Aufgabe finden Sie ab S. 45.*

# Aufgabe 2

## Cashflow bei der Blindflug AG: Den Kapitalfluss derivativ ermitteln

Die Blindflug AG wurde im Jahr 2000 von vier Studienfreunden gegründet und hat sich in einem sehr wohlwollenden Marktumfeld seither zu einem mittelständischen Unternehmen mit zweistelligem Millionenumsatz entwickelt.

Da das Unternehmen in den ersten Jahren einen durchschlagenden Markterfolg mit teilweise dreistelligen Wachstumsraten verzeichnen konnte, war eine proaktive Steuerung des Geschäfts bislang nicht nötig.

Doch in den vergangenen Jahren hat sich das Umsatzwachstum verlangsamt und die allgemeinen Geschäftsaussichten haben sich verschlechtert. Die vier Inhaber beschließen daher, den gerade eingestellten Ferienpraktikanten der Betriebswirtschaftslehre mit der Erstellung einer Kapitalflussrechnung für das gerade abgeschlossene Geschäftsjahr 11 (GJ 11) zu betrauen.

Zur Sicherheit beschließt der Praktikant, die Kapitalflussrechnung sowohl (1) direkt als auch (2) indirekt aus Bilanz (siehe Abb. A-2) und GuV (siehe Abb. A-3) des vergangenen Geschäftsjahres abzuleiten.

### Abb. A-2

**Bilanz der Blindflug AG nach HGB** (Angaben in in Mio. EUR)

| AKTIVA | 31.12.10 | 31.12.11 | PASSIVA | 31.12.10 | 31.12.11 |
|---|---|---|---|---|---|
| *Anlagevermögen* | | | *Eigenkapital* | | |
| Immaterielle Vermögensgegenstände | 5 | 5 | Gezeichnetes Kapital | 10 | 10 |
| Sachanlagen | 42 | 40 | Gewinnrücklage | 17 | 18 |
| Finanzanlagen | 6 | 2 | Bilanzgewinn | 9 | 2 |
| *Umlaufvermögen* | | | *Rückstellungen* | 5 | 6 |
| Vorräte | 6 | 7 | | | |
| Forderungen aus L&L | 2 | 3 | *Verbindlichkeiten* | | |
| Wertpapiere | 1 | 0 | Verbindlichkeiten ggü. Kreditinstituten | 20 | 20 |
| Zahlungsmittel | 4 | 3 | Verbindlichkeiten aus L&L | 2 | 1 |
| | | | Steuerverbindlichkeiten | 3 | 3 |
| **Bilanzsumme** | **66** | **60** | | **66** | **60** |

Das Anlagevermögen hat sich wie folgt verändert:
- Es wurden Sachanlagen i. H. v. EUR 2 Mio. in bar verkauft.
- Es wurden Sachanlagen i. H. v. EUR 4 Mio. in bar gekauft.
- Es wurden Finanzanlagen i. H. v. EUR 5 Mio. in bar verkauft.
- Es wurden Finanzanlagen i. H. v. EUR 1 Mio. in bar gekauft.

Die Verbindlichkeiten haben sich wie folgt verändert:
2. Es wurden Kredite i. H. v. EUR 10 Mio. in bar aufgenommen.
4. Es wurden auslaufende Kredite i. H. v. EUR 10 Mio. in bar getilgt.
5. Es wurden Lieferantenverbindlichkeiten i. H. v. EUR 2 Mio. ausbezahlt.
1. Es wurden Steuerverbindlichkeiten i. H. v. EUR 3 Mio. in bar beglichen.

# Einzelaufgaben
Aufgabe 2

### Abb. A-3

**Gewinn- und Verlustrechnung der Blindflug AG im GJ 11 nach HGB** (Angaben in Mio. EUR)

| | |
|---|---:|
| **Umsatzerlöse** | **45** |
| + Bestandsveränderung der Erzeugnisse | 1 |
| + Andere aktivierte Eigenleistungen | 1 |
| **= Gesamtleistung** | **47** |
| + Sonstige betriebliche Erträge | 1 |
| − Materialaufwand | 19 |
| − Personalaufwand | 14 |
| − Abschreibungen | 4 |
| − Sonstige betriebliche Aufwendungen* | 3 |
| − Zinsaufwand | 2 |
| **= Ergebnis der gew. Geschäftstätigkeit** | **6** |
| − Steuern vom Einkommen und vom Ertrag | 3 |
| **= Jahresüberschuss** | **3** |
| − Einstellungen in Gewinnrücklage | 1 |
| **= Bilanzgewinn** | **2** |

\* Nicht zahlungswirksam

*Die Lösung zur Aufgabe finden Sie ab S. 49.*

## Aufgabe 3

### Erstellen einer Kapitalflussrechnung auf Basis von Bilanz und GuV

Die Württembergische Metallwarenfabrik Aktiengesellschaft (WMF AG) ist ein mittelständisches Unternehmen mit Sitz in Geislingen/Steige bei Stuttgart und ein führender Hersteller von Besteck, Küchengeschirr, Küchengeräten, Tisch- und Wohnaccessoires sowie von Trinkgläsern für den privaten Gebrauch wie für den gewerblichen Einsatz in der Gastromonie. Zusätzlich produziert das Unternehmen speziell für den Einsatz in Restaurants und Hotels Schankanlagen und Kaffeemaschinen.

Angesichts der sich Anfang 2009 bereits abzeichnenden Finanz- und Wirtschaftskrise bittet Sie der Aufsichtsrat der WMF AG um die Ableitung einer Kapitalflussrechnung aus GuV (siehe Abb. A-4) und Bilanz (siehe Abb. A-5), um größtmögliche Transparenz über die Liquiditätsentwicklung im Verlauf des Geschäftsjahres 2008 zu schaffen.

### Abb. A-4

**Gewinn- und Verlustrechnung der WMF AG nach HGB** (Angaben in Tsd. EUR)

|  | 2008 | 2007 |
|---|---:|---:|
| **Umsatzerlöse** | **462.126** | **457.968** |
| Bestandsveränderung der Erzeugnisse | (4.807) | 6.372 |
| Andere aktivierte Eigenleistungen | 671 | 539 |
| **Gesamtleistung** | **457.990** | **464.879** |
| Sonstige betriebliche Erträge | 28.071 | 22.971 |
| Materialaufwand | 189.654 | 197.404 |
| Personalaufwand | 158.183 | 166.704 |
| Abschreibungen | 12.169 | 14.203 |
| Sonstige betriebliche Aufwendungen | 115.458 | 90.024 |
| Beteiligungsergebnis | 11.625 | 3.837 |
| Finanzergebnis | (1.368) | (868) |
| **Ergebnis der gew. Geschäftstätigkeit** | **20.854** | **22.484** |
| Steuern vom Einkommen und vom Ertrag | 4.054 | 5.684 |
| **Jahresüberschuss** | **16.800** | **16.800** |
| Einstellungen in andere Gewinnrücklagen | 2.100 | – |
| **Bilanzgewinn** | **14.700** | **16.800** |

# Einzelaufgaben
Aufgabe 3

### Abb. A-5

**Bilanz der WMF AG nach HGB** (Angaben in Tsd. EUR)

| AKTIVA | 31.12.2008 | 31.12.2007 |
|---|---:|---:|
| **A. Anlagevermögen** | | |
| I. Immaterielle Vermögensgegenstände | 5.899 | 3.312 |
| II. Sachanlagen | 64.400 | 65.832 |
| III. Finanzanlagen | 87.323 | 79.251 |
| | **157.622** | **148.395** |
| **B. Umlaufvermögen** | | |
| I. Vorräte | 121.701 | 124.391 |
| II. Forderungen und Sonstige Vermögensgegenstände | | |
| 1. Forderungen aus Lieferungen und Leistungen | 54.264 | 55.250 |
| 2. Forderungen ggü. Verbundenen Unternehmen | 35.104 | 23.435 |
| 3. Forderungen gegen Unternehmen, mit denen ein Beteiligungsverhältnis besteht | 20 | 20 |
| 4. Sonstige Vermögensgegenstände | 12.738 | 12.523 |
| | 102.126 | 91.228 |
| III. Flüssige Mittel | 2.723 | 2.090 |
| | **226.550** | **217.709** |
| C. Rechnungsabgrenzungsposten* | 204 | 330 |
| | **384.376** | **366.434** |
| **PASSIVA** | | |
| **A. Eigenkapital** | | |
| I. Gezeichnetes Kapital | 35.840 | 35.840 |
| II. Kapitalrücklage | 85.455 | 85.455 |
| III. Gewinnrücklage | 54.407 | 52.307 |
| IV. Bilanzgewinn | 14.700 | 16.800 |
| | **190.402** | **190.402** |
| **B. Rückstellungen** | | |
| 1. Pensionsrückstellungen | 43.230 | 42.635 |
| 2. Übrige Rückstellungen | 41.508 | 46.544 |
| | **84.738** | **89.179** |
| **C. Verbindlichkeiten** | | |
| 1. Verbindlichkeiten gegenüber Kreditinstituten | 34.640 | 29.067 |
| 2. Erhaltene Anzahlungen auf Bestellungen | 343 | 672 |
| 3. Verbindlichkeiten aus Lieferungen und Leistungen | 24.379 | 24.245 |
| 4. Verbindlichkeiten gegenüber verbundenen Unternehmen | 34.496 | 18.681 |
| 5. Verbindlichkeiten gegenüber Unternehmen, mit denen ein Beteiligungsverhältnis besteht | 62 | 108 |
| 6. Sonstige Verbindlichkeiten | 15.316 | 14.080 |
| | **109.236** | **86.853** |
| | **384.376** | **366.434** |

* Veränderung voll zahlungswirksam

*Die Lösung zur Aufgabe finden Sie ab S. 51.*

## Aufgabe 4

### Liquiditätsanalyse bei der Hinterwäldler AG

Die angelsächsische Private Equity Gesellschaft Grasshopper Ltd. ist an einem Kauf des mittelständischen Unternehmens Hinterwäldler AG interessiert. Der verantwortliche Managing Direktor (MD) der Grasshopper Ltd. beauftragt daher einen Praktikanten
1. mit einer Analyse der aktuellen Liquiditätssituation der Hinterwäldler AG,
2. mit der Erarbeitung von Vorschlägen zur Anpassung der Finanzierungsstruktur der Hinterwäldler AG im Falle einer Übernahme durch die Grasshopper Ltd., so dass alle Deckungs- und Liquiditätsgrade dem allgemeinen Normwert entsprechen.

Zur Analyse der Liquiditätssituation möchte der MD gerne die Deckungsgrade A und B, die Liquiditätsgrade 1. bis 3. sowie die Effektivverschuldung der Hinterwäldler AG wissen. Ganz besonders interessiert den MD, ob die Goldene Bilanzregel erfüllt ist, die besagt, dass *Langfristige Vermögenswerte* mindestens von der Summe aus Eigenkapital und Langfristigem Fremdkapital gedeckt sind.

**Abb. A-6**

**Gewinn- und Verlustrechnung der Hinterwäldler AG nach IFRS** (Angaben in Mio. EUR)

|  | 2010 |
|---|---:|
| **Umsatzerlöse** | 248 |
| Bestandsveränderungen | 3 |
| Aktivierte Eigenleistungen | 2 |
| Sonstige betriebliche Erträge | 1 |
| Materialaufwand | −121 |
| Personalaufwand | −83 |
| Abschreibungen | −9 |
| Sonstige betriebliche Aufwendungen | −21 |
| **Betriebliches Ergebnis (EBIT)** | 20 |
| Beteiligungsergebnis | 1 |
| Zinsergebnis | −3 |
| **Finanzergebnis** | −2 |
| **Ergebnis vor Steuern** | 18 |
| Steuern | −8 |
| **Periodenergebnis** | 26 |
| Eigenkapitalveränderungen durch erfolgsneutral verbuchte Vorgänge | – |
| **Gesamterfolg der Periode** | 26 |

# Einzelaufgaben
Aufgabe 4

## Abb. A-7

**Bilanz der Hinterwäldler AG nach IFRS** (Angaben in Mio. EUR)

| AKTIVA | 31.12.2010 |
|---|---:|
|  | **112** |
| **Langfristige Vermögenswerte** | **90** |
| Geschäfts- oder Firmenwerte | 3 |
| Sonstige immaterielle Vermögenswerte | 8 |
| Sachanlagen | 67 |
| Als Finanzinvestion gehaltene Immobilien | 2 |
| Beteiligungen | 7 |
| Finanzielle Vermögenswerte | 1 |
| Sonstige Vermögenswerte | 1 |
| Latente Steueransprüche | 1 |
| **Kurzfristige Vermögenswerte** | **22** |
| Vorräte | 13 |
| Forderungen aus Lieferungen u. Leistungen | 2 |
| Finanzielle Vermögenswerte | 1 |
| Sonstige Vermögenswerte | 1 |
| Ertragssteueransprüche | 2 |
| Zahlungsmittel und Zahlungsmitteläquivalente | 2 |
| Zur Veräußerung gehaltene Vermögenswerte | 1 |
| **PASSIVA** | **112** |
| **Eigenkapital** | **46** |
| Gezeichnetes Kapital | 10 |
| Kapitalrücklagen | 6 |
| Gewinnrücklagen | 29 |
| Erfolgsneutrale Eigenkapitalveränderung | – |
| Minderheitsanteile | 1 |
| **Langfristige Verbindlichkeiten** | **32** |
| Rückstellungen für Pensionen und Ähnliche Verpfl. | 7 |
| Sonstige Rückstellungen | 2 |
| Langfristige Finanzverbindlichkeiten | 20 |
| Andere langfristige Verbindlichkeiten | 1 |
| Latente Steuerschulden | 2 |
| **Kurzfristige Verbindlichkeiten** | **34** |
| Verbindlichkeiten aus Lieferungen und Leistungen | 13 |
| Kurzfristige Rückstellungen | 1 |
| Kurzfristige Finanzverbindlichkeiten | 11 |
| Andere kurzfristige Verbindlichkeiten | 1 |
| Ertragssteuerverbindlichkeiten | 8 |

*Die Lösung zur Aufgabe finden Sie ab S. 53.*

## Aufgabe 5

**Die Vollkostenrechnung zur Produktkalkulation in der Weihnachtsbäckerei**

Alle Jahre wieder öffnet im Dezember die Weihnachtsbäckerei wie von Engelshand ihre himmlischen Pforten und backt für Groß und Klein die wohl köstlichsten Christstollen und Zimtsterne weit und breit nach einem uralten und streng gehüteten Rezept (siehe Abb. A-8).

**Abb. A-8**

**Wesentliche Zutaten der Backwaren**

| Zutat | Maßeinheit | Verpackungseinheit | |
|---|---|---|---|
| | | 1 Christstollen | 20 Zimtsterne |
| Mehl | Gramm | 500 | |
| Butter | Gramm | 250 | |
| Milch | Liter | 0,25 | |
| Rosinen | Gramm | 250 | |
| Mandeln | Gramm | 75 | 250 |
| Zucker | Gramm | 100 | 100 |
| Puderzucker | Gramm | | 100 |
| Eier | Stück | | 3 |
| Hefe | Würfel | 2 | |

Trotz seiner himmlischen Herkunft bekommt leider auch Bäckermeister Nikolaus seine Zutaten nicht umsonst, sondern bezieht sie im Dezember 2010 zu folgenden Einkaufspreisen aus dem Großhandel für Himmelsbäckereien (siehe Abb. A-9).

**Abb. A-9**

**Nettoeinkaufspreise der Zutaten** (Angaben in EUR pro Maßeinheit)

| Zutat | Maßeinheit | Preis |
|---|---|---|
| Mehl | kg | 0,40 |
| Butter | Pfund | 1,50 |
| Milch | Liter | 0,70 |
| Rosinen | kg | 3,00 |
| Mandeln | kg | 3,00 |
| Zucker | kg | 0,50 |
| Puderzucker | kg | 0,80 |
| Eier | Packung à 10 Stück | 2,50 |
| Hefe | Würfel | 0,10 |

Für den Dezember 2010 rechnet Nikolaus mit einer Produktions- und Absatzmenge von 2.000 Christstollen und 2.400 Beutelchen mit Zimtsternen (à 20 Stück). Neben den Kosten für die Zutaten rechnet Nikolaus mit Personalkosten i. H. v. EUR 11.000, Abschreibungen i. H. v. EUR 400 sowie Kosten für Hilfs- und Betriebsstoffe und für sonstigen Kleinkram von jeweils EUR 130.
Die Beutelchen mit Zimtsternen, 20 an der Zahl, wird Nikolaus für einen Verkaufspreis von EUR 5,– inkl. 7 Prozent MwSt. anbieten, mehr lässt der himmlische Markt nicht zu. Bei der Preisgestaltung

# A Einzelaufgaben
## Aufgabe 5

für die Christstollen ist Nikolaus flexibler; ihm schwebt vor, auf seine Selbstkosten der Erzeugung 30 Prozent aufzuschlagen, um den Verkaufspreis (inkl. MwSt.) festzulegen.

**Aufgabenstellungen**

1. Helfen Sie Meister Nikolaus bei der Ermittlung des Verkaufspreises der Stollen sowie des Nettoerlöses eines Beutelchens mit Zimtsternen. Da die Kostenrechnung im Himmel noch nicht sehr ausgeprägt ist, müssen Sie anhand der Divisionskalkulation vorgehen, die allerdings zumindest zweistufig erfolgen kann. In einer ersten Stufe lassen sich nämlich die Kosten für das Rohmaterial (die Zutaten) den Produkten zurechnen. In der zweiten Stufe werden dann die sonstigen Kosten anhand der Produktions- und Absatzmenge den Produkten zugerechnet.

Nikolaus beschäftigt in der Backstube seiner Weihnachtsbäckerei insgesamt drei Gesellen, einen im ersten, einen im zweiten und einen im dritten Lehrjahr. Der Geselle im 1. Lehrjahr ist traditionell für die Zimtsterne und der im 3. Lehrjahr für die Christstollen zuständig. Der Geselle im 2. Lehrjahr übernimmt die Garnitur und Verzierung beider Produkte; Nikolaus selbst unterstützt stets dort, wo Bedarf ist und garantiert die hohe Qualität und den himmlischen Geschmack der Produkte (siehe Abb. A-10).

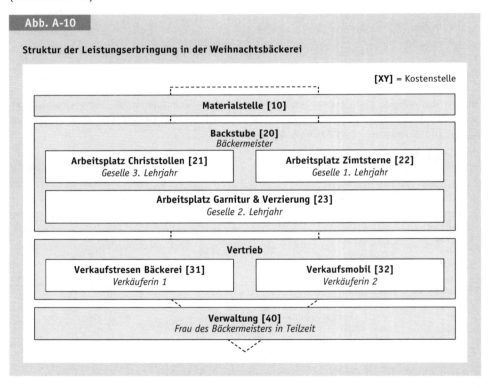

**Abb. A-10** Struktur der Leistungserbringung in der Weihnachtsbäckerei

Der Verkauf der Produkte erfolgt sowohl über die Ladentheke der Bäckerei als auch über ein Verkaufsmobil. Sowohl im Verkaufsmobil als auch an der Ladentheke arbeitet jeweils eine Verkäuferin in Vollzeit. Die Verwaltungstätigkeit wird von Nikolaus' Frau in Teilzeit übernommen.

Nikolaus' Sohn Gabriel, der gerade sein betriebswirtschaftliches Studium aufgenommen hat, ist der Meinung, dass Nikolaus mit geringem Mehraufwand seine Kostenrechnung verfeinern und eine differenzierte Zuschlagskalkulation einführen könnte, indem er im ersten Schritt die anfallenden Kosten so gut es geht den verschiedenen Kostenstellen seines Betriebes zuordnet (siehe Abb. A-11).

### Abb. A-11

**Erwartete Kosten – Dezember 2010** (Angaben in EUR)

| Kostenart | Kostenstelle | | | | | | | | |
|---|---|---|---|---|---|---|---|---|---|
| | 10 | 20 | 21 | 22 | 23 | 31 | 32 | 40 | Gesamt |
| Hilfs- und Betriebsstoffe | 130 | | | | | | | | 130 |
| Personalkosten | | 2.800 | 1.600 | 1.200 | 1.400 | 1.500 | 1.500 | 1.000 | 11.000 |
| Abschreibungen | | 200 | | | | 50 | 120 | 30 | 400 |
| Sonstige Kosten | | | | | | 20 | 100 | 10 | 130 |

Einzelkosten

2. Helfen Sie bitte Meister Nikolaus auch dabei, die von Gabriel vorgeschlagene Vollkostenrechnung als differenzierte Zuschlagskalkulation zu erstellen.

Die Aufgabenverteilung in der Backstube (siehe Abb. A-10) ist historisch gewachsen; Nikolaus könnte genauso gut den Gesellen im 1. Lehrjahr die Christstollen und den Gesellen im 3. Lehrjahr die Zimtsterne produzieren lassen, ohne dass sich dadurch die Qualität der Produkte wesentlich ändern würde. Das macht Gabriel stutzig, da sich die Lohnkosten der beiden Gesellen unterscheiden (EUR 1.200 im ersten und EUR 1.600 im dritten Lehrjahr).

3. Verändern Sie die in 2. erstellte differenzierte Zuschlagskalkulation dahingehend, dass Sie statt der tatsächlichen Lohnkosten jeweils einen identischen Durchschnittssatz ansetzen. Wie verändern sich hierdurch die Selbstkosten und Nettoerlöse der Produkte?
4. Vergleichen Sie abschließend die Selbstkosten und die Nettoerlöse der beiden Produkte auf Basis der Divisionskalkulation und der differenzierten Zuschlagskalkulation aus Aufgabenstellung 3. Was sind die Implikationen für die Verwendung von Ergebnissen einer Vollkostenrechnung in der betrieblichen Praxis?

*Die Lösung zur Aufgabe finden Sie ab S. 56.*

### Aufgabe 6

## Ergebnisanalyse in der Schrauben- und Dübelfabrik anhand der Deckungsbeitragsrechnung

Als Norbert Nagel, Inhaber und Geschäftsführer der Schrauben- und Dübelfabrik, den Monatsabschluss zu Gesicht bekommt, ist er alles andere als erfreut: Auf EUR 43.000 beläuft sich der Verlust im Mai! Damit hat sich das Ergebnis im Vergleich zum April um EUR 117.000 verschlechtert. Dabei

# Einzelaufgaben
## Aufgabe 6

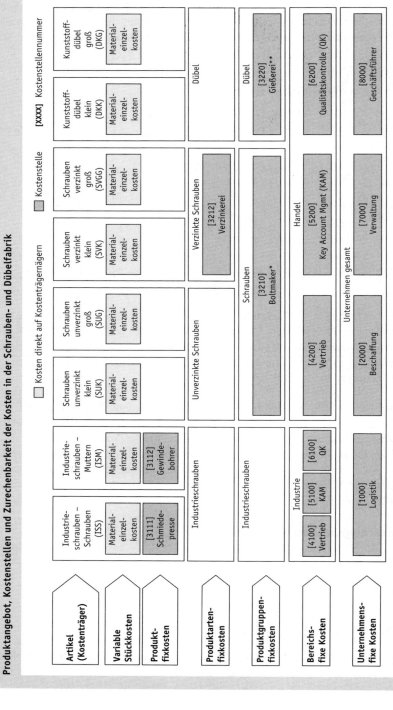

Abb. A-12
Produktangebot, Kostenstellen und Zurechenbarkeit der Kosten in der Schrauben- und Dübelfabrik

* Zwei baugleiche Maschinen mit einer max. Kapazität von jeweils 10 Mio. Schrauben pro Monat
** Max. Verarbeitungskapazität: 160 Tonnen Kunststoff pro Monat

hatte Nagel auf Anraten des Vertriebs extra in eine Verzinkerei mit einer Kapazität von 5 Mio. Schrauben pro Monat investiert, durch die Kosten in Höhe von EUR 160.000 pro Monat entstehen, und im Mai erstmals verzinkte Schrauben ins Sortiment aufgenommen... »Mit den verzinkten Schrauben können wir im Verkauf einen höheren Deckungsbeitrag erzielen«, hat Nagel den Vertriebsleiter noch in den Ohren.

»Die gestiegenen Rohmaterialpreise...«, denkt Norbert Nagel. Um für die bevorstehenden Preisverhandlungen mit den Kunden gerüstet zu sein, bittet er den in der Buchhaltung beschäftigten Werksstudenten Karl, das Mai-Ergebnis insbesondere hinsichtlich des Anstiegs der Rohmaterialpreise zu analysieren und den Ursachen für den Gewinneinbruch im Mai im Vergleich zum April auf den Grund zu gehen.

Die »Schrauben- und Dübelfabrik« gliedert sich analog zur Kundenstruktur in zwei Geschäftsbereiche, nämlich Industrie und Handel. Im Geschäftsbereich Industrie werden große Schrauben bzw. Muttern für industrielle Kunden und Anwendungen hergestellt. Der Geschäftsbereich Handel produziert und vertreibt Produkte in den Produktgruppen Schrauben und Dübel. Innerhalb der Produktgruppe Schrauben wird neuerdings noch zwischen den beiden Produktarten verzinkte und unverzinkte Schrauben unterschieden. Hergestellt wird jeweils eine kleine und eine große Variante sämtlicher Produktarten (siehe Abb. A-12).

Am nächsten Morgen lässt sich Karl aus der Buchhaltung die Kosten der Kostenstellen für die Monate April und Mai geben (siehe Abb. A-13).

### Abb. A-13

**Kosten der Kostenstellen*** (Angaben in Tsd. EUR)

| KSt. Nr. | Kostenstelle | April | Mai |
|---|---|---:|---:|
| 1000 | Logistik | 80 | 80 |
| 2000 | Einkauf | 40 | 40 |
| 3111 | Schmiedepresse | 160 | 160 |
| 3112 | Gewindebohrer | 120 | 120 |
| 3210 | Boltmaker | 180 | 180 |
| 3212 | Verzinkerei | | 160 |
| 3220 | Gießerei | 250 | 250 |
| 4100 | Vertrieb Industrie | 170 | 170 |
| 4200 | Vertrieb Handel | 170 | 170 |
| 5100 | Key Account Management Industrie | 60 | 60 |
| 5200 | Key Account Management Handel | 60 | 60 |
| 6100 | Qualitätskontrolle Industrieprodukte | 50 | 50 |
| 6200 | Qualitätskontrolle Handelsprodukte | 50 | 50 |
| 7000 | Verwaltung | 330 | 330 |
| 8000 | Geschäftsführer | 120 | 120 |
| | **GESAMT** | **1.840** | **2.000** |

* Aus Gründen der Vereinfachung wird angenommen, dass nur die monatlichen Abschreibungen der Verzinkerei hinzugekommen sind, aber sämtliche anderen Kosten unverändert geblieben sind.

Außerdem besorgt sich Karl aus der Produktion den Materialverbrauch sämtlicher Produkteinheiten (PE) sowie aus dem Vertrieb die Preise und Absatzmengen beider Monate (siehe Abb. A-14 und A-15).

## Einzelaufgaben
### Aufgabe 6

### Abb. A-14

**Materialverbrauch** (Angaben in g pro PE)

| Artikel | ID* | Rohmaterial | Verbrauch |
|---|---|---|---|
| Industrieschraube – Schraube | ISS | Stahl | 5.000 |
| Industrieschraube – Mutter | ISM | Stahl | 1.500 |
| Schraube, unverzinkt, klein | SUK | Stahl | 20 |
| Schraube, unverzinkt, groß | SUG | Stahl | 40 |
| Schraube, verzinkt, klein | SVK | Stahl | 20 |
| Schraube, verzinkt, groß | SVG | Stahl | 40 |
| Kunststoffdübel, klein | DKK | Kunststoff | 8 |
| Kunststoffdübel, groß | DKG | Kunststoff | 16 |

* ID = Kostenträgerbezeichnung

### Abb. A-15

**Preise und Absatzmengen**

| Artikel | ID* | Netto Listenpreis in EUR pro Stück | Absatzmenge April | Absatzmenge Mai |
|---|---|---|---|---|
| Industrieschraube – Schraube | ISS | 10,00 | 48.000 | 50.000 |
| Industrieschraube – Mutter | ISM | 5,00 | 47.000 | 48.000 |
| Schraube, unverzinkt, klein | SUK | 0,04 | 10.000.000 | 9.000.000 |
| Schraube, unverzinkt, groß | SUG | 0,06 | 10.000.000 | 6.000.000 |
| Schraube, verzinkt, klein | SVK | 0,05 | | 1.000.000 |
| Schraube, verzinkt, groß | SVG | 0,07 | | 4.000.000 |
| Kunststoffdübel, klein | DKK | 0,05 | 8.000.000 | 8.000.000 |
| Kunststoffdübel, groß | DKG | 0,07 | 6.000.000 | 6.000.000 |

* ID = Kostenträgerbezeichnung

Bei dieser Gelegenheit spricht Karl den Vertriebsleiter aus dem Bereich Handel ganz nebenbei auch einmal auf das schlechte Monatsergebnis an. Der ist vollkommen überrascht, hatte er ob der neu ins Sortiment aufgenommenen verzinkten Schrauben und der höheren Deckungsbeiträge der neuen Produktart das genaue Gegenteil erwartet.

Zu guter Letzt erfährt Karl von der netten Kollegin aus dem Einkauf, dass der Einkaufspreis für Stahl von April auf Mai von EUR 480 auf EUR 500 pro Tonne gestiegen ist; der Preis für Kunststoff betrug im April lediglich EUR 1.150 und ist im Mai auf EUR 1.200 pro Tonne geklettert.

**Aufgabenstellungen**
1. Karl beschließt, zur Analyse des Monatsergebnisses zunächst einmal eine einstufige Deckungsbeitragsrechnung (»Direct Costing«) zu erstellen, da er dieses Instrument gerade in seiner Kosten- & Leistungsrechnungsvorlesung an der hiesigen FH durchgenommen hat. Erklärt der Anstieg der Rohmaterialpreise tatsächlich den Ergebnisrückgang, wie von Nobert Nagel gemutmaßt?
2. Die bloße Unterscheidung zwischen variablen und fixen Kosten, so muss Karl feststellen, hat sein Verständnis der Ergebnissituation nur teilweise vorangebracht. In der letzten Vorlesung hatte der Dozent etwas von »Stufenweiser Fixkostendeckungsrechnung« gesagt, und dass sie dieses Inst-

rument in der kommenden Woche besprechen würden. Karl macht sich ans Werk... Welche anderen Gründe lassen sich als Ursachen für die Ergebnisverschlechterung identifizieren?

3. Der Vertrieb schlägt vor, das Dübelsortiment um die Produkteinheit »extragroß« (DKX) zu erweitern, weil mit größeren PEs höhere Stückdeckungsbeiträge zu erzielen seien (siehe Abb. A-16). Was ist von diesem Vorschlag unter der Bedingung zu halten, dass die Verarbeitungskapazität der Gießerei kurzfristig nicht erhöht werden kann und die Produktion der PE DKX somit die Produktion der PE DKK entsprechend mindert?

### Abb. A-16

**Dübelsortiment nach Einführung der Produkteinheit »extragroß«**

| Produkteinheit (PE) | ID | Roh-material | Ver-brauch in g pro PE | Roh-material-preis in EUR pro t | Material-kosten in EUR pro PE | Netto VKP in EUR pro PE | Stück-deckungs-beitrag in EUR pro PE | Verkaufs-menge |
|---|---|---|---|---|---|---|---|---|
| Kunststoffdübel, klein | DKK | Kunststoff | 8 | 1.150 | 0,01 | 0,05 | 0,04 | – |
| Kunststoffdübel, groß | DKG | Kunststoff | 16 | 1.150 | 0,02 | 0,07 | 0,05 | 6.000.000 |
| Kunststoffdübel, extragroß | DKX | Kunststoff | 32 | 1.150 | 0,04 | 0,10 | 0,06 | 2.000.000 |
| Verarbeitungsmenge | | | | | | | | |

*Die Lösung zur Aufgabe finden Sie ab S. 60.*

### Aufgabe 7

## Prozesskostenrechnung bei der Amazing Ltd.

Als kleiner, aber feiner Onlinebuchhändler erhält die Amazing Ltd. jeden Monat ca. 22.000 Bestellungen von Nischenpublikationen, die teilweise bei den großen Marktführern nicht erhältlich sind. Der durchschnittliche Nettobestellwert liegt bei EUR 20. Bislang konnten die Kunden bei Amazing zwischen vier verschiedenen Zahlungsarten wählen (siehe Abb. A-17).

### Abb. A-17

**Bestellungen im Monat**

| Zahlungsart | Anzahl | Anteil |
|---|---|---|
| PayPrompt | 5.280 | 24 % |
| Kreditkarte | 8.140 | 37 % |
| Lastschrift | 6.160 | 28 % |
| Vorkasse | 2.420 | 11 % |
| **Gesamt** | **22.000** | **100 %** |

# Einzelaufgaben
Aufgabe 7

Nun überlegt Amazing Geschäftsführer Jean-Jacques Reklam, die Auswahl auf 2 bis 3 Zahlungsarten zu beschränken, um so die Kosten für die Zahlungsabwicklung zu reduzieren. Allerdings ist er sich nicht sicher, welche Zahlungsarten Amazing zukünftig abschaffen und auf welche sich das Unternehmen beschränken sollte. Daher hat er eine Controllingberatung mit der Durchführung einer Prozesskostenrechnung beauftragt.

**Abb. A-18**

**Ergebnisse der Tätigkeitsanalyse sowie Leistungsmengen und Zeitaufwand der Teilprozesse**

| ID | Tätigkeit | Kostentreiber (KT) | Relevanz* | Leistungsmenge | Zeitaufwand in Min. pro KT |
|---|---|---|---|---|---|
| *Debitorenbuchhaltung* | | | | | |
| D1 | Beauftragung Inkasso | Anzahl Inkassofälle | x | 40 | 15,0 |
| D2 | Klärung reklamierter Kreditkartenzahlungen | Anzahl Reklamationen | x | 50 | 30,0 |
| D3 | Kundenstammdaten pflegen | Nicht mengeninduziert | | N/a | N/a |
| D4 | Kundenkontenabstimmung | Nicht mengeninduziert | | N/a | N/a |
| D5 | Mahnungen verschicken | Anzahl Mahnungen | x | 1.200 | 0,5 |
| D6 | Mahnungslauf im ERP System | Anzahl Mahnungsläufe | x | 8 | 30,0 |
| D7 | Rücksprache intern | Anzahl Anrufe | | Nicht erfasst | 1,0 |
| D8 | Rücksprache mit Kunden | Anzahl Anrufe | | Nicht erfasst | 3,0 |
| D9 | Allgemeine Verwaltungstätigkeit | Nicht mengeninduziert | | N/a | N/a |
| *Kassenbuchführung* | | | | | |
| K1 | Automatische Erfassung von Zahlungseingängen | Anzahl Zahlungseingangsläufe | | 22 | 45,0 |
| K2 | Manuelle Zuordnung von Zahlungseingängen | Anzahl zu erfassende Zahlungen | x | 180 | 5,0 |
| K3 | Lastschriften einziehen | Anzahl Einzugsläufe | | 22 | 30,0 |
| K4 | Nachverfolgung fehlgeschlagener Lastschrifteinzüge | Anzahl fehlgeschlagener Lastschrifteinzüge | x | 60 | 10,0 |
| K5 | Nachverfolgung stornierter Lastschrifteinzüge | Anzahl stornierte Lastschrifteinzüge | x | 60 | 15,0 |
| K6 | Zahlungslauf | Anzahl Zahlungsläufe | | 10 | 45,0 |
| K7 | Klärung fehlgeschlagener Überweisungen | Anzahl fehlgeschlagene Überweisungen | | 30 | 10,0 |
| K8 | Kontenabstimmung | Nicht mengeninduziert | | N/a | N/a |
| K9 | Allgemeine Verwaltungstätigkeit | Nicht mengeninduziert | | N/a | N/a |

* für die betrachteten Zahlungsabwicklungsprozesse

Die von der Controllingberatung durchgeführte Tätigkeitsanalyse (siehe Abb. A-18) hat ergeben, dass im Rahmen der Zahlungsabwicklung sämtliche relevanten Teilprozesse in den Kostenstellen Debitorenbuchhaltung und Kassenbuchführung angesiedelt sind, deren Kosten sich im Analysemonat auf EUR 3.600 bzw. EUR 4.860 bei einer Kapazität von 180 bzw. 270 Arbeitsstunden beliefen.

Aufgabenstellung

PayPrompt ist ein Unternehmen, das sich auf die Zahlungsabwicklung von Onlinebestellungen spezialisiert hat. Der Vorteil dieser Zahlungsart sieht Reklam insbesondere darin, dass keinerlei manuelle Tätigkeiten der Zahlungsabwicklung in der Kassenbuchführung oder der Debitorenbuchhaltung von Amazing anfallen (siehe Abb. A-19). Zudem würde das Zahlungsausfallrisiko für Amazing komplett eliminiert, da dies im Rahmen der PayPrompt Dienstleistung abgedeckt ist. Als Entgelt für die Zahlungsabwicklung müsste die Amazing Ltd. 1,5 Prozent des Nettobestellwertes jeder Bestellung an PayPrompt abführen.

### Abb. A-19

**Gliederung der Haupt- in Teilprozesse bzw. Tätigkeiten**

| ID | Tätigkeit |
|---|---|
| **Zahlungsabwicklung mit PayPrompt** | |
| | N/a |
| **Zahlungsabwicklung per Kreditkarte** | |
| D2 | Klärung reklamierter Kreditkartenzahlungen |
| D1 | Beauftragung Inkasso |
| **Zahlungsabwicklung mittels Lastschrift** | |
| K4 | Nachverfolgung fehlgeschlagener Lastschrifteinzüge |
| K5 | Nachverfolgung stornierter Lastschrifteinzüge |
| D6 | Mahnungslauf im ERP System |
| D5 | Mahnungen verschicken |
| D1 | Beauftragung Inkasso |
| **Zahlungsabwicklung durch Vorkasse** | |
| K2 | Manuelle Zuordnung von Zahlungseingängen |

Ähnlich verhält es sich bei der Zahlung per Kreditkarte: Amazing muss ebenfalls 1,5 Prozent des Nettobestellwertes an das Kreditkartenunternehmen abtreten. Die manuellen Tätigkeiten in der Debitorenbuchhaltung bei der Zahlung per Kreditkarte beschränken sich auf die Klärung reklamierter Kreditkartenzahlungen sowie auf die Beauftragung des Inkassopartners bei Zahlungsschwierigkeiten. Bei Kreditkartenzahlungen kommt dies monatlich allerdings lediglich 10 Mal vor, wohingegen aus der Zahlung per Lastschrift monatlich drei Mal soviele Inkasso-Beauftragungen resultieren (siehe Abb. A-18). Erfahrungsgemäß schafft es der Inkassodienstleister dann bei jeder zweiten Beauftragung, den ausstehenden Betrag doch noch einzutreiben – in 50 Prozent der beauftragten Fälle kommt es zu einem Zahlungsausfall.

## Aufgabenstellungen

Sie absolvieren derzeit ein Praktikum bei der Controllingberatung und sind Teammitglied des Amazing Projektteams.

1. Berechnen Sie die Teilprozesskostensätze der Tätigkeiten in der Debitorenbuchhaltung und Kassenbuchführung. Verzichten Sie dabei auf eine Umlage der Kosten der nicht mengeninduzierten Tätigkeiten.
2. Berechnen Sie die Prozesskosten der vier Hauptprozesse bzw. Zahlungsarten. Welche Zahlungsart würden Sie auf Basis der Prozesskosten aus dem Angebot nehmen?

# Einzelaufgaben
Aufgabe 8

3. Berechnen Sie die Gesamtkosten jeder einzelnen Zahlungsart! Welche Zahlungsarten würden Sie auf Basis der Gesamtkosten beibehalten und welche streichen?
4. Ihre Überlegungen haben sich bisher lediglich auf die Kosten der Zahlungsarten bezogen; diskutieren Sie, inwiefern dieser Ansatz zu kurz greift und welche anderen Aspekte zusätzlich berücksichtigt werden sollten.

*Die Lösung zur Aufgabe finden Sie ab S. 66.*

## Aufgabe 8

### Zeig mir Deinen Jahresabschluss, und ich sag Dir, wer Du bist

Abb. A-21 beinhaltet ausgewählte Daten des Jahresabschlusses der folgenden Unternehmen:

**Abb. A-20**

**Unternehmen und deren Branchen**

| Unternehmen* | Branche |
|---|---|
| Bayer | Pharma |
| Beiersdorf | FMCG |
| Bosch Siemens Hausgeräte (BSH) | »Weiße Ware« |
| Deutsche Post** | Logistik |
| Deutsche Telekom | Telekommunikation |
| Henkel | FMCG & Klebstoffe |
| Lufthansa | Luftfahrt |
| Metro | Handel |
| RWE | Energie |
| SAP | IT/Software |

\* Die hier vorgestellten Unternehmen sind Mitglieder des Center for Controlling & Management (CCM) an der WHU in Vallendar
\*\* Veräußerung der Postbank im Laufe des Jahres 2009

## Aufgabenstellung

**Abb. A-21**

**Ausgewählte Daten des Jahresabschlusses** (Angaben in Mio. EUR)

| Unternehmen | A | | B | | C | | D | | E | | F | | G | | H | | I | | J | |
|---|---|---|---|---|---|---|---|---|---|---|---|---|---|---|---|---|---|---|---|---|
| Jahr | 2008 | 2009 | 2008 | 2009 | 2008 | 2009 | 2008 | 2009 | 2008 | 2009 | 2008 | 2009 | 2008 | 2009 | 2008 | 2009 | 2008 | 2009 | 2008 | 2009 |
| *Gewinn- und Verlustrechnung* | | | | | | | | | | | | | | | | | | | | |
| Umsatzerlöse | 32.918 | 31.168 | 5.971 | 5.748 | 8.758 | 8.405 | 54.474 | 46.201 | 61.666 | 64.602 | 14.131 | 13.573 | 24.842 | 22.283 | 67.955 | 65.529 | 47.500 | 46.191 | 11.575 | 10.672 |
| Herstellungskosten des Umsatzes | 16.456 | 15.135 | 1.979 | 1.882 | 5.759 | 5.378 | N/a* | N/a* | 34.592 | 36.259 | 8.190 | 7.411 | N/a* | N/a* | 53.646 | 51.664 | N/a* | N/a* | 4.028 | 3.565 |
| EBIT | 3.544 | 3.006 | 797 | 587 | 621 | 565 | -966 | 231 | 7.040 | 6.012 | 779 | 1.080 | 1.309 | 271 | 1.985 | 1.681 | 5.887 | 7.326 | 2.701 | 2.588 |
| Finanzergebnis | -1.188 | -1.136 | 25 | -4 | -111 | -48 | -100 | 45 | -3.588 | -3.357 | 275 | 191 | -579 | -500 | -574 | -631 | -1.021 | -1.728 | -50 | -80 |
| Ergebnis vor Steuern | 2.356 | 1.870 | 822 | 583 | 510 | 517 | -1.066 | 276 | 3.452 | 2.655 | 1.627 | 885 | 730 | -229 | 1.411 | 1.050 | 4.866 | 5.598 | 2.624 | 2.435 |
| Steuern | 636 | 511 | 255 | 203 | 199 | 189 | 200 | 15 | 1.428 | 1.782 | 394 | 257 | 178 | -129 | 424 | 531 | 1.423 | 1.858 | 776 | 685 |
| *Jahresüberschuss* | 1.720 | 1.359 | 567 | 380 | 311 | 328 | -1.266 | 261 | 2.024 | 873 | 1.233 | 628 | 552 | -100 | 558 | 519 | 2.876 | 3.831 | 1.848 | 1.750 |
| *Bilanz* | | | | | | | | | | | | | | | | | | | | |
| Langfristiges Vermögen | 35.351 | 34.049 | 1.176 | 1.177 | 2.495 | 2.646 | 20.517 | 22.022 | 107.709 | 104.762 | 11.360 | 11.162 | 14.975 | 17.696 | 18.813 | 18.464 | 41.763 | 56.563 | 8.329 | 8.119 |
| Geschäfts- oder Firmenwerte | 8.647 | 8.704 | N/a | N/a | N/a | N/a | N/a | N/a | N/a | N/a | N/a | N/a | 821 | 1.511 | 3.960 | 3.992 | N/a | N/a | 4.975 | 4.994 |
| (Sonstige) Immaterielle Vermögenswerte | 13.951 | 12.842 | 398 | 382 | 235 | 252 | 11.627 | 11.534 | 53.927 | 51.705 | 8.491 | 8.218 | 261 | 328 | 552 | 497 | 11.202 | 17.320 | 1.140 | 894 |
| Sachanlagen | 9.492 | 9.409 | 727 | 725 | 1.440 | 1.395 | 6.676 | 6.220 | 41.559 | 45.468 | 2.361 | 2.248 | 11.364 | 13.411 | 12.524 | 12.244 | 21.762 | 28.627 | 1.405 | 1.371 |
| Kurzfristiges Vermögen | 17.160 | 16.993 | 3.292 | 3.417 | 3.678 | 3.797 | 242.447** | 12.716 | 15.431 | 23.012 | 4.813 | 4.656 | 7.433 | 8.696 | 15.001 | 15.203 | 51.667 | 36.875 | 5.571 | 5.255 |
| Vorräte | 6.681 | 6.091 | 634 | 561 | 1.074 | 1.032 | 269 | 226 | 0 | 0 | 1.482 | 1.218 | 581 | 646 | 7.001 | 7.110 | 2.540 | 3.115 | 0 | 0 |
| Forderungen aus L&L | 5.953 | 6.106 | 894 | 906 | 1.729 | 1.656 | 8.081 | 7.157 | 7.393 | 6.757 | 1.847 | 1.721 | 3.015 | 3.033 | 446 | 544 | 10.415 | 9.530 | 3.178 | 2.546 |
| Liquide Mittel | 2.094 | 2.725 | 613 | 767 | 503 | 742 | 1.350 | 3.064 | 3.026 | 5.022 | 338 | 1.110 | 1.444 | 1.136 | 3.874 | 3.996 | 1.249 | 3.074 | 1.280 | 1.884 |
| *Bilanzsumme* | 52.511 | 51.042 | 4.468 | 4.594 | 6.173 | 6.443 | 262.964 | 34.738 | 123.140 | 127.774 | 16.173 | 15.818 | 22.408 | 26.392 | 33.814 | 33.667 | 93.430 | 93.438 | 13.900 | 13.374 |
| Eigenkapital | 16.340 | 18.951 | 2.460 | 2.636 | 2.396 | 2.535 | 9.852 | 8.273 | 43.112 | 41.937 | 6.535 | 6.544 | 6.594 | 6.202 | 6.061 | 5.992 | 13.140 | 13.717 | 7.171 | 8.491 |
| Langfristiges Fremdkapital | 22.336 | 23.118 | 608 | 532 | 1.744 | 1.738 | 11.714 | 14.102 | 55.786 | 61.043 | 4.247 | 5.161 | 7.755 | 11.414 | 7.369 | 9.106 | 36.793 | 45.633 | 905 | 1.467 |
| Kurzfristiges Fremdkapital | 13.835 | 8.973 | 1.400 | 1.426 | 2.033 | 2.170 | 241.398 | 12.363 | 24.242 | 24.794 | 5.391 | 4.113 | 8.059 | 8.776 | 20.384 | 18.569 | 43.497 | 34.088 | 5.824 | 3.416 |
| Verbindlichkeiten aus L&L | 2.464 | 2.735 | 690 | 699 | 682 | 793 | 5.016 | 4.861 | 7.073 | 6.304 | 1.678 | 1.885 | 3.626 | 3.796 | 13.839 | 14.050 | 11.031 | 9.697 | 599 | 638 |

\* Nicht verfügbar, da GuV nach Gesamtkostenverfahren aufgestellt
\*\* Inkl. zur Veräußerung gehaltener Vermögenswerte i. H. v. Mio. EUR 231.824 und Verbindlichkeiten i. H. v. Mio. EUR 227.736

# Einzelaufgaben
Aufgabe 8

## Aufgabenstellungen
1. Berechnen Sie auf Basis der gegebenen Jahresabschlussdaten die Kennzahlen in Abb. A-22.
2. Welches Unternehmen aus welcher Branche gehört zu welchem Datensatz? Und warum?

### Abb. A-22

**Kennzahlen**

| Bezeichnung Deutsch / Bezeichnung Englisch | Berechnung | Kommentar |
|---|---|---|
| Kapitalumschlag / Capital Turnover | $\dfrac{\text{Umsatzerlöse}}{\varnothing \text{ Bilanzsumme}^*}$ | |
| Gesamtkapitalrentabilität / Return on Assets (ROA) | $\dfrac{\text{Jahresüberschuss + Zinsen}}{\varnothing \text{ Bilanzsumme}^*}$ | Wird in der Praxis teilweise auch ohne die Addition der Zinsen berechnet, was aufgrund der unterschiedlichen Finanzierungsstruktur zu Verzerrungen führt. |
| Eigenkapitalquote / Equity Ratio | $\dfrac{\text{Eigenkapital}}{\text{Gesamtkapital}}$ | |
| Eigenkapitalrentabilität / Return on Equity (ROE) | $\dfrac{\text{Jahresüberschuss}}{\varnothing \text{ Eigenkapital}^*}$ | Berücksichtigt im Gegensatz zum ROA die Finanzierungsstruktur (Eingenkapitalquote) des Unternehmens und kann daher teilweise erheblich vom ROA abweichen. |
| EBIT-Marge / Operating Margin | $\dfrac{\text{EBIT}}{\text{Umsatzerlöse}}$ | |
| Umsatzrentabilität / Return on Sales (ROS) | $\dfrac{\text{Jahresüberschuss}}{\text{Umsatzerlöse}}$ | Wird je nach Philosophie und Zweck teilweise auch aus dem Betriebsergebnis oder dem Ergebnis vor Steuern und den Umsatzerlösen berechnet. |
| Reichweite Forderungen [in Tagen] / Days Sales Outstanding (DSO) | $\dfrac{\text{Forderungen}}{\text{Umsatzerlöse}} \times 365$ | Die hier vorgestellte Variante ist eine Stichtagsgröße; Sie beschreibt die Reichweite am jeweiligen Stichtag; Je nach gewünschter Aussage kann die Kennzahl auch als Durchschnittsgröße der Periode berechnet werden, indem statt des Wertes aus der Schlussbilanz ein Durchschnittswert aus Eröffnungs- und Schlussbilanz angesetzt wird. |
| Reichweite Verbindlichkeiten L&L [in Tagen] / Days Payables Outstanding (DPO) | $\dfrac{\text{Verbindlichkeiten}}{\text{Herstellungskosten}^{**}} \times 365$ | |
| Lagerreichweite [in Tagen] / Inventory Days | $\dfrac{\text{Vorräte}}{\text{Herstellungskosten}^{**}} \times 365$ | |
| Lagerumschlag / Inventory Turnover | $\dfrac{\text{Herstellungskosten}}{\varnothing \text{ Vorräte}}$ | Die hier vorgestellte Variante ist eine Durchschnittsgröße, die eine Aussage über den im Laufe der Periode erzielten durchschnittlichen Lagerumschlag macht. |

\* Insbesondere in der Praxis wird diese Kennzahl oftmals nicht auf Basis des durchschnittlichen Kapitals sondern auf Basis des Kapitals in der Schlussbilanz berechnet

\*\* In der Praxis wird diese Kennzahl oftmals auf Basis des Umsatzes berechnet – allerdings sind die Herstellungskosten die wesentlich angemessenere und aussagekräftigere Basisgröße

*Die Lösung zur Aufgabe finden Sie ab S. 70.*

# Aufgabe 9

## CFROI und CVA im Konzern

### Abb. A-23

**Gewinn- und Verlustrechnung nach IFRS*** (Angaben in Mio. EUR)

|   |   |   |
|---|---|--:|
|   | Umsatzerlöse | 4.318 |
| − | Umsatzkosten | 1.891 |
| = | *Bruttoergebnis* | *2.427* |
| + | Sonstige betriebliche Erträge | 62 |
| − | Vertriebskosten | 341 |
| − | Verwaltungsaufwendungen | 897 |
| − | Sonstige betriebliche Aufwendungen | 312 |
| − | Marketingaufwendungen | 447 |
| − | Mietaufwendungen | 23 |
| = | *Ergebnis der betrieblichen Tätigkeit* | *469* |
| + | Erträge aus Kapitalanlagen | 7 |
| − | Fremdkapitalzinsen | 114 |
| = | *Ergebnis vor Steuern* | *362* |
| − | Ertragssteuern | 109 |
| = | *Jahresüberschuss* | *253* |

Abschreibungen im Geschäftsjahr: EUR 446 Mio.

\* Aus didaktischen Gründen vereinfachte Darstellung

### Abb. A-24

**Bilanz des Konzerns nach IFRS*** (Angaben in Mio. EUR)

| AKTIVA | Eröffnungs-bilanz | Schluss-bilanz | PASSIVA | Eröffnungs-bilanz | Schluss-bilanz |
|---|--:|--:|---|--:|--:|
| *Langfristige Vermögenswerte* | *3.507* | *3.565* | Eigenkapital | 1.441 | 1.568 |
| Geschäfts- oder Firmenwert | 1.503 | 1.669 | | | |
| Immaterielle Vermögenswerte | 888 | 794 | *Langfristige Schulden* | *1.462* | *1.512* |
| Sachanlagen | 917 | 903 | Rückstellungen | 764 | 783 |
| Wertpapiere | 88 | 76 | Finanzverbindlichkeiten | 666 | 698 |
| Sonstige Vermögenswerte | 111 | 123 | Sonstige Verbindlichkeiten | 32 | 31 |
| *Kurzfristige Vermögenswerte* | *1.245* | *1.269* | *Kurzfristige Schulden* | *1.849* | *1.754* |
| Vorratsvermögen | 363 | 337 | Finanzverbindlichkeiten | 1.232 | 1.271 |
| Forderungen aus Lieferungen und Leistungen | 515 | 532 | Verbindlichkeiten aus Lieferungen und Leistungen | 601 | 466 |
| Wertpapiere | 13 | 14 | Sonstige Verbindlichkeiten | 16 | 17 |
| Zahlungsmittel und -äquivalente | 271 | 305 | | | |
| Sonstige Vermögenswerte | 83 | 81 | | | |
| **Bilanzsumme** | **4.752** | **4.834** | | **4.752** | **4.834** |

*Anschaffungswert des abschreibbaren Anlagevermögens: MEUR 2.080*
*Durchschnittliche Nutzungsdauer des abschr. Anlagevermögens: 8 Jahre*

\* Aus didaktischen Gründen vereinfachte Darstellung

## Einzelaufgaben
Aufgabe 9

Es ist Ende Januar. Soeben hat Konzern-CFO Carlo Knauserig die Gewinn- und Verlustrechnung (siehe Abb. A-23) und die Bilanz (siehe Abb. A-24) des abgelaufenen Geschäftsjahres auf den Schreibtisch bekommen. Noch binnen Tagesfrist möchte er gerne von seinen Mitarbeitern wissen, ob und wie viel Wert der Konzern bei durchschnittlichen Kapitalkosten (WACC) in Höhe von 9 Prozent im vergangenen Jahr geschaffen hat.

### Aufgabenstellungen

1. Ermitteln Sie auf Basis von GuV und Bilanz den Cashflow Return on Investment (CFROI) und den Cash Value Added (CVA) nach der Methode der ökonomischen Abschreibungen[1]. Nehmen Sie auf Basis der beiden Spitzenkennzahlen Stellung zum Ergebnis des Geschäftsjahres.
2. Die Geschäftsbereiche im Konzern sind dezentral geführt und werden an ihrem CFROI gemessen. Der noch relativ junge Geschäftsbereich V hat derzeit einen CFROI von 10 Prozent bei einer Kapitalbasis von EUR 623 Mio. Herbert Schöngeist, Leiter des Geschäftsbereiches V, hat für das kommende Geschäftsjahr ein max. Budget für Investitionen in Höhe von EUR 250 Mio. zur Verfügung und mehrere Investitionsalternativen zur Auswahl (siehe Abb. A-25). Für welche Investitionsalternative(n) entscheidet sich Herbert Schöngeist, wenn er sich erwartungsgemäß rational-opportunistisch verhält?

### Abb. A-25

**Investitionsalternativen des Geschäftsbereichs** (Angaben in Mio. EUR)

| | Investitionsalternative | | |
|---|---|---|---|
| | A | B | C |
| Zu investierendes Kapital | 120 | 80 | 50 |
| Erwarteter Brutto-Cashflow | 48 | 16 | 12 |
| Ökonomische Abschreibungen | 20 | 6 | 2 |

3. Welche Investitionsalternative(n) sollte Geschäftsbereichsleiter Schöngeist im Sinne des Konzerns auswählen? Was ist der Grund dafür, dass sich das Interesse von Herrn Schöngeist in diesem Fall nicht mit dem des Konzerns deckt und wie könnte dieser Interessenkonflikt vermieden werden?

*Die Lösung zur Aufgabe finden Sie ab S. 73.*

---

[1] Die Urheber des CFROI, HOLT Value Associates, schlagen zur Berechnung von Brutto-Cashflow und der Kapitalbasis zahlreiche Anpassungen der Größen aus dem Rechnungswesen vor; beschränken Sie sich in Ihrer Berechnung vereinfachend und veranschaulichend auf die Kapitalisierung der Mietkosten.

## Aufgabe 10

### Das DuPont System of Financial Control zum Vergleich der Regionalgesellschaften der Energie AG

Der Bereich Energieerzeugung Deutschland der Energie AG, für den Sie seit einigen Jahren als leitender Controller in der Abteilung Gasturbinen tätig sind, soll zukünftig Teil des neu geschaffenen Clusters Mittel- und Südeuropa werden. Ihr Manager Siegfried Simpel wird daher zusätzlich zum Deutschlandgeschäft die Verantwortung für die als Ländergesellschaften (LG) organisierten Gasturbinenwerke in Frankreich, Italien und Spanien übernehmen. Die Ländergesellschaften sind als Produktions- und Vertriebsgesellschaften organisiert und bedienen jeweils ausschließlich ihren Heimatmarkt. Siegfried Simpel bittet Sie, die Performance der drei neuen Ländergesellschaften anhand des Return on Investment (ROI) zu vergleichen. Sie greifen sofort zum Hörer und bitten Ihre Kollegen in Frankreich, Italien und Spanien, Ihnen die Umsatzerlöse, Kosten und Bilanz ihrer jeweiligen Ländergesellschaft für das abgelaufene Geschäftsjahr zu schicken.

**Abb. A-26**

**Umsatzerlöse und Kosten der Ländergesellschaften** (Angaben in Mio. EUR)

| Ländergesellschaft | Umsatzerlöse | Fixkosten* | Variable Kosten |
|---|---|---|---|
| Frankreich | 450 | 53 | 334 |
| Italien | 150 | 16 | 104 |
| Spanien | 210 | 37 | 131 |

\* Exklusive Fremdkapitalkosten (Zinsen)

**Abb. A-27**

**Bilanzpositionen der Ländergesellschaften** (Angaben in Mio. EUR)

| Aktiva | Frankreich | | Passiva |
|---|---|---|---|
| Anlagevermögen | 220 | Eigenkapital | 100 |
| Umlaufvermögen | 80 | Fremdkapital | 200 |
| **Aktiva** | **Italien** | | **Passiva** |
| Anlagevermögen | 100 | Eigenkapital | 40 |
| Umlaufvermögen | 20 | Fremdkapital | 80 |
| **Aktiva** | **Spanien** | | **Passiva** |
| Anlagevermögen | 130 | Eigenkapital | 45 |
| Umlaufvermögen | 45 | Fremdkapital | 130 |

### Aufgabenstellungen

1. Rekapitulieren Sie zunächst, wie sich der ROI zusammensetzt und wie Sie seine Bestandteile definieren.
2. Wie hoch ist der Jahresüberschuss der drei Ländergesellschaften? Warum eignet sich der Gewinn alleine nicht, um die Profitabilität der einzelnen Gesellschaften zu bestimmen? Berech-

# Einzelaufgaben
Aufgabe 11

nen Sie anhand der Ihnen vorliegenden Informationen jeweils den ROI der drei Ländergesellschaften und beurteilen Sie die Profitabilität.

Siegfried Simpel ist begeistert ob der schnellen und intuitiv eingängigen Analyse und hat bereits den Telefonhörer in der Hand, um die Manager der Ländergesellschaften zu instruieren. Geistesgegenwärtig bremsen Sie ihn und machen deutlich, dass die Verdichtung auf drei Zahlen (ROI, EBIT und Gesamtkapital) höchstens für eine erste Einschätzung ausreiche. Sie schlagen vor, die Analyse anhand des DuPont Systems of Financial Control weiter zu vertiefen.

3. Erklären Sie Siegfried Simpel kurz das DuPont System of Financial Control.
4. Sie überzeugen Siegfried Simpel mit Ihrem Vorschlag. Er bittet Sie, eine derartige Analyse für die drei Regionalgesellschaften durchzuführen und die Ergebnisse für ihn zu interpretieren.
5. Das Telefonat mit dem Finanzvorstand hat ergeben, dass zukünftig alle Ländergesellschaften einen ROI von mindestens 25 Prozent erreichen sollen. Den Managern der Ländergesellschaften sollen in diesem Zusammenhang direkt konkrete Hebel und Maßnahmen vorgeschlagen werden, wie sie die Profitabilität ihrer Gesellschaft steigern können.

*Die Lösung zur Aufgabe finden Sie ab S. 77.*

## Aufgabe 11

### Verrechnungspreise bei der Solaranlagen AG

Die Solaranlagen AG produziert mit ihren ca. 60 Mitarbeitern sog. »nachführende« Solarkraftwerke. Derartige Kraftwerke generieren ggü. fest aufgestellten herkömmlichen Solaranlagen einen Mehrertrag von bis zu 30 Prozent. Die Solarmodule werden hierzu auf ein Trägersystem montiert, das die Module im Tagesverlauf dem aktuellen Stand der Sonne anpasst und somit stets einen nahezu optimalen Einfallswinkel ermöglicht. Hauptkunden sind Großinvestoren, die Solaranlagenparks bauen. Ein Park umfasst 100 Trägersysteme bzw. Solarkraftwerke. Die Absatzerwartung des Vertriebs richtet sich nach dem Preis eines Parks (siehe Abb. A-28). Die Produktionskapazitäten erlauben derzeit die Produktion von maximal vier Parks pro Jahr.

**Abb. A-28**

**Absatzmengenerwartung** (Angaben in Mio. EUR pro Park)

| Nettopreis | Anzahl Parks |
|---|---|
| 16,0 | 1 |
| 15,0 | 2 |
| 13,5 | 3 |
| 12,0 | 4 |

Die Solaranlagen AG ist in drei Abteilungen bzw. Profit Centern organisiert: Abteilung A baut das patentierte Trägersystem; Abteilung B produziert in Eigenfertigung Standardsolarmodule, mit denen das Trägersystem bestückt wird. Auf einem Trägersystem werden dann von Abteilung C, die für den Vertrieb und die Installation der Solaranlagenparks zuständig ist, beim Kunden vor Ort fünf Reihen mit jeweils 20 Solarmodulen zu einem Kraftwerk montiert. Die jährlichen Fixkosten jeder Abteilung betragen jeweils EUR 1,0 Mio. Die jährlichen Gemeinkosten in Höhe von EUR 2,0 Mio. werden nach folgendem Schlüssel auf die Abteilungen verrechnet: Abteilung A 40 Prozent, Abteilung B 40 Prozent, Abteilung C 20 Prozent. In Abhängigkeit von der Produktions- bzw. Absatzmenge ergeben sich für die einzelnen Abteilungen außerdem die folgenden variablen Kosten:

### Abb. A-29

**Variable Kosten in Abhängigkeit von der Produktions- bzw. Absatzmenge**

| Abteilung A: Produktion Trägersysteme | | Abteilung B: Produktion Solarmodule | | Abteilung C: Vertrieb | |
|---|---|---|---|---|---|
| Anzahl Trägersysteme | Stückkosten in EUR | Anzahl Solarmodule | Stückkosten in EUR | Anzahl Parks | Stückkosten in EUR |
| 100 | 40.000 | 10.000 | 460 | 1 | 2.000.000 |
| 200 | 39.000 | 20.000 | 440 | 2 | 1.800.000 |
| 300 | 38.000 | 30.000 | 430 | 3 | 1.700.000 |
| 400 | 38.000 | 40.000 | 425 | 4 | 1.600.000 |

Als relativ junges Start-up-Unternehmen hat sich die Solaranlagen AG bisher keine Gedanken über Verrechnungspreise gemacht. Die Verrechnungspraxis zwischen den Abteilungen variiert im Einzelfall – Verrechnungspreise werden derzeit nicht aktiv als Controlling-Instrument eingesetzt. Als Chefcontroller der Solaranlagen AG sollen Sie prüfen, ob die Einführung eines Verrechnungspreissystems für das Unternehmen Vorteile bringen könnte.

**Aufgabenstellungen**
1. Ermitteln Sie diejenige Absatzmenge, bei der die Solaranlagen AG unter Berücksichtigung ihrer begrenzten Produktionskapazität den maximalen Gewinn erwirtschaften würde.
2. Ermitteln Sie Verrechnungspreise auf Basis von Grenzkosten (GK), Vollkosten (VK) sowie Vollkosten inkl. eines Zuschlags von 20 Prozent (VK+).
3. Welche Gewinne machen die einzelnen Abteilungen bei den jeweiligen kostenorientierten Verrechnungspreisen? Welche Absatzmenge würde der Vertrieb (Abteilung C) mit seiner Preissetzung anstreben, wenn er auf Basis des Abteilungsergebnisses incentiviert würde?
4. Wie ändern sich die Gewinne der Abteilungen, wenn sich die Solaranlagen AG für einen marktorientierten Verrechnungspreis zwischen Abteilung B und C von EUR 600 pro Solarmodul entscheidet, wobei zwischen Abteilung A und C weiterhin zu Vollkosten plus 20 Prozent Zuschlag verrechnet würde? Welche Vor- und Nachteile hätte ein marktorientierter Verrechnungspreis?
5. Abteilung A wird derzeit interimsweise von COO Bernd Boss geleitet, Abteilung C von Juniormanager Hans Sonnenschein. Die beiden werden beauftragt, bilateral einen Verrechnungspreis für Trägersysteme auszuhandeln. Das Ergebnis dieser Verhandlungen ist ein Verrechnungspreis von EUR 60.000 pro Stück. Welche Auswirkungen hat der ausgehandelte Verrechnungspreis auf den Gewinn der beiden betroffenen Abteilungen[2]? Welche Faktoren könnten Ihrer Meinung nach den Ausgang der Verhandlungen beeinflusst haben?

---

[2] Zwischen den Abteilungen B und C wird weiterhin zum Marktpreis i. H. v. EUR 550 verrechnet.

**Einzelaufgaben**
Aufgabe 12

6. Welche Vor- und Nachteile könnten verhandlungsbasierte Verrechnungspreise haben und wie könnte man die Nachteile adressieren?

*Die Lösung zur Aufgabe finden Sie ab S. 80.*

## Aufgabe 12

### Budgetierung bei der KoRoVa Studentenbar

Der November ist traditionell ein guter Monat für die KoRoVa Studentenbar in Vallendar: Das Semester ist in vollem Gange, aber es stehen keine Klausuren an. Insofern ist das bereits pensionierte Inhaberehepaar Weisbrod guter Dinge, dass sie in den Novemberwochen ein leichtes Plus erzielen und die ruhigen Sommermonate durch den Gewinn aus dem November teilweise gegenfinanzieren können.

Die Weisbrods waren ursprünglich nicht selbst Betreiber der KoRoVa, sondern haben das Lokal nach gutem Zureden durch die Studentenschaft fortgeführt[3], nachdem die studentischen Vorbetreiber den Betrieb Mitte 2007 nicht weiter aufrechterhalten konnten. Da die Weisbrods direkt über der KoRoVa wohnen, müssen sie als Hauseigentümer keine Miete für das Ladenlokal zahlen. Würden sie das Ladenlokal nicht selbst betreiben, könnten sie Mieteinnahmen i. H. v. EUR 600 pro Monat durch die Vermietung der Räumlichkeiten erzielen.

Geöffnet ist die KoRoVa von Montag bis Samstag – sonntags ist Ruhetag. Unter der Woche beschäftigen die Weisbrods tagsüber eine Aushilfskraft. Am Samstag und während der Abendstunden steht Frau Weisbrod in der Regel selbst hinter der Theke. Einzige Ausnahme ist der sog. »Tauschie Tuesday«, ein von Austauschstudenten gestalteter Abend, an dem ob der höheren Besucherzahlen die Abendschicht doppelt besetzt ist (siehe Abb. A-30).

**Abb. A-30**

**Öffnungs- und Arbeitszeiten** (Angaben in Std. pro Tag)

|  | »Tauschie Tuesday« | Normaler Wochentag | Samstag |
|---|---|---|---|
| Tage | 1 | 4 | 1 |
| Öffnungsdauer | 16 | 16 | 6 |
| Arbeitszeit Fr. Weisbrod | 6 | 6 | 6 |
| Arbeitszeit Aushilfskraft* | 16 | 10 | 0 |

* Die Lohnkosten der Aushilfe betragen inkl. Zuschlägen EUR 8 pro Std.

Zum Produktangebot der KoRoVa gehören neben diversen Getränken auch leckere Brownies sowie belegte Bagel, die jeden Tag frisch zubereitet werden (siehe Abb. A-31). Sämtliche Produkte werden zu einem Bruttopreis von EUR 2,00 inkl. 19 Prozent MwSt. angeboten.

---

3  Inkl. der 2004 für EUR 50.000 angeschafften und über 10 Jahre nutzbaren Ladeneinrichtung.

### Abb. A-31

**Zutaten für belegte Bagel***

| Zutat | Einheit | Menge pro belegtem Bagel | Verpackungs- einheit | Kosten pro Verpackungs- einheit |
|---|---|---|---|---|
| Bagel | Stück | 1 | 4 | 1,99 |
| Frischkäse | g | 25 | 200 | 1,19 |
| Salat | Kopf | 0,02 | 1 | 1,00 |
| Aufschnitt | g | 40 | 200 | 1,99 |

* Äquivalent zur Stückliste in einem produzierenden Betrieb

Jeden Samstag kauft Herr Weisbrod für die kommende Woche im Einzelhandel Milch und Brownies sowie die Zutaten für Bagel und Heißgetränke und den Wochenbedarf an Flaschengetränken (siehe Abb. A-32). Dabei finden natürlich die aktuellen und die angestrebten (Sicherheits-)Bestände von Zutaten und Produkten Berücksichtigung (siehe Abb. A-33).

Die Getränke kaufen die Weisbrods in Kisten à 24 Flaschen zu einem Kistenpreis von durchschnittlich EUR 16 sowie die Brownies in Packungen à 6 Brownies zu einem Preis von EUR 2,99 pro Packung. Zur Zubereitung der Heißgetränke brauchen die Weisbrods im Durchschnitt 0,25 Liter Milch, die Herr Weisbrod zu einem Preis von EUR 0,80 pro Literflasche einkauft.

### Abb. A-32

**Absatzmengen** (Angaben in Stück pro Tag)

| Produkt | »Tauschie Tuesday« | Normaler Wochentag | Samstag |
|---|---|---|---|
| Belegte Bagel | 20 | 25 | 5 |
| Brownies | 7 | 7 | 3 |
| Getränkeflaschen | 100 | 20 | 10 |
| Heißgetränke | 50 | 60 | 15 |

### Abb. A-33

**Bestandsdaten** (Angaben in VE)

| Produkt | Verpackungs- einheit (VE) | Bestand aktuell | angestrebt |
|---|---|---|---|
| Bagel | Packung à 4 Stück | 2 | 3 |
| Frischkäse | Packung à 200g | 1 | 2 |
| Salat | Kopf | 0 | 0 |
| Aufschnitt | Packung à 200g | 0 | 0 |
| Brownies | Packung à 6 Stück | 1 | 2 |
| Getränke | Kiste à 24 Flaschen | 4 | 3 |
| Milch | Flasche à 1 Liter | 6 | 5 |

# Einzelaufgaben
## Aufgabe 13

**Aufgabenstellungen**

1. Es ist Samstagmorgen. Helfen Sie den Weisbrods und ermitteln Sie das Absatz- und Erlösbudget sowie das Materialbedarfs- und -kostenbudget für die kommende Woche zur Planung des Wocheneinkaufs.
2. Berechnen Sie das Lohnbudget und ermitteln Sie anschließend das Erfolgsbudget für die kommende Woche. Berücksichtigen Sie dabei Materialgemeinkosten i. H. v. EUR 30 pro Woche (z. B. für Kaffee) sowie die laufenden monatlichen Kosten (siehe Abb. A-34).
3. Wie sähe das Erfolgsbudget aus, wenn die Weisbrods nicht nur tatsächliche Kosten, sondern auch kalkulatorische Kosten in ihrem Budget berücksichtigen würden? Ist es für die Weisbrods aus rein wirtschaftlicher Sicht sinnvoll, die KoRoVa selbst zu betreiben?

### Abb. A-34

**Laufende Kosten** (Angaben in EUR pro Monat)

| Kostenart | Betrag |
|---|---|
| Strom | 300 |
| Wasser | 30 |
| Heizung | 30 |
| Sonstige | 120 |
| **Gesamt** | **480** |

*Die Lösung zur Aufgabe finden Sie ab S. 84.*

## Aufgabe 13

### Break-Even-Analyse zweier neuer Produkte bei der Möbel & Lifestyle GmbH

Die Möbel & Lifestyle GmbH mit Sitz in Reutlingen am Rande der schwäbischen Alb ist in vierter Generation im Besitz der Familie Röscher. Vor einem halben Jahr hat Filius Niklas Röscher sein Studium des Internationalen Managements erfolgreich abgeschlossen und nun die Geschäftsführung der GmbH von seinem Vater übernommen. Sein Ziel ist es, den eingeschlagenen Wachstumskurs seines Vaters erfolgreich fortzusetzen. Da insbesondere das Segment *Lifestyle* immer stärker von den Kunden nachgefragt wird, plant Niklas, das aktuelle Sortiment um Designertische und -stühle zu erweitern.

Zur Fundierung seines Vorhabens entschließt sich Niklas, diejenigen Stückzahlen zu ermitteln, bei denen die geplanten neuen Produkte die Gewinnschwelle erreichen bzw. einen Gewinn erwirtschaften. Er beschließt daher, auf Basis der erwarteten Verkaufspreise und Kosten sowie der maximalen Produktionskapazität (siehe Abb. A-35) eine Break-Even-Analyse für die beiden neuen Produkte durchzuführen.

### Abb. A-35

**Produktspezifische Daten**

|  | Abkürzung | Einheit | Tische | Stühle |
|---|---|---|---|---|
| Preis (netto) | p | in EUR pro Stück | 2.100 | 1.000 |
| Variable Kosten | v | in EUR pro Stück | 1.100 | 500 |
| Produktspezifische Fixkosten | F | in EUR pro Jahr | 250.000 | 190.000 |
| Produktionskapazität | K | in Stück pro Jahr | 600 | 800 |

**Aufgabenstellungen**

1. Ermitteln Sie den Break-Even-Punkt (Absatzmenge) und den Break-Even-Umsatz nach dem Umsatz-Gesamtkostenmodell sowie nach dem Deckungsbeitragsmodell.
2. Niklas erwartet sich von den Tischen einen Gewinn (G) von EUR 50 Tsd. und von den Stühlen einen solchen von EUR 40 Tsd. Bei welcher Absatzmenge wird der erwartete Gewinn erreicht?
3. Nachdem die Möbel und Lifestyle GmbH in der Vergangenheit sehr solide Ergebnisse erwirtschaftet hat, wäre laut Röscher Senior eine Umsatzrendite (ROS) von 22 Prozent auf die Tische und von 25 Prozent auf die Stühle wünschenswert. Berechnen Sie die entsprechenden Absatzmengen und Umsätze, die zum Erreichen der formulierten ROS-Erwartung nötig sind.
4. Abschließend bittet Sie der Controllingtrainee, ihm die wesentlichen Prämissen der Break-Even-Analyse kurz zusammenzufassen, damit er diese für die anstehenden Diskussionen im Unternehmen auch schriftlich vorliegen hat.

*Die Lösung zur Aufgabe finden Sie ab S. 87.*

### Aufgabe 14

## Abweichungsanalyse bei der Racing GmbH mittels flexibler Plankostenrechnung auf Vollkostenbasis

Herr Breuer war erfolgreicher Radrennfahrer und ist inzwischen geschäftsführender Gesellschafter der Racing GmbH, einem Hersteller von hochwertigen Rennrädern und Mountainbikes. Nachdem das Unternehmen über viele Jahre solide Gewinne erwirtschaftet hat, sind diese in den vergangenen Jahren deutlich gefallen, so dass sich Herr Breuer vor geraumer Zeit zur Einstellung eines Controllers entschloss.

Nach seiner Einarbeitungsphase wurde diesem schnell klar, dass die vorhandene Kostenrechnung wenig aussagefähig hinsichtlich der wirtschaftlichen Leistungsfähigkeit einzelner Produktionsbereiche war und keine detaillierte Ursachenanalyse ermöglichte.

Einen wesentlichen Schritt zur Verbesserung der Situation stellte daher die Einführung der Plankostenrechnung zum Zweck der Kostenkontrolle dar. Da eine evtl. einfacher zu implementierende starre Plankostenrechnung den notwendigen Informationsbedarf nicht vollständig abdecken würde, entschied man sich gemeinsam zur Einführung der flexiblen Plankostenrechnung auf Vollkostenbasis, die nach nunmehr einem Jahr im produktiven Betrieb folgende Gemeinkostendaten für die Kostenstellen *Montage Rennräder* und *Montage Mountainbikes* liefert (siehe Abb. A-36).

# Einzelaufgaben
## Aufgabe 14

### Abb. A-36

**Kostenstellenspezifische Daten**

| Plandaten | Einheit | Montage Rennräder (Kst 001) | Montage Mountainbikes (Kst 002) |
|---|---|---|---|
| Montagezeit | Std. pro Fahrrad | 2,5 | 3,0 |
| Geplante Stückzahl | Fahrräder | 1.100 | 1.400 |
| *Gemeinkosten* | Tsd. EUR | 385 | 504 |
| davon variabel | Tsd. EUR | 215 | 364 |
| davon fix | Tsd. EUR | 170 | 140 |
| **Istdaten** | | | |
| Produzierte Stückzahl | Fahrräder | 900 | 1.050 |
| Gemeinkosten | Tsd. EUR | 360 | 356 |

### Aufgabenstellungen

1. Welcher Anteil der Abweichungen geht auf die im Vergleich zum Plan abweichende Beschäftigung (Beschäftigungsabweichung) zurück? Was sagt diese Abweichung aus? Wie ist die verbleibende Restabweichung (Preis- und Verbrauchsabweichung) zu interpretieren? Herr Breuer möchte detailliert über die Abweichungen und möglichen Verbesserungen informiert werden. Was raten Sie ihm?
2. In der Kostenstelle *Lackierung* werden die Rahmen für die einzelnen Fahrradtypen mit spezifischen Beschichtungen und Farben versehen. Da hier der Materialeinsatz hinsichtlich Menge und Preis einen großen Kostenfaktor darstellt, würde Herr Breuer für diese Kostenstelle gerne genau verstehen, welche Abweichungsursachen vorliegen. Hierzu berechnet der Controller basierend auf den kostenstellenspezifischen Daten (siehe Abb. A-37) die Gesamtabweichung bestehend aus Beschäftigungs-, Preis- und Verbrauchsabweichung.[4]
Bitte nehmen Sie zu allen drei Abweichungsarten kritisch Stellung. Beachten Sie, dass 25 Prozent der Preisabweichung durch gestiegene Preise gegenüber dem Planungszeitpunkt erklärt werden können.

### Abb. A-37

**Kostenstellenspezifische Daten der Kst. 003, Lackierung** (Angaben in Tsd. EUR)

| | |
|---|---|
| Istkosten | 1.100 |
| Verrechnete Plankosten (IST) | 850 |
| Sollkosten (Istpreise) | 990 |
| Sollkosten (Planpreise) | 950 |

---

4 Abweichungsüberschneidungen, welche sich auf die Preis- und Verbrauchsabweichungen gleichzeitig beziehen, sollen hier nicht berücksichtigt werden.

## Abb. A-38

**Beispieldaten**

| Daten | Abkürzung | Einheit | Wert |
|---|---|---|---|
| Istmenge | m(i) | Stück | 140 |
| Istpreise | p(i) | EUR | 160 |
| Istkosten | k(i) | EUR | 22.400 |
| Planmenge | m(p) | Stück | 120 |
| Planpreise | p(p) | EUR | 150 |
| Plankosten | k(p) | EUR | 18.000 |
| Gesamtabweichung | | | 4.400 |

3. Der Controller weist Herrn Breuer noch auf den Umstand hin, dass die Abweichungsanalyse neben der Beschäftigungs-, der Preis- und der Verbrauchsabweichung (der variablen Kosten) auch noch eine Abweichung 2. Grades (Abweichungsüberschneidung) berücksichtigen sollte. Er wählt das in Abb. A-38 dargestellte fiktive Zahlenbeispiel zur Verdeutlichung.
Berechnen Sie die Preis- und die Mengenabweichung 1. Grades sowie die Abweichung 2. Grades und stellen Sie die verschiedenen Abweichungen graphisch dar. Inwieweit ist der Kostenstellenleiter für die Abweichung 2. Grades zur Verantwortung zu ziehen?

*Die Lösung zur Aufgabe finden Sie ab S. 89.*

## Aufgabe 15

### Investitionsentscheidung der Cannelloni Pizza GmbH – die Pay-off-Methode

Herr Cannelloni ist Pizzabäcker aus Passion und wohnhaft in der herrlichen Toskana. Als er seinen langjährigen Freund Manfred Schuler in Deutschland besucht, weist der ihn auf die einmalige Möglichkeit hin, in exponierter Lager unmittelbar neben der renommierten Universität der Stadt ein Pizzageschäft mit Angeboten zum Mitnehmen (»take-away«) zu eröffnen. Er ist sich absolut sicher, dass sein Freund innerhalb kürzester Zeit ein lukratives Geschäft aufbauen kann.

Herr Cannelloni ist von der Idee begeistert und beginnt nach der Übergabe der Räumlichkeiten mit dem Kauf der notwendigen Einrichtung. Eine zentrale Investition, zu deren Finanzierung Herr Cannelloni einen Kredit zu einem Zinssatz von acht Prozent aufnimmt, stellt dabei der Ofen dar, den der Hersteller in den Varianten *Basis*, *Standard* und *Top* anbietet. Die Varianten unterscheiden sich insbesondere hinsichtlich der technischen Parameter wie automatische Temperaturregelung, spezielles Lüftungssystem und Energieeffizienz. Darüber hinaus ist der Ausschuss bei den teureren Varianten geringer, was sich in den geringeren Materialstückkosten widerspiegelt. Zudem hat die Variante *Top* eine höhere jährliche Ausbringungsmenge als die anderen beiden Varianten (siehe Abb. A-39). (Aus Vereinfachungsgründen werden weitere Kosten wie Miete und sonstige laufende Kosten bei der Bewertung der Investitionsentscheidung für den Ofen nicht weiter mit betrachtet.)

# Einzelaufgaben
## Aufgabe 15

### Abb. A-39

**Kosten- und Erlösdaten** (Angaben in EUR)

| Annahme | Basis | Variante Standard | Top |
|---|---|---|---|
| Anschaffungspreis Pizzaofen | 80.000 | 120.000 | 180.000 |
| Restwert nach 5 Jahren | 20.000 | 25.000 | 30.000 |
| Materialkosten pro Pizza | 0,85 | 0,80 | 0,80 |
| Variable Stromkosten pro Pizza | 0,15 | 0,12 | 0,12 |
| Fixe Stromkosten pro Jahr | 8.000 | 8.000 | 8.000 |
| Instandhaltungskosten pro Jahr | 8.000 | 10.000 | 12.000 |

**Sonstige Annahmen**

| Annahme | Basis | Variante Standard | Top |
|---|---|---|---|
| Ausbringungsmenge im Jahr | 50.000 | 50.000 | 75.000 |
| Durchsatz pro Stunde | 30 | 30 | 45 |

Unabhängig davon, welchen Ofen er kaufen wird, rechnet Herr Cannelloni bei einem Nettoverkaufspreis (VKP) von EUR 3,– mit einer absetzbaren Ausbringungsmenge von 50.000 Pizzen pro Jahr bei einem Durchsatz von 30 Pizzen pro Stunde für die Ofenvarianten *Basis* und *Standard* sowie mit 75.000 bzw. 45 Pizzen beim Modell *Top*. Des Weiteren geht er von Lohnkosten in Höhe von EUR 30,– pro Stunde für den Pizzabäcker aus. Auf den zu erwartenden Gewinn muss Herr Cannelloni, anders als in Italien, zu seinem Leidwesen 30 Prozent Steuern abführen.

Nachdem Herr Cannelloni nur geringe Kenntnisse im Bereich der Investitionsrechnung hat, bittet er seinen Neffen, der sich gerade in der Endphase seines BWL-Studiums befindet, ihm bei der Investitionsentscheidung behilflich zu sein. Neben einer fundierten Analyse nennt er ihm noch eine Dauer von max. zwei Jahren als Erwartungshaltung für die Soll-Amortisationszeit.

### Aufgabenstellungen

1. Berechnen Sie den Jahresüberschuss für die verschiedenen Investitionsalternativen. Verwenden Sie für die Berechnung der Abschreibungen folgende Restwerte nach fünf Jahren: *Basis* = EUR 20.000, *Standard* = EUR 25.000 und *Top* = EUR 30.000. In welches Ofenmodell sollte Herr Cannelloni investieren?
2. Berechnen Sie in einem weiteren Schritt den Amortisationszeitraum der verschiedenen Investitionsalternativen für den Ofen mit Hilfe der statischen Amortisationsrechnung und den vorliegenden Angaben. Inwieweit ändert sich die Empfehlung hinsichtlich der Investitionsalternativen?
3. Wie verändert sich das Ergebnis, wenn die Ausbringungsmenge und der Durchsatz des Ofens *Top* in der Praxis um 20 Prozent geringer ausfällt, als ursprünglich vom Hersteller versprochen?
4. Was halten Sie davon, dass Herr Cannelloni die Investitionsentscheidung »nur« auf Basis der statischen Amortisationsrechnung trifft? Welche Vorgehensweise würden Sie wählen?

*Die Lösung zur Aufgabe finden Sie ab S. 92.*

## Aufgabe 16

### Kapitalwertmethode und IRR zur Bewertung zweier Investitionsalternativen bei der Corretti Eis GmbH

Nachdem der passionierte Pizzabäcker Carlo Cannelloni die herrliche Toskana verlassen hat, um in einer schwäbischen Universitätsstadt ein Pizzageschäft zu eröffnen, überlegt auch sein bester Freund Michele Corretti sich im deutschen Markt zu etablieren. Nach dem Tod seines vermögenden Onkels hat Corretti eine ansehnliche Erbschaft gemacht. Nun möchte er sich seinen Jugendtraum erfüllen und eine eigene Eisproduktion aufbauen. Nach intensiven Recherchen kristallisieren sich zwei Maschinen heraus, die in die engere Auswahl kommen: Der Ice Giant 007 eines kanadischen Anbieters und die Turbo Ice 4711 eines chinesischen Herstellers (siehe Abb. A-40). Beide Maschinen haben eine Nutzungsdauer von zwölf Jahren und müssten über 10 Jahre linear abgeschrieben werden.

Beide Aggregate sind im Stande, die eigens von Herrn Corretti entwickelte Eissorte »Smooth« herzustellen. Die Materialkosten der Zutaten betragen derzeit EUR 1,30 pro Liter bei einem Nettoverkaufspreis an den Einzelhandel von EUR 4,00 pro Literpackung[5]. Herr Corretti muss allerdings feststellen, dass bei zehn benötigten Mitarbeitern zu jährlichen Bruttolohnkosten von Tsd. EUR 40 pro Mitarbeiter doch ein erheblicher Kostenblock auf ihn zukommt[6]. Des Weiteren muss er auf seinen Gewinn Gewerbe- und Körperschaftsteuer (inklusive Solidaritätszuschlag) in Höhe von insgesamt ca. 30 Prozent abführen.

Wenngleich er dank der umfangreichen Erbschaft auch die Investitionssumme der teureren Maschine »stemmen« könnte, hätte Herr Corretti doch eine gewisse Präferenz für die in der Anschaffung günstigere kanadische Maschine. Um jedoch nicht ausschließlich eine intuitive, sondern eine rationalere Entscheidung zu treffen, rät Herr Correttis Freund ihm, vor der Investitionsentscheidung eine fundierte Analyse der Alternativen vorzunehmen bzw. vornehmen zu lassen. Daher schlägt Herr Cannelloni ihm vor, einmal mit Herrn Böhme, dem Chefcontroller eines befreundeten Kaffeeunternehmens, Kontakt aufzunehmen. Herr Böhme könne sicherlich einige wertvolle Ratschläge geben und die Berechnungen für Herrn Corretti vornehmen.

### Abb. A-40

**Maschinenspezifische Daten**

| | | Maschine | |
|---|---|---|---|
| | Einheit | Ice Giant 007 | Turbo Ice 4711 |
| Investitionssumme | EUR | 700.000 | 1.000.000 |
| Ausbringungsmenge | Liter pro Jahr | 250.000 | 300.000 |
| Mietkosten | EUR pro Jahr | 48.000 | 72.000 |
| Instandhaltungskosten | EUR pro Jahr | 10.000 | 5.000 |

---

5 Der Verkaufspreis soll in den Folgejahren um jeweils 5 Prozent ggü. dem Vorjahr angehoben werden. Außerdem ist mit einer Steigerung der Materialkosten von 6 Prozent pro Jahr zu rechnen.
6 Rechnen Sie mit einer jährlichen Steigerung der Lohnkosten von 3 Prozent.

# Einzelaufgaben
## Aufgabe 16

**Aufgabenstellungen**

1. Bitte führen Sie mit Hilfe der vorliegenden Daten einen Vergleich der Zahlungsströme beider Investitionsobjekte durch. Stellen Sie dabei die Nettozahlungsflüsse (Cashflows) für das Jahr der Investition sowie für die folgenden fünf Jahre dar. Gehen Sie insbesondere auch auf die Berücksichtigung möglicher Zinszahlungen auf das eingesetzte Kapital ein.
2. Zur Berechnung des Kapitalwerts ist die Bestimmung des Kalkulationszinssatzes von elementarer Bedeutung, da dieser großen Einfluss auf das Ergebnis hat. Herr Corretti bittet Herrn Böhme, mehrere Möglichkeiten zur Bestimmung des Kalkulationszinssatzes vorzuschlagen.
3. Nach intensiven Überlegungen haben sich Herr Böhme und Herr Corretti für einen Kalkulationszinssatz von 10 Prozent entschieden. Bitte berechnen Sie auf Basis dieses Kalkulationszinssatzes den Kapitalwert der beiden Investitionen sowohl exkl. als auch inkl. des Restwertes (engl. Terminal Value). In welche Maschine sollte Herr Corretti auf Basis der Kapitalwertmethode investieren?
4. Berechnen Sie den internen Zinsfuß[7] (IRR) beider Investitionsalternativen. In welche Maschine sollte Herr Corretti auf Basis des IRR investieren? Was sind die »Stärken« und »Schwächen« des IRR im Vergleich zur Kapitalwertmethode?
5. Kurz vor seiner Entscheidung stellt Herr Corretti fest, dass der chinesische Hersteller den Preis seiner Maschine um 30 Prozent auf EUR 1,3 Mio. angehoben hat, wodurch die Wirtschaftlichkeit einer Investition in die Turbo Ice 4711 sinkt (siehe Abb. A-41). Welche Maschine würden Sie Herrn Corretti nach der Preiserhöhung empfehlen? Was sind die Argumente pro und contra Ihre Empfehlung?

### Abb. A-41

**Veränderte Renditeerwartung der Turbo Ice 4711**

| Kenngröße | Einheit | Wert |
| --- | --- | --- |
| Kapitalwert exkl. Restwert | Tsd. EUR | −145 |
| Kapitalwert inkl. Restwert | Tsd. EUR | 900 |
| Interner Zinsfuß (IRR) | Prozent | 24 |

*Die Lösung zur Aufgabe finden Sie ab S. 95.*

---

[7] Der interne Zinsfuß einer Investition ist derjenige Zinssatz, bei dem der Kapitalwert der Investition null ist.

## Aufgabe 17

### Target Costing – das neue Netbook der Nerd iT

Die Nerd iT GmbH, Anfang der 1990er-Jahre von zwei Informatikstudenten als Computer Reparaturservice gegründet, hat sich innerhalb von nur zehn Jahren zu einem mittelständischen Unternehmen mit überregionaler Präsenz im südwestdeutschen Raum entwickelt. Nach der anfänglichen Konzentration auf die Reparatur defekter PCs ist das Unternehmen nach und nach auch in den Ankauf defekter Geräte eingestiegen, die nach erfolgreicher Reparatur mit Gewinn wiederverkauft werden.

Mitte der 2000er-Jahre – einer der beiden Gründer hat inzwischen ein MBA-Studium in Nordamerika absolviert und trägt nur noch schwarze Rollkragenpullover zur Jeans – sind sich die beiden sicher, dass der Trend zukünftig hin zum mobilen Internet gehen wird. Die dafür benötigten neuen Geräte werden kleiner und leichter sein als die bekannten Notebooks, weniger leistungsfähig, aber für den Durchschnittsnutzer vollkommen ausreichend und eben in hohem Maße mobil einsetzbar. Diesen Trend wollen die beiden Unternehmer ausnutzen und mit einem eigenen Gerät der neuen »Netbook«-Klasse in den Markt von Neugeräten einsteigen. Vertreiben wollen die beiden die Geräte zunächst via Internet, so dass pro Gerät lediglich Lieferkosten i. H. v. EUR 6,00 anfallen.

Wichtige Kriterien beim Kauf eines solchen Netbooks werden zum einen der Preis (geplant ist ein Verkaufspreis von EUR 299,90 inkl. MwSt.) und zum anderen die Produktmerkmale der neuen Geräteklasse sein. Das geeignete Instrument, um diese beiden Kriterien bereits in der Produktentwicklung optimal zu berücksichtigen und die Zielkosten für die einzelnen Komponenten festzulegen, so erinnert sich der MBA-Absolvent, ist das sog. Target Costing. Entgegen kommt den beiden, dass sie durch die tägliche praktische Erfahrung und den immer noch bestehenden guten Kontakt zum Institut ihres vormaligen Informatikstudiums mit den Kundenwünschen bzw. Anforderungen an die neue Geräteklasse der Netbooks bereits im Detail vertraut sind (siehe Abb. A-42 und A-43).

### Abb. A-42

**Kundenanforderungen an Netbooks**

| Basisanforderungen | Leistungsanforderungen | Begeisterungsanforderungen |
|---|---|---|
| Bluetooth-Fähigkeit | Akku-Laufzeit | Externes DVD-Laufwerk |
| Lautsprecher | Anzahl zusätzlicher Anschlüsse | Integrierte Webcam |
| Netzanschluss | Cooles Design | Memory Card Steckplatz |
| Touchpad | Funktionale Tastatur | Spiegelarmes Display |
| USB-Anschluss | Geringes Gewicht | |
| WiFi-Fähigkeit | Geringes Laufgeräusch | |
| | Hohe Bildschirmauflösung | |
| | Hohe Speicherkapazität | |
| | Rechen-Geschwindigkeit | |
| | Robuste Verarbeitung | |

# Einzelaufgaben
Aufgabe 17

### Abb. A-43

**Wichtigkeit der Leistungsmerkmale** (Angaben in Prozent)

| Merkmal | Prozent |
|---|---|
| Geringes Gewicht | 15 |
| Cooles Design | 15 |
| Akku-Laufzeit | 15 |
| Robuste Verarbeitung | 10 |
| Hohe Speicherkapazität | 10 |
| Funktionale Tastatur | 10 |
| Anzahl zusätzlicher Anschlüsse | 10 |
| Rechengeschwindigkeit | 5 |
| Hohe Bildschirmauflösung | 5 |
| Geringes Laufgeräusch | 5 |

### Abb. A-44

**Haupt-Netbook-Komponenten und budgetierte Kosten für Basis- und Begeisterungsanforderungen** (Angaben in EUR)

|  | Anforderung | |
|---|---|---|
|  | Basis | Begeisterung |
| Akku | 2,50 | |
| Arbeitsspeicher | 10,00 | |
| Display | 5,00 | 2,50 |
| Externes DVD-Laufwerk | Soll nicht realisiert werden. | |
| Festplatte* | 5,00 | |
| Gehäuse | 2,50 | |
| Grafikkarte | 5,00 | |
| Lautsprecher | 0,50 | |
| Lüfter | 2,00 | |
| Mainboard** | 12,50 | 2,50 |
| Netzanschlusskabel | 2,00 | |
| Prozessor (CPU) | 20,00 | |
| Tastatur | 2,00 | |
| Touchpad | 0,50 | |
| Webcam | | 5,00 |
| WiFi-Antenne | 0,50 | |
| **Gesamt** | **70,00** | **10,00** |

\* Alternativ Flash-Speicher
\*\* Inkl. Bluetooth, LAN und WLAN

**Abb. A-45**

**Nutzenanteil der Komponenten zur Erfüllung der Leistungsanforderungen** (Angaben in Prozent)

| Leistungsanforderung | Akku | Arbeitsspeicher | Display | Externes DVD-Laufwerk | Festplatte | Gehäuse | Grafikkarte | Lautsprecher | Lüfter | Mainboard | Netzanschlusskabel | Prozessor (CPU) | Tastatur | Touchpad | Webcam | WiFi-Antenne | Summe |
|---|---|---|---|---|---|---|---|---|---|---|---|---|---|---|---|---|---|
| Akku-Laufzeit | 60 | | | | | | | | | | | 40 | | | | | 100 |
| Anzahl zusätzlicher Anschlüsse | | | | | | | | | | 100 | | | | | | | 100 |
| Cooles Design | | | | | | 100 | | | | | | | | | | | 100 |
| Funktionale Tastatur | | | | | | | | | | | | | 100 | | | | 100 |
| Geringes Gewicht | 40 | | | | 10 | 30 | | | | 20 | | | | | | | 100 |
| Geringes Laufgeräusch | | | | | 30 | | | | 70 | | | | | | | | 100 |
| Hohe Bildschirmauflösung | | | 90 | | | | 10 | | | | | | | | | | 100 |
| Hohe Speicherkapazität | | | | | 100 | | | | | | | | | | | | 100 |
| Rechen-Geschwindigkeit | | 20 | | | 10 | | | | | | | 70 | | | | | 100 |
| Robuste Verarbeitung | | | 20 | | | 50 | | | | | | | 20 | 10 | | | 100 |

Komponenten

**Einzelaufgaben**
Aufgabe 17

Die Komponenten der neuen Netbooks werden größtenteils deckungsgleich mit den bekannten Komponenten aus Notebooks sein, im Einzelfall nur etwas kleiner und dafür weniger leistungsfähig (siehe Abb. A-44).

Auch mit dem Zusammenhang zwischen den einzelnen Produktkomponenten und den unterschiedlichen Leistungsanforderungen sind die beiden Unternehmer durch ihre Kenntnis von Branche und Kunden recht gut vertraut (siehe Abb. A-45).

**Aufgabenstellungen**
1. Ermitteln Sie zunächst die Gesamtzielkosten des Netbooks und das Budget zur Realisierung von Leistungsanforderungen bei einer angestrebten Bruttomarge von 50 Prozent.
2. Verteilen Sie das Budget zur Realisierung von Leistungsanforderungen anhand der Wichtigkeit der Leistungsmerkmale auf die einzelnen Produktkomponenten.
3. Berechnen Sie die Zielkosten der einzelnen Komponenten.

*Die Lösung zur Aufgabe finden Sie ab S. 99.*

## Aufgabe 18

### Effizienzvergleich durch internes Benchmarking von Prozessabläufen

Die Shared Service Center Ltd.[8] ist unternehmensinterner Dienstleister des Konzerns zur Bearbeitung standardisierter Tätigkeiten der Finanzbuchhaltung, nämlich wesentlicher Prozesse der Kreditoren- und Debitorenbuchhaltung sowie der Reisekostenabrechnung.

Zur Ausnutzung von Lernkurven- und Synergieeffekten wurden in den vergangenen Jahren nach und nach in jeder Konzernregion Shared Service Center eingerichtet (siehe Abb. A-46) und die entsprechenden Tätigkeiten (siehe Abb. A-47) sukzessive von den Finanzabteilungen der Ländergesellschaften übernommen.

**Abb. A-46**

**Regionale Präsenz der Shared Service Center Ltd.**

| Region | SSC Standort |
|---|---|
| Amerika | Guadalajara, Mexiko |
| Europa | Dublin, Irland |
| Mittlerer Osten/Südasien | Bangalore, Indien |
| Ostasien/Ozeanien | Manila, Philippinen |

Nachdem die vier Center nunmehr seit zwei Jahren nebeneinander operieren, hat der Konzern CFO und Chief Operating Officer der Shared Service Center Ltd., Carlo Knauserig, den Eindruck, dass es teilweise erhebliche Qualitäts- und Produktivitätsunterschiede zwischen den vier Centern gibt.

Er beauftragt daher den ihm unterstellten Leiter Konzerncontrolling Dr. Bohnenkraut mit der Durchführung eines Benchmarking-Projektes, um die Produktivität und Fehlerquote der vier SSC zu untersuchen und zu vergleichen. Ziel ist es, Ineffizienzen aufzudecken und in allen Centern Best-Practice-Prozesse zu implementieren, um das vom Konzern erwartete Qualitätsniveau durchgängig zu gewährleisten und gleichzeitig die Kosten zu minimieren.

Dr. Bohnenkraut wiederum hat nicht die nötige freie Kapazität, um das Projekt selbst zu leiten, sondern beauftragt Sie, als jungen und ambitionierten Mitarbeiter seiner Controlling-Abteilung, mit der Projektumsetzung. Er ruft Ihnen lediglich noch zu, dass Sie möglichst strukturiert vorgehen sollen, damit das Projekt in jedem Fall die von Carlo Knauserig erwarteten Einsparungen bringt.

**Aufgabenstellungen**

1. Sie entschließen sich daher, das von Ihnen beabsichtigte Benchmarking-Vorgehen zunächst einmal zu skizzieren, um es anschließend mit Ihrem Chef abzustimmen.

Nachdem Sie sich mir Ihrem Chef auf die Vorgehensweise geeinigt haben, widmen Sie sich der Zusammenstellung Ihres Teams und entschließen sich, eine Mitarbeiter-Wunschliste aufzustellen, auf Basis derer Sie dann Ihren Chef bitten können, bei Carlo Knauserig Ihre »Wunschkandidaten« für das Benchmarking-Projekt »loszueisen«.

---

8 In einem Shared Service Center (SSC) werden gleichartige Prozesse aus verschiedenen Bereichen eines Unternehmens bzw. einer Organisation zusammengefasst und zentral erbracht.

# Einzelaufgaben
Aufgabe 18

**Abb. A-47**

## Shared Service Center Prozesse

### Kreditorenbuchhaltung
*Prozess: invoice-to-payment (i2p)*

| Schritt | Beschreibung |
|---|---|
| Rechnungseingang der Papierrechnung | ▸ Manuell |
| Scannen der Rechnung | ▸ Manuell |
| Erfassen der Rechnungsdaten im System | ▸ Maschinell durch Optical Character Recognition (OCR) ▸ Händisch |
| Zuordnen der Rechnungen zu Geschäftsvorfällen | ▸ Automatisch über die Bestellnummer |
| Abgleich von Menge und Rechnungssumme mit dem System | ▸ Automatisch ▸ Bei Missmatch manuelle Bearbeitung, ggf. Beanstandung |
| Freigabe zur Auszahlung | ▸ I.d.R. automatisch |
| Erstellen der Zahlungsdatei | ▸ Vom Mitarbeiter täglich angestoßen; wird vom System generiert |
| Hochladen der Zahlungsdatei in die Bankschnittstelle | ▸ Manuell |

### Debitorenbuchhaltung
*Prozess: invoice-to-cash (i2c)*

| Schritt | Beschreibung |
|---|---|
| Rechnungserstellung | ▸ Automatisch bei Buchung des Warenausgangs |
| Regelmäßiges Erstellen einer Rechnungen- und Mahnungendatei | ▸ Eine Datei je Land |
| Versand der Datei an die Poststellen im jeweiligen Land | ▸ Automatisch vom System an die Email Adressen der Poststellen |
| Drucken und Versandt der Rechnungen | ▸ Durch die Poststellen in den Ländern |
| Ggf. Mahnung des Kunden | ▸ Automatisch bei Erreichen des Zahlungsziels ohne verbuchten Zahlungseingang |
| Zahlung der Rechnung durch den Kunden | |
| Zuordnung der Zahlung zur Rechnung | ▸ I.d.R. automatisch ▸ Bei fehlender Rechnungsnummer manuell! |
| Abschluss des Geschäftsvorfalls | ▸ I.d.R. automatisch |

### Reisekostenabrechnung
*Prozess: receipt-to-reimbursement (r2r)*

| Schritt | Beschreibung |
|---|---|
| Erstellen der Reisekostenabrechnung | ▸ Manuell durch den Mitarbeiter |
| Gebündelter Versand aller Rechnungen ins SSC | ▸ Manuell durch die Lohnbuchhaltung |
| Prüfung sämtlicher Belege | ▸ Manuell |
| Ggf. Korrektur der Reisekostenabrechnung | ▸ Manuell |
| Freigabe der Reisekostenabrechnung | ▸ Manuell |
| Ablage der Belege und Abrechnungen | ▸ Manuell |

⌐ ¬ Tätigkeit außerhalb des
└ ┘ Shared Service Centers

2. Während Ihr Chef gerade dabei ist, Carlo Knauserig gegenüber Ihre Projektteam-»Wunschliste« zu verteidigen, machen Sie sich im nächsten Schritt Gedanken über die relevanten Größen (Kennzahlen) zur Leistungsbeurteilung. Dabei kommt Ihnen zugute, dass Sie durch mehrere Dienstreisen bereits grob mit den Prozessen der Shared Service Center vertraut sind.

Nun, da Sie die Vorbereitungen zur Durchführung des Benchmarking-Projektes abgeschlossen haben, können Sie und Ihr Team sich der Erhebung und Auswertung der notwendigen Daten zur Ermittlung der definierten Kennzahlen widmen. Zur Ermittlung der Stückzeiten (siehe Abb. A-48) und Fehlerquoten (siehe Abb. A-49) entsenden Sie jeweils zwei Ihrer Projektteammitglieder für mehrere Tage zu einem Unternehmensbesuch in die vier SSC. Durch die Präsenz vor Ort können die beiden Kollegen zusätzlich zur reinen Datenerhebung auch noch wichtiges Detailwissen über die genauen Prozessabläufe und damit über mögliche Ursachen von Leistungs- und Qualitätsunterschieden aufbauen.

### Abb. A-48

**Stückzeiten** (Angaben in Sekunden)

| | Bangalore | Dublin | Guadalajara | Manila |
|---|---|---|---|---|
| i2p: Bearbeitungszeit zur manuellen Rechnungserfassung | 67 | 65 | 80 | 73 |
| i2p: Gesamtbearbeitungszeit pro Rechnung* | 83 | 79 | 93 | 84 |
| i2c: Bearbeitungszeit zur manuellen Zahlungserfassung | 94 | 78 | 102 | 89 |
| i2c: Gesamtbearbeitungszeit pro Geschäftsvorfall* | 65 | 53 | 78 | 69 |
| r2r: Prüfdauer pro Beleg | 34 | 33 | 44 | 38 |
| r2r: Gesamtbearbeitungszeit pro Position** | 37 | 37 | 42 | 40 |

\* Gemittelt über automatisch und manuell bearbeitete Rechnungen
\*\* Gemittelt über Positionen mit und ohne Beleg
Quelle: REFA Messung

### Abb. A-49

**Fehlerquote in der Stichprobe**

| | Bangalore | Dublin | Guadalajara | Manila |
|---|---|---|---|---|
| i2p: Geprüfte Rechnungen | 71 | 81 | 74 | 76 |
| i2p: Fehlerhaft erfasste Rechnungen | 3 | 1 | 3 | 4 |

Während Ihre Teammitglieder mit der Ermittlung der Stückzeiten und der Fehlerquote beschäftigt sind, ziehen Sie die ebenfalls benötigten Leistungsmengendaten aus dem ERP-System des Konzerns (siehe Abb. A-50).

Derweil steuert Ihre Kollegin aus der Personalabteilung Informationen über die Beschäftigtenzahlen (siehe Abb. A-51) sowie arbeitsrechtliche Grundlagen (siehe Abb. A-52) an den verschiedenen SSC Standorten bei.

# Einzelaufgaben
Aufgabe 18

### Abb. A-50

**Leistungsmengen**

|  | Bangalore | Dublin | Guadalajara | Manila |
|---|---|---|---|---|
| Erfasste Lieferantenrechnungen | 584.276 | 530.540 | 509.605 | 568.869 |
| davon manuell | 169.440 | 63.665 | 132.497 | 108.085 |
| Verbuchte Kundeneinzahlungen | 92.789 | 115.985 | 211.098 | 310.623 |
| davon manuell | 47.322 | 8.119 | 71.773 | 83.868 |
| Geprüfte Reisekostenabrechnungen | 17.538 | 21.289 | 39.708 | 51.240 |
| Positionen pro Abrechnung | 13 | 15 | 14 | 12 |

Quelle: Konzern ERP System

### Abb. A-51

**Beschäftigte** (Angaben in FTEs*)

| Abteilung | Bangalore | Dublin | Guadalajara | Manila |
|---|---|---|---|---|
| SSC Management allgemein | 2,0 | 1,5 | 2,0 | 2,0 |
| Kreditorenbuchhaltung | 8,5 | 7,0 | 8,0 | 10,0 |
| Debitorenbuchhaltung | 1,0 | 1,0 | 3,0 | 5,0 |
| Reisekostenabrechnung | 1,5 | 2,0 | 4,0 | 5,0 |

* Full-time-equivalent
Quelle: SSC Management

### Abb. A-52

**Arbeitsrechtliche Grundlagen der Beschäftigung**

|  | Einheit | Bangalore | Dublin | Guadalajara | Manila |
|---|---|---|---|---|---|
| Tägliche Arbeitsstunden | Std. | 8,0 | 9,6 | 10,0 | 8,0 |
| Arbeitstage pro Woche | Tage | 6 | 5 | 5 | 5 |
| Urlaubstage pro Jahr | Tage | 14 | 20 | 10 | 5 |
| Feiertage im Jahr* | Tage | 15 | 9 | 8 | 11 |
| Arbeitskosten | EUR pro Std. | 11 | 23 | 12 | 8 |

* Feiertage, die auf Werktage fallen
Quelle: Rechtsabteilung des Konzerns

3. Ermitteln Sie auf Basis obiger Informationen nun für jeden SSC Standort die zuvor definierten Kennzahlen.
4. Analysieren Sie die Ergebnisse hinsichtlich Leistungs- und Kostenunterschieden zwischen den vier Centern und bereiten Sie die Ergebnisse einschließlich Implikationen für das Management auf. Geben Sie in diesem Zusammenhang auch eine Schätzung des Kosteneinsparpotentials ab.

*Die Lösung zur Aufgabe finden Sie ab S. 103.*

# Aufgabe 19

## Die BCG-Portfolio Matrix: Portfolioanalyse bei der Blindflug AG

Die Blindflug AG wurde im Jahr 2000 von vier Studienfreunden gegründet und hat sich in einem sehr wohlwollenden Marktumfeld seither zu einem mittelständischen Unternehmen mit zweistelligem Millionenumsatz entwickelt.

Da das Unternehmen in den ersten Jahren einen durchschlagenden Markterfolg mit teilweise dreistelligen Wachstumsraten verzeichnen konnte, war eine proaktive Steuerung des Geschäfts bislang nicht nötig.

Doch in den vergangenen Jahren haben sich das Umsatzwachstum verlangsamt und die allgemeinen Geschäftsaussichten verschlechtert.

### Aufgabenstellungen

Die vier Inhaber beschließen daher, den gerade eingestellten Ferienpraktikanten der Betriebswirtschaftslehre...

1. ... mit der Erstellung eines Marktanteils-Marktwachstums-Portfolios (»BCG Portfolio Matrix«) zu beauftragen, um ...
2. ... anschließend Implikationen für die zukünftigen Normstrategien der verschiedenen Produktgruppen abzuleiten.

Aus der Controlling-Abteilung bekommt der Praktikant die Blindflug-Umsatzdaten des vergangenen Geschäftsjahres für die einzelnen Produktgruppen. Die Umsatzdaten der Konkurrenten konnte er aus den Jahresabschlüssen der Konkurrenz zusammentragen (siehe Abb. A-53).

### Abb. A-53

**Umsätze der Mitbewerber** (Angaben in Mio. EUR)

| Produktgruppe A | | Produktgruppe B | | Produktgruppe C | |
|---|---|---|---|---|---|
| Unternehmen | Umsatz | Unternehmen | Umsatz | Unternehmen | Umsatz |
| Blindflug AG | 9,5 | Blindflug AG | 13,3 | Blindflug AG | 7,5 |
| Konkurrent 1 | 18,2 | Konkurrent 2 | 7,7 | Konkurrent 1 | 5,9 |
| Konkurrent 2 | 7,3 | | | Konkurrent 4 | 3,3 |
| Konkurrent 3 | | | | Konkurrent 5 | 2,3 |
| Gesamtmarkt | 35 | Gesamtmarkt | 21 | Gesamtmarkt | 19 |

| Produktgruppe D | | Produktgruppe E | |
|---|---|---|---|
| Unternehmen | Umsatz | Unternehmen | Umsatz |
| Blindflug AG | 10,6 | Blindflug AG | 4,1 |
| Konkurrent 6 | 33,8 | Konkurrent 7 | 23,6 |
| Konkurrent 7 | 19,8 | Konkurrent 8 | 11,4 |
| Konkurrent 8 | 11,8 | Konkurrent 9 | 9,9 |
| Gesamtmarkt | 76 | Gesamtmarkt | 49 |

Darüber hinaus hat der Praktikant folgende Marktinformationen zum erwarteten Marktwachstum der einzelnen Teilmärkte den unterschiedlichen Marktstudien entnommen, die im Vergleich zu einer erwarteten Inflationsrate von 2 Prozent stehen (siehe Abb. A-54).

# Einzelaufgaben
Aufgabe 19

### Abb. A-54

**Erwartetes Marktwachstum** (Angaben in Prozent)

| Produktgruppe | Menge | Preis |
|---|---|---|
| A | 3 | 3 |
| B | 0 | 5 |
| C | −3 | 1 |
| D | 1 | 4 |
| E | 0 | 0 |

3. Um zu verhindern, dass aus den von ihm zusammengestellten Informationen voreilige Schlüsse auf Basis einiger weniger Informationen gezogen werden, beschließt der Praktikant, zusätzlich zur eigentlichen Analyse auch eine kurze Gegenüberstellung der Stärken und Schwächen der Analyse für die vier Jungunternehmer zusammenzustellen.

*Die Lösung zur Aufgabe finden Sie ab S. 115.*

# Lösungsvorschläge zu den Einzelaufgaben

### Aufgabe 1

## Jahresabschluss bei der SchokoLaden GmbH

Es bietet sich an, die Geschäftsvorfälle mittels T-Konten zu analysieren und je nach Geschäftsvorfall auf ein Erfolgskonto oder ein Bestandskonto zu verbuchen (siehe Abb. A-55). Hierzu werden für die Bilanzposten der SchokoLaden GmbH die jeweiligen Bestandskonten gebildet und der Anfangsbestand der Konten für sämtliche Bilanzposten aus der Schlussbilanz des ersten Geschäftsjahres, also der Eröffnungsbilanz des zweiten Geschäftsjahres übernommen. Neben den aus den Bilanzposten abgeleiteten Bestandskonten müssen die für die Geschäftsvorfälle relevanten Aufwands- und Ertragskonten eröffnet werden.

Zur Buchung auf das Bestandskonto *Zahlungsmittel* muss für die einzelnen Geschäftsvorfälle i. B. entschieden werden, ob sie eine Veränderung des Finanzmittelfonds verursacht haben. Dies ist bei folgenden Geschäftsvorfällen der Fall:

a) Der Kauf von Sachanlagen in bar i. H. v. EUR 15 Tsd. (Auszahlung)
d) Der Verkauf von Finanzanlagen i. H. v. EUR 5 Tsd. in bar. (Einzahlung)
e) Der Kauf von Vorräten i. H. v. EUR 55 Tsd.; da die Vorräte mit einem Zahlungsziel von 30 Tagen eingekauft wurden, stehen Vorräte i. H. v. EUR 5 Tsd. (EUR 60 Tsd. x 30/360 noch zur Zahlung aus. (Auszahlung)
g) Umsatzerlöse i. H. v. EUR 117 Tsd. (Einzahlung)
h) Das Begleichen von Lieferantenverbindlichkeiten aus dem ersten Geschäftsjahr i. H. v. EUR 3 Tsd. (Auszahlung)
k) Die Tilgung von kurzfristigen Verbindlichkeiten ggü. Kreditinstituten i. H. v. EUR 10 Tsd. (Auszahlung)
l) Die Aufnahme eines langfristigen Bankkredites i. H. v. EUR 10 Tsd. (Einzahlung)
m) Die Einnahme von Forderungen aus Lieferungen & Leistungen aus dem ersten Geschäftsjahr i. H. v. EUR 1 Tsd. (Einzahlung)
o) Die Begleichung von Steuerverbindlichkeiten aus dem ersten Geschäftsjahr i. H. v. EUR 2 Tsd. (Auszahlung)
p) Die Ausbezahlung von Löhnen und Gehältern (inkl. Lohnnebenkosten) i. H. v. EUR 20 Tsd. (Auszahlung)
q) Die Bezahlung von Zinsen für Fremdkapital i. H. v. EUR 5 Tsd. (Auszahlung)

# Einzelaufgaben
## Aufgabe 1

### Abb. A-55

**Geschäftsvorfälle auf T-Konten**

| BESTANDSKONTEN | | ERFOLGSKONTEN | |
|---|---|---|---|
| **Aktiva** | **Passiva** | **Aufwandskonten** | **Ertragskonten** |

**Sachanlagen**

| Soll | | Haben | |
|---|---|---|---|
| AB | 65 | | |
| a) | 15 | 3 | b) |
| | | 12 | c) |
| | | 65 | SB |

**Gezeichnetes Kapital**

| Soll | | Haben | |
|---|---|---|---|
| | | 25 | AB |
| SB | 25 | | |

**Materialaufwand**

| Soll | | Haben | |
|---|---|---|---|
| e) | 60 | | |
| | | 60 | Saldo |

**Umsatzerlöse**

| Soll | | Haben | |
|---|---|---|---|
| | | 120 | g) |
| Saldo | 120 | | |

**Finanzanlagen**

| Soll | | Haben | |
|---|---|---|---|
| AB | 5 | 5 | d) |
| | | 0 | SB |

**Gewinnrücklage**

| Soll | | Haben | |
|---|---|---|---|
| | | 10 | AB |
| SB | 10 | 10 | i) |

**Personalaufwand**

| Soll | | Haben | |
|---|---|---|---|
| j) | 2 | | |
| p) | 20 | | |
| | | 22 | Saldo |

**Bestandsveränderung**

| Soll | | Haben | |
|---|---|---|---|
| | 1 | | f) |
| Saldo | 1 | | |

**Vorräte**

| Soll | | Haben | |
|---|---|---|---|
| AB | 15 | | |
| e) | 60 | 60 | |
| | | 1 | f) |
| | | 14 | SB |

**Rückstellungen**

| Soll | | Haben | |
|---|---|---|---|
| | | 2 | AB |
| SB | 2 | 2 | j) |

**Abschr. auf Sachanl.**

| Soll | | Haben | |
|---|---|---|---|
| c) | 12 | | |
| | | 12 | Saldo |

**Forderungen aus L&L**

| Soll | | Haben | |
|---|---|---|---|
| AB | 2 | | |
| b) | 2 | | |
| g) | 3 | 2 | m) |
| | | 5 | SB |

**Jahresüberschuss**

| Soll | | Haben | |
|---|---|---|---|
| | | 10 | AB |
| i) | 10 | | |
| | | 15 | |
| SB | 15 | | |

**Sonst. Betr. Aufw.**

| Soll | | Haben | |
|---|---|---|---|
| b) | 1 | | |
| m) | 1 | | |
| | | 2 | Saldo |

**Zahlungsmittel**

| Soll | | Haben | |
|---|---|---|---|
| AB | 3 | | |
| | | 15 | a) |
| d) | 5 | 55 | e) |
| g) | 117 | 3 | h) |
| | | 10 | k) |
| l) | 10 | | |
| m) | 1 | 2 | o) |
| | | 20 | p) |
| | | 5 | q) |
| | | 26 | SB |

**Verbindl. ggü. Banken**

| Soll | | Haben | |
|---|---|---|---|
| | | 50 | AB |
| k) | 10 | | |
| | | 10 | l) |
| SB | 50 | | |

**Zinsaufwendungen**

| Soll | | Haben | |
|---|---|---|---|
| q) | 5 | | |
| | | 5 | Saldo |

**Verbindl. Aus L&L**

| Soll | | Haben | |
|---|---|---|---|
| | | 3 | AB |
| | | 5 | e) |
| h) | 3 | | |
| SB | 5 | | |

**Steuern vom Ertrag**

| Soll | | Haben | |
|---|---|---|---|
| n) | 3 | | |
| | | 3 | Saldo |

**Steuerverbindl.**

| Soll | | Haben | |
|---|---|---|---|
| | | 2 | AB |
| | | 3 | n) |
| o) | 2 | | |
| SB | 3 | | |

| | 104 | Saldo | 119 |
|---|---|---|---|
| | | 15 | |

Nachdem im ersten Schritt also sämtliche Geschäftsvorfälle hinsichtlich ihrer Auswirkungen auf Erfolgs- und Bestandskonten i. B. des Bestandskontos *Zahlungsmittel* analysiert wurden, kann bzw. muss zur Aufstellung der Kapitalflussrechnung nun eine Zuordnung der zahlungsrelevanten Geschäftsvorfälle auf die drei Teilbereiche (I) laufende Geschäftstätigkeit, (II) Investitionstätigkeit und (III) Finanzierungstätigkeit erfolgen.

Folgende Geschäftsvorfälle sind der **laufenden Geschäftstätigkeit** zuzuordnen:
g) Umsatzerlöse i. H. v. EUR 117 Tsd. (Einzahlung)
e) Der Kauf von Vorräten i. H. v. EUR 55 Tsd. (Auszahlung)
p) Die Ausbezahlung von Löhnen und Gehältern (inkl. Lohnnebenkosten) i. H. v. EUR 20 Tsd. (Auszahlung)
m) Die Einnahme von Forderungen aus Lieferungen & Leistungen aus dem ersten Geschäftsjahr i. H. v. EUR 1 Tsd. (Einzahlung)
h) Das Begleichen von Lieferantenverbindlichkeiten aus dem ersten Geschäftsjahr i. H. v. EUR 3 Tsd. (Auszahlung)
q) Die Tilgung von Zinsen für Fremdkapital i. H. v. EUR 5 Tsd. (Auszahlung)
o) Die Begleichung von Steuerverbindlichkeiten aus dem ersten Geschäftsjahr i. H. v. EUR 2 Tsd. (Auszahlung)

Der Kapitalfluss aus **Investitionstätigkeit** ist der Saldo aus Ein- und Auszahlungen im Zusammenhang mit Unternehmensressourcen, die dem Unternehmen langfristig – i. d. R. länger als ein Jahr – zur Erzielung von zukünftigen Erträgen dienen sollen. Hierzu zählen:
a) Der Kauf von Sachanlagen in bar i. H. v. EUR 15 Tsd. (Auszahlung)
d) Der Verkauf von Finanzanlagen i. H. v. EUR 5 Tsd. in bar. (Einzahlung)

Der Kapitalfluss aus **Finanzierungstätigkeit** umfasst sämtliche zahlungswirksame Aktivitäten, die sich unmittelbar auf den Umfang des Eigen- oder Fremdkapitals in der Bilanz, also die Passivseite auswirken. Hierzu zählen:
l) Die Aufnahme eines langfristigen Bankkredites i. H. v. EUR 10 Tsd. (Einzahlung)
k) Die Tilgung von kurzfristigen Verbindlichkeiten ggü. Kreditinstituten i. H. v. EUR 10 Tsd. (Auszahlung)

Nach Zuordnung der einzelnen zahlungsrelevanten Geschäftsvorfälle auf die drei Teilbereiche laufende Geschäftstätigkeit, Investitionstätigkeit und Finanzierungstätigkeit ergibt sich folgende Kapitalflussrechnung:

# Einzelaufgaben
Aufgabe 1

### Abb. A-56

**Kapitalflussrechnung der SchokoLaden GmbH für das Geschäftsjahr 2** (Angaben in in Tsd. EUR)

| 1. |   | Einzahlung von Kunden | 118 |
|---|---|---|---|
| 2. | − | Auszahlung an Lieferanten | 58 |
| 3. | − | Auszahlung an Beschäftigte | 20 |
| 4. | − | Gezahlte Zinsen | 5 |
| 5. | − | Gezahlte Ertragssteuern | 2 |
| **6.** | **=** | **Kapitalfluss aus laufender Geschäftstätigkeit** | **33** |
| 7. | + | Einzahlungen aus Abgängen aus dem Sachanlagevermögen | 0 |
| 8. | − | Auszahlungen für Investitionen in das Sachanlagevermögen | 15 |
| 9. | + | Einzahlungen aus Abgängen aus dem Finanzanlagevermögen | 5 |
| 10. | − | Auszahlungen aufgrund von Finanzmittelanlagen | 0 |
| **11.** | **=** | **Kapitalfluss aus Investitionstätigkeit** | **−10** |
| 12. | + | Einzahlungen aus Kapitalerhöhungen | 0 |
| 13. | − | Auszahlungen an Gesellschafter | 0 |
| 14. | + | Einzahlungen aus der Aufnahme von Krediten | 10 |
| 15. | − | Auszahlungen aus der Tilgung von Krediten | 10 |
| **16.** | **=** | **Kapitalfluss aus Finanzierungstätigkeit** | **0** |
| 17. |   | **Netto-Gesamtkapitalfluss des Geschäftsjahres** | 23 |
| 18. | + | Finanzmittelfonds am Anfang der Periode | 3 |
| **19.** | **=** | **Finanzmittelfonds am Ende der Periode** | **26** |

Erläuterungen zu ausgewählten Posten der Kapitalflussrechnung:
1. Einzahlungen von Kunden
   In diesem Posten sind die Einzahlungen von Kunden (EUR 1 Tsd. aus GJ 1 und EUR 117 Tsd. aus GJ 2) zusammengefasst.
2. Auszahlung an Lieferanten
   In diesem Posten sind die Auszahlungen an die Lieferanten (EUR 3 Tsd. aus GJ 1 und EUR 55 Tsd. aus GJ 2) zusammengefasst.

## Erstellen der Gewinn- und Verlustrechnung
Zum Erstellen der Gewinn- und Verlustrechnung nach dem Gesamtkostenverfahren (siehe Abb. A-57) werden nun die Salden der Aufwands- und Ertragskonten herangezogen.

### Abb. A-57

**GuV der SchokoLaden GmbH für das Geschäftsjahr 2 nach dem Gesamtkostenverfahren**
(Angaben in Tsd. EUR)

| 1. |   | Umsatzerlöse | 120 |
|---|---|---|---|
| 2. | + | Bestandsveränderung | −1 |
| 3. | + | Sonstige betriebliche Erträge | 0 |
| 4. | − | Materialaufwand | 60 |
| 5. | − | Personalaufwand | 22 |
| 6. | − | Abschreibungen | 12 |
| 7. | − | Sonstige betriebliche Aufwendungen | 2 |
| 8. | − | Zinsaufwendungen | 5 |
| 9. | − | Steuern vom Einkommen und vom Ertrag | 3 |
| **10.** | **=** | **Jahresüberschuss** | **15** |

## Erstellen der Bilanz

Nachdem nun also die Veränderung des Finanzmittelfonds mittels der Kapitalflussrechnung sowie die Veränderung des Jahresüberschusses mittels der Gewinn- und Verlustrechnung ermittelt worden ist, können die Abschlussbuchungen dieser beiden Bestandskonten vorgenommen und die Schlussbilanz für das Geschäftsjahr 2 aufgestellt werden (siehe Abb. A-58).

### Abb. A-58

**Bilanz der Schokoladen GmbH nach HGB** (Angaben in Tsd. EUR)

| AKTIVA | 31.12.01 | 31.12.02 | PASSIVA | 31.12.01 | 31.12.02 |
|---|---|---|---|---|---|
| *Anlagevermögen* | | | *Eigenkapital* | | |
| Sachanlagen | 65 | 65 | Gezeichnetes Kapital | 25 | 25 |
| Finanzanlagen | 5 | 0 | Gewinnrücklage | 0 | 10 |
| | | | Jahresüberschuss | 10 | 15 |
| | | | *Rückstellungen* | 0 | 2 |
| *Umlaufvermögen* | | | *Verbindlichkeiten* | | |
| Vorräte | 15 | 14 | Verbindlichkeiten ggü. Kreditinstituten | 50 | 50 |
| Forderungen aus L&L | 2 | 5 | Verbindlichkeiten aus L&L | 3 | 5 |
| Zahlungsmittel | 3 | 26 | Steuerverbindlichkeiten | 2 | 3 |
| **Bilanzsumme** | **90** | **110** | **Bilanzsumme** | **90** | **110** |

## Aufgabe 2

## Cashflow bei der Blindflug AG: Den Kapitalfluss derivativ ermitteln

### Lösungsvorschlag zu Aufgabenstellung 1

Bei der direkten Ermittlung der Kapitalflussrechnung wird i. B. zur Ermittlung des Kapitalflusses der laufenden Geschäftstätigkeit *direkt* auf die zahlungsrelevanten GuV-Positionen abgehoben und werden Ertragseinzahlungen von Aufwandsauszahlungen der Periode abgezogen. Schematisch ist die Vorgehensweise also wie folgt:

  Einzahlungen
- Auszahlungen
= Kapitalfluss aus laufender Geschäftstätigkeit

# Einzelaufgaben
Aufgabe 2

### Abb. A-59

**Kapitalflussrechnung der Blindflug AG im GJ 11 – direkte Ermittlung** (Angaben in Mio. EUR)

| | | |
|---|---|---:|
| + | Einzahlung von Kunden | 44 |
| + | Einzahlungen aus Verkauf von Wertpapieren | 1 |
| − | Auszahlungen an Lieferanten | 20 |
| − | Auszahlungen an Beschäftigte | 14 |
| − | Gezahlte Zinsen | 2 |
| − | Auszahlung der Steuerverbindlichkeiten | 3 |
| − | Sonstige Auszahlungen | − |
| = | **Kapitalfluss aus laufender Geschäftstätigkeit** | **6** |
| + | Einzahlungen aus Abgängen des Sachanlagevermögens | 2 |
| − | Auszahlungen aus Zugängen des Sachanlagevermögens | 4 |
| + | Einzahlungen aus Abgängen des Finanzanlagevermögens | 5 |
| − | Auszahlungen aus Zugängen des Finanzanlagevermögens | 1 |
| = | **Kapitalfluss aus Investitionstätigkeit** | **2** |
| + | Einzahlungen in das Eigenkapital | − |
| − | Auszahlungen an Gesellschafter | 9 |
| + | Einzahlungen aus der Aufnahme von Krediten | 10 |
| − | Auszahlungen an Kreditinstitute | 10 |
| = | **Kapitalfluss aus Finanzierungstätigkeit** | **(9)** |
| | **Veränderung des Finanzmittelfonds** | **(1)** |
| + | Finanzmittelfonds am Anfang der Periode | 4 |
| = | **Finanzmittelfonds am Ende der Periode** | **3** |

**Lösungsvorschlag zur Aufgabenstellung 2**

Bei der indirekten Ermittlung der Kapitalflussrechnung wird i. B. der Kapitalfluss der laufenden Geschäftstätigkeit *indirekt* ausgehend vom Jahresüberschuss in der GuV abgeleitet, indem nicht zahlungsrelevante Aufwendungen zum Jahresergebnis addiert und nicht zahlungsrelevante Erträge vom Jahresergebnis subtrahiert werden. Schematisch ist die Vorgehensweise also wie folgt:

    Jahresergebnis
+  zahlungsneutrale Aufwendungen
−  zahlungsneutrale Erträge
=  Kapitalfluss aus laufender Geschäftstätigkeit

## Abb. A-60

**Kapitalflussrechnung der Blindflug AG im GJ 11 – indirekte Ermittlung** (Angaben in Mio. EUR)

|   |   |   |
|---|---|---:|
| + | Jahresüberschuss | 3 |
| + | Abschreibungen | 4 |
| + | Veränderung Rückstellungen | 1 |
| – | Veränderung von Vorräten | 1 |
| – | Veränderung von Forderungen aus L&L | 1 |
| – | Veränderung von Wertpapieren | (1) |
| + | Veränderung von Verbindlichkeiten aus L&L | (1) |
| + | Veränderung von Steuerverbindlichkeiten | – |
| = | **Kapitalfluss aus laufender Geschäftstätigkeit** | **6** |
| + | Veränderung Immaterieller Vermögensgegenstände | – |
| + | Veränderung des Sachanlagevermögens (netto Abschreibungen) | (2) |
| + | Veränderung des Finanzanlagevermögens | 4 |
| = | **Kapitalfluss aus Investitionstätigkeit** | **2** |
| + | Veränderung des Eigenkapitals | – |
| – | Auszahlungen an Gesellschafter | 9 |
| + | Veränderung von Verbindlichkeiten ggü. Kreditinstituten | – |
| = | **Kapitalfluss aus Finanzierungstätigkeit** | **(9)** |
|   | **Zahlungswirksame Veränderung des Finanzmittelfonds** | **(1)** |
| + | Finanzmittelfonds am Anfang der Periode | 4 |
| = | **Finanzmittelfonds am Ende der Periode** | **3** |

## Aufgabe 3

### Erstellen einer Kapitalflussrechnung auf Basis von Bilanz und GuV[9]

Für die derivative Erstellung einer Kapitalflussrechnung eignet sich ein zweistufiges Vorgehen:

Im ersten Schritt empfiehlt es sich, eine sog. Bewegungsbilanz für das zu betrachtende Geschäftsjahr zu erstellen, aus der die unterjährigen Veränderungen der Bestandskonten hervorgehen. Im zweiten Schritt lässt sich dann aus den Nettoveränderungen der einzelnen Bilanzposten und aus der Gewinn- und Verlustrechnung die Kapitalflussrechnung ableiten.

Schritt 1: Zur Erstellung der Bewegungsbilanz muss lediglich für jeden Bilanzposten die Differenz aus Schluss- und Anfangssaldo gebildet werden (siehe Abb. A-61).

---

[9] Der Lösungsvorschlag beschreibt die indirekte Ermittlung der Kapitalflussrechnung. Alternativ könnte diese auch direkt aus Bilanz und GuV erstellt werden.

# Einzelaufgaben
## Aufgabe 3

### Abb. A-61

**Bewegungsbilanz der WMF AG** (Angaben in Tsd. EUR)

| AKTIVA | 2008 |
|---|---:|
| **A. Anlagevermögen** | |
| I. Immaterielle Vermögensgegenstände | 2.587 |
| II. Sachanlagen | (1.432) |
| III. Finanzanlagen | 8.072 |
| | 9.227 |
| **B. Umlaufvermögen** | |
| I. Vorräte | (2.690) |
| II. Forderungen und Sonstige Vermögensgegenstände | |
| 1. Forderungen aus Lieferungen und Leistungen | (986) |
| 2. Forderungen ggü. Verbundenen Unternehmen | 11.669 |
| 3. Forderungen gegen Unternehmen, mit denen ein Beteiligungsverhältnis besteht | – |
| 4. Sonstige Vermögensgegenstände | 215 |
| | 10.898 |
| III. Flüssige Mittel | 633 |
| | 8.841 |
| **C. Rechnungsabgrenzungsposten** | (126) |
| | 17.942 |

| PASSIVA | |
|---|---:|
| **A. Eigenkapital** | |
| I. Gezeichnetes Kapital | – |
| II. Kapitalrücklage | – |
| III. Gewinnrücklage | 2.100 |
| IV. Bilanzgewinn | (2.100) |
| | – |
| **B. Rückstellungen** | |
| 1. Pensionsrückstellungen | 595 |
| 2. Übrige Rückstellungen | (5.036) |
| | (4.441) |
| **C. Verbindlichkeiten** | |
| 1. Verbindlichkeiten gegenüber Kreditinstituten | 5.573 |
| 2. Erhaltene Anzahlungen auf Bestellungen | (329) |
| 3. Verbindlichkeiten aus Lieferungen und Leistungen | 134 |
| 4. Verbindlichkeiten gegenüber verbundenen Unternehmen | 15.815 |
| 5. Verbindlichkeiten gegenüber Unternehmen, mit denen ein Beteiligungsverhältnis besteht | (46) |
| 6. Sonstige Verbindlichkeiten | 1.236 |
| | 22.383 |
| | 17.942 |

Schritt 2: Nachdem die Bewegungsbilanz Aufschluss über die Bilanzpositionsveränderungen und die damit verbundenen Nettozahlungsströme gegeben hat, kann im zweiten Schritt auf Basis dieser Daten sowie weiterer zahlungsrelevanter Daten der GuV die Kapitalflussrechnung indirekt abgeleitet werden (siehe Abb. A-62).

### Abb. A-62

**Kapitalflussrechnung der WMF AG** (Angaben in Tsd. EUR)

|   |   | 2008 |
|---|---|---|
| + | Jahresüberschuss | 16.800 |
| + | Abschreibungen | 12.169 |
| + | Veränderung Rückstellungen | (4.441) |
| − | Veränderung sonstiger zahlungswirksamer Aufwendungen/Erträge | (126) |
| − | Veränderung von Vorräten | (2.690) |
| − | Veränderung von Forderungen | 10.683 |
| − | Veränderung Sonstiger Vermögensgegenstände | 215 |
| + | Veränderung von Verbindlichkeiten ggü. Kunden | (329) |
| + | Veränderung von Verbindlichkeiten aus Lieferungen und Leistungen | 134 |
| + | Veränderung von Verbindlichkeiten ggü. Unternehmen | 15.769 |
| + | Veränderung sonstiger Verbindlichkeiten | 1.236 |
| = | **Kapitalfluss aus laufender Geschäftstätigkeit** | **33.256** |
| − | Veränderung Immaterieller Vermögensgegenstände | 2.587 |
| − | Veränderung des Sachanlagevermögens (netto Abschreibungen) | 10.737 |
| − | Veränderung des Finanzanlagevermögens | 8.072 |
| = | **Kapitalfluss aus Investitionstätigkeit** | **(21.396)** |
| + | Veränderung des Eigenkapitals | – |
| − | Auszahlungen an Gesellschafter | 16.800 |
| + | Veränderung von Verbindlichkeiten ggü. Kreditinstituten | 5.573 |
| = | **Kapitalfluss aus Finanzierungstätigkeit** | **(11.227)** |
|   | **Zahlungswirksame Veränderung des Finanzmittelfonds** | **633** |
| + | Finanzmittelfonds am Anfang der Periode | 2.090 |
| = | **Finanzmittelfonds am Ende der Periode** | **2.723** |

## Aufgabe 4

## Liquiditätsanalyse bei der Hinterwäldler AG

### Lösungsvorschlag zu Aufgabenstellung 1

Die Goldene Bilanzregel ist nicht erfüllt (Deckungsgrad B ist <100 Prozent); die langfristigen Vermögenswerte sind nicht vollständig durch das Eigenkapital und Langfristige Verbindlichkeiten gedeckt (siehe Abb. A-63).

Zudem sind die Liquiditätsgrade allesamt (zu) niedrig. Mindestens die Liquidität 3. Grades, besser aber die Liquidität 2. Grades sollte bei >100 Prozent liegen, so dass die kurzfristigen Verbindlichkeiten vollständig durch kurzfristige Vermögenswerte bzw. sogar durch das monetäre Umlaufvermögen gedeckt sind, so dass es kurz- bis mittelfristig nicht zu einem Liquiditätsengpass kommen kann.

# Einzelaufgaben
## Aufgabe 4

### Abb. A-63

**Berechnung der Deckungs- und Liquiditätsgrade und der Effektivverschuldung der Hinterwälder AG** (Angaben in Mio. EUR)

| | | | |
|---|---|---|---|
| Deckungsgrad A | | = Eigenkapital / Langfristige Vermögenswerte | = 46 / 90 = 51,1 % |
| Deckungsgrad B | (Goldene Bilanzregel) | = Eigenkapital + Langfristige Verbindlichkeiten / Langfristige Vermögenswerte | = 78 / 90 = 86,7 % |
| Liquidität 1. Grades | (Barliquidität) (engl. Cash ratio) | = Zahlungsmittel / Kurzfristige Verbindlichkeiten | = 2 / 34 = 5,9 % |
| Liquidität 2. Grades | (Kurzfristige Liquidität) (engl. Quick ratio) | = Monetäres Umlaufvermögen / Kurzfristige Verbindlichkeiten | = 9 / 34 = 26,5 % |
| Liquidität 3. Grades | (Mittelfristige Liquidität) (engl. Current ratio) | = Kurzfristige Vermögenswerte / Kurzfristige Verbindlichkeiten | = 22 / 34 = 64,7 % |
| Effektivverschuldung | | = Fremdkapital − Monetäres Umlaufvermögen | = 66 − 9 = 57 |

### Abb. A-64

**Berechnung der Deckungs- und Liquiditätsgrade und der Effektivverschuldung der Hinterwälder AG** (Angaben in Mio. EUR)

| | | | |
|---|---|---|---|
| Deckungsgrad A | | = Eigenkapital / Lanfristige Vermögenswerte | = 46 / 90 = 51,1 % |
| Deckungsgrad B | (Goldene Bilanzregel) | = Eigenkapital + Lanfristige Verbindlichkeiten / Lanfristige Vermögenswerte | = 90 / 90 = 100,0 % |
| Liquidität 1. Grades | (Barliquidität) (engl. Cash ratio) | = Zahlungsmittel / Kurzfristige Verbindlichkeiten | = 7 / 24 = 29,2 % |
| Liquidität 2. Grades | (Kurzfristige Liquidität) (engl. Quick ratio) | = Monetäres Umlaufvermögen / Kurzfristige Verbindlichkeiten | = 14 / 24 = 58,3 % |
| Liquidität 3. Grades | (Mittelfristige Liquidität) (engl. Current ratio) | = Kurfristige Vermögenswerte / Kurzfristige Verbindlichkeiten | = 27 / 24 = 112,5 % |
| Effektivverschuldung | | = Fremdkapital − Monetäres Umlaufvermögen | = 68 − 14 = 54 |

Lösungsvorschlag A

## Lösungsvorschlag zu Aufgabenstellung 2

Basierend auf der vorherigen Analyse empfiehlt sich eine Umschuldung der Verbindlichkeiten der Hinterwäldler AG dahingehend, dass die kurzfristigen Finanzverbindlichkeiten soweit als möglich in einen langfristigen Kredit (Langfristige Finanzverbindlichkeiten) umgewandelt werden sollten.

Da eine Umwandlung von z. B. EUR 10 Mio. kurzfristige in langfristige Finanzverbindlichkeiten immer noch nicht zur Erfüllung der Goldenen Bilanzregel und eines Liquiditätsgrades 3 >100 Prozent ausreicht, sollten zusätzliche EUR 2 Mio. als langfristiger Bankkredit aufgenommen werden, um eine ausreichende Liquidität sicherzustellen.

### Abb. A-65

**Bilanz der Hinterwäldler AG nach IFRS** (Angaben in Mio. EUR)

| AKTIVA | 31.12.2010 |
|---|---|
|  | 117 |
| **Langfristige Vermögenswerte** | 90 |
| Geschäfts- oder Firmenwerte | 3 |
| Sonstige immaterielle Vermögenswerte | 8 |
| Sachanlagen | 67 |
| Als Finanzinvestion gehaltene Immobilien | 2 |
| Beteiligungen | 7 |
| Finanzielle Vermögenswerte | 1 |
| Sonstige Vermögenswerte | 1 |
| Latente Steueransprüche | 1 |
| **Kurzfristige Vermögenswerte** | 27 |
| Vorräte | 13 |
| Forderungen aus Lieferungen u. Leistungen | 2 |
| Finanzielle Vermögenswerte | 1 |
| Sonstige Vermögenswerte | 1 |
| Ertragssteueransprüche | 2 |
| *Zahlungsmittel und Zahlungsmitteläquivalente* | 7 |
| Zur Veräußerung gehaltene Vermögenswerte | 1 |
| **PASSIVA** | 114 |
| **Eigenkapital** | 46 |
| Gezeichnetes Kapital | 10 |
| Kapitalrücklagen | 6 |
| Gewinnrücklagen | 29 |
| Erfolgsneutrale Eigenkapitalveränderung | – |
| Minderheitsanteile | 1 |
| **Langfristige Verbindlichkeiten** | 44 |
| Rückstellungen für Pensionen und Ähnliche Verpfl. | 7 |
| Sonstige Rückstellungen | 2 |
| *Langfristige Finanzverbindlichkeiten* | 32 |
| Andere langfristige Verbindlichkeiten | 1 |
| Latente Steuerschulden | 2 |
| **Kurzfristige Verbindlichkeiten** | 24 |
| Verbindlichkeiten aus Lieferungen und Leistungen | 13 |
| Kurzfristige Rückstellungen | 1 |
| *Kurzfristige Finanzverbindlichkeiten* | 1 |
| Andere kurzfristige Verbindlichkeiten | 1 |
| Ertragssteuerverbindlichkeiten | 8 |

## Einzelaufgaben
Aufgabe 5

Durch Umwandlung von EUR 10 Mio. kurzfristiger in langfristige Verbindlichkeiten sowie die Aufnahme eines zusätzlichen langfristigen Kredits können Liquidität und Deckungsgrad auf ein akzeptables Niveau angehoben werden (siehe Abb. A-64 und A-65).

### Aufgabe 5

## Die Vollkostenrechnung zur Produktkalkulation in der Weihnachtsbäckerei

**Lösungsvorschlag zu Aufgabenstellung 1**
Um die geplanten Rohmaterialkosten für den gesamten Monat Dezember zu ermitteln, empfiehlt es sich im ersten Schritt, die Kosten sämtlicher Zutaten pro Verpackungseinheit zu den Rohmaterialkosten pro Verpackungseinheit aufzurechnen (siehe Abb. A-66).

**Abb. A-66**

**Rohmaterialkosten pro Verpackungseinheit** (Angaben in EUR pro Verpackungseinheit)

| Zutat | Verpackungseinheit | |
|---|---|---|
| | 1 Christstollen | 20 Zimtsterne |
| Mehl | 0,20 | 0,00 |
| Butter | 0,75 | 0,00 |
| Milch | 0,18 | 0,00 |
| Rosinen | 0,75 | 0,00 |
| Mandeln | 0,23 | 0,75 |
| Zucker | 0,05 | 0,05 |
| Puderzucker | 0,00 | 0,08 |
| Eier | 0,00 | 0,75 |
| Hefe | 0,20 | 0,00 |
| **Gesamt** | **2,35** | **1,63** |

Die Rohmaterialkosten für den Dezember lassen sich nun ganz einfach durch Multiplikation mit der geplanten Produktions- und Absatzmenge berechnen, womit Stufe I der zweistufigen Kalkulation erledigt ist. In Stufe II gilt es nun lediglich noch, sämtliche sonstigen Kosten aufzusummieren und über die anteilige Produktions- und Absatzmenge dem jeweiligen Produkt zuzurechnen (siehe Abb. A-67).

## Abb. A-67

**Vollkostenrechnung anhand der (zweistufigen) Divisionskalkulation** (Angaben in EUR)

| Stufe | Kostenart | Kostenträger Christstollen | Zimtsterne | Gesamt |
|---|---|---:|---:|---:|
| I | Rohmaterial | 4.700 | 3.912 | 8.612 |
| II | Sonstige Kosten | | | |
| | Hilfs- und Betriebsstoffe | | | 130 |
| | Personalkosten | | | 11.000 |
| | Abschreibungen | | | 400 |
| | Sonstige Kosten | | | 130 |
| | Sonstige Kosten | 5.300 | 6.360 | 11.660 |
| | **Gesamt** | **10.000** | **10.272** | **20.272** |

Schlägt man auf die errechneten Selbstkosten zur Produktion der Christstollen i. H. v. EUR 5,– nun 30 Prozent auf, so ergibt sich ein Verkaufspreis von EUR 6,50 (siehe Abb. A-68). Der Nettoerlös für ein Beutelchen Zimtsterne ergibt sich aus der Differenz zwischen dem gesetzten Verkaufspreis i. H. v. EUR 5,– und den Selbstkosten nach Abzug der siebenprozentigen MwSt.

## Abb. A-68

**Stückkosten und -erlöse bei Divisionskalkulation** (Angaben in EUR pro Verpackungseinheit)

| | Verpackungseinheit | |
|---|---:|---:|
| | 1 Christstollen | 20 Zimtsterne |
| Selbstkosten | 5,00 | 4,28 |
| Verkaufspreis | 6,50 | 5,00 |
| Nettoergebnis* | 1,07 | 0,39 |

* Nach Abzug der MWSt. i. H. v. 7 %

### Lösungsvorschlag zu Aufgabenstellung 2

Die Kosten des Rohmaterials entsprechen auch in der differenzierten Zuschlagskalkulation dem Produkt aus den Kosten der Zutaten und der geplanten Produktions- und Absatzmenge (siehe Abb. A-69).

Die Materialeinzelkosten dienen dann als Schlüssel zur Umlage der Materialgemeinkosten auf die beiden Produkte bzw. Kostenträger. Die Fertigungseinzelkosten sind die Lohnkosten auf den direkt den Kostenträgern zurechenbaren Kostenstellen 21 und 22. Sie dienen als Schlüssel zur Umlage der Fertigungsgemeinkosten.

Es lassen sich nun die Herstellkosten als Summe der Materialeinzel-, der Materialgemein-, der Fertigungseinzel- und der Fertigungsgemeinkosten berechnen. Die Herstellkosten wiederum dienen nun auch als Schlüssel, um die noch verbleibenden Vertriebs- und Verwaltungsgemeinkosten auf die beiden Kostenträger zu verteilen. Als Summe der Herstell- und der zugerechneten Vertriebs- und Verwaltungsgemeinkosten ergeben sich schließlich die Selbstkosten der Periode.

# Einzelaufgaben
Aufgabe 5

### Abb. A-69

**Vollkostenrechnung anhand der Zuschlagskalkulation** (Angaben in EUR)

| Kostenart | Kostenträger | | |
|---|---|---|---|
| | Christstollen | Zimtsterne | Gesamt |
| Rohmaterial | 4.700 | 3.912 | 8.612 |
| Hilfs- und Betriebsstoffe | 0 | 0 | 0 |
| Materialeinzelkosten | 4.700 | 3.912 | 8.612 |
| Materialgemeinkosten | 71 | 59 | 130 |
| Fertigungseinzelkosten | 1.600 | 1.200 | 2.800 |
| Fertigungsgemeinkosten | 2.514 | 1.886 | 4.400 |
| **Herstellkosten** | **8.885** | **7.057** | **15.942** |
| Vertriebsgemeinkosten | 1.834 | 1.456 | 3.290 |
| Verwaltungsgemeinkosten | 580 | 460 | 1.040 |
| **Selbstkosten** | **11.299** | **8.973** | **20.272** |

Durch Division der Selbstkosten durch die jeweilige Produktions- und Absatzmenge der beiden Produkte lassen sich anschließend die Stückkosten berechnen (siehe Abb. A-70). Der Nettoerlös ergibt sich schließlich wieder als Differenz zwischen den Selbstkosten und dem Verkaufspreis exkl. MwSt.

### Abb. A-70

**Stückkosten und -erlöse bei Zuschlagskalkulation** (Angaben in EUR pro Verpackungseinheit)

| | Verpackungseinheit | |
|---|---|---|
| | 1 Christstollen | 20 Zimtsterne |
| Materialkosten | 2,39 | 1,65 |
| Fertigungskosten | 2,06 | 1,29 |
| Herstellkosten | 4,44 | 2,94 |
| Selbstkosten | 5,65 | 3,74 |
| Verkaufspreis | 6,50 | 5,00 |
| Nettoergebnis* | 0,43 | 0,93 |

* Nach Abzug der MWSt. i. H. v. 7%

## Lösungsvorschlag zu Aufgabenstellung 3

Unter Verwendung eines Durchschnittssatzes beim Gesellenlohn verändern sich die Selbstkosten und Nettoerlöse wie folgt:

### Abb. A-71

**Stückkosten und -erlöse unter Ansatz eines Durchschnittssatzes beim Gesellenlohn**
(Angaben in EUR pro Verpackungseinheit)

|  | Verpackungseinheit | |
| --- | --- | --- |
|  | 1 Christstollen | 20 Zimtsterne |
| Herstellkosten | 4,19 | 3,15 |
| Selbstkosten | 5,32 | 4,01 |
| Verkaufspreis | 6,50 | 5,00 |
| Nettoergebnis* | 0,75 | 0,66 |

\* Nach Abzug der MWSt. i. H. v. 7 %

### Lösungsvorschlag zu Aufgabenstellung 4

Der Vergleich von Selbstkosten und Nettoerlösen zeigt, dass sich je nach angewandtem Kalkulationsverfahren deutliche Unterschiede zwischen den ermittelten Selbstkosten und Nettoerlösen der Produkte ergeben, ohne dass sich die erwarteten Kosten der Periode in Summe verändert hätten (siehe Abb. A-72).

### Abb. A-72

**Vergleich von Stückkosten und -ergebnis** (Angaben in EUR)

|  | Kalkulation | |
| --- | --- | --- |
|  | Division | Zuschlag |
| **Christstollen** | | |
| Selbstkosten | 5,00 | 5,32 |
| Nettoergebnis | 1,07 | 0,75 |
| **Zimtsterne** | | |
| Selbstkosten | 4,28 | 4,01 |
| Nettoergebnis | 0,39 | 0,66 |

An diesem einfachen Beispiel wird daher schnell klar, dass es in der Kostenrechnung im Allgemeinen und in der Vollkostenrechnung im Speziellen nicht *die* Kosten eines Produktes gibt, sondern dass sämtliche Werte lediglich das Ergebnis der ihnen zugrunde liegenden Annahmen und Rechenlogiken sind, die in besonderem Maße von dem erforderlichen Detaillierungsgrad und dem Kalkulationszweck abhängen. In der betrieblichen Praxis sollte gerade der Controller also stets im Hinterkopf behalten, welche Zahl in welcher Situation tatsächlich herangezogen werden kann und sollte und welche Aussagekraft die verwendeten Daten tatsächlich haben.

# Aufgabe 6

## Ergebnisanalyse in der Schrauben- und Dübelfabrik anhand der Deckungsbeitragsrechnung

**Lösungsvorschlag zu Aufgabenstellung 1**

Zur Erstellung der Einstufigen Deckungsbeitragsrechnung empfiehlt es sich, im ersten Schritt aus dem Materialverbrauch und den Rohmaterialpreisen für sämtliche Produkteinheiten die Materialkosten pro Produkteinheit (»Materialstückkosten«) zu berechnen (siehe Abb. A-73).

### Abb. A-73

**Materialkosten pro Produkteinheit**

| Artikel | ID | Rohmaterial | Materialverbrauch in g pro Stück | April Rohmaterialpreis in EUR pro t | April Materialkosten in EUR pro Stück | Mai Rohmaterialpreis in EUR pro t | Mai Materialkosten in EUR pro Stück |
|---|---|---|---|---|---|---|---|
| Industrieschraube – Schraube | ISS | Stahl | 5000 | 480 | 2,4000 | 500 | 2,5000 |
| Industrieschraube – Mutter | ISM | Stahl | 1500 | 480 | 0,7200 | 500 | 0,7500 |
| Schraube, unverzinkt, klein | SUK | Stahl | 20 | 480 | 0,0096 | 500 | 0,0100 |
| Schraube, unverzinkt, groß | SUG | Stahl | 40 | 480 | 0,0192 | 500 | 0,0200 |
| Schraube, verzinkt, klein | SVK | Stahl | 20 | 480 | 0,0096 | 500 | 0,0100 |
| Schraube, verzinkt, groß | SVG | Stahl | 40 | 480 | 0,0192 | 500 | 0,0200 |
| Kunststoffdübel, klein | DKK | Kunststoff | 8 | 1.150 | 0,0092 | 1.200 | 0,0096 |
| Kunststoffdübel, groß | DKG | Kunststoff | 16 | 1.150 | 0,0184 | 1.200 | 0,0192 |

Nun lässt sich mit wenig zusätzlichem Aufwand eine einstufige Deckungsbeitragsrechnung für die Monate April und Mai erstellen, indem von den Nettoerlösen pro Stück (= Netto Listenpreis) die variablen Stückkosten (hier lediglich die Materialstückkosten) subtrahiert werden, wodurch sich der Stückdeckungsbeitrag ergibt. Multipliziert man nun den Stückdeckungsbeitrag mit der monatlichen Absatzmenge, ergibt sich der monatliche Produktdeckungsbeitrag je Kostenträger. Das Nettoergebnis lässt sich anschließend durch Abzug des »Fixkostenblocks« von der Summe aller Produktdeckungsbeiträge errechnen (siehe Abb. A-74).

Um den Effekt des Anstiegs der Rohmaterialpreise beurteilen zu können, wiederholt Karl die Rechnung, wobei er zur Berechnung des Mai-Ergebnisses die Rohmaterialpreise aus dem April annimmt (siehe Abb. B-75).

Karl stellt fest, dass sich lediglich eine Ergebnisveränderung von EUR 26 Tsd. durch den Anstieg der Rohmaterialpreise erklären lässt, dass sich das Ergebnis jedoch insgesamt um EUR 117 Tsd.

Lösungsvorschlag A

**Abb. A-74**

**Einstufige Deckungsbeitragsrechnung (»Direct Costing«)**

**April**

| | | ISS | ISM | SUK | SUG | Kostenträger SVK | SVG | DKK | DKG | Gesamt |
|---|---|---|---|---|---|---|---|---|---|---|
| Stückkostenrechnung in EUR pro PE | Nettoerlöse | 10,0000 | 5,0000 | 0,0400 | 0,0600 | 0,0500 | 0,0700 | 0,0500 | 0,0700 | |
| | Variable Kosten | 2,4000 | 0,7200 | 0,0096 | 0,0192 | 0,0096 | 0,0192 | 0,0092 | 0,0184 | |
| | **Stückdeckungsbeitrag absolut** | **7,6000** | **4,2800** | **0,0304** | **0,0408** | **0,0404** | **0,0508** | **0,0408** | **0,0516** | |
| | in Prozent der Nettoerlöse | 76 | 86 | 76 | 68 | 81 | 73 | 82 | 74 | |
| Zeitkostenrechnung in Tsd. EUR | Absatzmenge | 48.000 | 47.000 | 10.000.000 | 10.000.000 | 0 | 0 | 8.000.000 | 6.000.000 | |
| | Produktdeckungsbeitrag | 365 | 201 | 304 | 408 | – | – | 326 | 310 | 1.914 |
| | »Fixkostenblock« | | | | | | | | | 1.840 |
| | **Nettoergebnis** | | | | | | | | | **74** |

**Mai**

| | | ISS | ISM | SUK | SUG | Kostenträger SVK | SVG | DKK | DKG | Gesamt |
|---|---|---|---|---|---|---|---|---|---|---|
| Stückkostenrechnung in EUR pro PE | Nettoerlöse | 10,0000 | 5,0000 | 0,0400 | 0,0600 | 0,0500 | 0,0700 | 0,0500 | 0,0700 | |
| | Variable Kosten | 2,5000 | 0,7500 | 0,0100 | 0,0200 | 0,0100 | 0,0200 | 0,0096 | 0,0192 | |
| | **Stückdeckungsbeitrag absolut** | **7,5000** | **4,2500** | **0,0300** | **0,0400** | **0,0400** | **0,0500** | **0,0404** | **0,0508** | |
| | in Prozent der Nettoerlöse | 75 | 85 | 75 | 67 | 80 | 71 | 81 | 73 | |
| Zeitkostenrechnung in Tsd. EUR | Absatzmenge | 50.000 | 48.000 | 9.000.000 | 6.000.000 | 1.000.000 | 4.000.000 | 8.000.000 | 6.000.000 | |
| | Produktdeckungsbeitrag | 375 | 204 | 270 | 240 | 40 | 200 | 323 | 305 | 1.957 |
| | »Fixkostenblock« | | | | | | | | | 2.000 |
| | **Nettoergebnis** | | | | | | | | | **– 43** |
| | | | | | | | | | Ergebnisveränderung: | **– 117** |

* Hier nur Materialeinzelkosten

# Einzelaufgaben
## Aufgabe 6

### Abb. A-75

**Einstufige Deckungsbeitragsrechnung (»Direct Costing«) bei konstanten Rohmaterialpreisen**

| Mai (mit Materialpreisen April) | | ISS | ISM | SUK | SUG | SVK | SVG | DKK | DKG | Gesamt |
|---|---|---|---|---|---|---|---|---|---|---|
| **Zeitkostenrechnung** in Tsd. EUR | Nettoerlöse | 10,0000 | 5,0000 | 0,0400 | 0,0600 | 0,0500 | 0,0700 | 0,0500 | 0,0700 | |
| | Variable Kosten (April) | 2,4000 | 0,7200 | 0,0096 | 0,0192 | 0,0096 | 0,0192 | 0,0092 | 0,0184 | |
| | **Stückdeckungsbeitrag absolut** | **7,6000** | **4,2800** | **0,0304** | **0,0408** | **0,0404** | **0,0508** | **0,0408** | **0,0516** | |
| | in Prozent der Nettoerlöse | 76 | 86 | 76 | 68 | 81 | 73 | 82 | 74 | |
| | Absatzmenge | 50.000 | 48.000 | 9.000.000 | 6.000.000 | 1.000.000 | 4.000.000 | 8.000.000 | 6.000.000 | |
| **Zeitkostenrechnung** in Tsd. EUR | Produktdeckungsbeitrag | 380 | 205 | 274 | 245 | 40 | 203 | 326 | 310 | 1.983 |
| | »Fixkostenblock« | | | | | | | | | 2.000 |
| | **Nettoergebnis** | | | | | | | | | **−17** |
| | | | | | Nettoergebnis Mai mit tatsächlichen Materialpreisen: | | | | | −43 |
| | | | | | Ergebniswirksamer Effekt durch den Anstieg der Rohmaterialpreise: | | | | | −26 |

\* Hier nur Materialeinzelkosten

verschlechtert hat. Somit erklärt der Anstieg der Rohmaterialpreise nur zu einem Teil die Ergebnisverschlechterung.

**Lösungsvorschlag zu Aufgabenstellung 2**
Da die bloße Unterscheidung in variable und fixe Kosten im Rahmen des »Direct Costing« die wesentlichen Ursachen des Ergebniseinbruchs noch nicht transparent gemacht hat, beginnt Karl mit der Erstellung der sog. Stufenweisen Fixkostendeckungsrechnung, die den »Fixkostenblock« im Gegensatz zur einstufigen Deckungsbeitragsrechnung weiter aufgliedert und die Fixkosten möglichst verursachungsgerecht den einzelnen Produkteinheiten, -arten, -gruppen, Unternehmensbereichen oder dem Gesamtunternehmen zurechnet.

Beginnend von den Erlösen pro Kostenträger werden nun also nach und nach die Fixkosten »so hoch wie möglich« von den verbleibenden Deckungsbeiträgen abgezogen, was zu einer verbesserten Transparenz der Profitabilität einzelner Produkteinheiten, -arten, -gruppen und Unternehmensbereiche führt (siehe Abb. A-76).

Beim Vergleich der Deckungsbeiträge von April und Mai (siehe Abb. A-77) stellt Karl fest, dass sich insbesondere die Deckungsbeiträge der Produktarten Schrauben im Unternehmensbereich [2] Handel verschlechtert haben. Der Rückgang des Produktdeckungsbeitrags der unverzinkten Schrauben um EUR 202 Tsd. lässt sich aufgrund der Einführung der neuen Produktart verzinkte Schrauben, für die »Boltmaker«-Kapazität »abgezweigt« werden musste, nicht separat interpretieren. Karl stellt jedoch fest, dass die Deckungsbeiträge der beiden Produktgruppen unverzinkte und verzinkte Schrauben zwar von April auf Mai in Summe von EUR 712 Tsd. auf EUR 750 Tsd. (510 + 240) zugenommen haben, dass diese Zunahme von EUR 38 Tsd. aber bei weitem nicht die zusätzlichen Fixkosten der Verzinkerei i. H. v. EUR 160 Tsd. kompensieren konnte. Die Einführung der neuen Produktart *verzinkte Schrauben* hat somit anstelle eines Gewinnanstiegs netto eine Ergebnisverschlechterung von EUR 122 Tsd. bewirkt.

# Einzelaufgaben
## Aufgabe 6

### Abb. A-76

**Stufenweise Fixkostendeckungsrechnung** (Angaben in Tsd. EUR)

| Kostenträger | April | | | | | | | Mai | | | | | | |
|---|---|---|---|---|---|---|---|---|---|---|---|---|---|---|
| | ISS | ISM | SUK | SUG | SVK | SVG | DKK | DKG | ISS | ISM | SUK | SUG | SVK | SVG | DKK | DKG |
| Erlöse | 480 | 235 | 400 | 600 | 0 | 0 | 400 | 420 | 500 | 240 | 360 | 360 | 50 | 280 | 400 | 420 |
| Variable Kosten* | 115 | 34 | 96 | 192 | 0 | 0 | 74 | 110 | 125 | 36 | 90 | 120 | 10 | 80 | 77 | 115 |
| DB1: ∑ Stückdeckungsbeiträge | 365 | 201 | 304 | 408 | 0 | 0 | 326 | 310 | 375 | 204 | 270 | 240 | 40 | 200 | 323 | 305 |
| Produktfixkosten | 160 | 120 | | | | | | | 160 | 120 | | | | | | |
| DB2: Produktdeckungsbeitrag | 205 | 81 | 304 | 408 | 0 | 0 | 326 | 310 | 215 | 84 | 270 | 240 | 40 | 200 | 323 | 305 |
| Produktartenfixkosten | 286 | | | 712 | | 0 | 636 | | 299 | | | 510 | | 240 | 628 | |
| DB3: Produktartendeckungsbeitrag | 286 | | | 712 | | 0 | 636 | | 299 | | | 510 | | 160 | 628 | |
| Produktgruppenfixkosten | 286 | | | 180 | | | 250 | | 299 | | | 590 | | 80 | 250 | |
| DB4: Produktgruppendeckungsbeitrag | 286 | | | 532 | | 918 | 386 | | 299 | | | 410 | | 788 | 378 | |
| Bereichsfixe Kosten | 280 | | | | 644 | 280 | | | 280 | | | | 527 | 280 | | |
| DB5: Bereichsdeckungsbeitrag | 6 | | | | | 638 | | | 19 | | | | | 508 | | |
| Unternehmensfixe Kosten | | | | | | 570 | | | | | | | | 570 | | |
| Nettoergebnis | | | | | | 74 | | | | | | | | (43) | | |

* Hier nur Materialeinzelkosten

## Abb. A-77

**Veränderung Mai zu April** (Angaben in Tsd. EUR)

| Kostenträger | ISS | ISM | SUK | SUG | SVK | SVG | DKK | DKG |
|---|---|---|---|---|---|---|---|---|
| Erlöse | 20 | 5 | -40 | -240 | 50 | 280 | 0 | 0 |
| Variable Kosten* | 10 | 2 | -6 | -72 | 10 | 80 | 3 | 5 |
| **DB1: ∑ Stückdeckungsbeiträge** | **10** | **3** | **-34** | **-168** | **40** | **200** | **-3** | **-5** |
| Produktfixkosten | 0 | 0 | 0 | 0 | 0 | 0 | 0 | 0 |
| **DB2: Produktdeckungsbeitrag** | **10** | **3** | **-34** | **-168** | **40** | **200** | **-3** | **-5** |
| Produktartenfixkosten | | 13 | | -202 | | 240 | | -8 |
| | | 0 | | 0 | | 160 | | 0 |
| **DB3: Produktartendeckungsbeitrag** | | **13** | | **-202** | | **80** | | **-8** |
| Produktgruppenfixkosten | | 13 | | -122 | | | | -8 |
| | | 0 | | 0 | | | | 0 |
| **DB4: Produktgruppendeckungsbeitrag** | | **13** | | **-122** | | -130 | | **-8** |
| Bereichsfixe Kosten | | 13 | | | | 0 | | |
| **DB5: Bereichsdeckungsbeitrag** | | **13** | | | | **-130** | | |
| Unternehmensfixe Kosten | | | | -117 | | | | |
| | | | | 0 | | | | |
| **Nettoergebnis** | | | | **-117** | | | | |

* Hier nur Materialeinzelkosten

# Einzelaufgaben
Aufgabe 7

## Lösungsvorschlag zu Aufgabenstellung 3

Zwar ist der absolute Stückdeckungsbeitrag eines extragroßen Dübels (DKX) höher als der eines kleinen (DKK) oder großen (DKG) Dübels, jedoch »verdrängt« ein extragroßer Dübel aufgrund des höheren Materialverbrauchs bei fixer Kapazität in der Produktion zwei große bzw. vier kleine Dübel. Ein extragroßer Dübel müsste also den doppelten Deckungsbeitrag im Vergleich zum großen und den vierfachen Deckungsbeitrag im Vergleich zum kleinen Dübel einbringen, um dem höheren Materialverbauch Rechnung zu tragen. Es reicht also nicht aus, den Stückdeckungsbeitrag pro Produkteinheit zu vergleichen, sondern dieser muss über der Engpasseinheit »Materialverbrauch« normiert werden.

### Abb. A-78

**Materialverbrauchnormierter Stückdeckungsbeitrag des Dübelsortiments**

| Produkteinheit (PE) | ID | Verbrauch in g pro PE | Stückdeckungsbeitrag in EUR pro PE | Stückdeckungsbeitrag in EUR pro g |
|---|---|---|---|---|
| Kunststoffdübel, klein | DKK | 8 | 0,04 | 0,005000 |
| Kunststoffdübel, groß | DKG | 16 | 0,05 | 0,003125 |
| Kunststoffdübel, extragroß | DKX | 32 | 0,06 | 0,001875 |

Vergleicht man den materialverbrauchnormierten Stückdeckungsbeitrag, so zeigt sich, dass die extragroßen Dübel den schlechtesten Stück-DB pro Gramm liefern und deren Einführung somit nicht zu einer Erhöhung, sondern zu einer Minderung des Nettoergebnisses führen würden (siehe Abb. A-78). Bei fixer Kapazität ist die Einführung extragroßer Dübel »auf Kosten« kleiner oder großer Dübel also nicht empfehlenswert; vielmehr sollte der Vertrieb den Verkauf der PE DKK fördern.

## Aufgabe 7

### Prozesskostenrechnung bei der Amazing Ltd.

#### Lösungsvorschlag zu Aufgabenstellung 1

Zur Ermittlung der Teil- bzw. Tätigkeitskostensätze empfiehlt es sich im ersten Schritt, zunächst die Stundensätze der beiden Kostenstellen aus den Kosten und der Kapazität der Kostenstellen zu berechnen. Dieser beträgt EUR 20 für die Debitorenbuchhaltung bzw. EUR 18 für die Kassenbuchführung (siehe Abb. A-79).

### Abb. A-79

**Berechnung des Stundensatzes der Kostenstellen**

| Kostenstelle | Kosten in EUR | Kapazität in Std. | Stundensatz in EUR pro Std. |
|---|---|---|---|
| Debitorenbuchhaltung | 3.600 | 180 | 20 |
| Kassenbuchführung | 4.860 | 270 | 18 |

# Lösungsvorschlag

Auf Basis dieser Stundensätze lassen sich im zweiten Schritt durch Multiplikation mit dem Zeitaufwand einer jeden Tätigkeit die Teilkostensätze berechnen (siehe Abb. A-80).

### Abb. A-80

**Berechnung der Teilprozesskostensätze**

| ID | Tätigkeit | Kostentreiber (KT) | Menge | Zeitaufwand in Min. pro KT | Zeitaufwand gesamt in Std. | Kostensatz in EUR pro KT |
|---|---|---|---|---|---|---|
| **Debitorenbuchhaltung** | | | | | 49,0 | |
| D1 | Beauftragung Inkasso | Anzahl Inkassofälle | 40 | 15,0 | 10,0 | 5,00 |
| D2 | Klärung reklamierter Kreditkartenzahlungen | Anzahl Reklamationen | 50 | 30,0 | 25,0 | 10,00 |
| D3 | Kundenstammdaten pflegen | Nicht mengeninduziert | N/a | N/a | | |
| D4 | Kundenkontenabstimmung | Nicht mengeninduziert | N/a | N/a | | |
| D5 | Mahnungen verschicken | Anzahl Mahnungen | 1.200 | 0,5 | 10,0 | 0,17 |
| D6 | Mahnungslauf im ERP System | Anzahl Mahnungsläufe | 8 | 30,0 | 4,0 | 10,00 |
| D7 | Rücksprache intern | Anzahl Anrufe | Nicht erfasst | 1,0 | | 0,33 |
| D8 | Rücksprache mit Kunden | Anzahl Anrufe | Nicht erfasst | 3,0 | | 1,00 |
| D9 | Allgemeine Verwaltungstätigkeit | Nicht mengeninduziert | N/a | N/a | | |
| **Kassenbuchführung** | | | | | 80,0 | |
| K1 | Automatische Erfassung von Zahlungseingängen | Anzahl Zahlungseingangsläufe | 22 | 45,0 | 16,5 | 13,50 |
| K2 | Manuelle Zuordnung von Zahlungseingängen | Anzahl zu erfassende Zahlungen | 180 | 5,0 | 15,0 | 1,50 |
| K3 | Lastschriften einziehen | Anzahl Einzugsläufe | 22 | 30,0 | 11,0 | 9,00 |
| K4 | Nachverfolgung fehlgeschlagener Lastschrifteinzüge | Anzahl fehlgeschlagener Lastschrifteinzüge | 60 | 10,0 | 10,0 | 3,00 |
| K5 | Nachverfolgung stornierter Lastschrifteinzüge | Anzahl stornierte Lastschrifteinzüge | 60 | 15,0 | 15,0 | 4,50 |
| K6 | Zahlungslauf | Anzahl Zahlungsläufe | 10 | 45,0 | 7,5 | 13,50 |
| K7 | Klärung fehlgeschlagener Überweisungen | Anzahl fehlgeschlagene Überweisungen | 30 | 10,0 | 5,0 | 3,00 |
| K8 | Kontenabstimmung | Nicht mengeninduziert | N/a | N/a | | |
| K9 | Allgemeine Verwaltungstätigkeit | Nicht mengeninduziert | N/a | N/a | | |

# Einzelaufgaben
Aufgabe 7

## Lösungsvorschlag zu Aufgabenstellung 2

Die Prozesskostensätze der Hauptprozesse ergeben sich aus den Kostensätzen der Teilprozesse sowie deren Häufigkeit in einem durchschnittlichen Prozessverlauf. Nachdem die Teilkostensätze der einzelnen Tätigkeiten bereits vorliegen (siehe Abb. A-80), müssen i. B. noch die Häufigkeiten zur Ermittlung der Prozesskosten berechnet werden, die sich aus dem Quotienten der Tätigkeitsmengen über der pro Zahlungsart abgewickelten Bestellmenge ergeben (siehe Abb. A-81). Bei der Häufigkeit der Inkassobeauftragung (D1) ist zu beachten, dass hier unterschiedliche Häufigkeiten für die Zahlungsabwicklung per Kreditkarte und per Lastschrift vorliegen. Z. B. beträgt die relative Häufigkeit der Inkassobeauftragungen für die Zahlungsart Kreditkartenzahlungen 10 (und nicht 40) über 8.140, also ~0,1 Prozent.

### Abb. A-81

**Prozesskosten**

| ID | Tätigkeit | Kostensatz in EUR | Relative Häufigkeit in Prozent | Prozesskosten in EUR |
|---|---|---|---|---|
| **Zahlungsabwicklung mit PayPrompt** | | | | – |
| N/a | | | | |
| **Zahlungsabwicklung per Kreditkarte** | | | | **0,07** |
| D2 | Klärung reklamierter Kreditkartenzahlungen | 10,00 | 0,6 | 0,06 |
| D1 | Beauftragung Inkasso | 5,00 | 0,1 | 0,01 |
| **Zahlungsabwicklung mittels Lastschrift** | | | | **0,15** |
| K4 | Nachverfolgung fehlgeschlagener Lastschrifteinzüge | 3,00 | 1,0 | 0,03 |
| K5 | Nachverfolgung stornierter Lastschrifteinzüge | 4,50 | 1,0 | 0,05 |
| D6 | Mahnungslauf im ERP System | 10,00 | 0,1 | 0,01 |
| D5 | Mahnungen verschicken | 0,17 | 19,5 | 0,03 |
| D1 | Beauftragung Inkasso | 5,00 | 0,5 | 0,03 |
| **Zahlungsabwicklung durch Vorkasse** | | | | **0,11** |
| K2 | Manuelle Zuordnung von Zahlungseingängen | 1,50 | 7,4 | 0,11 |

Legt man die so berechneten Prozesskosten zugrunde, so sollte Geschäftsführer Jean-Jacques Reklam die Zahlungsabwicklung per Lastschrift aus dem Angebot nehmen, da sie pro einzelner Transaktion die höchsten Prozesskosten verursacht.

## Lösungsvorschlag zu Aufgabenstellung 3

Die Gesamtkosten der vier verschiedenen Zahlungsarten beinhalten neben den Prozesskosten der Tätigkeiten in den Kostenstellen die ggf. in Rechnung gestellten Gebühren zur Zahlungsabwicklung sowie eine anteilige Provision für das jeweilige Zahlungsausfallrisiko. Das Zahlungsausfallrisiko lässt sich für die beiden betroffenen Zahlungsarten als Produkt aus der Häufigkeit der Inkassobeauftragung und der Zahlungsausfallrate im Falle der Beauftragung (50 Prozent) errechnen (siehe Abb. A-82).

Legt man die Gesamtkosten der Zahlungsarten zugrunde, so ändert sich die Empfehlung an Jean-Jacques Reklam, und das Lastschriftverfahren sollte beibehalten werden. Stattdessen sollte Herr Reklam über die Streichung der Zahlungsoption Kreditkarte nachdenken.

# Lösungsvorschlag

### Abb. A-82

**Gesamtkosten der Zahlungsabwicklungsoptionen**

| Option | Prozesskosten | Entgelt in Prozent | Entgelt in EUR | Zahlungsausfallrisiko Risiko in Prozent | Zahlungsausfallrisiko Provision in EUR | Gesamtkosten in EUR |
|---|---|---|---|---|---|---|
| PayPrompt | 0,000 | 1,5 | 0,30 | 0,0 | 0,00 | 0,30 |
| Kreditkarte | 0,070 | 1,5 | 0,30 | 0,1 | 0,02 | 0,39 |
| Lastschrift | 0,150 | N/a | N/a | 0,2 | 0,04 | 0,19 |
| Vorkasse | 0,110 | N/a | N/a | 0,0 | 0,00 | 0,11 |

### Lösungsvorschlag zu Aufgabenstellung 4

Die bisherige Analyse der vier Zahlungsoptionen hat sich auf deren quantifizierbare Kosten pro Transaktion beschränkt. Diese eingeschränkte Betrachtungsweise lässt allerdings außer Acht, dass die angebotenen Zahlungsoptionen im Zusammenhang mit dem Umsatz des Online-Buchhändlers stehen und in der Praxis unterschiedlich häufig genutzt werden.

So zeigen die monatlichen Bestellungen nach Zahlungsarten, dass die auf Basis der Gesamtkosten günstigste Zahlungsoption *Vorkasse* lediglich in 11 Prozent der Fälle von den Kunden ausgewählt wird und damit die unbeliebteste Zahlungsoption darstellt. Dies könnte damit zusammenhängen, dass bei einem wesentlichen Teil der Kundschaft grundsätzliche Bedenken gegenüber einer Vorabzahlung vorherrschen und dass außerdem die sich bei Vorkasse verlängernde Lieferdauer bzw. Dauer bis zur Auslieferung abschreckend wirkt, weil erst ausgeliefert wird, wenn die Zahlung bei der Amazing eingegangen ist.

Der Aspekt der Lieferdauer könnte auch im Hinblick auf die anderen drei Zahlungsoptionen eine Rolle spielen; auf dieser Dimension werden PayPrompt und die Kreditkartenzahlung am besten abschneiden, weil hier kein Verzug beim Versand bedingt durch die Zahlungsabwicklung entsteht, wohingegen bei der Zahlung per Lastschrifteinzug ebenfalls erst ausgeliefert wird, nachdem Amazing den Betrag erfolgreich vom Kundenkonto hat einziehen können.

Vergleicht man einmal die Kosten der Zahlungsabwicklung mit dem generierten Umsatz, so stellt man fest, dass diese lediglich zwischen 0,5 Prozent und 2,0 Prozent des Umsatzes ausmachen (siehe Abb. A-83). Auf Basis dieser Betrachtungsweise stellt sich die Frage, inwiefern es überhaupt sinnvoll ist, die angebotenen Zahlungsoptionen zu reduzieren, wäre die dadurch erreichte Kosteneinsparung doch in jedem Fall relativ gering bei umsatzseitig nicht wirklich absehbaren Konsequenzen.

### Abb. A-83

**Monatliche Kosten vs. Umsatz**

| Zahlungsart | Kosten in EUR | Umsatz in EUR | Anteil in Prozent |
|---|---|---|---|
| PayPrompt | 1.584 | 105.600 | 1,5 |
| Kreditkarte | 3.175 | 162.800 | 2,0 |
| Lastschrift | 1.170 | 123.200 | 0,9 |
| Vorkasse | 266 | 48.400 | 0,5 |
| Gesamt | 6.195 | 440.000 | 1,4 |

# Einzelaufgaben
## Aufgabe 8

### Zeig mir Deinen Jahresabschluss, und ich sag Dir, wer Du bist

**Lösungsvorschlag zu Aufgabenstellung 1**

**Abb. A-84**

**Kennzahlenwerte der anonymen Unternehmen**

| Unternehmen | | A | | B | | C | | D | | E | |
|---|---|---|---|---|---|---|---|---|---|---|---|
| Kennzahl | Einheit | 2008 | 2009 | 2008 | 2009 | 2008 | 2009 | 2008 | 2009 | 2008 | 2009 |
| Kapitalumschlag | p.a. | | 0,6 | | 1,3 | | 1,3 | | 0,3 | | 0,5 |
| Gesamtkapitalrentabilität | Prozent | | 0,4 | | 8,3 | | 4,4 | | 0,2 | | -2,0 |
| Eigenkapitalquote | Prozent | 31,1 | 37,1 | 55,1 | 57,4 | 38,8 | 39,3 | 3,7 | 23,8* | 35,0 | 32,8 |
| Eigenkapitalrentabilität | Prozent | | 7,7 | | 14,9 | | 13,3 | | 2,9 | | 2,1 |
| EBIT-Marge | Prozent | 10,8 | 9,6 | 13,3 | 10,2 | 7,1 | 6,7 | -1,8 | 0,5 | 11,4 | 9,3 |
| Umsatzrentabilität | Prozent | 5,2 | 4,4 | 9,5 | 6,6 | 3,6 | 3,9 | -2,3 | 0,6 | 3,3 | 1,4 |
| Reichweite Forderungen | Tage | 66 | 72 | 55 | 58 | 72 | 72 | 54 | 57 | 44 | 38 |
| Reichweite Verbindlichkeiten | Tage | 55 | 66 | 127 | 136 | 43 | 54 | N/a | N/a | 75 | 63 |
| Lagerreichweite | Tage | 148 | 147 | 117 | 109 | 68 | 70 | N/a | N/a | 0 | 0 |
| Lagerumschlag | p.a. | | 2,4 | | 3,1 | | 5,1 | | N/a | | |

| Unternehmen | | F | | G | | H | | I | | J | |
|---|---|---|---|---|---|---|---|---|---|---|---|
| Kennzahl | Einheit | 2008 | 2009 | 2008 | 2009 | 2008 | 2009 | 2008 | 2009 | 2008 | 2009 |
| Kapitalumschlag | p.a. | | 0,8 | | 0,9 | | 1,9 | | 0,5 | | 0,8 |
| Gesamtkapitalrentabilität | Prozent | | 5,1 | | -2,5 | | -0,3 | | 2,3 | | 12,2 |
| Eigenkapitalquote | Prozent | 40,4 | 41,4 | 29,4 | 23,5 | 17,9 | 17,8 | 14,1 | 14,7 | 51,6 | 63,5 |
| Eigenkapitalrentabilität | Prozent | | 9,6 | | -1,6 | | 8,6 | | 28,5 | | 22,3 |
| EBIT-Marge | Prozent | 5,5 | 8,0 | 5,3 | 1,2 | 2,9 | 2,6 | 12,4 | 15,9 | 23,3 | 24,3 |
| Umsatzrentabilität | Prozent | 8,7 | 4,6 | 2,2 | -0,4 | 0,8 | 0,8 | 6,1 | 8,3 | 16,0 | 16,4 |
| Reichweite Forderungen | Tage | 48 | 46 | 44 | 50 | 2 | 3 | 80 | 75 | 100 | 87 |
| Reichweite Verbindlichkeiten | Tage | 75 | 93 | N/a | N/a | 94 | 99 | N/a | N/a | 54 | 65 |
| Lagerreichweite | Tage | 66 | 60 | N/a | N/a | 48 | 50 | N/a | N/a | 0 | 0 |
| Lagerumschlag | p.a. | | 5,5 | | N/a | | 7,3 | | N/a | | |

\* Sondereffekt der Veräußerung im Laufe des Jahres 2009

# Lösungsvorschlag

## Lösungsvorschlag zu Aufgabenstellung 2

### Abb. A-85

**Auflösung: Unternehmen und Branchen**

| Unternehmen | | Bayer | | Beiersdorf | | BSH* | | Deutsche Post | | Deutsche Telekom | |
|---|---|---|---|---|---|---|---|---|---|---|---|
| Kennzahl | Einheit | 2008 | 2009 | 2008 | 2009 | 2008 | 2009 | 2008 | 2009 | 2008 | 2009 |
| Kapitalumschlag | p. a. | | 0,6 | | 1,3 | | 1,3 | | 0,3 | | 0,5 |
| Gesamtkapitalrentabilität | Prozent | | 0,4 | | 8,3 | | 4,4 | | 0,2 | | -2,0 |
| Eigenkapitalquote | Prozent | 31,1 | 37,1 | 55,1 | 57,4 | 38,8 | 39,3 | 3,7 | 23,8** | 35,0 | 32,8 |
| Eigenkapitalrentabilität | Prozent | | 7,7 | | 14,9 | | 13,3 | | 2,9 | | 2,1 |
| EBIT-Marge | Prozent | 10,8 | 9,6 | 13,3 | 10,2 | 7,1 | 6,7 | -1,8 | 0,5 | 11,4 | 9,3 |
| Umsatzrentabilität | Prozent | 5,2 | 4,4 | 9,5 | 6,6 | 3,6 | 3,9 | -2,3 | 0,6 | 3,3 | 1,4 |
| Reichweite Forderungen | Tage | 66 | 72 | 55 | 58 | 72 | 72 | 54 | 57 | 44 | 38 |
| Reichweite Verbindlichkeiten | Tage | 55 | 66 | 127 | 136 | 43 | 54 | N/a | N/a | 75 | 63 |
| Lagerreichweite | Tage | 148 | 147 | 117 | 109 | 68 | 70 | N/a | N/a | 0 | 0 |
| Lagerumschlag | p. a. | | 2,4 | | 3,1 | | 5,1 | | N/a | | |

▽ Pharma    ▽ FMCG    ▽ Weiße Ware    ▽ Logistik    ▽ Telekom

| Unternehmen | | Henkel | | Lufthansa | | Metro | | RWE | | SAP | |
|---|---|---|---|---|---|---|---|---|---|---|---|
| Kennzahl | Einheit | 2008 | 2009 | 2008 | 2009 | 2008 | 2009 | 2008 | 2009 | 2008 | 2009 |
| Kapitalumschlag | p. a. | | 0,8 | | 0,9 | | 1,9 | | 0,5 | | 0,8 |
| Gesamtkapitalrentabilität | Prozent | | 5,1 | | -2,5 | | -0,3 | | 2,3 | | 12,2 |
| Eigenkapitalquote | Prozent | 40,4 | 41,4 | 29,4 | 23,5 | 17,9 | 17,8 | 14,1 | 14,7 | 51,6 | 63,5 |
| Eigenkapitalrentabilität | Prozent | | 9,6 | | -1,6 | | 8,6 | | 28,5 | | 22,3 |
| EBIT-Marge | Prozent | 5,5 | 8,0 | 5,3 | 1,2 | 2,9 | 2,6 | 12,4 | 15,9 | 23,3 | 24,3 |
| Umsatzrentabilität | Prozent | 8,7 | 4,6 | 2,2 | -0,4 | 0,8 | 0,8 | 6,1 | 8,3 | 16,0 | 16,4 |
| Reichweite Forderungen | Tage | 48 | 46 | 44 | 50 | 2 | 3 | 80 | 75 | 100 | 87 |
| Reichweite Verbindlichkeiten | Tage | 75 | 93 | N/a | N/a | 94 | 99 | N/a | N/a | 54 | 65 |
| Lagerreichweite | Tage | 66 | 60 | N/a | N/a | 48 | 50 | N/a | N/a | 0 | 0 |
| Lagerumschlag | p. a. | | 5,5 | | N/a | | 7,3 | | N/a | | |

▽ Mischkonzern    ▽ Luftfahrt    ▽ Handel    ▽ Energie    ▽ IT/Software

\* Bosch und Siemens Hausgeräte
\*\* Veräußerung der Postbank im Laufe des Jahres 2009

▨ charakteristisch für die Branche
☐ veranschaulichend/kommentiert

# Einzelaufgaben
Aufgabe 8

Bei Unternehmen A handelt es sich um Bayer, einen Konzern aus der Pharmabranche. Charakteristisch sind hier insbesondere die hohe Lagerreichweite und der geringe Lagerumschlag; aus produktions-ökonomischen Gründen macht es in der Pharmabranche oftmals Sinn, relativ große Mengen auf einmal zu produzieren, was hohe Lagermengen und damit Lagerreichweiten sowie einen geringen Lagerumschlag zur Folge hat.

Bei Unternehmen B handelt es sich um Beiersdorf, ein sog. Fast Moving Consumer Goods (FMCG) Unternehmen, das insb. Kosmetikprodukte herstellt. Charakteristisch sind hier aus denselben Gründen wie in der Pharmabranche die relativ hohe Lagerreichweite und ein niedriger Lagerumschlag. Am Beispiel von Beiersdorf lassen sich außerdem die Folgen der Wirtschaftskrise für die Profitabilität und das Working Capital Management erkennen. Als Anbieter von Kosmetika im gehobenen Segment lässt sich der Rückgang der EBIT-Marge von 13 auf 10 Prozent zumindest teilweise mit dem veränderten Kaufverhalten der Konsumenten als Folge der allgemeinen Wirtschaftskrise als Folge der Finanzkrise erklären. Außerdem zeigt sich, dass das Unternehmen auf die Krise scheinbar durch (noch) späteres Zahlen seiner Lieferantenrechnung und durch eine Verkürzung der Lagerreichweite reagiert hat; beide Maßnahmen führen im Ergebnis zu einem geringeren Working Capital und somit zu einem geringeren Finanzierungsbedarf bzw. höherer Liquidität.

Bei Unternehmen C handelt es sich um Bosch Siemens Hausgeräte, einen Hersteller von sog. »Weißer Ware«, also Geschirrspülern, Waschmaschinen, Trocknern etc. Charakteristisch ist hier i. B. die hohe Forderungsreichweite in Verbindung mit einem vergleichsweise hohen Kapitalumschlag. Die Forderungsreichweite ist Resultat der Kundschaft eines Weiße Ware-Herstellers, nämlich dem Handel, der hohen Druck auf seine Lieferanten, also z. B. die Hersteller von »Weißer Ware« ausübt, um für ihn vorteilhafte Zahlungsbedingungen durchzusetzen. Weil Geschirrspüler und Waschmaschinen zudem beim Händler nicht so schnell »drehen« wie z. B. Kosmetika, hat der Weiße Ware-Hersteller gegenüber dem Händler wenige Argumente, um der Forderung des Handels nach langen Zahlungszielen zu begegnen.

Bei Unternehmen D handelt es sich um die Deutsche Post, einen integrierten Logistikanbieter. Der vermeintlich charakteristische geringe Kapitalumschlag ist hier Resultat des Sondereffekts aus der Veräußerung der Postbank im Laufe des Jahres 2009. Auch im signifikanten Anstieg der Eigenkapitalquote von 2008 zu 2009 spiegelt sich die Veräußerung wider.

Bei Unternehmen E handelt es sich um die Deutsche Telekom, ein Unternehmen aus der Telekommunikationsbranche. Charakteristisch ist hier i. B. die geringe bzw. nicht vorhandene Lagerreichweite, weil ein Telekommunikationsunternehmen de facto, das zeigt auch ein Blick in die Bilanz, keine Vorräte vorhält, da der Umsatz aus Dienstleistungen und nicht aus dem Verkauf von physischen Produkten generiert wird.

Bei Unternehmen F handelt es sich um den Henkel Konzern, einen Mischkonzern, der sowohl in der FMCG Branche tätig ist als auch Klebstoffe für private und industrielle Anwendungen herstellt. Als Resultat dieser Diversifizierung des Geschäfts ist im Prinzip keine der Kennzahlen in die eine oder andere Richtung besonders auffällig.

Bei Unternehmen G handelt es sich um die Lufthansa, ein Unternehmen aus der Luftfahrt-Branche, das allerdings durch Tochterunternehmen wie LSG Sky Chefs auch Produkte rund um den Transport von Passagieren anbietet. Besonders charakteristisch für diese Branche ist die verhältnismäßig geringe Profitabilität, die sich in einer niedrigen EBIT-Marge und Umsatzrentabilität widerspiegelt. Am Rückgang der Profitabilität von 2008 auf 2009 zeigt sich darüber hinaus als weiteres Charakteristikum der Branche deren besonders hohe Zyklizität und Krisenanfälligkeit, weil diese stärker als andere Branchen vom Rückgang der Passagierzahlen und vom Downgrading bei den Buchungsklassen (Buchung von Economy statt Business Class) getroffen wurde.

Bei Unternehmen H handelt es sich um die Metro AG, ein Handelsunternehmen. Ein hoher Kapitalumschlag, der hohe Lagerumschlag, die niedrigen Margen, eine kurze Forderungsreichweite, weil die Kunden i. d. R. direkt im Geschäft vor Ort bezahlen, lange Zahlungsziele bei den Lieferanten, die sich in einer hohen Reichweite der Verbindlichkeiten widerspiegeln, sowie verhältnismäßig kurze Lagerreichweiten sind typisch für einen Händler. Weil die Reichweite der Verbindlichkeiten größer ist als die Summe aus der Lagerreichweite und der Reichweite der Forderungen, spricht man hier von einem (deutlich) negativen Cash Conversion Cycle bzw. Cash-to-Cash Cycle, der in einem negativen Net Working Capital resultiert. Die Metro schafft es also, die von ihr eingekauften Waren zu verkaufen und das Geld von den Kunden einzuziehen, bevor sie die Waren selbst beim Lieferanten bezahlen muss.

Bei Unternehmen I handelt es sich um RWE, einen Konzern aus der Energiebranche. Charakteristisch ist hier i. B. der geringe Kapitalumschlag, der aus der hohen Anlagenintensität der Branche resultiert, sowie die hohe Forderungsreichweite, die wiederum Resultat der Rechnungsstellungsgewohnheiten der Branche ist. Auffällig ist bei RWE zudem der Anstieg der Profitabilität in der Krise von 2008 auf 2009, der gegen den sonst zu beobachtenden Krisentrend verläuft. Bewirkt wird dieser Anstieg der Profitabilität vermutlich zumindest anteilig durch den starken Rückgang der Öl- und Gaspreise ab Mitte 2008. Da diese nun günstiger gewordenen Rohstoffe Input-Faktoren für die Energiebranche darstellen und die Branche gleichzeitig von der Krise hinsichtlich Absatz und Preis relativ wenig betroffen gewesen ist, ergibt sich in Summe kein Rückgang, sondern ein Anstieg der Profitabilität in dieser Branche. Am Beispiel von RWE zeigt sich außerdem der Effekt einer geringen Eigenkapitalquote bzw. eines hohen Fremdkapitalhebels (Leverage-Effekt genannt), der bei einer Gesamtkapitalrentabilität von moderaten vier Prozent eine Rendite auf das Eigenkapital von immerhin fast 30 Prozent ermöglicht. Ein derartiger Hebeleffekt erhöht allerdings das Risiko der Eigentümer, weil zum einen regelmäßig Zinsen auf das Fremdkapital abgeführt werden müssen und zum anderen der Hebeleffekt nicht nur auf den Gewinn wirkt, sondern in schlechten Jahren auch auf einen Verlust. Insofern kann man sagen, dass ein höheres Risiko bei der Finanzierung i. d. R. mit einem geringeren Risiko und i. B. mit geringerer Volatilität des Geschäfts einhergeht, wie dies z. B. in der Energiebranche der Fall ist.

Bei Unternehmen J handelt es sich um SAP, ein Unternehmen aus der IT/Software-Branche. Charakteristisch sind hier insb. die nicht vorhandenen Vorräte, da ein IT/Software-Unternehmen seinen Umsatz aus dem Verkauf von nicht-physischen Produkten bzw. Dienstleistungen generiert. Außerdem lässt sich auch am Beispiel von SAP wieder indirekt der Effekt der Krise beobachten, nämlich an der Verkürzung der Reichweite der Forderungen sowie an der Verlängerung der Reichweite der Verbindlichkeiten. Um die Liquidität zu erhöhen, hat das Unternehmen scheinbar Kundenforderungen früher eingezogen und andererseits Lieferantenrechnungen später bezahlt. Beide Effekte führen zu einer Minderung des Net Working Capitals, also des Finanzierungsbedarfs.

## Aufgabe 9

## CFROI und CVA im Konzern

### Lösungsvorschlag zu Aufgabenstellung 1
Sowohl zur Berechnung des CFROI als auch zur Berechnung des CVA nach der Berechnungsvariante mit ökonomischen Abschreibungen werden die folgenden drei Berechnungskomponenten benötigt:

# Einzelaufgaben
Aufgabe 9

i. das investierte Kapital (IK) zu Beginn der Periode
ii. der Brutto-Cashflow (BCF) der Periode
iii. die ökonomischen Abschreibungen (ÖA) der Periode

Das investierte Kapital (i) lässt sich im ersten Schritt aus der Bilanzsumme des Konzerns berechnen. Der Logik des CFROI (und CVA) zufolge sollen dabei die Mietaufwendungen[10] kapitalisiert werden, weil die Entscheidung zwischen Miete oder Kauf im Grunde genommen eine Finanzierungsentscheidung ist: In beiden Fällen wird dieselbe Anlagenbasis benötigt – egal, ob gemietet oder gekauft. Der Vergleichbarkeit halber soll dieser Effekt, genauso wie der aller anderen Finanzierungsentscheidungen, ausgeschaltet werden.

Zur Kapitalisierung der Mietaufwendungen ist der reale Fremdkapitalzins heranzuziehen, also der nominale Fremdkapitalzins abzüglich der Inflationsrate, für die hier ein Wert von 2 Prozent angenommen wird. Dies entspricht in etwa der durchschnittlichen Inflationsrate in Deutschland über die letzten beiden Jahrzehnte. Der nominale Fremdkapitalzins i. H. v. 6 Prozent lässt sich als Quotient aus den Fremdkapitalzinsen aus der GuV und der Summe der Finanzverbindlichkeiten am Anfang des Geschäftsjahres berechnen (siehe Bilanz). Auf Basis dieser Größen lassen sich die kapitalisierten Mietaufwendungen per Division der Mietaufwendungen (aus der GuV des Konzerns) durch den realen Fremdkapitalzinssatz in Höhe von (6 Prozent – 2 Prozent =) 4 Prozent berechnen (siehe Abb. A-86). Das investierte Kapital kann nun leicht durch Addition der Bilanzsumme ermittelt werden.

### Abb. A-86

**Berechnung des investierten Kapitals**

|  | Einheit | Wert |
|---|---|---|
| Mietaufwendungen | in Mio. EUR | 23 |
| Inflationsbereinigte Fremdkapitalkosten | in Prozent | 4 |
| **Kapitalisierte Mietaufwendungen** | **in Mio. EUR** | **575** |
| Bilanzsumme | in Mio. EUR | 4.752 |
| **Investiertes Kapital** | **in Mio. EUR** | **5.327** |

Nachdem mit dem investierten Kapital die erste der drei Berechnungskomponenten vorliegt, gilt es im zweiten Schritt, den Brutto-Cashflow (ii) zu ermitteln. Ausgangspunkt hierfür ist der Jahresüberschuss aus der Konzern-GuV. Da auch der Brutto-Cashflow frei von den Effekten von Finanzierungsentscheidungen sein soll, werden Fremdkapitalzinsen sowie die Mietaufwendungen netto in ihrer Steuerwirkung zum Jahresüberschuss hinzugerechnet (siehe Abb. A-87). Der Steuersatz in Höhe von 30 Prozent zur Berechnung der Steuerwirkung lässt sich dabei aus der GuV ermitteln, nämlich als Quotient aus den Ertragssteuern und dem Ergebnis vor Steuern. Bei den Mietaufwendungen gehen wir vereinfachend und mangels einer besseren Annahme davon aus, dass es steuerlich keinen Unterschied zwischen den direkt verbuchten Mietaufwendungen und den alternativ anzusetzenden Abschreibungen auf die kapitalisierten Mietaufwendungen gibt bzw. gäbe. Da Abschreibungen (siehe Kommentar zur GuV) nicht zahlungsrelevant sind, müssen sie ebenfalls

---

10 Stellvertretend für zahlreiche weitere von den Urhebern des CFROI, HOLT Value Associates, vorgeschlagene Anpassungen.

netto ihrer Steuerwirkung zum Jahresüberschuss addiert werden, um den Brutto-Cashflow zu ermitteln.

### Abb. A-87

**Berechnung des Brutto-Cashflows** (Angaben in Mio. EUR)

|   |   |   |
|---|---|---:|
|   | Jahresüberschuss | 253 |
| + | Aufwendungen für Fremdkapitalzinsen | 114 |
| – | Steuermehraufwand wegen fehlendem Tax Shield des Fremdkapitalaufwands | 34 |
| = | *Bereinigtes operatives Ergebnis (nach Steuern und vor Zinszahlungen)* | **333** |
| + | Abschreibungen | 446 |
| – | Steuermehraufwand wegen fehlendem Tax Shield der Abschreibungen | 134 |
| + | Mietaufwendungen (da kapitalisiert) | 23 |
| = | **Brutto-Cashflow** | **668** |

Die dritte Berechnungskomponente, die ökonomischen Abschreibungen, lassen sich im letzten Schritt aus dem abschreibbaren Anlagevermögen zum Anschaffungswert (siehe Kommentar zur Bilanz) sowie der durchschnittlichen Nutzungsdauer (n) des Anlagevermögens und dem WACC i. H. v. 9 Prozent berechnen (siehe Abb. A-88).

### Abb. A-88

**Berechnung der ökonomischen Abschreibungen** (Angaben in Mio. EUR)

$$\text{ÖA} = \frac{aA \times \text{WACC}}{(1+\text{WACC})^n - 1} = \frac{2.080 \times 9\%}{1,0} = 189$$

aA: Abschreibbares Anlagevermögen zu historischen Werten
n: Nutzungsdauer der Investition/des Unternehmens

Auf Basis der drei Berechnungskomponenten lassen sich nun der CFROI (siehe Abb. A-89) und der CVA (siehe Abb. A-90) für das abgelaufene Geschäftsjahr ermitteln. Es zeigt sich, dass der Konzern im betrachteten Zeitraum keinen Wert geschaffen hat: Der CFROI entspricht exakt den durchschnittlichen Kapitalkosten (WACC) und der CVA beträgt Null. Der Konzern hat also gerade so seine Kapitalkosten erwirtschaftet.

### Abb. A-89

**CFROI des Geschäftsjahres**
(Angaben in Mio. EUR)

$$\text{CFROI} = \frac{\text{BCF} - \text{ÖA}}{\text{IK}} = \frac{668 - 189}{5.327} = 9,0\%$$

### Abb. A-90

**Cash Value Added im Geschäftsjahr**
(Angaben in Mio. EUR)

$$\begin{aligned}
\text{CVA} &= \text{BCF} - \text{ÖA} - (\text{WACC} \times \text{IK}) \\
&= 668 - 189 - (9\% \times 5.327) \\
&= 479 - 479 \\
&= 0
\end{aligned}$$

## Lösungsvorschlag zu Aufgabenstellung 2

Da die Geschäftsbereiche an ihrem CFROI gemessen werden, wird Herbert Schöngeist seine Auswahl, wenn er sich rational-opportunistisch verhält, in erster Linie am CFROI der Investitionsalternativen bzw. an deren Auswirkung auf den Geschäftsbereichs-CFROI orientieren. Insofern ist es sinnvoll, seinen Entscheidungsgang anhand des CFROIs bzw. der marginalen Auswirkung der jeweiligen Investition auf den Geschäftsbereichs-CFROI nachzuvollziehen (siehe Abb. A-91).

**Abb. A-91**

**Auswahl der Investitionsalternativen auf CFROI Basis**

|  | Einheit | Investitionsalternative A | B | C |
|---|---|---|---|---|
| Zu investierendes Kapital | Mio. EUR | 120 | 80 | 50 |
| CFROI der Investition | Prozent | 23,3 | 12,5 | 20,0 |
| Kapitalbasis GB inkl. A | Mio. EUR | 743 | | |
| CFROI GB inkl. A | Prozent | 12,1 | | |
| Kapitalbasis GB inkl. A und C | Mio. EUR | | | 793 |
| CFROI GB inkl. A und C | Prozent | | | 12,6 |

Wenngleich alle drei Investitionsalternativen einen höheren CFROI als den WACC des Unternehmens und als den aktuellen CFROI des Geschäftsbereiches i. H. v. 10 Prozent aufweisen, so verspricht Alternative A den höchsten CFROI aller drei Investitionsalternativen. Insofern wird Herbert Schöngeist zunächst diese Alternative auswählen, wodurch sich die Kapitalbasis auf EUR 743 Mio. und der CFROI des Geschäftsbereiches entsprechend des investierten Kapitals gewichtet auf 12,1 Prozent erhöhen.

Allerdings wird sich Herbert Schöngeist nicht auf die Investitionsalternative A beschränken, sondern auch die Alternative C auswählen, durch die sich die Kapitalbasis auf EUR 793 Mio. und der CFROI des Geschäftsbereiches von 12,5 auf 12,6 Prozent erhöhen. Da der CFROI nach Auswahl der Alternativen A und C mit 12,6 Prozent nun höher liegt als der CFROI der noch verfügbaren Investitionsalternative B (CFROI = 12,5 Prozent), wird Herbert Schöngeist die Alternative B nicht (mehr) umsetzen lassen.

Herbert Schöngeist würde also, wenn er sich rational-opportunistisch verhält, die Investitionsalternativen A und C implementieren lassen.

## Lösungsvorschlag zu Aufgabenstellung 3

Durch die Orientierung von Herbert Schöngeist am CFROI bleiben EUR 80 Mio. des ihm zugewiesenen Investitionsbudgets ungenutzt. Unter der Prämisse, dass der Konzern dieses ungenutzte Budget nicht anderweitig einsetzen kann, weil es ja theoretisch jederzeit von Herbert Schöngeist abgerufen werden könnte, bleiben diese EUR 80 Mio. sozusagen unproduktiv.

Allerdings ist auch die Investitionsalternative B aus Konzernsicht wirtschaftlich: Der CFROI von Alternative B ist höher als der Konzern WACC; der CVA der Alternative ist mit EUR 2,8 Mio. positiv. Insofern wäre es aus Konzernsicht wünschenswert, wenn auch diese Investitionsalternative realisiert werden würde.

Dieser Konflikt zwischen der aus Konzernsicht optimalen Investitionsentscheidung und der im Geschäftsbereich zu erwartenden Entscheidung ließe sich dadurch vermeiden, dass die Geschäftsbereiche nicht an ihrem CFROI, sondern an ihrem Cash Value Added gemessen werden. Denn wie demonstriert, birgt die Steuerung über eine relative Kennzahl wie den CFROI die Gefahr einer Fehlsteuerung, wenn die Zielvorgabe eine Maximierung und nicht das Erreichen bzw. Überbieten eines Mindestwertes (Hurdle Rate) darstellt. Diese Gefahr besteht bei einer absoluten Kennzahl wie dem CVA nicht.

## Aufgabe 10

# Das DuPont System of Financial Control zum Vergleich der Regionalgesellschaften der Energie AG

### Lösungsvorschlag zu Aufgabenstellung 1

Sie erinnern sich – der Return on Investment (ROI) ist eine relative finanzielle Kennzahl, berechnet als Quotient aus einer Erfolgsgröße (Return) und einem Maß für das investierte Kapital (Investment). Der ROI wird häufig zum Vergleich von Unternehmen oder Unternehmensbereichen herangezogen und ist somit geeignet, die drei Regionalgesellschaften der Energie AG miteinander zu vergleichen.

Als Erfolgsgröße bietet sich im vorliegenden Fall der EBIT (Earnings Before Interest and Taxes) an, da er nicht nur ohne Weiteres verfügbar ist, sondern auch den Gewinn unabhängig von der Finanzierungsstruktur und unterschiedlichen Ertragssteuersätzen wiedergibt. Da die länderspezifischen Ertragssteuersätze von den verantwortlichen Managern nicht beeinflusst werden können, ist die Verwendung des EBIT aus Sicht des Controllability-Prinzips sinnvoll. Allerdings könnte man auch argumentieren, dass die fiskalischen Rahmenbedingungen in einem Land jeweils aus einem Gesamtbündel von Faktoren bestehen. So gehen die niedrigen Steuersätze in der Schweiz z. B. mit relativ hohen Faktorkosten einher, die vom verantwortlichen Manager ebenfalls als gegeben hingenommen werden müssen. Insofern könnte man anstatt für die Verwendung des EBIT auch für die Verwendung des sogenannten NOPAT (Net Operating Profit After Tax) bzw. EBIAT (Earnings Before Interest After Taxes) plädieren. Diese Erfolgskennzahl berücksichtigt dann auch die jeweils landesspezifischen Steuersätze, die die Wirtschaftlichkeit der einzelnen Gesellschaften aus Gesamtunternehmenssicht beeinflussen. Dabei bleiben weiterhin die von den Ländergesellschaften unabhängige Finanzierungsstruktur und die damit verbundenen Kapitalkosten außerhalb der Betrachtung.

Als Maßgröße für das investierte Kapital soll das Gesamtkapital angesetzt werden. Alternativ könnte man auch andere Erfolgsgrößen wie z. B. den EBITDA wählen bzw. vom Gesamtkapital noch die kurzfristigen Verbindlichkeiten sowie die liquiden Mittel abziehen und anstelle des Gesamtkapitals z. B. das Capital Employed oder die Net Assets verwenden.

# Einzelaufgaben
## Aufgabe 10

Der Vorteil des ROI besteht darin, dass er Umsatz, Kosten sowie Gesamtkapital – also die Hauptkomponenten der Profitabilität – zu einer einzigen Kennzahl verdichtet. Negativ ist die Tatsache, dass es sich beim ROI um eine nachlaufende Kennzahl handelt, da beide Berechnungsgrößen, EBIT und Kapital, aus buchhalterischen Informationen gewonnen werden und somit erst dann vorliegen, wenn »das Kind wohlmöglich bereits in den Brunnen gefallen ist«. Zudem ermöglichen weder der ROI noch alternative relative finanzielle Kennzahlen wie der ROCE eine Aussage über die absolute Wertschaffung, da Kapitalkosten nicht berücksichtigt werden. Daher sollte z. B. zur Bewertung von Investitionsprojekten eine Vergleichsgröße wie der WACC (Weighted Average Cost of Capital) als Hurdle Rate berücksichtigt werden.

### Lösungsvorschlag zu Aufgabenstellung 2

Sie prüfen die Ihnen nun vorliegenden Informationen und errechnen daraus die Jahresüberschüsse sowie den ROI der drei Regionalgesellschaften (siehe Abb. A-92).

**Abb. A-92**

**Jahresüberschuss und ROI der Ländergesellschaften**

| Ländergesellschaft | EBIT in Mio. EUR | Gesamtkapital in Mio. EUR | ROI in Prozent |
|---|---|---|---|
| Frankreich | 63 | 300 | 21 |
| Italien | 30 | 120 | 25 |
| Spanien | 42 | 175 | 24 |

Es zeigt sich, dass die Regionalgesellschaft Italien derzeit mit 25 Prozent ROI am profitabelsten arbeitet. Die französische Ländergesellschaft ist, obwohl ihr ausgewiesener Jahresüberschuss absolut der höchste ist, relativ mit einem ROI von aktuell 21 Prozent am wenigsten profitabel.

Der bloße EBIT eignet sich in diesem Zusammenhang also nicht zur Bewertung der Profitabilität der Regionalgesellschaften, weil er als absolute Kennzahl nicht die Höhe des zur Gewinnerzielung nötigen Kapitals berücksichtigt.

### Lösungsvorschlag zu Aufgabenstellung 3

Mit Hilfe des DuPont Systems lässt sich der ROI in seine einzelnen Komponenten zerlegen, was eine detailliertere Analyse der ROI-Treiber ermöglicht. Nach dem DuPont System wird der ROI auf der ersten Gliederungsebene in die Umschlagshäufigkeit und die Umsatzrentabilität gegliedert. Die Umschlagshäufigkeit wiederum ist der Quotient aus Umsatzerlösen und dem eingesetzten Kapital, das sich weiter in das Anlage- und das Umlaufvermögen untergliedern lässt. Gleichzeitig ergibt sich die Umsatzrentabilität als Quotient aus EBIT und Umsatzerlösen. Der auf diese Weise entstehende Baum wird als DuPont System of Financial Control bezeichnet, anhand dessen die Haupttreiber des Unternehmenserfolges analysiert und im internen Vergleich Unterschiede sowie Schwachstellen identifiziert werden können.

### Lösungsvorschlag zu Aufgabenstellung 4

Unter Verwendung des DuPont Systems lässt sich der ROI in die Umschlagshäufigkeit und die Umsatzrentabilität aufgliedern (siehe Abb. A-93).

## Abb. A-93

**Umschlaghäufigkeit und Umsatzrentabilität der Ländergesellschaften**

| Ländergesellschaft | Umschlags-häufigkeit | Umsatzrentabilität in Prozent | ROI in Prozent |
|---|---|---|---|
| Frankreich | 1,50 | 14 | 21 |
| Italien | 1,25 | 20 | 25 |
| Spanien | 1,20 | 20 | 24 |

Es zeigt sich, dass sowohl Italien als auch Spanien eine Umsatzrentabilität von 20 Prozent aufweisen. Italien hat jedoch im Vergleich zu Spanien eine leicht höhere Umschlagshäufigkeit. Die mit Abstand höchste Umschlagshäufigkeit hat die Regionalgesellschaft in Frankreich; gleichzeitig weist Frankreich allerdings auch die mit 14 Prozent niedrigste Umsatzrentabilität auf. Dies liegt zunächst einmal daran, dass Frankreich im Verhältnis zu seinem investierten Gesamtkapital einen relativ niedrigen EBIT erwirtschaftet. Bei noch genauerer Analyse zeigt sich, dass sich die Fixkosten im Vergleich zu den Umsatzerlösen bei allen Ländern nicht großartig unterscheiden. Hier liegt Frankreich mit knapp 12 Prozent eher am unteren Ende. Ein Vergleich der variablen Kosten im Verhältnis zu den Umsatzerlösen zeigt allerdings, dass Frankreich wider Erwarten trotz des mit Abstand größten Umsatzes keine Skaleneffekte erzielen kann, sondern vielmehr am oberen Ende im Kostenvergleich mit Italien und Spanien rangiert.

### Lösungsvorschlag zu Aufgabenstellung 5

25 Prozent Mindestrentabilität hat der Finanzvorstand gefordert. Sie hatten ja bereits analysiert, dass die Regionalgesellschaft in Spanien im Vergleich mit den übrigen Ländern besonders bei der Umschlaghäufigkeit noch »Luft nach oben« zu haben scheint. Umgekehrt hatte Frankreich mit 14 Prozent den mit Abstand schlechtesten Wert für die Umsatzrentabilität. Sie entschließen sich also zu ermitteln, um wie viel sich diese beiden Länder jeweils in den Bereichen, in denen sie vergleichsweise schlecht dastehen, verbessern müssten, damit sie die geforderte Mindestrentabilität von 25 Prozent erreichen. Im Falle von Spanien verrät Ihnen schon ein kurzer Blick auf die berechneten Zahlen, dass bereits eine kleine Erhöhung der Umschlagshäufigkeit auf 1,25 – das Niveau von Italien – ausreichen würde, um die geforderte Rentabilität von 25 Prozent zu erreichen. Auch im Falle von Frankreich lässt sich die notwendige Erhöhung der Umsatzrentabilität schnell mithilfe der Formel für den ROI ermitteln. Dividiert man 0,25 durch die Umschlagshäufigkeit von 1,5, so ergibt sich die notwendige Erhöhung der Umsatzrentabilität um 4 Prozentpunkte auf 18 Prozent.

Im letzten Schritt möchten Sie den Managern der Ländergesellschaften noch Maßnahmen an die Hand geben, mit denen sie die geforderte Profitabilität von 25 Prozent erreichen können. Sie überlegen sich zunächst, wie der Regionalmanager in Spanien seinen Kapitalumschlag steigern könnte. Hierzu müsste er zunächst sein Gesamtvermögen verringern. Eine Möglichkeit hierfür wäre, das Umlaufvermögen zu verringern. Da sich dieses unter anderem aus den Vorräten, den Forderungen und den liquiden Mitteln zusammensetzt, könnte der Regionalmanager durch Verkürzung der Zahlungsziele seine Forderungen reduzieren. Ebenso könnte er sein Rohstoffmanagement überprüfen und so versuchen, die Lagerzeiten zu verkürzen oder die Losgrößen zu optimieren, was eine Verringerung der Vorräte zur Folge hätte. Auch eine Analyse der liquiden Mittel zur Identifikation möglicher Verringerungspotentiale könnte hier zum Erfolg führen.

**Einzelaufgaben**
Aufgabe 11

Der Manager der französischen Regionalgesellschaft hingegen müsste an einem anderen Punkt ansetzen. Sein Fokus sollte darauf gerichtet sein, seinen EBIT deutlich zu erhöhen, um so seine Umsatzrentabilität zu verbessern. Eine Möglichkeit hierfür wäre z. B. eine Verringerung der Kosten des Umsatzes. Dieser setzt sich aus Herstellungs-, Vertriebs- und Verwaltungskosten sowie den Kosten aus Fracht und Auslieferung zusammen. In diesen Bereichen könnten also mögliche Ansatzpunkte des Regionalmanagers liegen. So könnte er beispielsweise Lieferverträge ebenso wie die Preise für Vorprodukte neu aushandeln. Dabei sollte er sich vor allen Dingen die Größe seiner Regionalgesellschaft zu Nutze machen und versuchen, angemessene Rabatte auszuhandeln. Sollte er mit erhöhten Herstellungskosten aufgrund eines deutlich höheren Lohnniveaus in Frankreich konfrontiert sein, so könnte er über die Verlagerung von Produktionsschritten ins günstigere Ausland nachdenken, um durch die Reduktion der Fertigungstiefe Kosteneinsparungen zu erzielen. Vielleicht lassen sich bei einigen Tätigkeiten sogar Synergien zwischen der französischen und den übrigen Regionalgesellschaften realisieren. Auch die Vertriebs- und Verwaltungskosten sollten hinsichtlich möglicher Synergiepotenziale analysiert werden.

## Aufgabe 11

### Verrechnungspreise bei der Solaranlagen AG

#### Lösungsvorschlag zu Aufgabenstellung 1

Um das Gewinnmaximum der Solaranlagen AG bestimmen zu können, sind zunächst die tatsächlich anfallenden Kosten der einzelnen Abteilungen in Abhängigkeit von der Anzahl der gebauten Solaranlagenparks zu ermitteln. Hierzu sind die Produktionsfixkosten sowie die anteiligen Gemeinkosten zu bestimmen. Außerdem müssen die variablen Kosten der Abteilungen für den Bau der Solarparks berechnet werden.

**Abb. A-94**

**Kosten der Abteilungen** (Angaben in Mio. EUR)

| Parks | Kosten | | | | | |
|---|---|---|---|---|---|---|
| | Abteilung A | | Abteilung B | | Abteilung C | |
| | fix | variabel | fix | variabel | fix | variabel |
| 1 | 1,80 | 4,00 | 1,80 | 4,60 | 1,40 | 2,00 |
| 2 | 1,80 | 7,80 | 1,80 | 8,80 | 1,40 | 3,60 |
| 3 | 1,80 | 11,40 | 1,80 | 12,90 | 1,40 | 5,10 |
| 4 | 1,80 | 15,20 | 1,80 | 17,00 | 1,40 | 6,40 |

Aus den berechneten Kosten lassen sich die Gesamtkosten und – nach Verrechnung mit dem jeweiligen Erlös – der resultierende Gewinn der Solaranlagen AG bei zentraler Steuerung ableiten.

Lösungsvorschlag

**Abb. A-95**

**Gewinne der Solaranlagen AG in Abhängigkeit von der Absatzmenge** (Angaben in Mio. EUR)

| Parks | Kosten fix | Kosten variabel | Kosten gesamt | Erlöse | Gewinn |
|---|---|---|---|---|---|
| 1 | 5,00 | 10,60 | 15,60 | 16,00 | 0,40 |
| 2 | 5,00 | 20,20 | 25,20 | 30,00 | 4,80 |
| 3 | 5,00 | 29,40 | 34,40 | 40,50 | 6,10 |
| 4 | 5,00 | 38,60 | 43,60 | 48,00 | 4,40 |

Es zeigt sich, dass für die Solaranlagen AG eine Absatz- und Produktionsmenge von 3 Parks bzw. 300 Solarkraftwerken den größten Gewinn erzielt.

**Lösungsvorschlag zu Aufgabenstellung 2**

Bei einer kostenorientierten Verrechnung ergeben sich folgende Verrechnungspreise:

**Abb. A-96**

**Verrechnungspreise bei Kostenorientierung** (Angaben in EUR pro Stück)

| Parks | Abteilung A/Trägersystem | | | Abteilung B/Solarmodule | | |
|---|---|---|---|---|---|---|
| | GK | VK | VK+ | GK | VK | VK+ |
| 1 | 40.000 | 58.000 | 69.600 | 460 | 640 | 768 |
| 2 | 39.000 | 48.000 | 57.600 | 440 | 530 | 636 |
| 3 | 38.000 | 44.000 | 52.800 | 430 | 490 | 588 |
| 4 | 38.000 | 42.500 | 51.000 | 425 | 470 | 564 |

**Lösungsvorschlag zu Aufgabenstellung 3**

Zur Berechnung der Gewinne je Abteilung ist es sinnvoll, zunächst die zu verrechnenden Erlöse der produzierenden Abteilungen bzw. die Kosten des Vertriebs zu ermitteln.

**Abb. A-97**

**Zu verrechnende Erlöse bzw. Kosten** (Angaben in Mio. EUR)

| Parks | Abteilung A | | | Abteilung B | | |
|---|---|---|---|---|---|---|
| | GK | VK | VK+ | GK | VK | VK+ |
| 1 | 4,00 | 5,80 | 6,96 | 4,60 | 6,40 | 7,68 |
| 2 | 7,80 | 9,60 | 11,52 | 8,80 | 10,60 | 12,72 |
| 3 | 11,40 | 13,20 | 15,84 | 12,90 | 14,70 | 17,64 |
| 4 | 15,20 | 17,00 | 20,40 | 17,00 | 18,80 | 22,56 |

Auf Basis der zu verrechnenden Erlöse bzw. Kosten lassen sich nun im nächsten Schritt abteilungsspezifische Gewinne berechnen (siehe Abb. A-98). Für die Abteilungen A und B ergeben sich diese aus den an den Vertrieb verrechneten Erlösen abzüglich der fixen und variablen Kosten der jewei-

# Einzelaufgaben
Aufgabe 11

### Abb. A-98

**Gewinne der Abteilungen** (Angaben in Mio. EUR)

| Parks | Abteilung A | | | Abteilung B | | | Abteilung C | | |
|---|---|---|---|---|---|---|---|---|---|
| | GK | VK | VK+ | GK | VK | VK+ | GK | VK | VK+ |
| 1 | -1,80 | 0,00 | 1,16 | -1,80 | 0,00 | 1,28 | 4,00 | 0,40 | -2,04 |
| 2 | -1,80 | 0,00 | 1,92 | -1,80 | 0,00 | 2,12 | 8,40 | 4,80 | 0,76 |
| 3 | -1,80 | 0,00 | 2,64 | -1,80 | 0,00 | 2,94 | 9,70 | 6,10 | 0,52 |
| 4 | -1,80 | 0,00 | 3,40 | -1,80 | 0,00 | 3,76 | 8,00 | 4,40 | -2,76 |

ligen Produktionsmenge. Für Abteilung C entspricht der Gewinn den Verkaufserlösen der Parks abzüglich der verrechneten Kosten für Trägersysteme und Solarmodule sowie abzüglich der abteilungsspezifischen fixen und variablen Kosten.

Bei grenzkostenorientierten Verrechnungspreisen ergeben sich bei den zuliefernden Abteilungen A und B jeweils Verluste in Höhe ihrer Fixkosten; der Gewinn der Vertriebsabteilung fällt in diesem Fall deshalb höher aus als der tatsächliche Gewinn des Unternehmens. Bei grenzkostenorientierten Verrechnungspreisen ist die Motivationsfunktion im Hinblick auf die Abteilungen A und B nicht erfüllt. Bei vollkostenbasierten Verrechnungspreisen decken die liefernden Abteilungen A und B gerade ihre Kosten, machen also weder Gewinn noch Verlust. Hingegen »erwirtschaftet« der Vertrieb (Abteilung C) die gesamten Gewinne oder Verluste des Unternehmens. Auch bei Vollkosten als Basis zur Festlegung von Verrechnungspreisen wirkt die resultierende Kostendeckung auf die entsprechenden Abteilungen nur wenig motivierend.

Würde die Solaranlagen AG eine Verrechnung auf Basis von Vollkosten-plus-Zuschlag einsetzen, würden alle Abteilungen zwar Gewinne aufweisen und so die Motivationsaspekte der Verrechnungspreise verbessern, allerdings würde die Vertriebsabteilung eine Preis-Mengen-Kombination wählen, die zwar den Abteilungsgewinn, aber nicht – im Sinne des Unternehmens – den Gesamtgewinn maximiert.

### Lösungsvorschlag zu Aufgabenstellung 4

Bei einer Verrechnung nach Vollkosten-plus-Zuschlag zwischen den Abteilungen A und C sowie einer marktorientierten Verrechnung zwischen den Abteilungen B und C ergeben sich folgende Gewinne:

### Abb. A-99

**Gewinne der Abteilungen** (Angaben in Mio. EUR)

| Parks | Abteilung | | |
|---|---|---|---|
| | A | B | C |
| 1 | 1,16 | -0,40 | -0,36 |
| 2 | 1,92 | 1,40 | 1,48 |
| 3 | 2,64 | 3,30 | 0,16 |
| 4 | 3,40 | 5,20 | -4,20 |

Weil der Marktpreis anders als der auf Vollkosten plus Zuschlag basierende Verrechnungspreis nicht von der unternehmensinternen Produktionsmenge beeinflusst wird, ist der Anreiz für Abteilung C, im Sinne des Unternehmens drei und nicht nur zwei Parks abzusetzen, weiter gesunken.

Durch Ansatz des Marktpreises steigt jedoch die Transparenz, da Marktpreise für gewöhnlich als fair angesehen werden und somit einer hohen Akzeptanz unterliegen. Durch die Vergleichbarkeit mit dem Markt wird zusätzlich die Erfolgsermittlungsfunktion der Verrechnungspreise gestärkt.

### Lösungsvorschlag zu Aufgabenstellung 5

Bei den vorliegenden verhandlungsbasierten Verrechnungspreisen lassen sich folgende Gewinne für die einzelnen Abteilungen berechnen:

**Abb. A-100**

**Gewinne der Abteilungen** (Angaben in Mio. EUR)

| Parks | Abteilung | | |
|---|---|---|---|
| | A | B | C |
| 1 | 0,20 | −0,40 | 0,60 |
| 2 | 2,40 | 1,40 | 1,00 |
| 3 | 4,80 | 3,30 | −2,00 |
| 4 | 7,00 | 5,20 | −7,80 |

Die patentierten Trägersysteme können nicht extern beschafft werden, denn es gibt für sie aufgrund der Patentierung keinen Markt. Für die Verhandlungsführer macht es daher Sinn, die Ergebnisse der kostenorientierten Verrechnung als Referenzpunkt für die Verhandlung zu betrachten. Im Ergebnis ist jedoch auffällig, dass der Verrechnungspreis für die Trägersysteme mit EUR 60.000 deutlich über dem VK+-Verrechnungspreis bei einer Produktionsmenge von zwei Parks liegt. Bei den gegebenen drei Verfahren der kostenorientierten Verrechnung in Aufgabe (3) wäre der Vollkosten-plus-Zuschlag-Verrechnungspreis jedoch bereits der für den Gewinn-Ausweis der Abteilung A vorteilhafteste gewesen. Das Ergebnis ist aller Wahrscheinlichkeit nach darauf zurückzuführen, dass Bernd Boss in seiner Funktion als COO gegenüber dem Juniormanager Hans Sonnenschein sowohl über eine höhere Verhandlungsmacht als auch über mehr Verhandlungsgeschick ob der größeren Erfahrung verfügt.

### Lösungsvorschlag zu Aufgabenstellung 6

Durch Verhandlungen wird grundsätzlich der Informationsaustausch zwischen den Abteilungen gefördert. Zusätzlich werden die Ergebnisverantwortlichkeit sowie die Autonomie der einzelnen Bereiche dadurch erhöht, dass sie sich eigenständig auf einen Verrechnungspreis einigen. Insbesondere die gesteigerte Autonomie sowie die fiktive Schaffung eines internen Wettbewerbs können sich positiv auf die Motivationsfunktion der Verrechnungspreise auswirken. Auf der anderen Seite können verhandlungsbasierte Verrechnungspreise jedoch auch Dysfunktionalitäten hervorrufen. So kann z. B. Ressortegoismus verbunden mit latenten Machtverteilungen (z. B. die Doppelfunktion von Bernd Boss) innerhalb des Konzerns oder dem Verhandlungsgeschick einzelner Teilnehmer das Ergebnis beeinflussen und verzerren. Zusätzlich erzeugen Verhandlungen unter Umständen finanzielle Kosten und Friktionen zwischen den teilnehmenden Abteilungen. So ist also zu berücksichtigen, dass Verhandlungen sich gegebenenfalls negativ auf die Kooperationsbe-

# Einzelaufgaben
Aufgabe 12

reitschaft zwischen den Bereichen und damit auch auf die Mitarbeitermotivation sowie das gesamte Unternehmensklima auswirken können. Viele empirische Studien zeigen, dass dies mit einem negativen Einfluss auf das Unternehmensergebnis verbunden ist.

Eine Möglichkeit, die Nachteile der verhandlungsbasierten Verrechnungspreise zu adressieren, bestände darin, die Verhandlungen mit Beteiligung der Zentrale zu führen. Dadurch könnte das aus Gesamtunternehmenssicht erwünschte Verhandlungsergebnis gefördert werden. Eine weitere Möglichkeit wäre die Einführung einer Instanz, die die Verhandlungen verfolgt und beaufsichtigt, die Verhandlungsergebnisse prüft und gegebenenfalls schlichtend eingreift.

## Aufgabe 12

### Budgetierung bei der KoRoVa Studentenbar

#### Lösungsvorschlag zu Aufgabenstellung 1

Da sich das Erlös-, das Materialbedarfs- und das Materialkostenbudget unmittel- oder zumindest mittelbar aus dem Absatzbudget ergeben, ist es zunächst sinnvoll und nötig, das Absatzbudget zu bestimmen (siehe Abb. A-101).

**Abb. A-101**

**Absatz- und Erlösbudget**

| Produkt | Einheit | Absatzbudget in Einheiten | Erlösbudget in EUR |
|---|---|---:|---:|
| Belegte Bagel | Stück | 125 | 210,00 |
| Brownies | Stück | 38 | 63,84 |
| Getränkeflaschen | Flasche | 190 | 319,20 |
| Heißgetränke | Becher | 305 | 512,40 |
| **Gesamt** | | | **1.105,44** |

Das lässt sich relativ einfach aus den Absatzmengen der einzelnen Produkte pro Tag (siehe Abb. A-32) und der Anzahl der Tage (siehe Abb. A-30) bestimmen. Das Erlösbudget ergibt sich dann im nächsten Schritt durch Multiplikation der Absatzmengen der Produkte mit dem Nettopreis i. H. v. EUR 1,68 pro Produkt, der sich aus dem Bruttopreis i. H. v. EUR 2,– abzüglich der Mehrwertsteuer berechnen lässt.

Auf Basis der budgetierten Absatzmengen lassen sich das Materialbedarfsbudget des Absatzes sowie unter zusätzlicher Berücksichtigung der aktuellen und der geplanten Lagerbestände die Einkaufs- bzw. Bestellmenge für Produkte und Zutaten (Materialbedarfsbudget der Woche) ermitteln (siehe Abb. A-102). Da sich der Materialbedarf nicht auf die Endprodukte, sondern auf Verpackungseinheiten bezieht, ist es notwendig, den Bedarf unter Berücksichtigung des Packungsinhalts der Zutaten bzw. des Fassungsvermögens einer Kiste in einen Bedarf an Verpackungseinheiten umzurechnen. Die Einkaufs- bzw. Bestellmenge ergibt sich als Summe aus dem Materialbedarf des Absatzes zzgl. der angestrebten Bestandsmenge abzgl. der aktuell noch im Lager befindlichen Bestandsmenge.

## Abb. A-102

**Materialbedarfs- und -kostenbudget**

| Produkt | Einheit (EH) | Verpackungs- einheit (VE) | Absatz- mengenbedarf in EH | Absatz- mengenbedarf in VE | Einkaufs- menge* in VE | Materialkostenbudget in EUR der Absatz- menge | Materialkostenbudget in EUR der Einkaufs- menge |
|---|---|---|---|---|---|---|---|
| Bagel | Stück | Packung à 4 Stück | 125 | 32 | 33 | 63,68 | 65,67 |
| Frischkäse | g | Packung à 200g | 3.125 | 16 | 17 | 19,04 | 20,23 |
| Salat | Kopf | Kopf | 3 | 3 | 3 | 3,00 | 3,00 |
| Aufschnitt | g | Packung à 200g | 5.000 | 25 | 25 | 49,75 | 49,75 |
| Brownies | Packung | Packung à 6 Stück | 38 | 7 | 8 | 20,93 | 23,92 |
| Getränke | Flasche | Kiste à 24 Flaschen | 190 | 8 | 7 | 128,00 | 112,00 |
| Milch | Liter | Flasche à 1 Liter | 76 | 77 | 76 | 61,60 | 60,80 |
| Gesamt | | | | | | 346,00 | 335,37 |

\* Bedarf der kommenden Woche unter Berücksichtigung der Bestandsveränderung

Das Materialkostenbudget der Absatz- bzw. Einkaufsmenge errechnet sich im letzten Schritt aus den Kosten einer Verpackungseinheit (z. B. einer Getränkekiste) und dem budgetierten Bedarf dieser Verpackungseinheit.

### Lösungsvorschlag zu Aufgabenstellung 2

Das Lohnbudget lässt sich aus der Anzahl der durch eine kostenpflichtige Aushilfskraft gearbeiteten Stunden pro Woche und den Lohnkosten pro Stunde i. H. v. EUR 8,– berechnen (siehe Abb. A-103). Nun, da sämtliche im Detail zu budgetierenden Kostenarten vorliegen, kann das Erfolgsbudget der Woche aufgestellt werden (siehe Abb. A-104). Von den Erlösen sind neben den Materialeinzel- auch Materialgemeinkosten abzuziehen, um den Bruttogewinn zu ermitteln, von dem dann allerdings noch die Lohnkosten und die laufenden Kosten (siehe Abb. A-34) abzuziehen sind, um den Gewinn zu berechnen.

## Abb. A-103

**Lohnbudget**

| | Einheit | »Tauschie Tuesday« | Normaler Wochentag | Samstag | Gesamt |
|---|---|---|---|---|---|
| Tage pro Woche | Tage | 1 | 4 | 1 | |
| Arbeitszeit Aushilfskraft* | in Std. pro Tag | 16 | 10 | 0 | |
| | in Std. pro Woche | 16 | 40 | 0 | |
| Lohnkosten | in EUR pro Woche | 128 | 320 | 0 | 448 |

# Einzelaufgaben
Aufgabe 12

### Abb. A-104

**Erfolgsbudget** (Angaben in EUR)

| | | |
|---|---|---:|
| | Erlöse | 1.105 |
| − | Materialeinzelkosten | 346 |
| − | Materialgemeinkosten | 30 |
| = | Bruttogewinn | 729 |
| − | Lohnkosten | 448 |
| − | Laufende Kosten | 112 |
| = | **Gewinn** | **169** |

Es zeigt sich, dass die Hoffnung der Weisbrods auf einen kleinen Wochenüberschuss richtig war.

### Lösungsvorschlag zu Aufgabenstellung 3

Würden die Weisbrods nicht nur die tatsächlich anfallenden, sondern auch die kalkulatorischen Kosten berücksichtigen, dann müssten sie neben einer kalkulatorischen Miete auch kalkulatorische Abschreibungen auf die Ladeneinrichtung sowie höhere Lohnkosten in ihre Kalkulation einbeziehen.

Diese müssten nämlich nicht nur aus den zahlungsrelevanten Lohnkosten für die Aushilfskraft bestehen, sondern auch die Präsenzzeiten von Frau Weisbrod im Ladenlokal mit einbeziehen (siehe Abb. A-105).

### Abb. A-105

**Lohnbudget inkl. kalkulatorischer Lohnkosten**

| | Einheit | »Tauschie Tuesday« | Normaler Wochentag | Samstag | Gesamt |
|---|---|---:|---:|---:|---:|
| Tage pro Woche | Tage | 1 | 4 | 1 | |
| Arbeitszeit Fr. Weisbrod | Std. pro Tag | 6 | 6 | 6 | |
| Arbeitszeit Aushilfskraft | Std. pro Tag | 16 | 10 | 0 | |
| Arbeitszeit gesamt | Std. pro Woche | 22 | 64 | 6 | |
| **Lohnkosten** | EUR pro Woche | 176 | 512 | 48 | **736** |

### Abb. A-106

**Kalkulatorisches Erfolgsbudget** (Angaben in EUR)

| | | |
|---|---|---:|
| | Erlöse | 1.105 |
| − | Materialeinzelkosten | 346 |
| − | Materialgemeinkosten | 30 |
| = | Bruttogewinn | 729 |
| − | Lohnkosten* | 736 |
| − | Kalkulatorische Miete | 140 |
| − | Laufende Kosten | 112 |
| − | Kalkulatorische Abschreibungen | 96 |
| = | **Gewinn** | **−354** |

* Inkl. kalkulatorischer Lohnkosten

Lösungsvorschlag

Unter Berücksichtigung der Anderskosten bei den Lohnkosten sowie der Zusatzkosten in Form der kalkulatorischen Mietkosten und Abschreibungen zeigt sich, dass die Weisbrods nicht einmal in einer verhältnismäßig guten Novemberwoche mit dem Betrieb der KoRoVa einen Gewinn erzielen; aus rein wirtschaftlicher Gesichtspunkten ist den Weisbrods der Betrieb der KoRoVa also nicht anzuraten (siehe Abb. A-106). Insofern gilt dem Ehepaar Weisbrod ein großes Dankeschön seitens der Studentenschaft, dass es den Betrieb trotzdem aufrecht erhält und den Studierenden einen Anlaufpunkt direkt neben der Hochschule bietet.

## Aufgabe 13

### Break-Even-Analyse zweier neuer Produkte bei der Möbel & Lifestyle GmbH

#### Lösungsvorschlag zu Aufgabenstellung 1

Die Break-Even-Umsätze belaufen sich auf EUR 525 Tsd. für die Tische sowie auf EUR 380 Tsd. für die Stühle (siehe Abb. A-107).

**Abb. A-107**

**Nutzschwellenanalyse** *nach dem Umsatz-Gesamtkostenmodell*

Am Break-Even-Punkt gilt:
Umsatz = Kosten
$(p \times x) = F + (v \times x)$
$\Leftrightarrow x = F/(p-v)$

| | Einheit | Tische | Stühle |
|---|---|---|---|
| Break-Even Absatzmenge | Stück pro Jahr | 250 | 380 |
| Break-Even Umsatz | EUR pro Jahr | 525.000 | 380.000 |

Der Stückdeckungsbeitrag lässt sich als Differenz aus Preis und variablen Kosten berechnen. Er beträgt EUR 1.000 für einen Designertisch und EUR 500 für einen Designerstuhl (siehe Abb. A-108).

**Abb. A-108**

**Nutzschwellenanalyse** *nach dem Deckungsbeitragsmodell*

Am Break-Even-Punkt gilt:
Deckungsbeitrag = Fixkosten
$DB_{Stück} \times x = F$
$\Leftrightarrow x = F/(p-v)$

| | Einheit | Tische | Stühle |
|---|---|---|---|
| Stückdeckungsbeitrag | EUR pro Stück | 1.000 | 500 |
| Break-Even Absatzmenge | Stück pro Jahr | 250 | 380 |
| Break-Even Umsatz | EUR pro Jahr | 525.000 | 380.000 |

**Einzelaufgaben**
Aufgabe 13

Die Break-Even-Absatzmengen liegen mit 250 Tischen und 380 Stühlen im Rahmen der maximalen Produktionskapazität.

**Lösungsvorschlag zu Aufgabenstellung 2**
Um die geforderten Gewinne zu erzielen, müssen 300 Designertische und 460 Designerstühle verkauft werden (siehe Abb. A-109).

### Abb. A-109

**Break-Even-Analyse bei Gewinnvorgabe**

Es soll gelten:
Deckungsbeitrag = Fixkosten + Gewinn
$DB_{Stück} \times x = F + G$
$\Leftrightarrow x = (F+G)/(p-v)$

| | Einheit | Tische | Stühle |
|---|---|---|---|
| Gewinnerwartung | EUR | 50.000 | 40.000 |
| Stückdeckungsbeitrag | EUR pro Stück | 1.000 | 500 |
| Absatzmenge | Stück pro Jahr | 300 | 460 |
| Umsatz | EUR pro Jahr | 630.000 | 460.000 |

**Lösungsvorschlag zu Aufgabenstellung 3**
Die Gleichung zur Berechnung des Break-Even-Punktes nach dem Deckungsbeitragsmodell ist bereits bekannt. Zusätzlich gilt in diesem Fall die Gleichung zur Ermittlung des ROS, die sich nach dem Gewinn auflösen und in die Break-Even-Gleichung einsetzen lässt (siehe Abb. A-110).

### Abb. A-110

**Break-Even-Analyse bei Vorgabe einer Umsatzrendite**

Es soll gelten:
Deckungsbeitrag = Fixkosten + Gewinn

Außerdem gilt:
ROS = Gewinn / Umsatz
$\Leftrightarrow$ Umsatz $\times$ ROS = Gewinn

Daraus folgt:
Deckungsbeitrag = Fixkosten + Umsatz × ROS
$DB_{Stück} \times x = F + (p \times x) \times ROS$
$\Leftrightarrow DB_{Stück} = F/x + p \times ROS$
$\Leftrightarrow DB_{Stück} - p \times ROS = F/x$
$\Leftrightarrow x = \dfrac{F}{DB_{Stück} - p \times ROS}$

| | Einheit | Tische | Stühle |
|---|---|---|---|
| Return on Sales (ROS) | Prozent | 22 | 25 |
| Absatzmenge | Stück pro Jahr | 465 | 760 |
| Umsatz | EUR pro Jahr | 976.500 | 760.000 |

Es zeigt sich, dass zum Erreichen der angestrebten Umsatzrendite 465 Designertische mit einem Umsatz von EUR 630 Tsd und 760 Designerstühle mit einem Umsatz von EUR 460 Tsd. verkauft werden müssen. Diese Absatzmengen liegen immer noch im Rahmen der maximalen Produktionskapazität.

### Lösungsvorschlag zu Aufgabenstellung 4
Die Break-Even-Analyse wird zur Erstellung von Erfolgsprognosen verwendet. Dabei gilt die implizite Prämisse, dass Kosten bzw. Erlöse ausschließlich von der Beschäftigung bzw. Ausbringungsmenge beeinflusst werden und andere Faktoren wie Beschaffungs- oder Verkaufspreise ein Fixum darstellen. Des Weiteren wird ein zur Menge proportionaler Anstieg von Erlösen bzw. variablen Kosten unterstellt. Kostensprünge (z. B. zur Kapazitätserweiterung) bzw. Erlössprünge (z. B. aufgrund von Rabattschwellen) werden in der Regel nicht berücksichtigt bzw. erfordern eine erweiterte Break-Even-Analyse. Des Weiteren werden sämtliche Annahmen (bspw. fixe und variable Kosten) als sicher und bekannt vorausgesetzt. Unterschiedliche Zahlungszeitpunkte (siehe Kapitalwertmethode) bleiben unberücksichtigt. Die Break-Even-Analyse ist also summa summarum eine periodenbezogene Analyse, wobei eine Periode in ihrer Länge unterschiedlich definiert werden kann; in der Realität können »Fixkosten« jedoch nicht immer eindeutig periodengenau zugerechnet werden.

## Aufgabe 14

## Abweichungsanalyse bei der Racing GmbH mittels flexibler Plankostenrechnung auf Vollkostenbasis

### Lösungsvorschlag zu Aufgabenstellung 1
Zur Berechnung der Verbrauchs-, Beschäftigungs- und Gesamtabweichung werden basierend auf den vorliegenden Informationen der Plankostenverrechnungssatz, die verrechneten Plankosten sowie die Sollkosten jeweils bei Istbeschäftigung berechnet.

**Abb. A-111**

Abweichungsanalyse

| | Einheit | Montage Rennräder (Kst 001) | Montage Mountainbikes (Kst 002) |
|---|---|---|---|
| Plankostenverrechnungssatz | EUR pro Std. | 140 | 120 |
| Verrechnete Plankosten | Tsd. EUR | 315 | 378 |
| Sollkosten bei Istbeschäftigung | Tsd. EUR | 346 | 413 |
| Gesamtabweichung | Tsd. EUR | 45 | −22 |
| − Beschäftigungsabweichung | Tsd. EUR | 31 | 35 |
| = Preis- und Verbrauchsabweichung | Tsd. EUR | 14 | −57 |

Diese Informationen liefern die Grundlage für die Berechnungen der einzelnen Abweichungen.

# Einzelaufgaben
## Aufgabe 14

Die Gesamtabweichung ergibt sich aus der Differenz aus Istkosten und verrechneten Plankosten. Diese Basisabweichung wird nun weiter zerlegt, im ersten Schritt hinsichtlich des Einflusses falsch geplanter Beschäftigung (Beschäftigungsabweichung).

Diese lässt sich durch die Subtraktion der verrechneten Plankosten bei Istbeschäftigung von den Sollkosten bei Istbeschäftigung ermitteln. In beiden Fällen liegt eine positive Beschäftigungsabweichung vor, die auf sogenannte »Leerkosten« hinweist. Die Bezeichnung spielt auf denjenigen Teil der Fixkosten an, der aufgrund der geringeren Auslastung nicht »genutzt« werden konnte. Die Leerkosten sind ein Zeichen für eine »Unterbeschäftigung« in der Periode, so dass der Fixkostenanteil in den Stückkosten steigt. Für diese Abweichung können die entsprechenden Kostenstellenleiter nur sehr bedingt verantwortlich gemacht werden, da sie letztendlich wenig Einfluss auf die tatsächliche Absatzmenge haben und hinsichtlich der Fixkosten geringer Spielraum für eine kurzfristige Anpassung vorhanden ist.

Die verbleibende Restabweichung (Preis- und Verbrauchsabweichung) ergibt sich aus der Subtraktion der Sollkosten bei Istbeschäftigung von den Ist-Gemeinkosten. Für die Kostenstelle *Montage Rennräder* ergibt sich eine positive Preis- und Verbrauchsabweichung von EUR 14 Tsd. (siehe Abb. A-111). Es liegt also eine Sollkostenüberschreitung vor. Die Ursache hierfür kann sowohl auf höhere Kosten der Mitarbeiter als auch auf eine gegenüber dem Planwert gestiegene Montagezeit pro Fahrrad zurückzuführen sein.

Für die Kostenstelle *Montage Mountainbikes* ergibt sich ein anderes Bild, da hier eine negative Preis- und Verbrauchsabweichung von EUR –57 Tsd. vorliegt. Diese Sollkostenunterschreitung zeigt, dass die Kostenstelle wirtschaftlicher gearbeitet hat als ursprünglich geplant. Ursache hierfür können sowohl niedrigere Mitarbeiterkosten (bspw. geringere Lohnsteigerungen) als auch geringere Montagezeiten pro Fahrrad gewesen sein.

Herrn Breuer ist an dieser Stelle zu raten, mit beiden Kostenstellenleitern das Gespräch zu suchen. Bei den Rennrädern sollten die Ursachen detaillierter analysiert und Maßnahmen definiert werden, welche eine wirtschaftlichere Ressourcenauslastung sicherstellen. Mit dem Kostenstellenleiter Mountainbikes sollte diskutiert werden, inwieweit die wirtschaftlichere Ressourcennutzung als nachhaltig anzusehen ist. Sollte dies der Fall sein, so könnte die verbesserte Ressourcenausnutzung Eingang in die Folgeplanung finden (d. h. zu neuen Sollkosten führen) und außerdem möglicherweise als Vorbild für die effizientere Montage der Rennräder dienen.

Bei den Mountainbikes zeigt sich, dass sich negative Verbrauchs- und positive Beschäftigungsabweichungen in der Gesamtabweichung teilweise gegenseitig aufheben. Die Differenzierung nach unterschiedlichen Abweichungsarten ist der starren Plankostenrechnung nicht zu eigen, weshalb die flexible Plankostenrechnung gerade bezüglich der detaillierten Abweichungsanalyse ihre Vorteile hat.

**Lösungsvorschlag zu Aufgabenstellung 2**

Die Berechnung führt zu einer Gesamtabweichung von EUR 250 Tsd. In den Gesprächen mit dem Kostenstellenverantwortlichen zeigt sich, dass er für die positive Beschäftigungsabweichung i. H. v. EUR 100 Tsd. (Fixkostenunterdeckung) keine Verantwortung zu übernehmen hat, da sie auf einer geringeren Auslastung beruht. Die Abweichung ist darauf zurückzuführen, dass bei der Verrechnung der Plankosten fixe Kostenbestandteile proportionalisiert werden, ohne die Nicht-Variabilität der Kosten zu berücksichtigen. So ändern sich beispielsweise die Abschreibungen der Lackieranlagen sowie die Gehälter der Mitarbeiter bei Beschäftigungsschwankungen nicht. Die Beschäftigungsrückgänge selbst resultieren aus einer geringeren Nachfrage nach hochwertigen Fahrrädern, wobei dies nicht im Einflussbereich der Kostenstelle 003 liegt.

### Abb. A-112

**Abweichungsanalyse Lackierung** (Angaben in Tsd. EUR)

| Abweichungsart | Berechnung | Ergebnis |
|---|---|---|
| Gesamtabweichung | Istkosten – verrechnete Plankosten | 250 |
| Beschäftigungsabweichung | Sollkosten (Planpreise) – verrechnete Plankosten | 100 |
| Preisabweichung | Sollkosten (Istpreise) – Sollkosten (Planpreise) | 40 |
| Verbrauchsabweichung | Istkosten – Sollkosten (Istpreise) | 110 |

Die Preisabweichung von EUR 40 Tsd. lässt sich teilweise über die leicht gestiegenen Kosten für Lacke gegenüber dem Planungszeitpunkt erklären. Hierauf können allerdings nur EUR 10 Tsd. zurückgeführt werden. Die verbleibenden EUR 30 Tsd. sind aufgrund einer zu ungenauen Planung und dem Bedarf, beispielsweise hier kurzfristig kleinere Lose zu bestellen, entstanden. Für Letzteres kann der Kostenstellenleiter durchaus verantwortlich gemacht werden und er wird aufgefordert, hier Optimierungsmaßnahmen vorzunehmen.

Die Verbrauchsabweichung von EUR 110 Tsd., für die der Kostenstellenleiter vollständig verantwortlich gemacht werden kann, ist schließlich auf die verschiedenen Stillstände in der Anlage durch schlechte Wartung und Instandhaltung zurückzuführen. Dies führte zu höheren Anfahrtskosten, welche sich im Mengenverbrauch niedergeschlagen haben. Des Weiteren wurde aufgrund von ungenügenden Sicherungsmaßnahmen ein höherer Ausschuss produziert, welcher zukünftig durch entsprechende Vorrichtungen und Trainingsmaßnahmen zu adressieren ist. Ggf. könnte der Controller den Kostenstellenleiter auch auf den Aspekt der Kostenremanenz aufmerksam machen, der dem Umstand Rechnung trägt, dass Kosten typischerweise schneller auf- als abgebaut werden können.

### Lösungsvorschlag zu Aufgabenstellung 3

Die Erläuterung und Berechnung der verschiedenen Abweichungsarten lassen sich am besten anhand einer Skizze nachvollziehen (siehe Abb. A-113).

### Abb. A-113

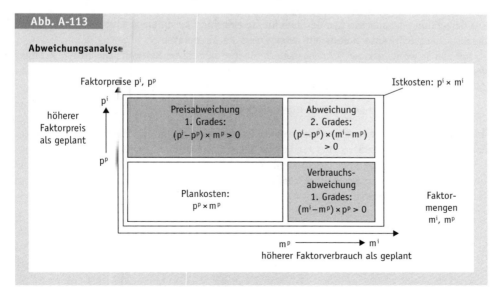

Abweichungsanalyse

# Einzelaufgaben
Aufgabe 15

Es zeigt sich, dass es neben einem allein auf Preisveränderungen und einem allein auf Abweichungen von den Standardverbräuchen zurückzuführenden Abweichungsbetrag auch einen kleinen Abweichungsteil gibt, der sich auf beide Veränderungen gleichzeitig bezieht.

Mit Hilfe dieser Darstellung können nun die Berechnungen für das vorliegende Zahlenbeispiel vorgenommen werden. Dabei ergibt die Summe aus der Preis- und Mengenabweichung 1. Grades sowie der Abweichung 2. Grades die Gesamtabweichung (der variablen Kosten) in Höhe von EUR 4.400 Tsd.

### Abb. A-114

**Abweichungsanalyse** (Angaben in EUR)

| Abweichungsart | Berechnung | Ergebnis |
|---|---|---|
| Plankosten | $p(p) \times m(p)$ | 18.000 |
| Preisabweichung 1. Grades | $(p(i) - p(p)) \times m(p) > 0$ | 1.200 |
| Verbrauchsabweichung 1. Grades | $(m(i) - m(p)) \times p(p) > 0$ | 3.000 |
| Abweichung 2. Grades | $(p(i) - p(p)) \times (m(i) - m(p)) > 0$ | 200 |
| **Gesamtabweichung** | | **4.400** |

Hinsichtlich der Verantwortung des Kostenstellenleiters für die Abweichung 2. Grades bleibt festzuhalten, dass die flexible Plankostenrechnung diesen Wert als Bestandteil der nicht vom Kostenstellenleiter zu verantwortenden Preisabweichung betrachtet. Als Verbrauchsabweichung sollte möglichst nur das ausgewiesen werden, was tatsächlich kostenstellenbezogen verantwortbar ist.

## Aufgabe 15

### Investitionsentscheidung der Cannelloni Pizza GmbH – Pay-off-Methode

**Lösungsvorschlag zu Aufgabenstellung 1**

Zur Berechnung der spezifischen Gewinne für die einzelnen Varianten ist es erforderlich, sowohl die Ein- als auch die Auszahlungsseite jeder Investition zu ermitteln.

Anhand der vorgegebenen Nutzungsdauern von fünf Jahren, der Restwerte sowie des Zinssatzes von acht Prozent können die Fixkosten berechnet werden. Die jährlichen Zinszahlungen können dabei wie folgt aus dem durchschnittlich gebundenen Kapital und dem Zinssatz berechnet werden:

Zinsaufwand = (Anschaffungswert + Restwert) × ½ × Zinssatz

Anhand dieses Ergebnisses rät der Neffe seinem Onkel Cannelloni zum Kauf des Modells *Top*, da er mit diesem einen Jahresüberschuss von EUR 33.320 erzielen kann.

Die Berücksichtigung von Abschreibungen und Zinsen trägt zumindest ansatzweise dem Umstand Rechnung, dass ein unterschiedlicher Kapitaleinsatz, unterschiedliche Laufzeiten und unterschiedliche Restwerte vorliegen.

### Abb. A-115

**Gewinnvergleichsrechnung** (Angaben in EUR)

|  | Variante | | |
|---|---:|---:|---:|
|  | Basis | Standard | Top |
| **Netto-VKP** | 3,00 | 3,00 | 3,00 |
| Variable Kosten | | | |
|   Material | 0,85 | 0,80 | 0,80 |
|   Lohn | 1,00 | 1,00 | 0,67 |
|   Strom | 0,15 | 0,12 | 0,12 |
| **Stück DB** | 1,00 | 1,08 | 1,41 |
| *Ausbringungsmenge* | *50.000* | *50.000* | *75.000* |
| **Deckungbeitrag** | 50.000 | 54.000 | 106.000 |
| Fixe Kosten | | | |
|   Strom | 8.000 | 8.000 | 8.000 |
|   Instandhaltung | 8.000 | 10.000 | 12.000 |
|   Abschreibungen | 12.000 | 19.000 | 30.000 |
|   Zinsen | 4.000 | 5.800 | 8.400 |
| Gewinn | 18.000 | 11.200 | 47.600 |
| Steuern | 5.400 | 3.360 | 14.280 |
| **Jahresüberschuss** | **12.600** | **7.840** | **33.320** |

### Lösungsvorschlag zu Aufgabenstellung 2

Zur Berechnung der Amortisationsdauern ist es erforderlich, zuerst den Jahresrückfluss (»Cashflow«) bei gegebener Ausbringungsmengen für die verschiedenen Ofentypen zu berechnen. Hierzu müssen zu dem jeweiligen Jahresgewinn die entsprechenden – nicht auszahlungswirksamen – Abschreibungen addiert werden.

Im zweiten Schritt kann nun aus der Relation des Gesamtkapitaleinsatzes zum jährlichen Jahresrückfluss der Amortisationszeitraum ermittelt werden (siehe Abb. A-116).

Die Ergebnisse zeigen weiterhin, dass Ofenvariante *Top* zu bevorzugen wäre. Allerdings erfüllt keine der drei Investitionsalternativen den Anspruch bezüglich des Amortisationszeitraumes von max. zwei Jahren.

### Abb. A-116

**Vergleich der Amortisationszeiträume**

|  | Einheit | Variante | | |
|---|---|---:|---:|---:|
|  |  | Basis | Standard | Top |
| Jahresüberschuss | EUR | 12.600 | 7.840 | 33.320 |
| Abschreibungen* | EUR | 12.000 | 19.000 | 30.000 |
| **Jahresrückfluss** | **EUR** | **24.600** | **26.840** | **63.320** |
| Kapitaleinsatz** | EUR | 80.000 | 120.000 | 180.000 |
| **Amortisationszeitraum** | **Jahre** | **3,3** | **4,5** | **2,8** |

\* Wieder hinzuzuaddieren, da nicht zahlungsrelevant
\*\* Anschaffungskosten der Pizzaöfen

# Einzelaufgaben
Aufgabe 15

## Lösungsvorschlag zu Aufgabenstellung 3

### Abb. A-117

**Gewinnvergleichsrechnung** (Angaben in EUR)

|  | Variante Basis | Standard | Top |
|---|---|---|---|
| **Netto-VKP** | 3,00 | 3,00 | 3,00 |
| Variable Kosten | | | |
| Material | 0,85 | 0,80 | 0,80 |
| Lohn | 1,00 | 1,00 | 0,83 |
| Strom | 0,15 | 0,12 | 0,12 |
| **Stück DB** | 1,00 | 1,08 | 1,25 |
| *Ausbringungsmenge* | *50.000* | *50.000* | *60.000* |
| **Deckungbeitrag** | 50.000 | 54.000 | 74.800 |
| Fixe Kosten | | | |
| Strom | 8.000 | 8.000 | 8.000 |
| Instandhaltung | 8.000 | 10.000 | 12.000 |
| Abschreibungen | 12.000 | 19.000 | 30.000 |
| Zinsen | 4.000 | 5.800 | 8.400 |
| Gewinn | 18.000 | 11.200 | 16.400 |
| Steuern | 5.400 | 3.360 | 4.920 |
| **Jahresüberschuss** | **12.600** | **7.840** | **11.480** |

Fielen die jährliche Ausbringungsmenge und damit auch der stündliche Pizzendurchsatz tatsächlich um 20 Prozent geringer aus als vom Hersteller versprochen, dann würde dies die Investitionsentscheidung massiv beeinflussen (siehe Abb. A-117 und A-118).

### Abb. A-118

**Vergleich der Amortisationszeiträume**

|  | Einheit | Variante Basis | Standard | Top |
|---|---|---|---|---|
| Jahresüberschuss | EUR | 12.600 | 7.840 | 11.480 |
| Abschreibungen* | EUR | 12.000 | 19.000 | 30.000 |
| **Jahresrückfluss** | **EUR** | **24.600** | **26.840** | **41.480** |
| Kapitaleinsatz** | EUR | 80.000 | 120.000 | 180.000 |
| **Amortisationszeitraum** | **Jahre** | **3,3** | **4,5** | **4,3** |

\* Wieder hinzuzuaddieren, da nicht zahlungsrelevant
\*\* Anschaffungskosten der Pizzaöfen

Die Alternative *Top* wäre nunmehr aus betriebswirtschaftlicher Perspektive nicht mehr die am ehesten zu empfehlende Alternative. Dieses Beispiel zeigt, welch großen Einfluss vermeintlich kleine Änderungen in den (stets unsicheren) Annahmen bei der Bewertung von Investitionsoptionen haben können.

**Lösungsvorschlag zu Aufgabenstellung 4**

Die (statische) Amortisationsrechnung weist einige gravierende Schwächen auf. Neben der Verletzung der Forderung nach einer »Einheit der Zahlungsströme« bei Investitionsbewertungen und damit einer fehlenden Rentabilitätsbetrachtung sowie der Vernachlässigung des Zeitaspektes hinsichtlich der unterschiedlichen Zahlungszeitpunkte ist insbesondere die Wahl einer Soll-Amortisationsdauer von einer hohen Subjektivität und Risikobereitschaft des Investors geprägt.

Aufgrund dieser gravierenden Limitationen der Methode sollte die Amortisationsrechnung – wenn überhaupt – nur in Verbindung mit anderen Verfahren – beispielsweise den dynamischen Verfahren – verwendet werden.

## Aufgabe 16

### Kapitalwertmethode und IRR zur Bewertung zweier Investitionsalternativen bei der Corretti Eis GmbH

**Lösungsvorschlag zu Aufgabenstellung 1**

Zur Berechnung der Nettozahlungsflüsse müssen zunächst vom Umsatz, der sich als Produkt aus der Absatzmenge und dem Preis pro Liter berechnen lässt, sämtliche Kosten abgezogen werden. Hierzu zählen Material-, Lohn-, Miet- und Instandhaltungskosten sowie Abschreibungen (siehe Abb. A-119). Die Materialkosten berechnen sich ähnlich wie der Umsatz aus den variablen Materialkosten und der Absatzmenge. Die Lohnkosten sind das Produkt aus den jährlichen Bruttolohnkosten eines Mitarbeiters und der Anzahl der Mitarbeiter (10). Bei Umsatz, Materialkosten und Lohnkosten sind ab dem Jahr 2 zudem die jährlichen Steigerungsraten zu berücksichtigen.

Aufgrund der vollständigen Eigenkapitalfinanzierung der Investition fallen im vorliegenden Fall keine Fremdkapitalzinsen an, die das operative Ergebnis weiter mindern würden. Das zu zahlende Steuervolumen errechnet sich aus dem Ergebnis vor Steuern multipliziert mit dem anzusetzenden Steuersatz von 30 Prozent. Da die Abschreibungen nicht zahlungswirksam sind, müssen sie an dieser Stelle zum Ergebnis nach Steuern wieder hinzuaddiert werden, um den Nettozahlungsfluss (»Cashflow«) zu berechnen.

Die ermittelten Zahlungsströme sind vom ersten Jahr an positiv, so dass beide Investitionsalternativen auf den ersten Blick solide erscheinen.

# Einzelaufgaben
Aufgabe 16

**Abb. A-119**

**Zahlungsströme** (Angaben in EUR)

| | | | | Ice Giant 007 | | | |
|---|---|---|---|---|---|---|---|
| | | Jahr 0 | Jahr 1 | Jahr 2 | Jahr 3 | Jahr 4 | Jahr 5 |
| | Umsatzerlöse | | 1.000.000 | 1.050.000 | 1.102.500 | 1.157.625 | 1.215.506 |
| − | Materialkosten | | 325.000 | 344.500 | 365.170 | 387.080 | 410.305 |
| − | Lohnkosten | | 400.000 | 412.000 | 424.360 | 437.091 | 450.204 |
| − | Mietkosten | | 48.000 | 48.000 | 48.000 | 48.000 | 48.000 |
| − | Instandhaltungskosten | | 10.000 | 10.000 | 10.000 | 10.000 | 10.000 |
| − | Abschreibungen | | 70.000 | 70.000 | 70.000 | 70.000 | 70.000 |
| = | **Ergebnis vor Steuern** | | **147.000** | **165.500** | **184.970** | **205.454** | **226.998** |
| − | Steuern | | 44.100 | 49.650 | 55.491 | 61.636 | 68.099 |
| = | **Jahresüberschuss** | | **102.900** | **115.850** | **129.479** | **143.818** | **158.898** |
| − | Investition | 700.000 | | | | | |
| + | Abschreibungen | | 70.000 | 70.000 | 70.000 | 70.000 | 70.000 |
| = | **Nettozahlungsfluss (»Cash-flow«)** | **−700.000** | **172.900** | **185.850** | **199.479** | **213.818** | **228.898** |

| | | | | Turbo Ice 4711 | | | |
|---|---|---|---|---|---|---|---|
| | | Jahr 0 | Jahr 1 | Jahr 2 | Jahr 3 | Jahr 4 | Jahr 5 |
| | Umsatzerlöse | | 1.200.000 | 1.260.000 | 1.323.000 | 1.389.150 | 1.458.608 |
| − | Materialkosten | | 390.000 | 413.400 | 438.204 | 464.496 | 492.366 |
| − | Lohnkosten | | 400.000 | 412.000 | 424.360 | 437.091 | 450.204 |
| − | Mietkosten | | 72.000 | 72.000 | 72.000 | 72.000 | 72.000 |
| − | Instandhaltungskosten | | 5.000 | 5.000 | 5.000 | 5.000 | 5.000 |
| − | Abschreibungen | | 100.000 | 100.000 | 100.000 | 100.000 | 100.000 |
| = | **Ergebnis vor Steuern** | | **233.000** | **257.600** | **283.436** | **310.563** | **339.038** |
| − | Steuern | | 69.900 | 77.280 | 85.031 | 93.169 | 101.711 |
| = | **Jahresüberschuss** | | **163.100** | **180.320** | **198.405** | **217.394** | **237.327** |
| − | Investition | 1.000.000 | | | | | |
| + | Abschreibungen | | 100.000 | 100.000 | 100.000 | 100.000 | 100.000 |
| = | **Nettozahlungsfluss (»Cash-flow«)** | **−1.000.000** | **263.100** | **280.320** | **298.405** | **317.394** | **337.327** |

**Lösungsvorschlag zu Aufgabenstellung 2**

Zur Ermittlung des Kalkulationszinssatzes bestehen verschiedene Möglichkeiten. Beispielsweise kann der durchschnittliche Kapitalmarktzinssatz, ermittelt auf Basis eines repräsentativen Zeitraums, herangezogen werden. Die Berechnung eines entsprechend der unternehmensspezifischen Kapitalstruktur gewichteten Gesamtkapitalkostensatzes (Weighted Average Cost of Capital, WACC) ist eine weitere Möglichkeit. Dieser bildet sich als Summe des über das Capital Asset Pricing Model (CAPM) ermittelten und mit der Eigenkapitalquote gewichteten Eigenkapitalkostensatzes und des mit der Fremdkapitalquote gewichteten Fremdkapitalkostensatzes. Eine weitere Alternative stellt die durchschnittliche Ermittlung der Kreditzinsen dar, die insbesondere auch noch das in der Investition liegende Risiko stärker mit berücksichtigt. Abschließend kann für den Kalkulationszinssatz die Renditeerwartung des Unternehmers, welche insbesondere das unternehmerische Risiko mit betont (ähnlich CAPM), herangezogen werden.

# Lösungsvorschlag

Nachdem in der vorliegenden Investitionsentscheidung eine reine Eigenkapitalfinanzierung vorliegt, entscheiden sich Herr Böhme und Herr Corretti für einen Kalkulationszinssatz von 10 Prozent als Maß für die Kapitalkosten.

## Lösungsvorschlag zu Aufgabenstellung 3

**Abb. A-120**

**Kapitalwertberechnung** (Angaben in EUR)

| | \multicolumn{7}{c}{Ice Giant 007} | | | | | | |
|---|---|---|---|---|---|---|---|
| | 0 | 1 | 2 | 3 | 4 | 5 | Restwert* |
| Nettozahlungsfluss | -700.000 | 172.900 | 185.850 | 199.479 | 213.818 | 228.898 | 1.114.373 |
| Diskontfaktor | 1,00 | 0,91 | 0,83 | 0,75 | 0,68 | 0,62 | 0,62 |
| Diskontierte Zahlungsströme | -700.000 | 157.339 | 154.256 | 149.609 | 145.396 | 141.917 | 690.911 |
| Kapitalwert exkl. Restwert | 48.517 | | | | | | |
| Kapitalwert inkl. Restwert | 739.428 | | | | | | |

| | \multicolumn{7}{c}{Turbo Ice 4711} | | | | | | |
|---|---|---|---|---|---|---|---|
| | 0 | 1 | 2 | 3 | 4 | 5 | Restwert* |
| Nettozahlungsfluss | -1.000.000 | 263.100 | 280.320 | 298.405 | 317.394 | 337.327 | 1.642.247 |
| Diskontfaktor | 1,00 | 0,91 | 0,83 | 0,75 | 0,68 | 0,62 | 0,62 |
| Diskontierte Zahlungsströme | -1.000.000 | 239.421 | 232.666 | 223.804 | 215.828 | 209.142 | 1.018.193 |
| Kapitalwert exkl. Restwert | 120.861 | | | | | | |
| Kapitalwert inkl. Restwert | 1.139.054 | | | | | | |

\* Unter der Annahme, dass die Eismaschine in den Nutzungsjahren 6–12 den selben Nettozahlungsfluss generiert, wie im Jahr 5

Zur Berechnung der diskontierten Zahlungsströme werden die jährlichen Nettozahlungsflüsse der jeweiligen Investitionsalternative auf den Ausgangszeitpunkt abgezinst (siehe Abb. A-120). Dabei werden die ersten fünf Jahre nach der Detailprognose bestimmt. Für die verbleibenden sieben Jahre wird der so genannte Fortführungswert bzw. Restwert (Terminal Value) ermittelt. Es wird dabei von der Prämisse ausgegangen, dass die jeweilige Eismaschine in den Nutzungsjahren 6–12 denselben Nettozahlungsfluss generiert wie im Jahr 5. Die hier getroffenen Annahmen sollten mit großer Sorgfalt getroffen werden, da der Fortführungswert (oftmals) einen großen Anteil am Gesamtwert der Investition ausmacht. Daher wird hier der Kapitalwert inkl. und exkl. des Restwertes ermittelt. Es zeigt sich, dass die Turbo Ice 4711 in beiden Fällen den höheren Kapitalwert aufweist und daher die zu favorisierende Investition darstellt.

# Einzelaufgaben
Aufgabe 16

### Lösungsvorschlag zu Aufgabenstellung 4
Zur Bewertung der Ergebnisse ist zunächst zu betonen, dass der interne Zinsfuß als einzelne Größe nicht aussagekräftig ist. Vielmehr muss der IRR immer mit dem Kalkulationszinsfuß verglichen werden und nur wenn der IRR höher ist als der Kalkulationszins, ist die Investition grundsätzlich als rentabel zu bewerten. In diesem Fall ist zunächst festzustellen, dass der IRR beider Maschinen über dem Kalkulationszinssatz von 10 Prozent liegt[11] und somit die Investition in eine der beiden Maschinen als wirtschaftlich eingestuft werden kann (siehe Abb. A-121).

### Abb. A-121

| Maschine | Maschine | |
| --- | --- | --- |
|  | Ice Giant 007 | Turbo Ice 4711 |
| Interner Zinsfuß (IRR) | 30 % | 32 % |

Allerdings unterliegt der IRR der Annahme, dass der Wiederanlagezins für die Rückflüsse aus einer Investition (hier der Gewinn aus dem Eisverkauf) bis zum Projektende dieselbe Rendite erzielt wie das Projekt selbst. Diese Annahme ist verhältnismäßig optimistisch und könnte durch die Berechnung des sog. QIKV nach der Baldwinmethode modifiziert werden, bei der der Wiederanlagezins nicht notwendigerweise der Projektverzinsung entsprechen muss.[12]

Unabhängig davon bestätigt der Vergleich der IRRs die Empfehlung auf Basis des Kapitalwerts; da der IRR der Turbo Ice 4711 höher ist als der der Ice Giant 007, ist auch auf Basis des IRRs eine Investition in die Turbo Ice zu empfehlen.

### Lösungsvorschlag zu Aufgabenstellung 5
Die Preisänderung des chinesischen Herstellers verdeutlicht nochmal in besonderem Maße den potentiell großen Einfluss des Restwerts auf eine Investitionsentscheidung. Dieser Einfluss zeigt sich im vorliegenden Fall daran, dass die Eismaschine Turbo Ice 4711 zwar unter Berücksichtigung des Restwertes den höheren Kapitalwert aufweist, dass bei einer Betrachtung ohne den Restwert jedoch die ICE Giant 007 die wirtschaftlichere der beiden Maschinen wäre (siehe Abb. A-41). Es ist zudem bemerkenswert, dass der Kapitalwert der Turbo Ice 4711 nun erst durch Berücksichtigung des Restwertes überhaupt positiv wird. Dies untermauert nicht nur zusätzlich die Bedeutung des Restwertes, sondern ist auch ein Signal für das signifikant gestiegene Risiko dieser Investitionsalternative, das sich aus der gestiegenen Investitionssumme und dem späteren Pay-back-Zeitpunkt begründet. Zudem spricht ein Vergleich des internen Zinsfußes nunmehr für eine Investition in die Ice Giant 007, da der IRR der Turbo Ice 4711 ob der gestiegenen Investitionssumme jetzt geringer ausfällt als der IRR der Ice Giant 007.

Zusammenfassend lässt sich sagen, dass unter Berücksichtigung der Preiserhöhung zwar nach wie vor die absolute Verzinsung auf das eingesetzte Kapital im Falle der Turbo Ice 4711 höher ist,

---

11 Aufgrund des positiven Kapitalwerts war dies auch zu erwarten.
12 Stattdessen können die Rückflüsse z. B. mit dem WACC bis zum Projektende verzinst werden. Trotz dieser Kritik ist der IRR heute ein viel verwendetes Instrument zur Bewertung von Investitionsalternativen.

was sich in einem höheren Kapitalwert ausdrückt[13], dass nun allerdings die relative Verzinsung auf das eingesetzte Kapital im Falle der Ice Giant 007 die höhere ist, was sich in einem höheren IRR ausdrückt. Da zudem mit einer Investition in die Turbo Ice 4711 ein erheblich höheres Risiko einhergeht, empfiehlt Controller Böhme Herrn Corretti in Abwägung aller Aspekte die Anschaffung der günstigeren Ice Giant 007.

Diese Abwägung zeigt, dass es nicht die eine richtige Methode und oft auch nicht die eine richtige Entscheidung gibt. Bei allen Methoden und Modellen steht am Ende einer noch so fundierten Analyse daher stets eine unternehmerische Abwägungsentscheidung des Managers. Aufgabe des Controllers ist es, den Manager durch fundierte Analysen bei seiner Entscheidungsfindung zu unterstützen und ggf. die Vor- und Nachteile der verwendeten Methoden deutlich zu machen. Dabei liegt der wesentliche Vorteil der hier genutzten dynamischen Verfahren im Gegensatz zu den statischen Verfahren darin, dass Zeitpunkt und Höhe der Kapitalrückflüsse in der Wirtschaftlichkeitsrechnung berücksichtigt werden.

## Aufgabe 17

### Target Costing – das neue Netbook der Nerd iT

#### Lösungsvorschlag zu Aufgabenstellung 1

Zur Berechnung der Gesamtzielkosten müssen vom Verkaufspreis lediglich die Mehrwertsteuer, die Bruttomarge und die Lieferkosten abgezogen werden. Das Budget zur Erfüllung von Leistungsanforderungen lässt sich dann im zweiten Schritt berechnen, indem von den Gesamtzielkosten noch die budgetierten Kosten für Basis- und Begeisterungsanforderungen abgezogen werden (siehe Abb. A-122).

**Abb. A-122**

**Ermittlung des Budgets zur Erfüllung von Leistungsanforderungen** (Angaben in EUR)

| | |
|---|---:|
| Verkaufspreis | 299,90 |
| MWSt. | 47,90 |
| Nettopreis | 252,00 |
| Bruttomarge | 126,00 |
| Lieferkosten | 6,00 |
| Gesamtzielkosten | 120,00 |
| Budgetierte Kosten Basisanforderungen | 70,00 |
| Budgetierte Kosten Begeisterungsanforderungen | 10,00 |
| **Budget zur Erfüllung von Leistungsanforderungen** | **40,00** |

#### Lösungsvorschlag zu Aufgabenstellung 2

Zur Berechnung der Zielkosten der einzelnen Produktkomponenten zur Erfüllung von Leistungsanforderungen empfiehlt sich ein zweistufiges Vorgehen. Im ersten Schritt muss für alle Komponenten deren gewichteter Nutzenanteil am Gesamtprodukt über sämtliche Leistungsanforderun-

---

13 Sofern der Restwert in die Berechnung des Kapitalwertes mit einbezogen wird.

# Einzelaufgaben
Aufgabe 17

gen hinweg berechnet werden. Im zweiten Schritt können dann als Produkt aus Wertbeitrag pro Komponente und dem Budget zur Erfüllung von Leistungsanforderungen die Zielkosten zur Erfüllung von Leistungsanforderungen auf Komponentenebene berechnet werden (siehe Abb. A-123 und A-124).

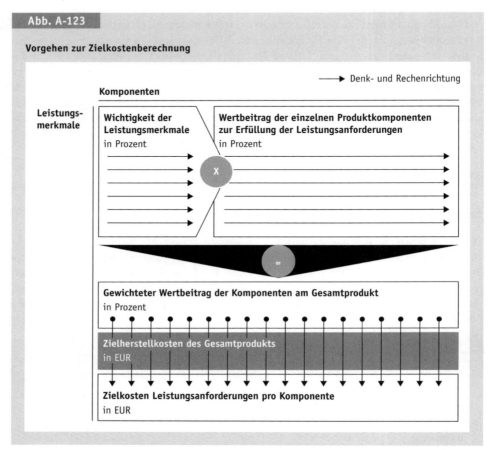

### Lösungsvorschlag zu Aufgabenstellung 3
Die Zielkosten der Komponenten lassen sich nun ganz einfach aus der Summe der budgetierten Kosten zur Erfüllung von Basis- und Begeisterungsanforderungen je Komponente sowie dem auf die Komponenten verteilten Budget zur Erfüllung von Leistungsanforderungen berechnen[14] (siehe Abb. A-125).

---

[14] Im geschilderten Beispiel sind sowohl die Kosten für Hilfs- und Betriebsstoffe als auch für Fertigungslöhne bereits in den Zielkosten der einzelnen Komponenten beinhaltet bzw. anteilig auf diese umgelegt. Denkbar wäre auch eine Vorgehensweise, in der für beide Kostenblöcke ein separates Budget ausgewiesen wird.

## Abb. A-124
**Gewichteter Wertbeitrag der Komponenten am Gesamtprodukt** (Angaben in Prozent)

| Leistungsanforderung | Akku | Arbeitsspeicher | Display | Externes DVD-Laufwerk | Festplatte | Gehäuse | Grafikkarte | Lautsprecher | Lüfter | Mainboard | Netzanschlusskabel | Prozessor (CPU) | Tastatur | Touchpad | Webcam | WiFi-Antenne | Gesamt |
|---|---|---|---|---|---|---|---|---|---|---|---|---|---|---|---|---|---|
| Akku-Laufzeit | 9,0 | | | | | | | | | | | 6,0 | | | | | 15,0 |
| Anzahl zusätzlicher Anschlüsse | | | | | | | | | | 10,0 | | | | | | | 10,0 |
| Cooles Design | | | | | | 15,0 | | | | | | | | | | | 15,0 |
| Funktionale Tastatur | | | | | | | | | | | | | 10,0 | | | | 10,0 |
| Geringes Gewicht | 6,0 | | | | 1,5 | 4,5 | | | | 3,0 | | | | | | | 15,0 |
| Geringes Laufgeräusch | | | | | 1,5 | | | | 3,5 | | | | | | | | 5,0 |
| Hohe Bildschirmauflösung | | | 4,5 | | | | 0,5 | | | | | | | | | | 5,0 |
| Hohe Speicherkapazität | | | | | 10,0 | | | | | | | | | | | | 10,0 |
| Rechen-Geschwindigkeit | | 1,0 | | | 0,5 | | | | | | | 3,5 | | | | | 5,0 |
| Robuste Verarbeitung | | | 2,0 | | | 5,0 | | | | | | | 2,0 | 1,0 | | | 10,0 |
| **Gesamt** | **15,0** | **1,0** | **6,5** | | **13,5** | **24,5** | **0,5** | | **3,5** | **13,0** | | **9,5** | **12,0** | **1,0** | | | **100,0** |

*Die prozentuale Verteilung dient zur Allokation des Budgets zur Erfüllung von Leistungsanforderungen*

**Zielkosten Leistungsanforderungen pro Komponente** (Angaben in Euro)

| | Akku | Arbeitsspeicher | Display | Externes DVD-Laufwerk | Festplatte | Gehäuse | Grafikkarte | Lautsprecher | Lüfter | Mainboard | Netzanschlusskabel | Prozessor (CPU) | Tastatur | Touchpad | Webcam | WiFi-Antenne | Gesamt |
|---|---|---|---|---|---|---|---|---|---|---|---|---|---|---|---|---|---|
| Zielkosten Leistungsanforderungen | 6,00 | 0,40 | 2,60 | | 5,40 | 9,80 | 0,20 | | 1,40 | 5,20 | | 3,80 | 4,80 | 0,40 | | | 40,00 |

# Einzelaufgaben
## Aufgabe 17

**Abb. A-125** Zielkosten der Komponenten (Angaben in EUR)

| Zielkosten | Komponenten | | | | | | | | | | | | | | | | Gesamt |
|---|---|---|---|---|---|---|---|---|---|---|---|---|---|---|---|---|---|
| | Akku | Arbeitsspeicher | Display | Externes DVD-Laufwerk | Festplatte | Gehäuse | Grafikkarte | Lautsprecher | Lüfter | Mainboard | Netzanschlusskabel | Prozessor (CPU) | Tastatur | Touchpad | Webcam | WiFi-Antenne | |
| Basisanforderungen | 2,50 | 10,00 | 5,00 | | 5,00 | 2,50 | 5,00 | 0,50 | 2,00 | 12,50 | 2,00 | 20,00 | 2,00 | 0,50 | | 0,50 | 70,00 |
| Leistungsanforderungen | 6,00 | 0,40 | 2,60 | | 5,40 | 9,80 | 0,20 | | 1,40 | 5,20 | | 3,80 | 4,80 | 0,40 | | | 40,00 |
| Begeisterungsanforderungen | | | 2,50 | | | | | | | 2,50 | | | | | 5,00 | | 10,00 |
| Gesamt | 8,50 | 10,40 | 10,10 | | 10,40 | 12,30 | 5,20 | 0,50 | 3,40 | 20,20 | 2,00 | 23,80 | 6,80 | 0,90 | 5,00 | 0,50 | 120,00 |

# Aufgabe 18

## Effizienzvergleich durch internes Benchmarking von Prozessabläufen

### Lösungsvorschlag zu Aufgabenstellung 1

Einer der wesentlichen Faktoren für den Erfolg eines Benchmarking-Projektes ist eine strukturierte Vorgehensweise. Grundsätzlich lässt sich jedes Benchmarking-Projekt in eine Vorbereitungs-, eine Analyse- und eine Umsetzungs- oder Implementierungsphase gliedern (siehe Abb. A-126). Auch Sie entschließen sich für eine grundlegende Unterscheidung dieser drei Haupt-Projektphasen.

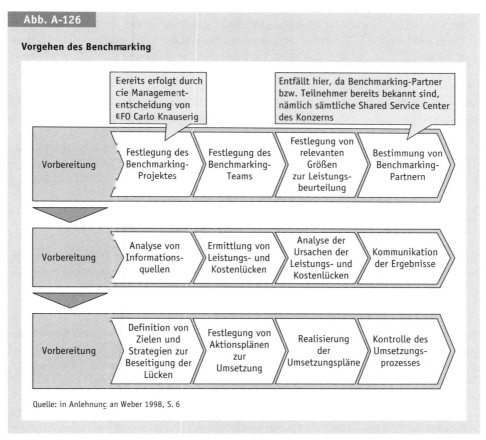

Abb. A-126: Vorgehen des Benchmarking

Quelle: in Anlehnung an Weber 1998, S. 6

Nachdem das Benchmarking-Projekt von CFO Carlo Knauserig bereits beauftragt wurde und die Festlegung des Benchmarking-Projektes also schon erfolgt ist, fallen in die **Vorbereitungsphase** noch zwei weitere für Sie wichtige Prozessschritte:
1. Die Zusammenstellung des Projektteams
2. Die Festlegung der relevanten Größen (Kennzahlen) zur Leistungsbeurteilung

# Einzelaufgaben
Aufgabe 18

Ein weiterer Prozessschritt der Vorbereitungsphase entfällt in diesem Fall, nämlich die Bestimmung von Benchmarking-Partnern. Handelte es sich jedoch nicht um ein internes Benchmarking-Projekt, bei dem sich die Benchmarking-Partner bereits aus dem Projektauftrag ergeben, wäre die Bestimmung von Benchmarking-Partnern ein weiterer wichtiger Prozessschritt der Vorbereitungsphase. Doch auch im Falle von internen Benchmarking-Projekten ist es durchaus denkbar, dass die beteiligten Organisationseinheiten nicht von vornherein feststehen, sondern im Laufe der Vorbereitungsphase erst noch konkret benannt werden müssen.

Die auf die Vorbereitungsphase folgende **Analysephase** besteht dann sinnvollerweise aus vier Prozessschritten:
1. Der Analyse von Informationsquellen inkl. der Erhebung von Leistungsdaten in den SSC
2. Der Ermittlung von Leistungs- und Kostenlücken zwischen den SSC
3. Der Analyse der Ursachen der ermittelten Leistungs- und Kostenlücken
4. Der Kommunikation der Analyseergebnisse an das Management, i. B. an Ihren Chef Dr. Bohnenkraut und CFO und Projektauftraggeber Carlo Knauserig sowie die verantwortlichen Manager der vier Shared Service Center

Um das in der Analysephase identifizierte Einsparpotential auch tatsächlich zu heben, muss auf die Analysephase auch noch die **Umsetzungsphase** folgen, getreu dem Motto »Es gibt nichts Gutes, außer man tut es.«

Auch diese dritte und letzte Projektphase lässt sich sinnvollerweise wieder in vier relevante Prozessschritte gliedern:
1. Die Definition von Zielen und Strategien zur Beseitigung der Leistungs- und Kostenlücken
2. Die Festlegung von Aktionsplänen bzw. konkreten Maßnahmen zur Umsetzung
3. Die Realisierung der Umsetzungspläne bzw. Implementierung der Maßnahmen
4. Die Kontrolle (!) des Umsetzungsprozesses

Als Controller ist gerade auch dieser vierte und letzte Schritt, nämlich die Kontrolle der Umsetzung, ein wesentlicher und wichtiger Schritt, um die von Carlo Knauserig erwarteten Optimierungen und Kosteneinsparungen auch tatsächlich sicherzustellen.

### Lösungsvorschlag zu Aufgabenstellung 2

Wesentliche Vergleichsgröße zur Ermittlung der Effizienz sind die durchschnittliche Gesamtbearbeitungszeit und die durchschnittlichen Kosten pro Prozesstreiber[15] sowie die Arbeitsproduktivität (produktiv genutzte Arbeitszeit = Zeit pro Prozesstreiber × Anzahl Prozesstreiber / Bruttoarbeitskapazität der Abteilung) für die drei SSC Prozesse invoice-to-payment (i2p), invoice-to-cash (i2c) und receipt-to-reimbursement (r2r).

Für die Kreditorenbuchhaltung soll außerdem der Anteil automatisch erfasster Rechnungen am Gesamtrechnungsvolumen sowie die durchschnittliche Bearbeitungszeit zur manuellen Erfassung einer Rechnung und die Fehlerquote bei manuell erfassten Rechnungen ermittelt werden (siehe Abb. A-127). Erstere Größe gibt zwar keine Auskunft über die Effizienz des jeweiligen SSC, weil die automatische Erfassung der Rechnung vom Rechnungsformat und nicht von der Bearbeitung innerhalb des Unternehmens abhängig ist, nichts desto weniger ließe sich der manuelle Bearbeitungsaufwand und damit die Personalkosten im SSC durch weitere Steigerung des Automatisierungsgrads signifikant senken. Letztere beiden Größen sollen speziell für diesen Prozessschritt

---

15 Prozesstreiber: i2p = Rechnung; i2c = Geschäftsvorfall/Zahlung; r2r = Position in Reisekostenabrechnung

# Lösungsvorschlag

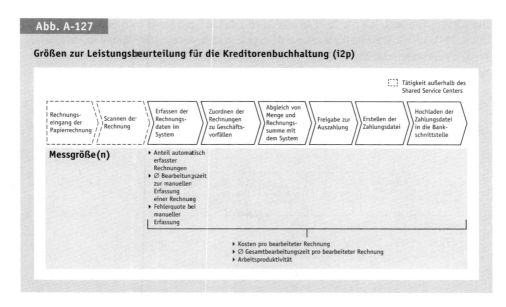

Abb. A-127: Größen zur Leistungsbeurteilung für die Kreditorenbuchhaltung (i2p)

zusätzlich erhoben werden, weil die manuelle Erfassung von Rechnungen den größten personellen Aufwand im Laufe des Gesamtprozesses i2p verursacht und die beiden Größen damit zusätzlich zur Gesamtbearbeitungszeit des Prozesses Aufschluss über die Effizienz dieses wichtigen Prozessschritts geben können.

Analog soll in der Debitorenbuchhaltung für den Prozessschritt »Zuordnung der Zahlung zur Rechnung«, der im Verlauf des i2p Prozesses den größten Teil des Aufwands verursacht, ebenfalls der Anteil automatisch zuordenbarer Zahlungen sowie die durchschnittliche Bearbeitungszeit zur manuellen Zuordnung einer Rechnung ermittelt werden (siehe Abb. A-128).

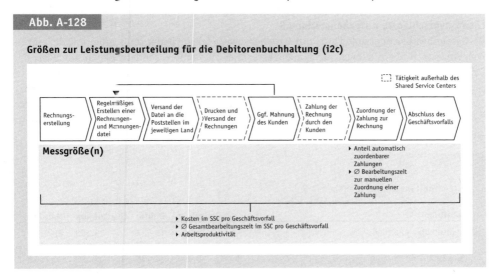

Abb. A-128: Größen zur Leistungsbeurteilung für die Debitorenbuchhaltung (i2c)

# Einzelaufgaben
Aufgabe 18

Ähnlich verhält es sich mit der durchschnittlichen Prüfdauer pro Beleg für den Prozess r2r (siehe Abb. A-129); auch hier macht die manuelle Belegprüfung den wesentlichen Anteil am Personalaufwand des Prozesses aus. Ein Vergleich der durchschnittlichen Prüfdauer pro Beleg scheint daher zusätzlich zur Ermittlung der durchschnittlichen Gesamtprozessdauer sinnvoll.

Abb. A-129

Zur Beurteilung des Verhältnisses von SSC Management zu SSC Angestellten (»Overhead-Ratio«) soll außerdem das Betreuungsverhältnis von Managern zu Buchhaltern ermittelt werden.

Die Bestimmung weiterer Vergleichsgrößen i. B. für bislang nicht explizit vermessene Prozessschritte der drei Hauptprozesse wäre grundsätzlich denkbar. Die Ermittlung weiterer Kennzahlen wäre jedoch auch mit einem steigenden Ressourceneinsatz bei abnehmendem Grenznutzen der zusätzlichen Informationen verbunden, so dass sich im Sinne der sog. 80/20 Regel eine Beschränkung auf die wichtigsten Vergleichsgrößen zur Leistungsbeurteilung empfiehlt.

### Lösungsvorschlag zu Aufgabenstellung 3

Die Gesamtbearbeitungszeiten pro Prozesstreiber sowie auch die Dauer zur Bearbeitung der einzelnen Prozessschritte brauchen nicht mehr berechnet zu werden, sondern liegen auf Basis der Datenerhebung in den vier SSC durch die beiden extra dafür entsandten Mitarbeiter bereits vor.

Aus den Leistungsmengendaten in Kombination mit den Beschäftigtenzahlen sowie den Angaben zu den arbeitsrechtlichen Grundlagen an den vier Standorten lassen sich zusätzlich noch die Kosten pro Prozesstreiber, die Arbeitsproduktivität, der Automatisierungsgrad und das Betreuungsverhältnis berechnen.

Abb. A-130

**Bruttoarbeitskapazität** (Angaben in Std. pro Jahr)

| Abteilung | Bangalore | Dublin | Guadalajara | Manila |
|---|---|---|---|---|
| Kreditorenbuchhaltung | 19.244 | 15.523 | 19.360 | 19.520 |
| Debitorenbuchhaltung | 2.264 | 2.218 | 7.260 | 9.760 |
| Reisekostenabrechnung | 3.396 | 4.435 | 9.680 | 9.760 |

Zur Berechnung der Arbeitsproduktivität (produktiv genutzte Arbeitszeit = Zeit pro Prozesstreiber × Anzahl Prozesstreiber / Bruttoarbeitskapazität der Abteilung) muss im ersten Schritt dafür die Bruttoarbeitskapazität berechnet werden (siehe Abb. A-130).

Aus Stückzeiten, Leistungsmengen und Bruttoarbeitskapazität lässt sich nun im zweiten Schritt die Arbeitsproduktivität berechnen (siehe Abb. A-131).

**Abb. A-131**

**Arbeitsproduktivität** (Angaben in Prozent)

| Abteilung | Bangalore | Dublin | Guadalajara | Manila |
|---|---|---|---|---|
| Kreditorenbuchhaltung (i2p) | 70 | 75 | 68 | 68 |
| Debitorenbuchhaltung (i2c) | 74 | 77 | 63 | 61 |
| Reisekostenabrechnung (r2r) | 69 | 74 | 67 | 70 |

Die Kosten pro Prozesstreiber können sowohl brutto (inkl. nicht produktiv genutzter Arbeitszeit) als auch netto (exkl. nicht produktiv genutzter Arbeitszeit) berechnet werden. Zur Berechnung der Bruttokosten muss lediglich die Bearbeitungszeit pro Prozesstreiber (umgewandelt in Std.) mit den Arbeitskosten pro Stunde multipliziert werden (siehe Abb. A-132). Zur Berechnung der Nettokosten müssen nun noch die Bruttokosten durch die Arbeitsproduktivität geteilt werden (siehe Abb. A-133).

**Abb. A-132**

**Bruttokosten pro Prozesstreiber** (Angaben in EUR)

|  | Bangalore | Dublin | Guadalajara | Manila |
|---|---|---|---|---|
| i2p: Kosten pro Rechnung | 0,25 | 0,50 | 0,31 | 0,19 |
| i2c: Kosten pro Zahlung | 0,20 | 0,34 | 0,26 | 0,15 |
| r2r: Kosten pro Position | 0,11 | 0,24 | 0,14 | 0,09 |

**Abb. A-133**

**Nettokosten pro Prozesstreiber** (Angaben in EUR)

|  | Bangalore | Dublin | Guadalajara | Manila |
|---|---|---|---|---|
| i2p: Kosten pro Rechnung | 0,36 | 0,67 | 0,46 | 0,27 |
| i2c: Kosten pro Zahlung | 0,27 | 0,44 | 0,41 | 0,25 |
| r2r: Kosten pro Position | 0,16 | 0,32 | 0,21 | 0,13 |

Der Automatisierungsgrad für die beiden Prozesse i2p und i2c lässt sich anhand der Leistungsmengendaten berechnen (siehe Abb. A-134).

## Einzelaufgaben
Aufgabe 18

### Abb. A-134

**Automatisierungsgrad** (Angaben in Prozent)

|  | Bangalore | Dublin | Guadalajara | Manila |
|---|---|---|---|---|
| i2p: Anteil automatisch erfasster Rechnungen | 71 | 88 | 74 | 81 |
| i2c: Anteil automatisch erfasster Zahlungen | 49 | 93 | 66 | 73 |

Die Fehlerquote bei der manuellen Rechnungserfassung im i2p Prozess lässt sich durch einfache Division der Fehler durch die Stichprobe berechnen (siehe Abb. A-135).

### Abb. A-135

**Fehlerquote** (Angaben in Prozent)

|  | Bangalore | Dublin | Guadalajara | Manila |
|---|---|---|---|---|
| i2p: Fehlerquote manuelle Rechnungserfassung | 4 | 1 | 4 | 5 |

Das Betreuungsverhältnis lässt sich auf Basis der Beschäftigtenzahlen als Verhältnis von Management- zu Buchhalter-FTEs der Abteilung berechnen.

### Abb. A-136

**Betreuungsverhältnis**

|  | Bangalore | Dublin | Guadalajara | Manila |
|---|---|---|---|---|
| Manager je Buchhalter | 0,18 | 0,15 | 0,13 | 0,10 |

### Lösungsvorschlag zu Aufgabenstellung 4

Vergleicht man die Stückkosten zwischen den Centern, so zeigen sich deutliche Unterschiede, die größtenteils gegenläufig zu den Resultaten der anderen Messgrößen ausfallen (siehe Abb. A-137 und A-138).

Grund für diese gegenläufigen Resultate sind die Unterschiede in den Arbeitskosten am jeweiligen Standort. So sind i. B. die Arbeitskosten am Standort Dublin wesentlich höher als an den drei anderen Standorten.

Auch beim Vergleich der Gesamtbearbeitungszeiten zeigen sich deutliche Unterschiede zwischen den SSC hinsichtlich aller drei SSC-Prozesse (siehe Abb. A-139).

## Lösungsvorschlag

### Abb. A-137

**Unterschiede bei den Bruttostückkosten**

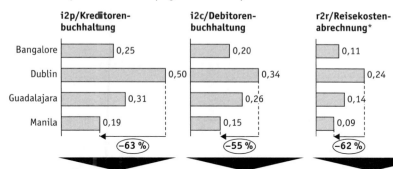

### Abb. A-138

**Unterschiede bei den Nettostückkosten**

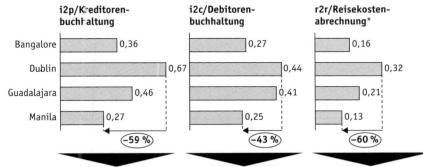

# Einzelaufgaben
Aufgabe 18

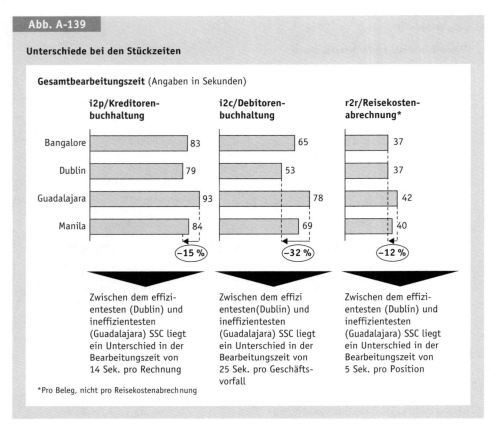

Abb. A-139

Unterschiede bei den Stückzeiten

Definiert man die jeweils kürzeste Gesamtbearbeitungszeit aller vier SSC als best-in-class, so lässt sich über einen Vergleich der jeweils derzeit gemessenen Gesamtbearbeitungszeit in einem SSC mit dem best-in-class-Wert die jährliche Zeitersparnis durch Senkung der Stückzeiten berechnen (siehe Abb. A-140).

Abb. A-140

**Jährliche Zeitersparnis durch Senkung der Stückzeiten** (Angaben in Std. pro Jahr)

|  | Bangalore | Dublin | Guadalajara | Manila |
|---|---|---|---|---|
| i2p/Kreditorenbuchhaltung | 649 | – | 1.982 | 790 |
| i2c/Debitorenbuchhaltung | 309 | – | 1.466 | 1.381 |
| r2r/Reisekostenabrechnung | – | – | 772 | 512 |

In einem zweiten Schritt lässt sich nun durch einfache Multiplikation der potentiell einsparbaren Stunden mit den Arbeitskosten pro Stunde am jeweiligen Standort die potentielle jährliche Kostenersparnis durch Senkung der Stückzeiten unter der Annahme approximieren, dass die Zeitersparnis durch Minderung des Beschäftigungsgrades tatsächlich in Einsparungen umgewandelt werden kann (siehe Abb. A-141).

### Abb. A-141

**Potenzielle jährliche Kostenersparnis durch Senkung der Stückzeiten** (Angaben in EUR pro Jahr)

|  | Bangalore | Dublin | Guadalajara | Manila | GESAMT |
|---|---|---|---|---|---|
| i2p/Kreditorenbuchhaltung | 7.141 | – | 23.782 | 6.321 | **37.243** |
| i2c/Debitorenbuchhaltung | 3.402 | – | 17.592 | 11.044 | **32.038** |
| r2r/Reisekostenabrechnung | – | – | 9.265 | 4.099 | **13.364** |
| **GESAMT** | **10.543** | – | **50.638** | **21.464** | **82.646** |

Ein ähnliches Vorgehen lässt sich auf die Arbeitsproduktivität anwenden, denn auch hier zeigt ein Vergleich Unterschiede zwischen den SSC (siehe Abb. A-142).

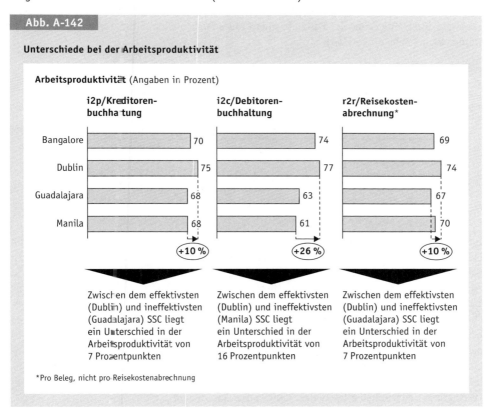

### Abb. A-142

Unterschiede bei der Arbeitsproduktivität

Arbeitsproduktivität (Angaben in Prozent)

| | i2p/Kreditoren-buchhaltung | i2c/Debitoren-buchhaltung | r2r/Reisekosten-abrechnung* |
|---|---|---|---|
| Bangalore | 70 | 74 | 69 |
| Dublin | 75 | 77 | 74 |
| Guadalajara | 68 | 63 | 67 |
| Manila | 68 | 61 | 70 |
| | +10 % | +26 % | +10 % |

Zwischen dem effektivsten (Dublin) und ineffektivsten (Guadalajara) SSC liegt ein Unterschied in der Arbeitsproduktivität von 7 Prozentpunkten

Zwischen dem effektivsten (Dublin) und ineffektivsten (Manila) SSC liegt ein Unterschied in der Arbeitsproduktivität von 16 Prozentpunkten

Zwischen dem effektivsten (Dublin) und ineffektivsten (Guadalajara) SSC liegt ein Unterschied in der Arbeitsproduktivität von 7 Prozentpunkten

*Pro Beleg, nicht pro Reisekostenabrechnung

Definiert man nun in diesem Fall die höchste festgestellte Arbeitsproduktivität (77 Prozent im SSC Dublin in der Debitorenbuchhaltung) als best-in-class, so lässt sich über einen Vergleich der jeweils berechneten Arbeitsproduktivität mit dem best-in-class-Wert die mögliche jährliche Bruttozeitersparnis berechnen (siehe Abb. A-143).

# Einzelaufgaben
## Aufgabe 18

### Abb. A-143

**Jährliche Zeitersparnis durch Eliminierung unproduktiver Zeiten** (Angaben in Std. pro Jahr)

|  | Bangalore | Dublin | Guadalajara | Manila |
|---|---|---|---|---|
| i2p/Kreditorenbuchhaltung | 1.749 | 403 | 2.263 | 2.282 |
| i2c/Debitorenbuchhaltung | 88 | – | 1.320 | 2.028 |
| r2r/Reisekostenabrechnung | 353 | 173 | 1.257 | 887 |

Im zweiten Schritt lässt sich nun durch einfache Multiplikation der potentiell einsparbaren Stunden mit den Arbeitskosten pro Stunde am jeweiligen Standort die potentielle jährliche Kostenersparnis durch Eliminierung unproduktiver Zeiten unter der Annahme approximieren, dass die Zeitersparnis durch Minderung des Beschäftigungsgrades tatsächlich in Einsparungen umgewandelt werden kann (siehe Abb. A-144).

### Abb. A-144

**Potenzielle jährliche Kostenersparnis durch Eliminierung unproduktiver Zeiten**
(Angaben in EUR pro Jahr)

|  | Bangalore | Dublin | Guadalajara | Manila | GESAMT |
|---|---|---|---|---|---|
| i2p/Kreditorenbuchhaltung | 19.244 | 9.274 | 27.154 | 18.252 | **73.924** |
| i2c/Debitorenbuchhaltung | 970 | – | 15.840 | 16.224 | **33.035** |
| r2r/Reisekostenabrechnung | 3.881 | 3.974 | 15.086 | 7.098 | **30.039** |
| **GESAMT** | **24.095** | **13.248** | **58.080** | **41.575** | **136.998** |

Interessante Ergebnisse liefert auch der Vergleich des Automatisierungsgrades zur Erfassung von Lieferantenrechnungen in der Kreditorenbuchhaltung bzw. von Zahlungen in der Debitorenbuchhaltung (siehe Abb. A-145).

Theoretisch ließe sich auch bezüglich dieser Größe ein Einspareffekt quantifizieren, den eine Erhöhung des Automatisierungsgrades erzielen könnte. So könnte man nämlich berechnen, welche manuellen jährlichen Arbeitsstunden durch erhöhte Automatisierung eingespart werden könnten und diese dann durch Multiplikation mit den Arbeitskosten pro Stunde bewerten. Der so geschätzte Effekt wäre jedoch nicht additiv zum bereits quantifizierten Einspareffekt durch Senkung der Stückzeiten, weil dieser zumindest teilweise eine »Automatisierungskomponente« beinhaltet haben könnte. Schließlich handelte es sich um die Gesamtbearbeitungszeiten im Mittel über automatisch und manuell erfasste Rechnungen bzw. Zahlungen!

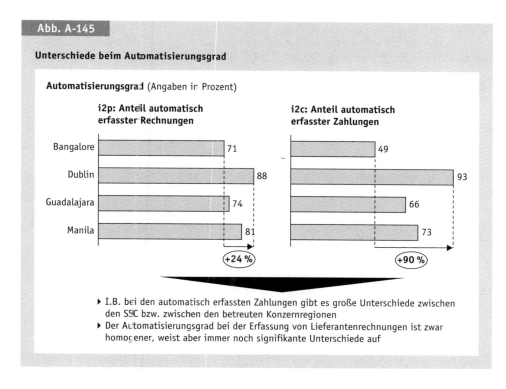

Große Unterschiede zwischen den SSC hinsichtlich des Qualitätsniveaus zeigt der Vergleich der Fehlerquote bei der manuellen Rechnungserfassung in der Kreditorenbuchhaltung (siehe Abb. A-146); hier schneidet das SSC in Dublin mit einer Fehlerquote von einem Prozent wesentlich besser ab als die anderen drei Center.

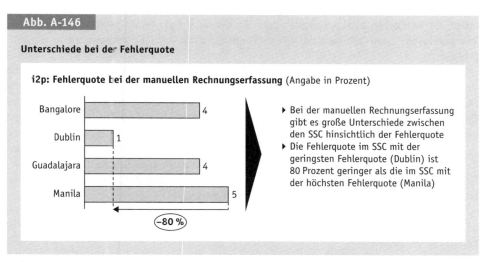

**Einzelaufgaben**
Aufgabe 18

Im letzten Schritt gilt es, nun auch noch das Betreuungsverhältnis von Managern zu Buchhaltern zwischen den vier SSC zu vergleichen. Auch hier zeigen sich Unterschiede und es könnten u. U. Einsparungen realisiert werden (siehe Abb. A-147).

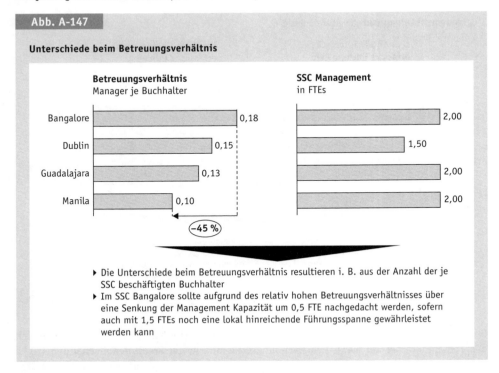

Abb. A-147

**Unterschiede beim Betreuungsverhältnis**

- Die Unterschiede beim Betreuungsverhältnis resultieren i. B. aus der Anzahl der je SSC beschäftigten Buchhalter
- Im SSC Bangalore sollte aufgrund des relativ hohen Betreuungsverhältnisses über eine Senkung der Management Kapazität um 0,5 FTE nachgedacht werden, sofern auch mit 1,5 FTEs noch eine lokal hinreichende Führungsspanne gewährleistet werden kann

Die so aufbereiteten Benchmarking-Ergebnisse mitsamt Schätzung des Einsparungspotentials durch ein Angleichen der Leistungsfähigkeit der Center auf das jeweilige Best-in-class-Niveau kommunizieren Sie an Carlo Knauserig, Ihren Vorgesetzten Dr. Bohnenkraut sowie an die vier SSC-Manager.

Sie weisen jedoch auch ausdrücklich darauf hin, dass es in der Umsetzungsphase zur Hebung der Einsparpotentiale durchaus noch die lokalen Gegebenheiten zu berücksichtigen gilt. Z. B. ist Ihnen aufgefallen, dass die in Manila gebuchten Rechnungen für die Region Ostasien/Ozeanien im Durchschnitt unterschiedlicher und umfangreicher ausfallen als z. B. die in Dublin für Europa gebuchten Rechnungen.

Außerdem schlagen Sie vor, ein derartiges Benchmarking-Projekt nun in regelmäßigen Abständen durchzuführen, um auch zukünftig in allen SSC Best-Practice-Prozesse und damit ein einheitliches Qualitätsniveau sicherzustellen und die Kosten der SSC noch weiter zu senken. Denn natürlich gilt: »Nach dem Benchmarking ist vor dem Benchmarking«

Carlo Knauserig ist mit Ihrer Analyse sehr zufrieden und betont nochmals, wie wichtig im nächsten Schritt die Umsetzungsphase sein wird, um die geschätzten Einsparungen auch tatsächlich zu realisieren.

## Aufgabe 19

# Die BCG-Portfolio-Matrix: Portfolioanalyse bei der Blindflug AG

### Lösungsvorschlag zu Aufgabenstellung 1

Zur Darstellung des Marktanteils-Marktwachstums-Portfolios werden folgende Daten für die verschiedenen Produktgruppen benötigt:

i. Relativer Marktanteil von Blindflug im Vergleich zum größten Mitbewerber innerhalb der jeweiligen Produktgruppe
ii. Reales Marktwachstum des jeweiligen Teilmarktes
iii. Umsatz der Blindflug AG nach Produktgruppe

Der relative Marktanteil i. lässt sich einfach als Quotient aus dem Produktgruppenumsatz der Blindflug AG und dem Umsatz des größten Konkurrenten berechnen.

Das Marktwachstum ii. lässt sich aus dem erwarteten prozentualen Wachstum von Menge und Preis abzüglich der erwarteten Inflationsrate berechnen.

Der Umsatz iii. kann einfach aus den Unternehmensdaten der Blindflug AG herangezogen werden.

### Abb. A-148

**Portfoliodaten**

| Produktgruppe | Relativer Marktanteil in Prozent | Reales Marktwachstum* in Prozent | Umsatz in Mio. EUR |
|---|---|---|---|
| A | 0,5 | 4,0 | 9,5 |
| B | 1,7 | 3,0 | 13,3 |
| C | 1,3 | –4,0 | 7,5 |
| D | 0,3 | 3,0 | 10,6 |
| E | 0,2 | –2,0 | 4,1 |

\* Inflationsbereinigt

Anhand der vorhandenen Daten kann nun die Darstellung des Marktanteils-Marktwachstums-Portfolios erfolgen (siehe Abb. A-149).

# Einzelaufgaben
## Aufgabe 19

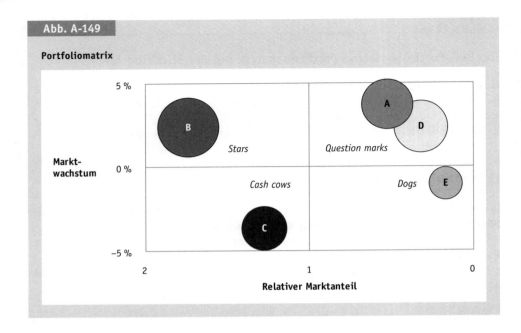

### Lösungsvorschlag zu Aufgabenstellung 2
Aus der Positionierung der jeweiligen Produktgruppen ergeben sich folgende Normstrategien:

| Produktgruppe | Typus | Normstrategie |
|---|---|---|
| A | Question mark | Aufbauen oder aufgeben |
| B | Star | Ausbauen |
| C | Cashcow | Abschöpfen |
| D | Question mark | Aufbauen oder aufgeben |
| E | Dog | Aufgeben |

### Lösungsvorschlag zu Aufgabenstellung 3
**Stärken und Schwächen des Marktanteils-Marktwachstums-Portfolios**

| Stärken | Schwächen |
|---|---|
| ▸ Einfache Handhabbarkeit<br>▸ Einfache Messbarkeit der Erfolgsfaktoren | ▸ Beschränkung auf lediglich zwei strategische Erfolgsfaktoren unter Vernachlässigung wichtiger anderer Einflussgrößen auf den langfristigen Unternehmenserfolg<br>▸ Schwierige Abgrenzbarkeit der Teilmärkte (Unterschiedliche Definitionen der Teilmärkte können schnell zu einer veränderten Beurteilung der Produktgruppen bzw. strategischen Geschäftsfelder führen!) |

# B Fallstudie X-presso AG

## Arbeitshinweise zur X-presso Fallstudie

Die Aufgaben dieses Buchteils sind allesamt im Unternehmenskontext der X-presso AG angesiedelt – einem Konzern mit zwei Tochterunternehmen, die Kaffee bzw. Kaffeemaschinen herstellen und vertreiben. Zwar handelt es sich beim X-presso Konzern um ein fiktives Unternehmen, jedoch beruhen die Fallstudie und die einzelnen Aufgaben größtenteils auf der tatsächlichen Marktentwicklung und auf realistischen Kosten- und Investitionsannahmen. Aus didaktischen Gründen sind jedoch einige Aspekte vereinfacht bzw. akzentuiert dargestellt.

Zur Bearbeitung der Aufgaben dieses Buchteils sind mitunter Daten, Hinweise und Informationen aus der »X-presso Unternehmensvorstellung« notwendig. Deren Lektüre ist zudem auch deshalb sinnvoll, weil sie dem Verständnis und der Einordnung der jeweiligen Aufgabe in den Unternehmenskontext des X-presso Konzerns dient.

Der Buchteil ist in zwei Abschnitte gegliedert; im ersten Abschnitt werden sämtliche Aufgaben vorgestellt, im zweiten Abschnitt findet sich ein Lösungsvorschlag für jede Aufgabestellung des ersten Abschnitts. Beim Lösungsvorschlag handelt es sich nicht notwendigerweise um *die eine richtige Lösung* (einige Aufgaben sind analog zur Praxis so aufgebaut, dass es gar nicht *die eine einzig richtige Lösung* gibt und geben kann), sondern lediglich um einen möglichen Weg zur Lösung bzw. Bearbeitung der Aufgabenstellung.

Der ungefähre Schwierigkeitsgrad bzw. der relative Bearbeitungsumfang der Aufgaben wird durch folgende Symbolik hinter dem Titel jeder Aufgabe angezeigt:

### Schwierigkeitsgrad und Umfang:

- ☕ Gering
- ☕☕ Mittel
- ☕☕☕ Hoch

# Fallstudie X-presso AG
Der Konzern: Die X-presso AG und ihre Töchter

# Der Konzern: Die X-presso AG und ihre Töchter

## Historie

Die X-presso AG (XAG) wurde am 1. Januar 2008 im Zuge eines Mergers der beiden Familienunternehmen Webersche Kaffeerösterei GmbH (WKR) und Kaffeemaschinen Schäffer GmbH (KMS) gegründet. Der Zusammenschluss unter dem Dach der neu gegründeten Holdinggesellschaft X-presso AG war die logische Konsequenz aus der vorherigen mehrjährigen Kooperation beider Unternehmen.

Während sich die Webersche Kaffeerösterei seit ihrer Gründung in der Kolonialzeit auf den Handel mit hochwertigen Kaffeespezialitäten konzentriert hatte, war die KMS während der 1950er-Jahre vom Großvater des heutigen CEO Dr. Schäffer gegründet worden und stellte zunächst die in Deutschland traditionell gebräuchlichen Filterkaffeemaschinen her. Ab Mitte der 1980er-Jahre wurde das Produktangebot um sog. Siebträgermaschinen und Vollautomaten erweitert.

Ende der 1990er Jahre entstand dann bei Dr. Weber die Idee einer Partnerschaft zwischen Kaffee- und Maschinenhersteller. In der sich anschließenden Suche nach einem Kooperationspartner wurde er auf die KMS aufmerksam, die er nach kurzer Zeit als Kooperationspartner gewinnen konnte. In den folgenden Jahren entwickelten die beiden Unternehmen ein aufeinander abgestimmtes System aus sog. Kaffeeportionskapseln und entsprechenden Kaffeemaschinen für das Privatkundengeschäft.

## Die X-presso AG

Durch die erfolgreiche Kooperation entstand im Jahr 2007 die Idee eines Firmenzusammenschlusses, um im zunehmend vom Marketing getriebenen Kaffeemarkt auch zukünftig bestehen zu können. Die beiden ehemals unabhängigen Familienunternehmen wurden per 1. Januar 2008 als 100-prozentige Tochtergesellschaften in die X-presso Holding eingebracht (siehe Abb. B-1).

### Management

Im Zuge des Mergers der beiden Unternehmen unter dem Dach der X-presso AG übernahm Dr. Weber, ehemals Eigentümer und Geschäftsführer der WKR, den Posten des Aufsichtsratsvorsitzenden des Konzerns, wohingegen der gut zehn Jahre jüngere Dr. Schäffer von der Position des Geschäftsführers bei der KMS auf die Position des Chief Executive Officers (CEO) der neuen Gesellschaft wechselte.

Die durch den Wechsel von Dr. Weber auf den Posten des Aufsichtsratsvorsitzenden freigewordene Position als Geschäftsführer der WKR übernahm per 1.1.2008 Dr. Webers älteste Tochter Manuela Weber. Den Posten des Geschäftsführers der KMS übernahm zum selben Zeitpunkt Herr Fribourg, ältester Sohn einer Schweizer Kaffeemaschinenherstellerdynastie aus der Bodenseeregion, der vor dem Einstieg ins Familienimperium zunächst Arbeitserfahrung im Ausland sammeln sollte. Komplettiert wird der X-presso Vorstand, in dem neben Dr. Schäffer auch die beiden neuen Geschäftsführer der Tochterunternehmen sitzen, durch den neuen Chief Financial Officer (CFO) des Konzerns, Dr. Christoph Binder, der als Seniorprojektleiter einer Managementberatung in den Vorstand der X-presso AG wechselte.

Der Konzern: Die X-presso AG und ihre Töchter

**Abb. B-1**

Konzernstruktur der X-presso AG

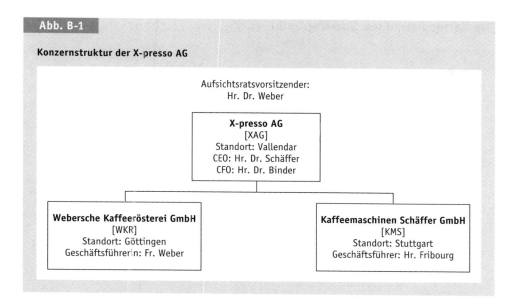

Das bei CFO Dr. Binder angesiedelte Konzerncontrolling unter Leitung von Herrn Böhme ist seit Gründung der X-presso AG nicht nur für die Controllingaufgaben auf Konzernebene zuständig, sondern gibt auch für den Gesamtkonzern die grundlegenden Basisdaten für die Planung wie z. B. den durchschnittlichen Kapitalkostensatz (WACC) i. H. v. 10 Prozent vor.

# Fallstudie X-presso AG
Der Konzern: Die X-presso AG und ihre Töchter

## Die Kaffeemaschinen Schäffer GmbH (KMS)

**Abb. B-2**

**Jahresabschluss der Kaffeemaschinen Schäffer GmbH** (Angaben in Mio. EUR)

**Gewinn- und Verlustrechnung (GuV)** nach dem Gesamtkostenverfahren

|  | 2006 | 2007 | 2008 |
|---|---|---|---|
| **Umsatzerlöse** | 40,8 | 45,4 | 54,9 |
| Bestandsveränderungen | 0,5 | 0,6 | 0,8 |
| Aktivierte Eigenleistungen | – | – | – |
| Sonstige betriebliche Erträge | – | – | – |
| Materialaufwand | 18,8 | 21,1 | 24,9 |
| Personalaufwand | 6,8 | 7,2 | 7,8 |
| Abschreibungen | 0,8 | 0,9 | 0,9 |
| Sonstige betriebliche Aufwendungen | 9,0 | 11,1 | 15,5 |
| **Betriebliches Ergebnis (EBIT)** | **5,9** | **5,7** | **6,6** |
| Beteiligungsergebnis | – | – | – |
| Finanzanlageergebnis | 0,1 | – | 0,1 |
| Zinsergebnis | –0,7 | –1,0 | –1,2 |
| Finanzergebnis | –0,6 | –1,0 | –1,1 |
| **Ergebnis vor Steuern** | **5,3** | **4,7** | **5,5** |
| Steuern | 2,5 | 2,2 | 1,7 |
| **Jahresüberschuss** | **2,8** | **2,5** | **3,8** |
| Auszahlung an Gesellschafter | 1,8 | 1,5 | 1,8 |
| **Einstellung in die Gewinnrücklage** | **1,0** | **1,0** | **2,0** |

**Bilanz**

|  | 31.12.2006 | 31.12.2007 | 31.12.2008 |
|---|---|---|---|
| **AKTIVA** | **25,1** | **30,7** | **31,1** |
| **Anlagevermögen** | **16,7** | **21,7** | **20,5** |
| Immaterielle Vermögensgegenstände | 8,7 | 8,7 | 8,7 |
| Sachanlagen | 7,5 | 12,0 | 11,1 |
| Finanzanlagen | 0,5 | 1,0 | 0,7 |
| **Umlaufvermögen** | **8,4** | **9,0** | **10,6** |
| Vorräte | 4,1 | 4,7 | 5,5 |
| Forderungen aus L&L | 2,7 | 2,9 | 3,8 |
| Sonstige Vermögensgegenstände | 0,8 | 0,9 | 0,9 |
| Liquide Mittel | 0,8 | 0,5 | 0,4 |
| **PASSIVA** | **25,1** | **30,7** | **31,1** |
| **Eigenkapital** | **7,0** | **8,0** | **10,0** |
| **Rückstellungen** | **5,4** | **5,6** | **5,7** |
| **Verbindlichkeiten** | **12,7** | **17,1** | **15,4** |
| Bankverbindlichkeiten | 11,5 | 15,8 | 13,8 |
| Verbindlichkeiten aus L&L | 0,9 | 1,0 | 1,3 |
| Sonstige Verbindlichkeiten | 0,3 | 0,3 | 0,3 |

## Marktentwicklung

Der Privatkundenmarkt für Kaffeemaschinen lässt sich anhand der unterschiedlichen Gerätetypen in fünf Marktsegmente gliedern (siehe Abb. B-3):

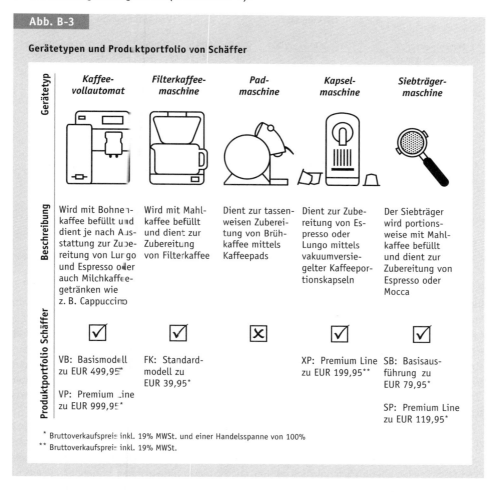

Abb. B-3: Gerätetypen und Produktportfolio von Schäffer

\* Bruttoverkaufspreis inkl. 19% MWSt. und einer Handelsspanne von 100%
\*\* Bruttoverkaufspreis inkl. 19% MWSt.

Die Popularität der unterschiedlichen Gerätetypen ist international sehr unterschiedlich. Die in Deutschland und Nordeuropa traditionell überaus gebräuchlichen Filterkaffeemaschinen sind z. B. in Italien nur in Ausnahmefällen im Einsatz. Die dort dominierenden Siebträgermaschinen schafften es in Deutschland im Privatkundenmarkt jedoch nie über ein Nischendasein hinaus.

Dominiert wird der Markt hierzulande umsatztechnisch von den sog. Vollautomaten und absatztechnisch von den Filterkaffeemaschinen (siehe Abb. B-4). Immer populärer geworden sind in den letzten Jahren die sog. Portionssysteme in Form von Kaffeekapseln zur Zubereitung von Espresso bzw. Lungo.

## Fallstudie X-presso AG
Der Konzern: Die X-presso AG und ihre Töchter

### Abb. B-4

**Der deutsche Kaffeemaschinenmarkt im Privatkundensegment**

| Maschinentyp | Marktumsatz in Mio. EUR | | | | Verkaufte Geräte in Tsd. | | | |
|---|---|---|---|---|---|---|---|---|
| | 2006 | 2007 | 2008 | 2009e | 2006 | 2007 | 2008 | 2009e |
| Vollautomaten | 328 | 340 | 400 | 441 | 559 | 567 | 678 | 749 |
| Filterkaffeemaschinen | 163 | 168 | 170 | 166 | 4.657 | 4.667 | 4.722 | 4.755 |
| Padmaschinen | 92 | 98 | 108 | 117 | 1.211 | 1.273 | 1.421 | 1.541 |
| Kapselmaschinen | 32 | 52 | 68 | 83 | 209 | 327 | 442 | 538 |
| Siebträgermaschinen | 25 | 24 | 24 | 24 | 291 | 276 | 279 | 279 |
| **Gesamt** | **640** | **682** | **770** | **831** | **6.926** | **7.109** | **7.542** | **7.862** |

| Maschinentyp | Marktanteile in Prozent | | | | Marktanteile in Prozent | | | |
|---|---|---|---|---|---|---|---|---|
| | 2006 | 2007 | 2008 | 2009e | 2006 | 2007 | 2008 | 2009e |
| Vollautomaten | 51 | 50 | 52 | 53 | 8 | 8 | 9 | 10 |
| Filterkaffeemaschinen | 25 | 25 | 22 | 20 | 67 | 66 | 63 | 60 |
| Padmaschinen | 14 | 14 | 14 | 14 | 17 | 18 | 19 | 20 |
| Kapselmaschinen | 5 | 8 | 9 | 10 | 3 | 5 | 6 | 7 |
| Siebträgermaschinen | 4 | 4 | 3 | 3 | 4 | 4 | 4 | 4 |

Quelle: BBE, GfK, Zentralverband Elektrotechnik- und Elektronikindustrie

### Produktportfolio von Schäffer

Die Produktgruppe Filterkaffeemaschinen gehört bereits seit jeher zum Produktportfolio von Schäffer. In den 1980er-Jahren kamen zu den Filterkaffeemaschinen die sog. Siebträgermaschinen, durch die Schäffer als einer der ersten deutschen Hersteller in den Espressomaschinenmarkt eintrat. In den 1990er-Jahren begann Schäffer dann mit der Produktion von Kaffeevollautomaten, einem Marktsegment mit vergleichsweise hochpreisigen Maschinen und hohen Margen. Ende der 1990er-Jahre erkannte dann Dr. Schäffer, der inzwischen die Geschäftsführung von seinem Vater übernommen hatte, das sich bereits andeutende Wachstum im verhältnismäßig jungen Kapselmaschinensegment.

Nach zweijähriger Produktentwicklung und einem eigenen Kaffeekapselsystem, das die KMS zusammen mit der Weberschen Kaffeerösterei als Kapselpartner entwickelt hatte, brachte man schließlich im Jahre 2000 die erste Kapselmaschine auf den Markt. Die neue Produktgruppe entwickelte sich seither überdurchschnittlich gut und das System konnte in einem ohnehin stark wachsenden Marktsegment schnell Marktanteile gewinnen. Für das Geschäftsjahr 2009 ist die Erweiterung des bislang nur aus einer einzigen Maschine bestehenden Sortiments in diesem Segment um eine weitere Maschine geplant, die sich speziell an die sog. Young Urban Professionals (Yuppies) richtet.

Die KMS ist mit ihrem Produktangebot also in vier der fünf Marktsegmente vertreten. Lediglich das Segment der Padmaschinen wird bislang nicht vom Produktportfolio abgedeckt (siehe Abb. B-3).

### Abb. B-5

**Absatzentwicklung der Kaffeemaschinen Schäffer GmbH** (Angaben in Tsd. Stück)

| Produkt | 2006 | 2007 | 2008 | 2009p |
|---|---|---|---|---|
| FK (Filterkaffeemaschine) | 279,4 | 280,0 | 283,3 | 285,3 |
| SB (Siebträgermaschine – basis) | 37,8 | 35,9 | 36,3 | 36,3 |
| SP (Siebträgermaschine – premium) | 26,2 | 24,8 | 25,1 | 25,1 |
| VB (Vollautomat – basis) | 44,7 | 45,3 | 54,2 | 60,0 |
| VP (Vollautomat – premium) | 39,1 | 39,7 | 47,5 | 52,5 |
| XP (X-presso Kapselmaschine) | 46,0 | 71,9 | 97,2 | 118,3 |

**Produktion**

Für jeden von der KMS gefertigten Gerätetyp gibt es eine eigene Fertigungsstraße. Die zur Fertigung benötigten Maschinenkomponenten werden aus dem RHB Lager, in dem die Komponenten nach deren Anlieferung durch den Lieferanten vorgehalten werden, mittels eines Gabelstaplers an die Fertigungsstraße gebracht (siehe Abb. B-6). Nach der Montage werden die bereits verpackten Geräte zunächst ins Fertigwarenlager gebracht, wo sie bis zur Auslieferung an die Kunden verbleiben.

### Abb. B-6

**Produktionssetup der Kaffeemaschinen Schäffer GmbH**

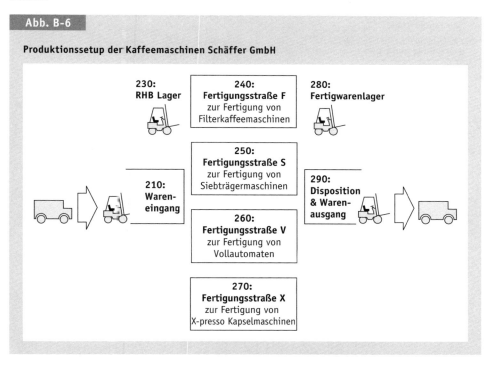

# Fallstudie X-presso AG
Der Konzern: Die X-presso AG und ihre Töchter

## Die Webersche Kaffeerösterei (WKR)

### Abb. B-7

**Jahresabschluss der Weberschen Kaffeerösterei GmbH** (Angaben in Mio. EUR)

**Gewinn- und Verlustrechnung (GuV)** nach dem Gesamtkostenverfahren

|  | 2006 | 2007 | 2008 |
|---|---|---|---|
| **Umsatzerlöse** | 57,6 | 67,7 | 75,5 |
| Bestandsveränderungen | – | – | 0,1 |
| Aktivierte Eigenleistungen | – | – | – |
| Sonstige betriebliche Erträge | – | – | – |
| Materialaufwand | 16,6 | 17,5 | 19,4 |
| Personalaufwand | 6,9 | 7,5 | 8,0 |
| Abschreibungen | 2,9 | 2,9 | 2,9 |
| Sonstige betriebliche Aufwendungen | 27,5 | 34,2 | 40,4 |
| **Betriebliches Ergebnis (EBIT)** | **3,7** | **5,6** | **4,9** |
| Beteiligungsergebnis | – | – | – |
| Finanzanlageergebnis | 0,1 | 0,2 | 0,2 |
| Zinsergebnis | –0,5 | –1,4 | –1,3 |
| Finanzergebnis | –0,4 | –1,2 | –1,1 |
| **Ergebnis vor Steuern** | **3,3** | **4,4** | **3,8** |
| Steuern | 1,5 | 2,0 | 1,1 |
| **Jahresüberschuss** | **1,8** | **2,4** | **2,7** |
| Auszahlung an Gesellschafter | 0,8 | 1,4 | 1,2 |
| **Einstellung in die Gewinnrücklage** | **1,0** | **1,0** | **1,5** |

**Bilanz**

|  | 31.12.2006 | 31.12.2007 | 31.12.2008 |
|---|---|---|---|
| **AKTIVA** | **37,7** | **39,2** | **38,5** |
| **Anlagevermögen** | **29,8** | **30,8** | **29,2** |
| Immaterielle Vermögensgegenstände | 5,1 | 5,1 | 5,1 |
| Sachanlagen | 22,0 | 22,3 | 20,9 |
| Finanzanlagen | 2,7 | 3,4 | 3,2 |
| **Umlaufvermögen** | **7,9** | **8,4** | **9,3** |
| Vorräte | 1,1 | 1,1 | 1,2 |
| Forderungen aus L&L | 4,0 | 4,4 | 5,2 |
| Sonstige Vermögensgegenstände | 2,3 | 2,2 | 2,3 |
| Liquide Mittel | 0,5 | 0,7 | 0,6 |
| **PASSIVA** | **37,7** | **39,2** | **38,5** |
| **Eigenkapital** | **6,5** | **7,5** | **9,0** |
| **Rückstellungen** | **7,7** | **7,8** | **7,8** |
| **Verbindlichkeiten** | **23,5** | **23,9** | **21,7** |
| Bankverbindlichkeiten | 20,8 | 20,9 | 18,4 |
| Verbindlichkeiten aus L&L | 2,3 | 2,5 | 2,9 |
| Sonstige Verbindlichkeiten | 0,4 | 0,5 | 0,4 |

## Der Kaffeemarkt

Die Reise des Kaffees beginnt ihren Weg auf der Kaffeeplantage in Afrika, Südamerika oder Südostasien. Zwischen dem Kaffeeanbauer und dem Röster übernimmt in der Regel ein Importeur das gesamte Handling und den Transport des Rohkaffees aus dem Anbauland sowie die Lagerung und den Transport bis zur Rösterei (siehe Abb. B-8).

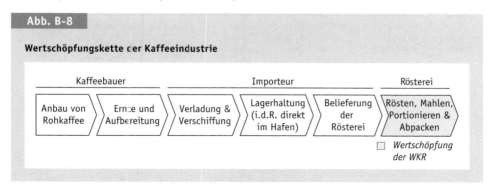

**Abb. B-8**

Wertschöpfungskette der Kaffeeindustrie

Der Kaffeeabsatz in Deutschland ist über die letzten fünf Jahre leicht rückläufig, wobei sich der Absatz bei etwa 375.000 Tonnen einzupendeln scheint. Stetiges Wachstum verzeichnet allerdings das Segment der sog. Portionskapseln, das sich innerhalb von vier Jahren etwa verzehnfacht hat (siehe Abb. B-9).

**Abb. B-9**

Röstkaffeekonsum in Deutschland (Angaben in Tonnen)

| Darreichungsform | 2004 | 2005 | 2006 | 2007 | 2008e |
|---|---|---|---|---|---|
| Bohnen- und Mahlkaffee | 402.750 | 379.500 | 378.000 | 373.000 | 374.000 |
| Kaffepads und -kapseln | 2.750 | 7.000 | 14.000 | 21.000 | 26.000 |
| **Gesamt** | **405.500** | **386.500** | **392.000** | **394.000** | **400.000** |

Quelle: Deutscher Kaffeeverband

## Produktangebot

Zum Produktangebot der WKR gehören sowohl Bohnenkaffee als auch Mahlkaffee. Des Weiteren lässt sich zwischen Kaffee zur Zubereitung von Filter- bzw. Brühkaffee und von Espressokaffee unterscheiden. Im Gegensatz zu Filterkaffee sind die für Espressokaffee verwendeten Kaffeesorten in der Regel hochwertiger. Seit dem Einstieg in das Segment der Portionskapseln gehört außerdem die Produktgruppe X-presso Kapseln zum Sortiment der WKR (siehe Abb. B-10).

Analog zur Marktentwicklung von Kaffeekapseln ist auch der Absatz der WKR in diesem Segment kontinuierlich gestiegen, wohingegen der Absatz der Produktgruppen Mahlkaffee und Bohnenkaffee während der vergangenen Jahre relativ konstant geblieben ist (siehe Abb. B-11). In diesen beiden Produktgruppen ist lediglich ein leichter Trend hin zu höherwertigen Produkten sowie Espressokaffee und weg vom traditionell populären Filter- oder Brühkaffee zu verzeichnen.

## Fallstudie X-presso AG
Der Konzern: Die X-presso AG und ihre Töchter

### Abb. B-10

**Produktportfolio der Weberschen Kaffeerösterei**

| Produkt-gruppe | Abgabeform | Abnehmer | Produkt | ID | Netto-VKP in EUR | Produktbeschreibung |
|---|---|---|---|---|---|---|
| **B: Bohnenkaffee** | Ganze Bohnen in 500 g Vakuumtüten* | Kleine unabhängige Kaffee- und Spezialitätenboutiquen, meist in Innenstadtlage; teilweise mit eigener Kaffeebar zum vor Ort Verköstigen | Ganze Bohnen zur Zubereitung von Brühkaffee | BB | 3,00 | Aufguss des zuhause oder in der Boutique gemahlenen Kaffeepulvers mit heißem Wasser bzw. zur Verwendung in Filterkaffeemaschinen |
| | | | Ganze Bohnen zur Zubereitung von Espresso bzw. Lungo | BE | 3,00 | Zur Verwendung in Kaffeevollautomaten bzw. nach vorherigem Mahlen in der Boutique oder zuhause zum Zubereiten von Espresso oder verlängertem Kaffee (Lungo) in Siebträgermaschinen oder mittels Kaffeekännchen |
| | | | Ständig wechselnde »single blended« Kaffeespezialitäten | BS | 4,50 | Ständig wechselnde Einsortenkaffees aus besonders hochwertigen Kaffeebohnen; geeignet sowohl zur Zubereitung von Brühkaffee als auch von Espresso und Lungo |
| **G: Gemahlener Kaffee** | Gemahlener Espressokaffee in 250 g Vakuumpäckchen* | Die großen Einzelhandelsketten; teilweise auch Discounter | Gemahlener Espressokaffee | ES | 2,15 | Zur Zubereitung von Espresso oder verlängertem Kaffee (Lungo) in Siebträgermaschinen oder mittels Kaffeekännchen |
| **X: X-presso Kapseln** | Packung* mit 20 Aluminiumkapseln à 5 g gemahlenem Kaffee | Endverbraucher per Direktversand | X-presso Espresso-kapseln | XS | 4,60 | Zur Zubereitung von Espresso mittels der von Schäffer angebotenen X-presso Kaffeekapselmaschinen |
| | | | X-presso Lungokapseln | XL | 4,60 | Zur Zubereitung von verlängertem Kaffee (Lungo) mittels der von Schäffer angebotenen X-presso Kaffeekapselmaschinen |

* Kosten der Packung: Vakuumtüte: EUR 0,15; Vakuumpäckchen EUR 0,05; X-presso Packung EUR 0,10 pro Stück

### Abb. B-11

**Absatzentwicklung der Weberschen Kaffeerösterei** (Angaben in Tonnen)

| Produkt | 2004 | 2005 | 2006 | 2007 | 2008e |
|---|---|---|---|---|---|
| BB (Bohnenkaffee – Brühkaffee) | 1.410 | 1.423 | 1.315 | 1.287 | 1.290 |
| BE (Bohnenkaffee – Espresso) | 733 | 740 | 740 | 783 | 785 |
| BS (Bohnenkaffee – Spezial) | 282 | 313 | 315 | 336 | 337 |
| ES (Espresso Mahlkaffee) | 3.214 | 3.216 | 3.210 | 3.189 | 3.205 |
| XS (X-presso Espresso) | 33 | 89 | 185 | 273 | 337 |
| XL (X-presso Lungo) | 22 | 65 | 151 | 273 | 365 |
| **Gesamt** | **5.694** | **5.846** | **5.916** | **6.141** | **6.319** |

**Einkauf**

### Abb. B-12

**Rohkaffeepreisentwicklung** (Angaben in US-cents per lb*)

| Sorte | 2004 | 2005 | 2006 | 2007 | 2008e |
|---|---|---|---|---|---|
| Arabica | 80,47 | 114,86 | 114,4 | 123,55 | 139,78 |
| Robusta | 35,99 | 50,55 | 67,55 | 86,6 | 105,28 |

* 1 lb = 0,4536 kg
Quelle: Deutscher Kaffeeverband

Die Wertschöpfung einer Rösterei beginnt mit dem Einkauf von Rohkaffee, der wie andere Agrarprodukte auch an der Börse und auf dem Weltmarkt gehandelt wird (siehe Abb. B-12). Die WKR bezieht ihren Rohkaffee, wie in der Branche üblich, von einem Hamburger Importeur. Je nach Sorte und Qualität bezahlt die WKR gegenüber dem Weltmarktpreis einen Aufschlag von bis zu 100 Prozent (siehe Abb. B-13). Außerdem berechnet der Importeur einen Zuschlag von fünf Prozent auf den Rohkaffeepreis für Transport und Handling.

### Abb. B-13

**Von der WKR ggü. dem durchschnittlichen Weltmarktpreis bezahlter Preisaufschlag beim Einkauf von Rohkaffee**

| Sorte | Qualität | Aufschlag |
|---|---|---|
| **Arabica** | Exklusiv | 100 % |
|  | Premium | 20 % |
|  | Spezial | 10 % |
|  | Basis | 0 % |
| **Robusta** | Premium | 10 % |
|  | Spezial | 5 % |
|  | Basis | 0 % |

# Fallstudie X-presso AG
Der Konzern: Die X-presso AG und ihre Töchter

Beim Eintreffen der Ware auf dem Gelände der WKR in verplombten Containern befindet sich der Rohkaffee formal noch im sog. »Zollausland«. Erst wenn der Kaffee nach dem Rösten das Gelände der WKR wieder in Richtung Kunde verlässt, wird die sog. Kaffeesteuer fällig, die EUR 2,19 pro kg Röstkaffee beträgt.

**Produktionsprozess**
Nach dem Eintreffen der Ware wird der Rohkaffee aus den Transportcontainern gelöscht, gereinigt, von Holz- und Eisenteilen sowie Steinen, Staub und anderen Fremdkörpern befreit, gewogen und in Silozellen zwischengelagert. Im Gegensatz zur Lagerung von fertig geröstetem Kaffee, der sehr schnell das Aroma verliert, ist die Lagerung von Rohkaffee relativ unproblematisch und auch über einen längeren Zeitraum ohne weiteres möglich.

Je nach gewünschtem Geschmack und Aroma des Endprodukts werden Kaffeesorten unterschiedlicher Herkunft, Sorte und Qualität zu sog. Blends gemischt und anschließend geröstet (siehe Abb. B-14).

**Abb. B-14**

**Mischungsverhältnis der WKR-Blends** (Angaben in Prozent)

| Sorte | Qualität | BB | BE | BS | ES | XS | XL |
|---|---|---|---|---|---|---|---|
| **Arabica** | Exklusiv | | | 100 | | | |
| | Premium | | 10 | | 10 | 50 | 40 |
| | Spezial | | 40 | | 40 | 40 | 50 |
| | Basis | 50 | 40 | | 40 | | |
| **Robusta** | Premium | | | | | 10 | 10 |
| | Spezial | | 10 | | 10 | | |
| | Basis | 50 | | | | | |
| | | 100 | 100 | 100 | 100 | 100 | 100 |

Unter Rösten versteht man das trockene Erhitzen der Kaffeebohnen. Nach Abschluss des Röstprozesses wird das Röstgut gekühlt und im Falle der Produktion von Bohnenkaffee direkt abgepackt. Werden Mahlkaffee oder X-presso Kapseln hergestellt, dann werden die gerösteten Kaffeebohnen nach kurzer Lagerung in einem Puffersilo gemahlen. Der gemahlene Kaffee wird entweder als Mahlkaffee verpackt oder zu X-presso Kapseln gepresst (siehe Abb. B-15).

Die Verpackung ist in jedem Fall so beschaffen, dass der Kaffee geschmacklich einwandfrei bleibt. Anschließend werden die Tüten, Päckchen oder Packungen ins Fertigwarenlager gebracht, wo sie jedoch i. d. R. nur wenige Tage verbleiben. Aufgrund der begrenzten Haltbarkeit von gerösetem Kaffee ist die Reichweite des Fertigwarenlagers einer Rösterei relativ gering, und das fertig verpackte Produkt geht relativ schnell weiter in den Warenausgang und zur Auslieferung durch eine Spedition.

### Abb. B-15

**Produktionsprozess der Weberschen Kaffeerösterei**

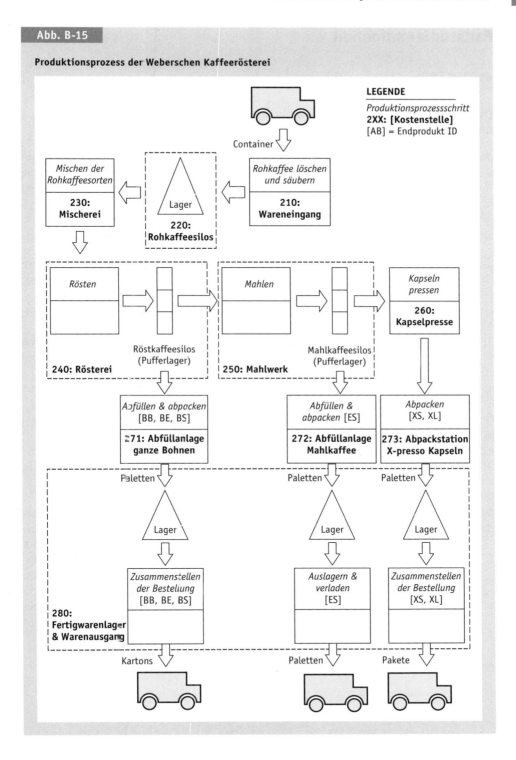

# Fallstudienaufgaben

## Aufgabe 1

### Die Kapitalflussrechnung zur Analyse von Finanzmittelherkunft und -verwendung

Die X-presso AG (XAG) wurde im Jahr 2007 zu dem Zweck gegründet, per 01.01.2008 als Holdinggesellschaft für die beiden X-presso Tochterunternehmen WKR und KMS zu fungieren und für die Tochterunternehmen Managementdienstleistungen in den Bereichen Unternehmenssteuerung sowie Personalwesen zu erbringen.

Für das Geschäftsjahr 2008 liegen folgende Daten aus der Buchhaltung der XAG vor:

a) Der WKR und KMS wurden zum Geschäftsjahresende jeweils EUR 1,2 Mio. für Managementservices in Rechnung gestellt. Beide Rechnungen wurden noch nicht bezahlt.
b) Der Personalaufwand im Geschäftsjahr beläuft sich auf EUR 1,5 Mio. Davon entfallen EUR 0,1 Mio. auf die Bildung von Pensionsrückstellungen. Der Rest ist an die Mitarbeiter ausbezahlt bzw. an die Sozialkassen abgeführt worden.
c) Es wurden externe Beratungsleistungen i. H. v. EUR 0,8 Mio. in Anspruch genommen. Die Rechnung der Beratungsfirma ist erst im Januar 2009 fällig und steht somit noch zur Zahlung an.
d) Der Aufwand für Strom, Wasser und Heizung beträgt EUR 0,1 Mio. in der Periode. Der Betrag musste am Jahresanfang vorfinanziert werden. Eine Nach- oder Rückzahlung ist nicht zu erwarten.
e) In 2008 wurde ein langfristiger Bankkredit i. H. v. EUR 2,0 Mio. aufgenommen. Der Zinsaufwand der Periode beträgt EUR 0,1 Mio. Die Zinsen sind im Januar 2009 zur Zahlung fällig.
f) Es wurden Sachanlagen in bar i. H. v. EUR 0,2 Mio. gekauft.
g) Es wurden planmäßige Abschreibungen auf Sachanlagen i. H. v. EUR 0,2 Mio. vorgenommen.
h) Es wurden Finanzanlagen i. H. v. EUR 0,3 Mio. gekauft und in bar bezahlt.
i) Die Verbindlichkeiten aus Lieferungen & Leistungen i. H. v. EUR 0,1 Mio. aus dem Vorjahr sind in 2008 beglichen worden.

**Aufgabenstellungen**

1. Erstellen Sie auf Basis der Eröffnungsbilanz zum 01.01.2008 (siehe Abb. B-16) für die XAG den Jahresabschluss (Bilanz und GuV) sowie eine Kapitalflussrechnung für das Geschäftsjahr 2008.
2. Erstellen Sie auf Basis der vorliegenden Bilanz sowie Gewinn- und Verlustrechnung der Konzerntöchter WKR und KMS (siehe Abb. B-7 und B-2) für beide Tochterunternehmen eine Kapitalflussrechnung für das Geschäftsjahr 2008.
3. In einem Meeting sollen Sie X-presso CFO Dr. Binder kurz über die wesentlichen Treiber und Unterschiede bezüglich Mittelherkunft und Mittelverwendung in den beiden Tochterunternehmen informieren. Was berichten Sie an Herrn Dr. Binder?

*Die Lösung zur Aufgabe finden Sie ab S. 156.*

### Abb. B-16

**Eröffnungsbilanz der X-presso AG am 01.01.2008** (Angaben in Mio. EUR)

| | |
|---|---|
| **AKTIVA** | **2,1** |
| **Anlagevermögen** | **1,7** |
|   Immaterielle Vermögensgegenstände | 0,2 |
|   Sachanlagen | 1,5 |
|   Finanzanlagen | – |
| **Umlaufvermögen** | **0,4** |
|   Vorräte | – |
|   Forderungen aus L&L | – |
|   Sonstige Vermögensgegenstände | – |
|   Liquide Mittel | 0,4 |
| **PASSIVA** | **2,1** |
| **Eigenkapital** | **2,0** |
| **Rückstellungen** | – |
| **Verbindlichkeiten** | **0,1** |
|   Bankverbindlichkeiten | – |
|   Verbindlichkeiten aus L&L | 0,1 |
|   Sonstige Verbindlichkeiten | – |

### Aufgabe 2

## Das Zusammenspiel von Menge, Kosten und Preis – die Break-Even-Analyse auf Basis der Deckungsbeitragsrechnung ⬛⬛⬛

Die Kaffeemaschinen Schäffer GmbH ist seit dem Jahr 2000 mit einem eigenen Produktangebot im Marktsegment der Kapselmaschinen vertreten. Das Kapselsystem hatte das damals noch eigenständige Unternehmen Ende der 90er-Jahre zusammen mit der Weberschen Kaffeehandelsgesellschaft als Kapselpartner entworfen. Die neue Produktgruppe (PG) entwickelte sich seither überdurchschnittlich gut und das System konnte in einem ohnehin stark wachsenden Markt schnell Marktanteile gewinnen. Für das bisher angebotene Maschinenmodell XP rechnet das Vertriebscontrolling der KMS in 2009 mit einem Umsatz von EUR 20,391 Mio. bei einer Produktions- und Absatzmenge von 118,3 Tsd. Geräten zu einem Preis von EUR 199,95 brutto[1].

Die für die X-presso Kapselmaschinen zuständige Produktmanagerin hat in letzter Zeit jedoch einen zunehmenden Trend hin zu einer stärkeren Differenzierung der Käuferbasis ausgemacht, so dass das Maschinensortiment zukünftig erweitert werden soll. Neben der Premium-Line-Maschine XP soll zukünftig noch ein zweites Maschinenmodell XY zum Preis von EUR 159,95 brutto[1] angeboten werden, das sich unmittelbar an den Bedürfnissen der sog. Young Urban Professionals (Yuppies) orientiert. Zur Betreuung des neuen Produkts soll eine Junior-Produktmanagerin mit einem Bruttojahresgehalt von EUR 45 Tsd. eingestellt werden. Das Werbebudget exklusiv für diese neue Maschine beträgt EUR 500 Tsd. im Jahr.

---

1 Inkl. 19 Prozent MwSt.

**Fallstudie X-presso AG**
Aufgabe 2

Zur Produktion der Premium-Line-Maschine plant die KMS derzeit mit einer Laufzeit der X-presso Fertigungsstraße X von 4.929 Stunden im Jahr 2009. Die Fertigungsstraße hat acht Arbeitsstationen. Die neue Maschine kann auf derselben Fertigungsstraße wie das aktuelle Premiummodell hergestellt werden. Neben den Materialkosten (siehe Abb. B-17) rechnet die KMS genau wie bei der Premium-Line-Maschine mit einer Fertigungsdauer von 20 Minuten bei Lohnkosten von EUR 30 pro Stunde sowie EUR 5 Distributionskosten pro Gerät.

**Abb. B-17**

**Materialkosten** (Angaben in EUR)

| Komponente | Modell Premium-Line | Yuppie-Line |
|---|---:|---:|
| Baugruppenträger | 5,00 | 5,00 |
| Bedienpanel | 4,00 | 4,00 |
| Brühgruppe | 15,00 | 15,00 |
| Gehäuse | 10,00 | 8,50 |
| Heißwassersystem | 10,00 | 7,00 |
| Milchaufschäumer | 7,00 | 6,50 |
| Pumpe | 2,00 | 2,00 |
| Steuerungselektronik | 25,00 | 20,00 |
| Sonstige | 2,00 | 2,00 |
| **Gesamt** | **80,00** | **70,00** |

Insgesamt plant das KMS Vertriebscontrolling bislang[2] für 2009 mit einem Umsatz von EUR 63,412 Mio. bei einer Produktions- bzw. Absatzmenge von 577,5 Tsd. Geräten und Materialeinzelkosten i. H. v. EUR 24,085 Mio. Für die Yuppie-Line-Maschine hat das Vertriebscontrolling drei Absatzszenarien für 2009 entwickelt: Das optimistische Szenario sieht einen Absatz von 35.000

**Abb. B-18**

**Plankosten der Endkostenstellen in 2009*** (Angaben in Tsd. EUR)

| | Kostenstelle | | |
|---|---|---:|---|
| ID | Kst. Name | Plankosten | Verteilungsgrundlage |
| 100 | Materialstelle | 2.818 | Materialeinzelkosten |
| 270 | Fertigungsstraße X | 161 | Maschinenlaufzeit |
| 280 | Fertigwarenlager | 156 | Produktionsmenge |
| 290 | Disp. & Warenausgang | 86 | Absatzmenge |
| 300 | Vertriebskosten | 935 | Umsatz (außer PG X) |
| 320 | Kundenhotline | 64 | Absatzmenge PG X |
| 410 | F&E | 450 | Produktionsmenge |
| 420 | X-presso Tech. Zentrum | 417 | Produktionsmenge PG X |
| 500 | Verwaltungskosten | 14.797 | Umsatz |
| 563 | Marketing X-presso** | 1.051 | Umsatz PG X |

* Die Kosten der Kostenstellen sind der Einfachheit halber als fix zu betrachten.
** Inkl. des Gehalts der Junior Produktmanagerin

---

2  Noch exkl. dem zusätzlichen Um- und Absatz sowie der zusätzlichen Kosten für die Yuppie-Line Maschine.

Geräten, das realistische Szenario von 25.000 Geräten und das pessimistische Szenario von lediglich 15.000 Geräten vor.

**Aufgabenstellungen**

1. Ermitteln Sie die Selbstkosten der Yuppie-Line-Kapselmaschine für die drei Absatzszenarien des Vertriebscontrollings auf Basis der Plankosten der Kostenstellen[3] (siehe Abb. B-18).
    a. Warum unterscheiden sich die Selbstkosten für die drei Szenarien?
    b. Können Sie eine Aussage darüber treffen, ob sich die Einführung der Maschine auf Basis eines oder mehrerer der drei Absatzszenarien rechnet?
2. Ermitteln Sie den Deckungsbeitrag der Yuppie-Line-Kaffeemaschine. Können Sie eine Aussage darüber treffen, ob sich die Einführung der Maschine auf Basis eines oder mehrerer der drei Absatzszenarien rechnet?
3. Die Produktmanagerin der KMS befürchtet, dass die Einführung der Yuppie-Line-Maschine teilweise die Verkäufe der Premium-Line-Maschine kannibalisiert. Erste Kundenbefragungen geben ihr Recht; etwa 20 Prozent der Yuppie-Line-Verkäufe werden zu Lasten des Verkaufs einer Premium-Line-Maschine gehen. (Wie) ändert sich dadurch Ihre Bewertung des Vorhabens?
4. Ermitteln Sie die Break-Even-Absatzmenge der neuen Maschinenlinie unter Berücksichtigung des in 3. thematisierten Verdrängungseffekts.

*Die Lösung zur Aufgabe finden Sie ab S. 161.*

## Aufgabe 3

### Eigen- oder Fremdfertigung – Kostenrechnung zur Fundierung von Programmentscheidungen

Durch den geplanten Einstieg der X-presso AG in den Geschäftskundenmarkt entsteht ab dem Geschäftsjahr 2009 ein Bedarf für neue Kaffeemaschinentypen im Kapselmaschinen- und Vollautomatensegment, die den hohen Anforderungen z. B. im Büro- oder Hotelbetrieb gewachsen sein müssen (siehe Abb. B-19).

**Abb. B-19**

**Maschinenspezifische Daten**

| Information | Einheit | Maschinentyp | |
|---|---|---|---|
| | | Kapsel-maschine | Voll-automat |
| Absatzerwartung 2009 | Geräte | 500 | 200 |
| Fertigungsdauer | Minuten | 20 | 25 |
| Frachtvolumen | Geräte pro Europalette | 12 | 8 |

---

[3] Die KMS verrechnet die Mehrzahl der Kostenstellen nicht wie zumeist üblich durch Herstellkosten-Zuschlagssätze auf die Kostenträger, sondern zieht unterschiedliche wert- und mengenabhängige Zuschlagssätze heran.

## Fallstudie X-presso AG
### Aufgabe 3

Die neuen Maschinentypen könnten entweder von der X-presso Konzerntochter KMS produziert oder von einem Drittanbieter als Handelsware hinzugekauft werden. Für die Eigenfertigung stünde bei der KMS pro Woche insgesamt eine halbe Schicht – also vier Stunden – zur Verfügung[4], in denen jeweils einer der beiden Maschinentypen auf einer bestehenden Fertigungsstraße produziert werden könnte. Von den vier Stunden entfielen 30 Minuten auf die Arbeitsvorbereitung und zu Schichtende 10 Minuten auf die Nachbereitung. Die jährlichen Abschreibungen für die Maschinen und die Fabrikhalle betragen in Summe EUR 1 Mio.

Die bereits abgeschlossene Produktentwicklung hat die folgenden Komponentenkosten zur Produktion der neuen Kapselmaschinen und Vollautomaten für den Geschäftskundenmarkt ermittelt:

**Abb. B-20**

**Materialkosten der Komponenten** (Angaben in EUR)

|  | Kapsel-<br>maschine | Voll-<br>automat |
|---|---|---|
| Baugruppenträger | 7 | 10 |
| Bedienpanel | 2 | 4 |
| Brühgruppe | 50 | 50 |
| Gehäuse | 10 | 15 |
| Heißwassersystem | 20 | 20 |
| Kaffeemühle | N/a | 30 |
| Milchaufschäumer | 7 | 7 |
| Pumpe | 2 | 2 |
| Steuerungselektronik | 40 | 40 |
| Sonstige | 2 | 2 |

Die Lagerreichweite der Komponenten beträgt aufgrund der teilweise aus Asien stammenden Zulieferer analog zur durchschnittlichen Lieferzeit 6 Wochen – das Zahlungsziel liegt im Mittel bei 30 Tagen. Zur Montage einer Kapselmaschine werden 20 Minuten und zur Montage eines Vollautomaten 25 Minuten benötigt; der Stundenlohn beträgt EUR 35. Die Lagerreichweite der Fertigerzeugnisse richtet sich bei Eigenfertigung nach dem Produktionsrhythmus. Die Lagerkosten betragen sowohl für die Gesamtheit der Komponenten als auch für die Fertigerzeugnisse pro Gerät und Woche EUR 0,10. Für die Verpackung fallen EUR 2 pro Gerät an.

Die nicht in Eigenfertigung zu produzierenden Geräte müssen aus Kapazitätsgründen fremdvergeben werden. Es liegen zwei Angebote von Fremdanbietern vor (siehe Abb. B-21). Bei Fremdanbieter 1 handelt es sich um einen Schweizer Hersteller, der ausschließlich in der Fremdfertigung von hochwertigen Maschinen für Markenartikler tätig ist. Bei Fremdanbieter 2 handelt es sich um einen bislang unbekannten chinesischen Hersteller (siehe Abb. B-22). Zur Gewährleistung der Lieferbereitschaft ist es bei der KMS Usus, im Falle der Fremdfertigung eine der Lieferdauer des Lieferanten entsprechende Lagerreichweite im Fertigwarenlager aufzubauen.

---

4 Rechnen Sie mit 50 Wochen im Jahr; während der 2 Wochen über Weihnachten und Neujahr wird nicht produziert.

### Abb. B-21

**Angebotsdaten der Fremdanbieter**

|  | Anbieter 1 | Anbieter 2 |
|---|---|---|
| Firmensitz | Schweiz | China |
| **Angebotspreise** (in Landeswährung) | | |
|   Kapselmaschine | 250 | 1500 |
|   Vollautomat | 330 | 1800 |
| Preisaufschlag (bei geringerer Abnahmemenge je Maschinentyp) | 5 % | 10 % |
| Incoterm | DDP | EXW |
| Lieferdauer (in Tagen) | 2 | 45 |
| Zahlungsziel (in Tagen) | 14 | 30 |

### Abb. B-22

**Länderdaten**

|  | Schweiz | China |
|---|---|---|
| Währung | CHF | CNY |
| Wechselkurs (Sommer 2008) | 1,60 | 10,70 |
| Frachtkosten (in EUR pro Europalette) | 80,00 | 120,00 |
| Transportversicherung (Anteilig Warenwert) | 4,0 % | 6,5 % |
| Einfuhrzollgebühren (Anteilig Warenwert) | 2,7 % | 2,7 % |

**Aufgabenstellung**

1. Überlegen Sie sich zunächst, welche sinnvoll denkbaren Kombinationen es aus Eigenproduktion und Fremdvergabe geben könnte. Welche Stückzahlen sollten auf Basis einer reinen Kostenbetrachtung bei der KMS in Eigenfertigung produziert und welche Stückzahlen an welchen Anbieter fremd vergeben werden?
2. Beide Anbieter haben auf Rückfrage angegeben, einen zusätzlichen Abschlag von fünf Prozent auf den angebotenen Preis zu gewähren, wenn sie den Zuschlag für die gesamte Menge beider Modelle bekämen. Inwiefern ändert sich dadurch das in (1) ermittelte Optimum?
3. Was würde sich ändern, wenn die Lohnkosten für die halbe Schicht auch dann fällig würden, wenn in dieser Zeit nicht gearbeitet wird?
4. Welche über die Kosten hinausgehenden Aspekte sind ggf. in diesem Fall bei der Entscheidung über eine Fremdvergabe noch relevant und wie könnten sie berücksichtigt werden?

*Die Lösung zur Aufgabe finden Sie ab S. 167.*

# Aufgabe 4

## Die Prozesskostenrechnung ☕☕☕

Der Werksrundgang ist für Manuela Weber, die neue Geschäftsführerin der X-presso WKR sehr informativ, kann sie sich so doch zum ersten Mal en détail mit dem Produktionsprozess und Warenstrom der Rösterei vertraut machen. Zwar hatte Frau Weber als Kind bereits öfter einmal in der Fabrik gespielt und dabei die Maschinen und Abläufe bestaunt, doch war ihr damaliger Blick auf das Geschehen natürlich ein ganz anderer als die heutige betriebswirtschaftliche Perspektive. Am Warenausgang angekommen (siehe Abb. B-15), kann Frau Weber gerade noch mit ansehen, wie von den Mitarbeitern die zahlreichen X-presso Bestellungen zu Paketen mit jeweils vier Päckchen abgepackt und an die Spedition übergeben wurden.

Wie denn die durchaus sehr heterogenen Tätigkeiten im Fertigwarenlager & Warenausgang auf die Produktgruppen umgelegt würden, will sie interessiert vom Werksleiter wissen, der jedoch passen muss und auf das Werkscontrolling verweist.

»Die Kosten der Kostenstelle 280 legen wir entsprechend der Absatzzahlen auf die Produktgruppen um, genauso wie das Gros der Vertriebs- und Verwaltungskosten«, ergibt ihre interessierte Nachfrage beim Werkscontroller am Nachmittag. Das resultierende Störgefühl verstärkt sich beim Blick auf die Absatzzahlen (siehe Abb. B-23), deckt sich der aus den Absatzzahlen resultierende Allokationsschlüssel doch so gar nicht mit dem Arbeitsaufwand, den sie am Vormittag im Warenausgang beobachtet hatte...

### Abb. B-23

**Monatliche Absatzmenge**

*März 2008*

| Produktgruppe | Menge in Tonnen | Anteil in Prozent |
|---|---|---|
| Bohnenkaffee | 200 | 40 |
| Mahlkaffee | 250 | 50 |
| X-presso Kapseln | 50 | 10 |
| **GESAMT** | **500** | **100** |

Ein ähnliches Bild zeigt sich am kommenden Tag beim Besuch in der Kundenhotline; auch hier scheinen fast alle Mitarbeiter mit X-presso Bestellungen beschäftigt, wenngleich die Kosten der Kostenstelle ebenfalls über die Absatzmenge auf die Produktgruppen umgelegt werden, obwohl z. B. Bestellungen von Espresso Mahlkaffee gar nicht von der Kundenhotline, sondern von den verantwortlichen Key Account Managern entgegen genommen werden.

»Bitte führen Sie auf Basis der Märzdaten eine Prozesskostenrechnung für die Bestellabwicklung durch«, lautet denn auch der kurze, aber präzise Auftrag von Frau Weber an die Controllingabteilung der WKR. »Betroffen sind insbesondere die Kostenstellen 280 und 320 (siehe Abb. B-24). Bitte prüfen Sie, welche Tätigkeiten außerdem noch im Prozess der Bestellabwicklung eine Rolle spielen.«

### Abb. B-24

**Kosten- und Leistungsdaten der Kostenstellen**

*März 2008*

| Kostenstelle | Kosten in EUR | Kapazität in Std. |
|---|---|---|
| Fertigwarenlager & Warenausgang | 19.500 | 650 |
| Kundenhotline | 36.000 | 3.000 |

Die Tätigkeitsanalyse der WKR Controllingabteilung bestätigt Frau Webers Einschätzung; neben den Kostenstellen 280 und 320 spielen im Rahmen der Bestellabwicklung lediglich noch zwei Tätigkeiten bzw. Teilprozesse im Vertriebsaußendienst und im Key Account Management (KAM) eine Rolle (siehe Abb. B-25).

### Abb. B-25

**Tätigkeiten in den beteiligten Kostenstellen**

| ID | Tätigkeit | Kostentreiber | Relevant* |
|---|---|---|---|
| **280:** | **Fertigwarenlager & Warenausgang** | | |
| 2801 | Einlagern der Fertigwarenpaletten | Anzahl Paletten | |
| 2802 | Auslagern der Fertigwarenpaletten | Anzahl Paletten | x |
| 2803 | Zusammenstellen Bohnenkaffee Bestellungen | Anzahl Kartons | x |
| 2804 | Zusammenstellen X-presso Pakete | Anzahl Pakete | x |
| 2805 | Lagerreinigung und -instandhaltung | | |
| **320:** | **Kundenhotline** | | |
| 3201 | Bestellannahme am Telefon | Anzahl Anrufe | x |
| 3202 | Kundenberatung | [Nicht erfasst] | |
| 3203 | Reklamationsannahme | Anzahl Reklamationen | |
| 3204 | Rücksprache intern | [Nicht verrechenbar] | |
| 3205 | Rückruf Kunde | [Nicht erfasst] | |
| 3206 | Allgemeine Verwaltungstätigkeit | | |
| **330:** | **Vertriebsaußendienst** | | |
| 3301 | Terminabsprachen mit Kunden | [Nicht verrechenbar] | |
| 3302 | An-/Abreise zum/vom Kunden | Anzahl Kundenbesuche | |
| 3303 | Kundenbesuche | Anzahl Kundenbesuche | |
| 3304 | Auftragsannahme vor Ort | Anzahl Aufträge | x |
| 3305 | Allgemeine Verwaltungstätigkeit | | |
| **340:** | **Key Account Management** | | |
| 3401 | Allgemeine Kundenbetreuung | | |
| 3402 | Auftragsannahme & -abwicklung | Anzahl Aufträge | x |
| 3403 | Allgemeine Verwaltungstätigkeit | | |

* Im Rahmen der Bestellabwicklung

## Fallstudie X-presso AG
Aufgabe 4

Die Tätigkeiten bzw. Teilprozesse in den Kostenstellen lassen sich in vier Hauptprozesse der Bestellabwicklung zusammenfassen (siehe Abb. B-26).

### Abb. B-26

**Gliederung der Haupt- in Teilprozesse bzw. Tätigkeiten**

| ID | Tätigkeit |
|---|---|
| **Prozess »Bestellabwicklung – Bohnenkaffeebestellung«** | |
| 3201 | Bestellannahme am Telefon* |
| 3304 | Auftragsannahme vor Ort* |
| 2803 | Zusammenstellen Bohnenkaffee Bestellungen |
| **Prozess »Bestellabwicklung – Mahlkaffeebestellung«** | |
| 3402 | Auftragsannahme & -abwicklung |
| 2802 | Auslagern der Fertigwarenpaletten |
| **Prozess »Bestellabwicklung – X-presso Bestellung (telefonisch**)«** | |
| 3201 | Bestellannahme am Telefon |
| 2804 | Zusammenstellen X-presso Pakete |
| **Prozess »Bestellabwicklung – X-presso Bestellung (online**)«** | |
| 2804 | Zusammenstellen X-presso Pakete |

\* 90 % der Bohnenkaffee Bestellungen erfolgen telefonisch, 10 % vor Ort durch den AD
\*\* 48 % der X-presso Bestellungen erfolgen telefonisch, 52 % online

Nachdem die Tätigkeiten in den Kostenstellen erhoben worden sind, müssen zur Durchführung einer Prozesskostenrechnung noch die Kostentreibermengen nach Produktgruppen ermittelt werden. Je nach Vorgehen bedarf es außerdem einer Abschätzung des Zeitanteils jeder Tätigkeit (top-down Vorgehensweise bzw. traditional ABC approach, siehe Abb. B-27) bzw. einer Ermittlung der durchschnittlichen Dauer einer jeweils einzelnen Tätigkeit (bottom-up Vorgehensweise bzw. time-driven ABC approach, siehe Abb. B-28).

### Abb. B-27

**Geschäftsvorfälle & Mitarbeitereinschätzung der Arbeitszeitanteile für Kst. 320**

*März 2008*

| | | | Kostentreibermengen | | | | Anteil an |
|---|---|---|---|---|---|---|---|
| ID | Tätigkeit | Kostentreiber | Bohnenkaffee | Mahlkaffee | X-presso Kapseln | GESAMT | Gesamtzeit |
| 3201 | Bestellannahme am Telefon | Anzahl Bestellungen | 16.200 | | 70.200 | 86.400 | 80 % |
| 3202 | Kundenberatung | Nicht erfasst | | | | N/a | 5 % |
| 3203 | Reklamationsannahme | Anzahl Reklamationen | 50 | | 350 | 400 | 1 % |
| 3204 | Rücksprache intern | Nicht verrechenbar | | | | N/a | 2 % |
| 3205 | Rückruf Kunde | Nicht erfasst | | | | N/a | 2 % |
| 3206 | Allgemeine Verwaltungstätigkeit | Nicht mengeninduziert | | | | N/a | 10 % |

### Abb. B-28

**Geschäftsvorfälle & Ergebnisse der REFA-Prozessanalyse für Kst. 280**

*März 2008*

| ID | Tätigkeit | Kostentreiber | Kostentreibermengen | | | | Dauer* in Sek. |
|---|---|---|---|---|---|---|---|
| | | | Bohnen-kaffee | Mahl-kaffee | X-presso Kapseln | GESAMT | |
| 2801 | Einlagern der Fertigwaren-paletten | Anzahl Paletten | 150 | 210 | 60 | 420 | 75 |
| 2802 | Auslagern der Fertigwaren-paletten | Anzahl Paletten | | 210 | | 210 | 45 |
| 2803 | Zusammenstellen Bohnenkaffee Bestellungen | Anzahl Kartons | 36.000 | | | 36.000 | 20 |
| 2804 | Zusammenstellen X-presso Pakete | Anzahl Pakete | | | 146.250 | 146.250 | 10 |
| 2805 | Lagerreinigung und -instand-haltung | Nicht mengen-induziert | | | N/a | | N/a |

* Dauer einer einzelnen Tätigkeit bzw. Ausführung

Eine durchschnittliche Bohnenkaffeebestellung im März 2008 besteht aus zwei Kartons (à 20 Packungen); eine durchschnittliche Mahlkaffeebestellung aus 1,5 Paletten mit Mahlkaffee; eine durchschnittliche X-presso Bestellung aus einem Paket à vier Päckchen mit X-presso Kapseln.

**Aufgabenstellungen**

1. Berechnen Sie die Teilprozesskostensätze der Tätigkeiten in den Kostenstellen 280 und 320
   a. ohne Umlage der Kostenstellengemeinkosten und
   b. mit Umlage der Kostenstellengemeinkosten.
2. Berechnen Sie die Prozesskosten der vier Hauptprozesse
   a. exkl. des Gemeinkostenzuschlags und
   b. inkl. des Gemeinkostenzuschlags.
   Nehmen Sie dabei Teilprozesskosten von EUR 0,60 für die Auftragsannahme vor Ort (ID 3304) und EUR 0,85 für die Auftragsannahme & -abwicklung durch das KAM (ID 3402) an.
3. War das Störgefühl von Frau Weber hinsichtlich der Kostenverrechnung im Bereich der Bestell-abwicklung berechtigt?
4. Was halten Sie davon, eine Gebühr für telefonische X-presso Kapselbestellungen einzuführen? Wie hoch sollte diese ggf. sein?

*Die Lösung zur Aufgabe finden Sie ab S. 178.*

## Aufgabe 5

### Der ROCE zur Analyse der wirtschaftlichen Situation 🍵

Es ist Januar 2008 und Dr. Binder hat gerade den Posten des CFOs bei der X-presso AG übernommen. Vor seiner Tätigkeit als X-presso CFO war Dr. Binder bei einer großen Managementberatung als Projektleiter tätig. Obwohl er im Rahmen dieser Anstellung einen Einblick in zahlreiche Branchen und Unternehmen hatte, so ist die Kaffeebranche doch Neuland für den smarten Mittdreißiger.

Um sich einen ersten Einblick in die wirtschaftlichen Größen und Zusammenhänge der X-presso AG und ihrer Tochterunternehmen zu verschaffen, beauftragt Dr. Binder seinen Leiter Konzerncontrolling Herrn Böhme mit der Erarbeitung eines Kennzahlensystems ähnlich dem DuPont System of Financial Control. Anders als beim DuPont Schema soll beim X-presso Kennzahlensystem jedoch der Return on Capital Employed (ROCE) die Spitzenkennzahl bilden.

**Aufgabenstellungen**
1. Herr Böhme bittet Sie, im Rahmen Ihres Praktikums im Konzerncontrolling der X-presso AG einen ersten Entwurf für den von Dr. Binder gewünschten ROCE Treiberbaum zu erarbeiten.
2. Nachdem Sie das Kennzahlensystem mit Herrn Böhme und Dr. Binder abgestimmt haben, bittet Sie Herr Böhme, nun im zweiten Schritt den Return on Capital Employed (ROCE) und den zugrunde liegenden Treiberbaum der Konzerntöchter WKR und KMS für das abgelaufene Geschäftsjahr 2007 aus den fundamentalen Firmendaten zu berechnen (siehe Abb. B-2 und B-7).
3. Dr. Binder bittet Sie, die Daten der beiden Tochterunternehmen zu vergleichen sowie Gemeinsamkeiten und Unterschiede herauszuarbeiten.

*Die Lösung zur Aufgabe finden Sie ab S. 183.*

## Aufgabe 6

### CFROI und CVA zur Bewertung des Markteintritts in China 🍵🍵🍵

»Die Zukunft liegt in China«, ist sich X-presso CEO Dr. Schäffer sicher, der sich inzwischen weitestgehend aus dem operativen Geschäft bei Schäffer zurückgezogen hat und sich auf die strategischen Weichenstellungen im Konzern fokussiert. Auf Basis diverser Marktstudien hat Dr. Schäffer einen Trend ausgemacht, den die X-presso AG beim Einstieg in den chinesischen Markt ausnutzen könnte. Denn es gibt inzwischen eine schnell wachsende Schicht wohlhabender Chinesen, die ihren gesellschaftlichen Status unter anderem durch den Besitz und die Verwendung von westlichen Luxusgütern zum Ausdruck bringt.

Diesen Trend könnte die X-presso AG durch das konzerneigene X-presso System aus hochwertigen Kapselmaschinen und den darauf abgestimmten Kaffeekapseln nutzen. Anders als in Deutschland, wo das X-presso System im Direktvertrieb angeboten wird, »liebäugelt« X-presso in China mit dem Einstieg in den stationären Handel bzw. mit der Eröffnung einer oder mehrerer X-presso Boutiquen (siehe Abb. B-29). Zur Finanzierung von Ladeneinrichtung und Vorräten würde X-presso CFO Dr. Binder Fremdkapital zu einem Nominalzinssatz von 8 Prozent aufnehmen. Die Inflationserwartung in China beträgt mittelfristig 4 Prozent, die Steuern auf den Gewinn 25 Prozent.

### Abb. B-29

**Immobiliendaten**

|  | Einheit | Boutique | Verwaltung | Lagerhaus |
|---|---|---|---|---|
| Einrichtung | CNY Tsd. | 500 | 500 | 1000 |
| Abschreibungszeitraum | Jahre | 5 | 5 | 10 |
| Personal | Angestellte | 4 | 5 | 6 |
| Bruttomonatslohn | CNY pro Angestellter | 2800 | 3800 | 1800 |
| Mietkosten | CNY pro qm pro Tag | 16 | 5 | 1 |
| Fläche | qm | 80 | 60 | 500 |
| Energiekosten | CNY Tsd. pro Jahr | 10 | 10 | 50 |
| Sonstige Nebenkosten | CNY Tsd. pro Jahr | 10 | 10 | 50 |

Den ersten Marktanalysen zufolge haben Geschäfte in Shanghai in vergleichbarer Lage und mit einem ähnlichen Sortiment eine Flächenproduktivität[5] von CNY 50 Tsd. pro qm, die bereits im ersten Geschäftsjahr und ohne zeitliche Begrenzung erzielt werden könnte.

Die zu gründende X-presso China Ltd. würde sowohl Maschinen als auch Kapseln von den X-presso Töchtern in Deutschland ab Werk mit sofortigem Zahlungsziel kaufen. Aufgrund der langen Seefracht nach China und des zusätzlich aufzubauenden Lagers würde die Vorratsreichweite im Mittel wohl 60 Tage betragen. Mit dem angebotenen Produktmix würde X-presso in China Hochrechnungen des X-presso Konzerncontrollings zufolge eine Handelsspanne von 75 Prozent[6] erzielen.

**Aufgabenstellungen**

1. Ermitteln Sie den Cash Flow Return on Investment (CFROI) und den Cash Value Added (CVA) für eine einzelne X-presso Boutique für das erste und das zweite Jahr des Geschäftsbetriebes nach der Berechnungsvariante der »ökonomischen Abschreibungen«.

Zur Steuerung und zum Controlling des Chinageschäfts würde X-presso neben den Boutiquen auch ein Verwaltungsbüro mit vier Mitarbeitern in Shanghai eröffnen. Außerdem wäre die Einrichtung eines Lagerhauses nötig (siehe Abb. B-29). Offen ist noch, wie viele Boutiquen die X-presso AG idealerweise eröffnen sollte. Zwar würde sich der absolute Umsatz mit jeder zusätzlich eröffneten Boutique erhöhen, allerdings ist zu erwarten, dass die Flächenproduktivität aller Boutiquen mit jeder zusätzlich eröffneten Boutique um 5 Prozent sinken würde. Aufgrund der Nachfragebündelung würde analog die Lagerreichweite mit jeder zusätzlich eröffneten X-presso Boutique um 5 Prozent sinken. Unabhängig von der Anzahl der eröffneten Boutiquen ist geplant, CNY 1 Mio. im Jahr für Marketing auszugeben.

---

5 Umsatz pro Quadratmeter pro Jahr.
6 Handelsspanne: Differenz zwischen Nettoverkaufspreis und Einstandspreis der Ware, ausgedrückt in Prozenten des Verkaufspreises; hier bereits inkl. der Berücksichtigung von Einfuhrzöllen.

**Fallstudie X-presso AG**
Aufgabe 7

2. Mit wie vielen Boutiquen sollte X-presso zur Maximierung (i) des CFROI, (ii) des CVA, bzw. (iii) unter sinnvoller Berücksichtigung beider Kennzahlen in China operieren?
3. Was sollte X-presso CFO Dr. Binder hinsichtlich der beiden Kennzahlen CFROI und CVA bedenken? Welche der beiden Kennzahlen würden Sie Dr. Binder als zukünftige Spitzenkennzahl des X-presso Konzerns empfehlen?

*Die Lösung zur Aufgabe finden Sie ab S. 186.*

## Aufgabe 7

### Ermittlung von Verrechnungspreisen für das Chinageschäft ♟♟♟

Als 100-prozentiges Tochterunternehmen der X-presso AG wird die X-presso China Ltd. ab Januar 2009 zunächst als reine Vertriebstochter ein ausgewähltes Produktangebot des X-presso Konzerns auf dem chinesischen Markt anbieten[7]. Die Produkte wird die X-presso China Ltd. im Konzernverbund von den produzierenden Tochterunternehmen KMS und WKR beziehen. Vorgesehen für den Vertrieb in China sind zunächst die X-presso Kapselmaschine XP sowie die dazugehörigen Kaffeekapseln XS und XL (siehe Abb. B-30). Bei der Einfuhr nach China fallen Zollgebühren i. H. v. 32 Prozent des Warenwerts im Falle der Kaffeemaschine und 17 Prozent des Warenwerts im Falle der Kaffeekapseln an.

**Abb. B-30**

**Variable Kosten der Produkte** (Angaben in EUR)

| Kostenart | Produkt | | |
|---|---|---|---|
| | XP | XS | XL |
| Materialkosten | 80,00 | 0,33 | 0,33 |
| Fertigungslöhne | 10,00 | 0,06 | 0,06 |
| **Summe** | **90,00** | **0,39** | **0,39** |

Der Bruttopreis (inklusive MwSt.) für die Kapselmaschine XP soll zwischen CNY 1.999 und 2.999 liegen. Der bisherigen Marktforschung zufolge könnten bei einem Bruttopreis von CNY 1.999 pro Gerät 2009 10.000 Geräte abgesetzt werden; ein um CNY 100 höherer Bruttopreis ginge jeweils mit einer um 10 Prozent geringeren Nachfrage einher.

**Aufgabenstellungen**
1. X-presso CFO Dr. Binder und Hr. Böhme, Leiter des Konzerncontrollings, sind sich noch nicht sicher, welcher Verrechnungspreis für den Export der Kapselmaschine XP angesetzt werden soll. Berechnen Sie für das Produkt XP einen Verrechnungspreis (i) auf Basis von Grenzkosten und (ii) auf Basis von Vollkosten entsprechend der Zuschlagssätze[8] (siehe Abb. B-31).

---
[7] Die Mehrwertsteuer in China beträgt 17 Prozent; Für 2009 rechnet das X-presso Konzerncontrolling mit einem Wechselkurs von ca. 9 CNY per EUR.
[8] Da die zusätzlichen Mengen aus dem Chinageschäft die Gesamtmenge nur unwesentlich beeinflussen, kann hier der Fixkostendegressionseffekt vernachlässigt werden.

### Abb. B-31

**Zuschlagssätze**

| Zuschlag | Bezugsgröße | Zuschlagssatz |
| --- | --- | --- |
| Materialgemeinkostenzuschlag | Materialeinzelkosten | 11 % |
| Werkzeugkosten | EUR pro Stück | 10,00 |
| Vertriebslogistikzuschlag | EUR pro Stück | 0,50 |
| F&E Zuschlag allgemein | EUR pro Stück | 1,00 |
| Zuschlag X-presso Technologiezentrum | EUR pro Stück | 3,00 |
| Verwaltungskostenzuschlag | Herstellkosten | 33 % |

2. Ermitteln Sie auf Basis der Verrechnungspreise auf Grenz- bzw. Vollkosten den (zusätzlichen) Gewinn nach Steuern[9] durch den Verkauf der Kapselmaschine XP für die zur Disposition stehende Preisspanne. Unterscheiden Sie dabei zwischen dem Gewinn, der bei der X-presso China Ltd., bei der KMS und auf Ebene des Gesamtkonzerns anfällt.
    a. Ist es ökonomischer, den Verrechnungspreis auf Grenz- oder auf Vollkostenbasis festzulegen? Was sind die Vor- und Nachteile der beiden Optionen?
    b. Für welchen Bruttopreis würde sich die X-presso China Ltd. entscheiden, wenn sie den Preis selbstständig festsetzen dürfte? Welcher Bruttopreis wäre aus Konzernsicht optimal?
3. Zur Gewährleistung des »arm's length principle« (Fremdvergleichsgrundsatz) fordert die deutsche Steuerbehörde, dass der Verrechnungspreis eine min. 20-prozentige Bruttomarge für das produzierende Unternehmen beinhaltet. Wie wirkt sich diese Forderung auf die optimale Preis-Mengen-Kombination und den maximalen Konzerngewinn aus?
4. Der Verrechnungspreis für die Kapseln XS und XL soll marktorientiert festgelegt werden und sich an dem von einem Wettbewerber angesetzten Preis für ähnliche Kapseln orientieren. Jedoch beinhalten die Kapselpackungen des Wettbewerbers nur 10 Kapseln à 6 g Mahlkaffee. Der Transferpreis für eine derartige Packung beträgt EUR 1,50. Ermitteln Sie den X-presso Verrechnungspreis für die Produkte XS und XL analog zum Transferpreis des Wettbewerbers.
5. Für jede in Betrieb befindliche Kapselmaschine rechnet X-presso mit dem Verkauf von zehn Kapselpackungen pro Jahr. Der Bruttopreis einer Packung soll bei CNY 49 liegen. Ermitteln Sie den optimalen Bruttopreis für das Produkt XP bei dem von der Steuerbehörde geforderten Verrechnungspreis inkl. 20 Prozent Bruttomarge unter zusätzlicher Berücksichtigung des Kapselabsatzes sowie der Fixkosten des Chinageschäfts i. H. v. CNY 4 Mio. pro Jahr.
6. Würden Sie X-presso CFO Dr. Binder aufgrund der Zielkonflikte zwischen der Steuerungs- und der Erfolgsermittlungsfunktion (unter Berücksichtigung steuerlicher Zwänge) ein Ein- oder ein Zweikreissystem empfehlen? Erörtern Sie die Vor- und Nachteile der beiden Varianten.

*Die Lösung zur Aufgabe finden Sie ab S. 193.*

---

9  Die Steuern auf den Gewinn betragen in China 25 Prozent und in Deutschland rund 30 Prozent.

# Fallstudie X-presso AG
Aufgabe 8

## Aufgabe 8

### Planung und Budgetierung der Fertigungskosten bei der WKR ♦♦♦

Es ist Oktober 2008 – keine drei Monate mehr bis zum Beginn des neuen Geschäftsjahres, weiß Herbert Häußler, Leiter der Finanzabteilung der WKR. Höchste Zeit, um in enger Abstimmung mit dem WKR-Werksleiter das Fertigungskostenbudget für das kommende Geschäftsjahr »auf den Weg zu bringen«.

Ausgangspunkt für die Planung und Budgeterstellung ist die Mengenplanung, die in diesem Jahr unter dem neuen X-presso CFO Dr. Binder zum ersten Mal konsequent aus der Markterwartung abgeleitet werden soll. Insofern ist der Ursprung der gesamten Folgeplanung die Absatzmengenplanung, die gemeinschaftlich von den Abteilungen Vertrieb und Marketing auf Produktebene vorgenommen wird und sowohl auf der historischen Marktentwicklung als auch auf der Markterwartung für das kommende Jahr beruht.

**Aufgabenstellungen**

1. Leiten Sie aus der historischen Markt- und Absatzentwicklung die Absatzplanmengen der WKR für das Geschäftsjahr 2009 ab. Berücksichtigen Sie dabei die möglichen Auswirkungen der im September 2008 voll ausgebrochenen Wirtschafts- und Finanzkrise auf den Kaffeekonsum und damit auch auf den Absatz der WKR.
2. Berechnen Sie aus den Absatzplanzahlen und den angestrebten Lagerreichweiten der Fertigprodukte zunächst die Vorräte und daraus die zu planenden Produktionsmengen. Für die Produkte BB, BE, und ES wird eine Lagerreichweite von 3 Tagen, für die Produkte BS, XS und XL von 10 Tagen angestrebt.
3. Berechnen Sie aus den geplanten Produktionsmengen den für die Produktionsmengen nötigen Rohkaffeebedarf je Sorte. Rechnen Sie mit einem Schwund von 3,0 Prozent beim Mahlen und 0,5 Prozent beim Abfüllen (siehe Abb. B-15). Berücksichtigen Sie außerdem, dass es beim Rösten des Kaffees zu einem Gewichtsverlust von ca. 16,5 Prozent kommt.
4. Berechnen Sie aus den Zielreichweiten im Rohkaffeelager und dem Rohkaffeebedarf für die Produktionsmenge(n) die Einkaufsmenge(n) pro Rohkaffeesorte, also das Materialbedarfsbudget. Die angestrebte Lagerreichweite beim Rohkaffee beträgt generell 20 Tage; einzige Ausnahme ist die Sorte Arabica exclusive mit einer durchschnittlichen Reichweite von 45 Tagen.
5. Berechnen Sie auf Basis der geplanten Einkaufsmenge(n), der erwarteten Rohkaffee-Weltmarktpreise und der Wechselkursprognose des Konzerncontrollings für 2009 von USD 1,40 pro EUR das Materialkostenbudget. Berücksichtigen Sie neben den von der WKR bezahlten sortenspezifischen Preisaufschlägen einen Zuschlag von 5 Prozent für die Beschaffung des Rohkaffees (Incoterm DDP: Delivered Duty Paid) durch einen Importeur.
6. Berechnen Sie das Fertigungslohnbudget auf Basis des geplanten Mengengerüstes, der Anlagendaten und der Personaleinsatzdaten (siehe Abb. B-32).
7. Im Managementmeeting zur Verabschiedung der Planzahlen fragt Sie X-presso CFO Dr. Binder, wie sicher Sie sich hinsichtlich der Planzahlen für 2009 sind. Was antworten Sie?

*Die Lösung zur Aufgabe finden Sie ab S. 200.*

## Abb. B-32

**Anlagen- und Personaleinsatzdaten**

| Kostenstelle | | | | Durchsatz in KT pro Std | Energieverbrauch in KWh pro Tonne | | Personaleinsatz | | | |
|---|---|---|---|---|---|---|---|---|---|---|
| ID | Name | Kostentreiber (KT) | Anlage | | Strom | Gas | Tätigkeit | Mitarbeiter pro Anlage | Vor-/ Nachlauf Faktor* | Stundensatz in EUR/Std. |
| 210 | Wareneingang | Anzahl Container** | Entladestation | 0,5 | | | Container abfertigen | 2 | 1,0 | 25 |
| 230 | Mischerei | Tonnen Röstkaffee | Mischer | | 10 | | | | | |
| 240 | Rösterei | Tonnen Röstkaffee | Kaffeeröster | 3 | 50 | 300 | Röstvorgang steuern | 1 | 1,2 | 35 |
| 250 | Mahlwerk | Tonnen Mahlkaffee | Kaffeemühle | 5 | 10 | | Mahlvorgang steuern | 1 | 1,2 | 35 |
| 260 | X-presso Kapselpresse | Anzahl Kapseln | Kapselpresse | 24.000 | 30 | | Pressvorgang steuern | 1 | 1,1 | 35 |
| 271 | Abfüllanlage Bohnenkaffee | Tüten Bohnenkaffee | Abfüllanlage | 1.800 | 30 | | Abfüllen & Abpacken | 1 | 1,1 | 30 |
| 272 | Abfüllanlage Mahlkaffee | Päckchen Mahlkaffee | Abfüllanlage | 3.600 | 30 | | Abfüllen & Abpacken | 1 | 1,1 | 30 |
| 273 | Abpackstation X-presso Kapseln | Päckchen mit Kapseln | Packstation | 1.200 | | | Abpacken | 1 | 1,0 | 30 |

\* Personalaufwand im Vergleich zur Anlagenlaufzeit
\*\* Fassungsvermögen: 20 Tonnen Rohkaffee

## Aufgabe 9

### Lohnt sich die Investition in eine zusätzliche Kaffeemühle?

Es ist Ende Oktober 2008 und die Planung für 2009 liegt bei der Weberschen Kaffeerösterei (WKR) in den letzten Zügen. Wie schon in den beiden Vorjahren scheint auf Basis der zu erwartenden Produktionsmenge der Produkte ES, XS und XL[10] die Kapazität der Kaffeemühle von 4.000 Tonnen im Jahr (bei einem Stundendurchsatz von einer Tonne sowie 20 Prozent Vor-/Nachlaufzeiten[11]) nicht auszureichen, um die für die kommenden Jahre vom Marketing und Vertrieb prognostizierte Absatzmenge an den 300 Werktagen im Rahmen des normalen Zweischichtbetriebes und einer Schichtdauer von jeweils acht Stunden herzustellen (siehe Abb. B-33).

### Abb. B-33

**Absatzprognose** (Angaben in Tonnen)

| Produkt | 2009p | 2010p | 2011p | 2012p | 2013p |
|---|---|---|---|---|---|
| *Pessimistisches Szenario* | | | | | |
| ES | 3.200 | 3.200 | 3.200 | 3.200 | 3.200 |
| XS | 377 | 390 | 390 | 390 | 390 |
| XL | 406 | 420 | 420 | 420 | 420 |
| **Gesamt** | **3.983** | **4.010** | **4.010** | **4.010** | **4.010** |
| *Basisszenario* | | | | | |
| ES | 3.200 | 3.200 | 3.200 | 3.200 | 3.200 |
| XS | 378 | 400 | 412 | 416 | 416 |
| XL | 437 | 493 | 539 | 576 | 608 |
| **Gesamt** | **4.015** | **4.093** | **4.151** | **4.192** | **4.224** |
| *Optimistisches Szenario* | | | | | |
| ES | 3.200 | 3.200 | 3.200 | 3.200 | 3.200 |
| XS | 390 | 429 | 455 | 468 | 475 |
| XL | 480 | 594 | 735 | 864 | 1.022 |
| **Gesamt** | **4.070** | **4.223** | **4.390** | **4.532** | **4.697** |

Zur Diskussion steht die Anschaffung einer zweiten Kaffeemühle mit einem Stundendurchsatz von 0,5 Tonnen und einem Investitionsvolumen von EUR 500 Tsd., die über zehn Jahre abgeschrieben und 15 Jahre genutzt werden könnte. Die Mühle könnte parallel zu der derzeit im Betrieb befindlichen Mühle ohne zusätzliches Personal betrieben werden.

Die Alternative zur Anschaffung einer zweiten Mühle ist die bedarfsweise Einführung einer zuschlagspflichtigen dritten Schicht (Nachtschicht) oder von Sonn-/Feiertagsarbeit. Der Zuschlag für Nachtarbeit betrüge 25 Prozent und für Sonn-/Feiertagsarbeit sogar 50 Prozent auf den normalen Stundenlohn, der 2009 wohl bei EUR 35 pro Stunde liegen wird. Für die folgenden Jahre rechnet das X-presso Konzerncontrolling mit einem Anstieg der Lohnkosten von ein bis vier Prozent.

---

10 Bei den Produkten BB, BE und BS handelt es sich um Bohnenkaffee, also ungemahlenen Kaffee.
11 In einer Achtstundenschicht können lediglich 8/(1+20 Prozent) Stunden für den eigentlichen Mahlvorgang genutzt werden. 20 Prozent der Zeit fallen für die Arbeitsvor- und -nachbereitung sowie sonstige Tätigkeiten an.

In der Vergangenheit hatte sich die Werksleitung der WKR in Abstimmung mit dem Produktions- und Investitionscontrolling jeweils gegen die Investition in zusätzliche Mahlkapazität entschieden und den Mehrbedarf stattdessen durch Überstunden abgedeckt.

**Aufgabenstellungen**
1. Erstellen Sie eine Zahlungsstromprognose der relevanten Zahlungsströme bis 2013 und entwickeln Sie drei Szenarien: Ein Basisszenario, ein pessimistisches und ein optimistisches Szenario. Würde sich die Investition in eine neue Kaffeemühle innerhalb der projizierten fünf Jahre amortisieren?
2. Berechnen Sie den Kapitalwert der Investition auf Basis der Zahlungsstromprognose der drei Szenarien. Sollte die Werksleitung dieses Jahr in eine zweite Kaffeemühle investieren oder, wie in den Vorjahren, Überstunden zur Produktion der zusätzlichen Menge anordnen?

*Die Lösung zur Aufgabe finden Sie ab S. 208.*

## Aufgabe 10

### Target Costing zur Entwicklung der neuen Yuppie-Line-Kapselmaschinen

Die Kaffeemaschinen Schäffer GmbH (KMS) ist seit dem Jahr 2000 mit einem eigenen Produktangebot im Marktsegment der Kapselmaschinen vertreten. Das Kapselsystem hatte das damals noch eigenständige Unternehmen Ende der 90er-Jahre zusammen mit der Weberschen Kaffeerösterei (WKR) als Kapselpartner entworfen. Die neue Produktgruppe entwickelte sich seither überdurchschnittlich gut, und das System konnte in einem ohnehin stark wachsenden Markt schnell Marktanteile gewinnen. Die für Kapselmaschinen zuständige Produktmanagerin bei der KMS hat in letzter Zeit jedoch einen zunehmenden Trend zu einer stärkeren Differenzierung der Käuferbasis ausgemacht, so dass das bislang lediglich aus einem einzigen Modell bestehende Maschinensortiment zukünftig ausgebaut werden soll. Angedacht ist, neben dem aktuellen Premium-Line-Modell zukünftig ein zweites Maschinenmodell anzubieten, das sich unmittelbar an den Bedürfnissen der sog. Young Urban Professionals (Yuppies) orientiert. Die Kundenanforderungen an die neuen Yuppie-Line-Kapselmaschinen hat die KMS bereits durch ein Marktforschungsinstitut speziell für dieses Projekt ermitteln lassen (siehe Abb. B-34 und B-35).

**Abb. B-34**

**Kundenanforderungen an die neuen Yuppie-Line-Kapselmaschinen**

| Basisanforderungen | Leistungsanforderungen | Begeisterungsanforderungen |
|---|---|---|
| Zubereitung von Espresso | Anzahl Kaffeevariationen | Automatischer Kapselauswurf |
| Zubereitung (auch) von Milchkaffees | Cooles Design | Automatische Selbstreinigung |
| | Einfache Bedienbarkeit | |
| | Hohe Kaffeequalität | |

**Fallstudie X-presso AG**
Aufgabe 10

**Abb. B-35**

**Wichtigkeit der Leistungsmerkmale** (Angaben in Prozent)

- Cooles Design: 35
- Anzahl Kaffeevariationen: 31
- Hohe Kaffeequalität: 27
- Einfache Bedienbarkeit: 7

In einem zweiten Schritt hat die Entwicklungsabteilung von Schäffer bereits den Nutzenanteil der zentralen Komponenten einer Kaffeekapselmaschine zur Erfüllung der Kundenanforderungen geschätzt (siehe Abb. B-36).

**Abb. B-36**

**Nutzenanteil der Komponenten zur Erfüllung der Leistungsanforderungen** (Angaben in Prozent)

| Leistungsanforderungen | Baugruppenträger | Bedienpanel | Brühgruppe | Gehäuse | Heißwassersystem | Milchaufschäumer | Pumpe | Steuerungselektronik | Sonstige | Summe |
|---|---|---|---|---|---|---|---|---|---|---|
| Anzahl Kaffeevariationen | 10 | | | | | 40 | | 50 | | 100 |
| Cooles Design | 20 | | | 80 | | | | | | 100 |
| Einfache Bedienbarkeit | | 20 | | | | | | 80 | | 100 |
| Hohe Kaffeequalität | | | 50 | | 30 | | 20 | | | 100 |

Ausgangspunkt für die Entwicklung der neuen Yuppie-Line ist dabei das aktuelle Premium-Modell (siehe Abb. B-37).

Die Produkte der neuen Maschinenlinie sollen basierend auf den Analysen des Marketings im Direktvertrieb zu einem Bruttopreis von EUR 159,95 inkl. 19 Prozent MWSt. angeboten werden und eine Bruttomarge von 40 Prozent erzielen. Neben den Materialkosten rechnet Schäffer analog zum Premium-Line-Modell mit Personalkosten für die Fertigung von EUR 10 und Werkzeugkosten von EUR 5 pro Stück.

### Abb. B-37

**Materialkosten Kapselmaschinen Komponenten** (Angaben in EUR)

| | Basismodell* | Aktuelles Premium-Line Modell** |
|---|---|---|
| Baugruppenträger | 5 | 5 |
| Bedienpanel | 2 | 4 |
| Brühgruppe | 15 | 15 |
| Gehäuse | 3 | 10 |
| Heißwassersystem | 5 | 10 |
| Milchaufschäumer | 4 | 7 |
| Pumpe | 2 | 2 |
| Steuerungselektronik | 12 | 25 |
| Sonstige | 2 | 2 |
| **Gesamt** | **50** | **80** |

\* Theoretisch denkbares Modell basierend auf den günstigsten Varianen sämtlicher Komponenten
\*\* Entwicklungsgrundlage für das Yuppie-Line Modell

**Aufgabenstellungen**

1. Berechnen Sie die Zielkosten der Yuppie-Line-Maschinenkomponenten[12].
2. Berechnen Sie die Zielkostenindices der Yuppie-Line-Maschinenkomponenten und erstellen Sie ein Zielkostendiagramm. Leiten Sie auf Komponentenebene Implikationen für den Kostensenkungsbedarf bzw. -spielraum bezüglich der weiteren Produktentwicklung ab.
3. Berechnen Sie den Kostensenkungsbedarf auf Komponentenebene im Vergleich zu den Drifting Costs. Warum ist dies sinnvoll?

*Die Lösung zur Aufgabe finden Sie ab S. 213.*

### Aufgabe 11

#### Senkung des Materialeinsatzes durch Benchmarking der Produktionsprozesse

Durch den Anstieg des Rohkaffeepreises und des Wechselkurses des USD zum EUR sind die Materialkosten der WKR in den vergangenen Jahren überproportional zur Absatzmenge angestiegen. Da die WKR als Preisnehmer am Markt keinen Einfluss auf die Faktorpreise hat und keine Kompromisse hinsichtlich der Kaffeequalität eingehen kann und will, bleibt ihr lediglich die Reduzierung der relativen Verbrauchsmenge zur Senkung der Materialstückkosten. Weil aber der Nettomaterial- bzw. Rohkaffeebedarf für die Produktion eines Kilogramms Röstkaffee nicht beeinflussbar ist, bleibt als einziger Hebel die (weitere) Senkung des Schwunds beim Mahlen und beim Abfüllen.

---

[12] Da in diesem Fall sowohl Fertigungslöhne als auch Werkzeugkosten separat budgetiert sind, bestehen die Zielkosten ausschließlich aus den Materialkosten der i. d. R. bereits fertig montiert eingekauften Komponenten.

## Fallstudie X-presso AG
Aufgabe 11

Allerdings sind die Leiter der betroffenen Kostenstellen *Mahlwerk* (Kst. 250), *Abfüllanlage ganze Bohnen* (Kst. 271) sowie *Abfüllanlage Mahlkaffee* (Kst. 272) (siehe Abb. 15) skeptisch, dass hier tatsächlich Einsparpotenzial besteht. Alle drei betonen, dass sie und ihre Mitarbeiter im laufenden Betrieb bereits alles tun, um Schwund weitestgehend zu vermeiden. Auch der Werksleiter ist skeptisch, dass hier noch relevante Einsparungen zu erzielen sind, stimmt aber schließlich einem Benchmarking-Projekt zur Überprüfung des tatsächlichen Einsparpotenzials zu.

**Aufgabenstellungen**
1. Welche Kennzahlen sollten im Rahmen des Benchmarking-Projektes zur Analyse und zum Vergleich des Schwunds in den Anlagen der Kostenstellen 250, 271 und 272 erhoben werden?

   Nach reichlich Überzeugungsarbeit, dass die Senkung des Materialeinsatzes ein gemeinsames Interesse sei und dass keiner der Benchmarking-Teilnehmer durch das Offenlegen der relevanten Produktionsdaten einen komparativen Nachteil hätte, kann WKR-Geschäftsführerin Frau Weber mehrere mittelständische Kaffeeröster für ein gemeinsames Benchmarking-Projekt gewinnen (siehe Abb. B-38 und Abb. B-39).

### Abb. B-38

**Stichprobe aus dem WKR Produktionsprogramm**

| Charge | Produkt | Rohkaffeeeinsatz in Tonnen | Produktionsmenge in Packungen |
|---|---|---|---|
| 1 | BB | 12 | 19.880 |
| 2 | BE | 6 | 9.950 |
| 3 | BS | 3 | 4.980 |
| 4 | ES | 12 | 38.036 |
| 5 | XS | 6 | 47.900 |
| 6 | XL | 6 | 47.950 |
| 7 | ES | 12 | 37.956 |
| 8 | XL | 6 | 47.850 |
| 9 | ES | 12 | 37.996 |

2. Berechnen Sie auf Basis der zur Verfügung stehenden Produktionsdaten den durchschnittlichen Schwund beim Mahlen und Abfüllen bei der WKR[13] sowie den Schwund bei den Wettbewerbern.

   Im Rahmen der Ursachenanalyse schauen Sie sich die Mahl- und Abfüllprozesse aller Wettbewerber vor Ort an. Die am Benchmarking beteiligten Bohnenkaffeehersteller verwenden alle die gleiche Abfüllanlage wie die WKR. Allerdings arbeitet jeder mit anderen Kaffeetüten, in die der Kaffee abgefüllt wird. Überraschendes zeigt sich beim Besuch der Produktion von Mahlkaffeehersteller M1. Es stellt sich heraus, dass hier gar kein Schwund beim Abfüllen auftritt, weil eine neue innovative Abfüllanlage zum Einsatz kommt. M2 nutzt dieselbe Abfüllanlage wie die WKR. Hier ist das Management insbesondere daran interessiert, den Ausschuss beim Mahlen zu senken; der beträgt derzeit nämlich 5 Prozent. M3 hingegen klagt über den hohen Schwund beim Abfüllen von fast 1,5 Prozent aufgrund der veralteten Abfüllanlage.

---

13 Beim Kapselnpressen der X-presso Kapseln kommt es nicht zu Schwund.

### Abb. B-39

**Produktionsdaten der Wettbewerber**

| Wettbewerber | Charge | Rohkaffeeeinsatz in Tonnen | Produktionsmenge in Packungen* |
|---|---|---|---|
| **Hersteller von Bohnenkaffee** | | | |
| B1 | 1 | 13 | 21.472 |
|    | 2 | 17 | 28.106 |
|    | 3 | 14 | 23.100 |
| B2 | 1 | 8  | 13.306 |
|    | 2 | 9  | 14.954 |
|    | 3 | 6  | 9.990 |
| B3 | 1 | 14 | 23.170 |
|    | 2 | 18 | 29.820 |
|    | 3 | 16 | 26.532 |
| **Hersteller von Mahlkaffee** | | | |
| M1 | 1 | 11 | 35.048 |
|    | 2 | 14 | 44.608 |
|    | 3 | 8  | 25.544 |
| M2 | 1 | 19 | 59.968 |
|    | 2 | 15 | 47.344 |
|    | 3 | 17 | 53.656 |
| M3 | 1 | 11 | 35.048 |
|    | 2 | 9  | 28.768 |
|    | 3 | 7  | 22.400 |

* Packungsgrößen: Bohnenkaffee = 500g; Mahlkaffee = 250g

3. Welche (realistischen) Ziele sollte sich die WKR auf Basis der Benchmarking-Ergebnisse für die Verminderung des Schwunds in den einzelnen Arbeitsstationen setzen und wie kann sie diese erreichen?
4. Welche Größenordnung hat das jährliche Einsparpotenzial der WKR durch die Verringerung des Materialeinsatzes auf Basis der Benchmarking-Ergebnisse?
5. Würde es sich lohnen, in eine Abfüllanlage mit einer Nutzungsdauer von 15 Jahren zu investieren, wie sie von M2 eingesetzt wird? Die Investitionssumme würde sich auf EUR 3 Mio. belaufen, wobei die aktuell eingesetzte Abfüllanlage für schätzungsweise EUR 1,5 Mio. verkauft werden könnte.

*Die Lösung zur Aufgabe finden Sie ab S. 217.*

**Fallstudie X-presso AG**
Aufgabe 12

## Aufgabe 12

### Strategieimplementierung mittels Balanced Scorecard ☕☕☕

**Eintritt in den Geschäftskundenmarkt**

Bislang war die X-presso AG mit ihren beiden Tochtergesellschaften WKR und KMS ausschließlich im Privatkundenmarkt aktiv. Dies soll sich ab dem Geschäftsjahr 2009 ändern und ein aktiver Eintritt in den Geschäftskundenmarkt erfolgen. Geschäftskunden sollen zukünftig aus einer Hand sowohl mit Kaffeemaschinen als auch mit Kaffee beliefert werden. Angestrebt wird im deutschen Markt ein Break-even im 4. Jahr der Geschäftstätigkeit sowie mittelfristig eine Rendite von >10 Prozent auf das eingesetzte Kapital analog zum konzernweit gültigen Renditeziel für alle Geschäftsfelder.

**Geschäftsmodell**

Da X-presso in einen bereits von anderen Anbietern besetzten Markt eintritt, hat sich das Management für ein Geschäftsmodell entschieden, in dem den Kunden die Maschinen kostenlos zur Verfügung gestellt und bei Bedarf ersetzt oder gewartet werden. Geld soll dann über den Verkauf des Kaffees verdient werden, indem sich die Kunden je nach Wertigkeit der Maschine zu einer bestimmten Mindestabnahmemenge im Monat verpflichten. Die Maschinen für den Geschäftskundenmarkt kauft die X-presso AG im Konzernverbund von ihrer Maschinentochter KMS. Vergleichbares gilt für die Beschaffung des Kaffees, der ebenfalls im Konzernverbund von der WKR bezogen werden soll. Die X-presso AG tritt selbst nicht als Produzent auf, sondern agiert lediglich als Vertriebsgesellschaft. Nachteil dieses Geschäftsmodells ist der sehr hohe Finanzierungsbedarf seitens X-presso, weil das Unternehmen sämtliche Maschinen vorfinanzieren und deren Produktionskosten dann erst im zeitlichen Verlauf anteilig über die Marge auf den abgesetzten Kaffee verdienen muss.

**Marktstrategie**

Von der bestehenden Konkurrenz abheben will sich X-presso durch ein sog. »Kundenbedürfnismanagement«, welches vorsieht, dass die X-presso Kunden gezielt entsprechend ihrer Kaffeebedürfnisse beraten und mit der »richtigen« Kaffee-/Maschinenlösung versorgt werden sollen. Die Kundenbedürfnisse sollen i. B. am Anfang der Kundenbeziehung gezielt ermittelt und ihnen dann im Rahmen der Produktberatung Rechnung getragen werden. So hat z. B. eine trendige Hamburger Werbeagentur u. U. andere Ansprüche an Kaffeequalität und Darbietung als ein schwäbischer Automobilzulieferer und wäre auch bereit, entsprechend mehr für den Kaffee zu bezahlen. Zur Befriedigung unterschiedlicher Kosten-/Qualitätsbedürfnisse hat man sich entschieden, im Maschinenpark sowohl Vollautomaten als auch Kapselmaschinen vorzuhalten. In beiden Produktgruppen stehen zusätzlich unterschiedliche Maschinentypen für die unterschiedlichen Kundenbedürfnisse und -anforderungen zur Verfügung.

Mit dem Kundenbedürfnismanagement einhergehen soll und muss nach Ansicht des X-presso Managements ein durchgängig hohes aber individuell auf die Kundenbedürfnisse abgestimmtes Servicelevel. Dies bedeutet, dass nicht nur die Kundenberater vor Ort und die Kundenmanager im hauseigenen Customer Service Call Center dem Servicegedanken unterliegen, sondern auch die gesamte Logistik, von der zügigen Auslieferung der Maschinen im Bedarfs- oder Defektfall über die Wartung vor Ort und im Wartungszentrum bis hin zur schnellen Bearbeitung und Auslieferung der Kaffeebestellungen. Perspektivisch geplant ist sogar ein automatisches Nachbestellverfahren, durch das bei den beteiligten Kunden automatisch eine Bestellung ausgelöst wird, sofern die noch vorrätige Kaffeemenge unter einen definierten Sicherheitspuffer fällt, so dass es beim Kunden nicht zu einem Kaffeeengpass kommen kann, der sich mitunter ja durchaus negativ auf die Mitarbeiterzufriedenheit und damit Effizienz auswirkt. Ein entsprechendes System müsste natürlich reibungslos in die X-presso Lieferlogistik und das Bestellmanagement eingebunden sein.

**Aufgabenstellungen**

Um von Anfang an ein gemeinsames Strategieverständnis und die schnelle Umsetzung der Strategie im Markt sicherzustellen, sitzen Sie im Management Team in einem ganztägigen Strategieworkshop zusammen. Ziel ist es, im Laufe des Workshops gemeinsam Schritt für Schritt eine Balanced Scorecard für das Geschäftskundensegment auszuarbeiten, anhand derer die Strategieumsetzung für den Geschäftskundenmarkt gemessen und gesteuert werden kann:

1. Formulieren Sie die strategischen Ziele für die vier Balanced-Scorecard-Perspektiven Finanzen, Kunden, Prozesse und Potenziale.
2. Erarbeiten Sie eine graphische Darstellung mit Ursache-Wirkungs-Hypothesen (Ursache-Wirkungskette), die die in (1) formulierten strategischen Ziele kausal miteinander verknüpft.
3. Definieren Sie für jedes in (1) formulierte strategische Ziel mindestens eine Messgröße.
4. Legen Sie für drei Messgrößen beispielhaft fundiert die jeweilige Zielwertvorgabe fest.
5. Formulieren Sie für drei der Messgrößen konkrete Maßnahmen zur Erreichung des Zielwerts.
6. Fassen Sie die strategischen Ziele (1), Messgrößen (3) und Zielwertvorgaben (4) zu einem ganzheitlichen Balanced Scorecard Reportingsystem zusammen.

*Die Lösung zur Aufgabe finden Sie ab S. 223.*

## Aufgabe 13

### Die BCG-Portfolio-Matrix zur Entwicklung der langfristigen Produktstrategie

Der Privatkundenmarkt für Kaffeemaschinen lässt sich anhand der unterschiedlichen Gerätetypen in fünf Marktsegmente bzw. Teilmärkte gliedern (siehe Abb. B-3). Die Küchenmaschinen Schäffer GmbH (Schäffer) ist aktuell in vier der fünf Segmente mit einem eigenen Produktangebot vertreten. Lediglich Padmaschinen werden bislang nicht von Schäffer hergestellt und angeboten.

Der deutsche Markt für Kaffeemaschinen hat sich in der jüngeren Vergangenheit insgesamt sehr erfreulich entwickelt. Das Wachstum ist allerdings insbesondere durch die Wachstumssegmente Pad- und Kapselmaschinen sowie Vollautomaten getrieben. Die Marktsegmente Filterkaffee- und Siebträgermaschinen blieben hingegen (nahezu) konstant (siehe Abb. B-4). Für das Jahr 2009 erwarten die Abteilungen Marketing und Vertrieb von Schäffer eine Fortsetzung dieses Trends.

Hinsichtlich der Marktanteile ist der deutsche Markt für Geräte zur Kaffeezubereitung bei allen Gerätetypen relativ stabil, es kommt in der Regel lediglich zu leichten Verschiebungen bei den Marktanteilen. Grundlegende Änderungen der Markttektonik bleiben aus bzw. vollziehen sich eher über Jahre als über Monate (siehe Abb. B-40, B-41, B-42 und B-43).

Im Herbst eines jeden Jahres treffen sich bei Schäffer die Mitarbeiter der Abteilungen Vertrieb und Marketing mit dem Vertriebs- und Marketingcontrolling sowie dem Geschäftsführer Herrn Fribourg zu einer Strategiesitzung, um über die Produktgruppenstrategie für das kommende Geschäftsjahr zu diskutieren und die strategischen Weichen für die einzelnen Produktgruppen zu stellen. Ein wesentliches Instrument zur Veranschaulichung und Analyse der Marktposition in der

**Fallstudie X-presso AG**
Aufgabe 13

### Abb. B-40

**Absatzmarktanteile Vollautomaten** (Angaben in Prozent)

| Hersteller | 2006 | 2007 | 2008 | 2009p |
|---|---|---|---|---|
| SAE | 27 | 27 | 28 | 27 |
| Juron | 21 | 21 | 20 | 21 |
| Gidelon | 16 | 16 | 15 | 15 |
| Schäffer | 15 | 15 | 15 | 15 |
| Kruse | 12 | 11 | 12 | 12 |
| Mensi | 6 | 7 | 7 | 6 |
| MFW | 3 | 3 | 3 | 4 |

### Abb. B-41

**Absatzmarktanteile Filterkaffeemaschinen** (Angaben in Prozent)

| Hersteller | 2006 | 2007 | 2008 | 2009p |
|---|---|---|---|---|
| Melinda | 7 | 7 | 7 | 7 |
| Schäffer | 6 | 6 | 6 | 6 |
| Kruse | 5 | 5 | 5 | 5 |
| Philippi | 4 | 4 | 4 | 4 |
| Schwarz | 3 | 3 | 3 | 3 |
| Charlotte | 2 | 3 | 3 | 3 |
| Andere | 73 | 72 | 72 | 72 |

### Abb. B-42

**Absatzmarktanteile Kapselmaschinen** (Angaben in Prozent)

| Hersteller | 2006 | 2007 | 2008 | 2009p |
|---|---|---|---|---|
| Fribourg | 39 | 38 | 37 | 37 |
| Schäffer | 22 | 22 | 22 | 22 |
| Kruse | 16 | 16 | 17 | 17 |
| Gidelon | 14 | 15 | 16 | 17 |
| Charlotte | 9 | 9 | 8 | 7 |

### Abb. B-43

**Absatzmarktanteile Siebträgermaschinen** (Angaben in Prozent)

| Hersteller | 2006 | 2007 | 2008 | 2009p |
|---|---|---|---|---|
| Schäffer | 22 | 22 | 22 | 22 |
| Gidelon | 15 | 16 | 15 | 15 |
| Kruse | 14 | 14 | 15 | 15 |
| GIA | 11 | 10 | 10 | 10 |
| MCE | 8 | 10 | 11 | 13 |
| Andere | 30 | 28 | 27 | 25 |

Strategiesitzung ist das sog. Marktanteils-Marktwachstums-Portfolio, das ursprünglich von der Boston Consulting Group (BCG) Ende der 1960er-Jahre entwickelt wurde und inzwischen zu den Klassikern des betriebswirtschaftlichen Instrumentariums zählt.

Das Marktanteils-Marktwachstums-Portfolio basiert fundamental auf der Argumentation, dass ein hoher relativer Marktanteil Erfahrungskurveneffekte mit sich bringt, welche wiederum geringere Stückkosten in der Herstellung als bei konkurrierenden Unternehmen mit niedrigerem relativem Marktanteil implizieren. Hinsichtlich des Marktwachstums gründet das Instrument auf den Annahmen des Produktlebenszyklus', in dessen Verlauf auf hohe Wachstumsraten in der Wachstumsphase sukzessive geringe oder gar negative Wachstumsraten in der Reife- und Sättigungsphase folgen. Das Marktwachstum, Indikator für die Marktattraktivität und zugleich für den Kapitalbedarf, wird prozentual als Wachstumsrate des Marktes bzw. des Marktsegments der jeweiligen Produktgruppe ausgedrückt.

**Aufgabenstellungen**
1. Erstellen Sie als Diskussionsgrundlage für die jährliche Strategiesitzung ein Marktanteils-Marktwachstums-Portfolio (BCG-Portfolio-Matrix) für die Jahre 2007 bis 2009.
2. Leiten Sie auf Basis der BCG-Normstrategien strategische Empfehlungen für das Management hinsichtlich der einzelnen Produktgruppen ab.
3. Sie sind sich nicht sicher, welche Aussagekraft die von Ihnen erstellte Portfolio-Analyse im Marktumfeld von Schäffer hat und ob die Analyse tatsächlich als wesentliche Entscheidungsgrundlage herangezogen werden sollte. Sie entscheiden sich daher, die Geschäftsführung in Form eines kurzen Memos auf Ihre Bedenken aufmerksam zu machen. Um nicht nur die in Auftrag gegebene Analyse zu kritisieren, sondern konstruktiv aufzutreten, entschließen Sie sich, Vorschläge bezüglich weiterer Analysen und Instrumente zu machen, die vom Management zur Strategieentwicklung herangezogen werden sollten.

*Die Lösung zur Aufgabe finden Sie ab S. 229.*

# Lösungsvorschläge

## Aufgabe 1

### Die Kapitalflussrechnung zur Analyse von Finanzmittelherkunft und -verwendung

**Lösungsvorschlag zu Aufgabenstellung 1**

Es bietet sich an, die Geschäftsvorfälle mittels T-Konten darzustellen und je nach Geschäftsvorfall auf ein Erfolgskonto oder ein Bestandskonto zu verbuchen (siehe Abb. B-44). Hierzu werden für die Bilanzposten der XAG die jeweiligen Bestandskonten eröffnet und der Anfangsbestand der Konten für sämtliche Bilanzpositionen aus der Eröffnungsbilanz übernommen. Neben den aus den Bilanzpositionen abgeleiteten Bestandskonten müssen die für die Geschäftsvorfälle relevanten Aufwands- und Ertragskonten eröffnet werden.

**Erstellen der Kapitalflussrechnung**

Zur Aufstellung der Kapitalflussrechnung muss nun eine Zuordnung der zahlungsrelevanten Geschäftsvorfälle (sämtliche Buchungen auf das Konto Liquide Mittel) auf die drei Teilbereiche (I) laufende Geschäftstätigkeit, (II) Investitionstätigkeit und (III) Finanzierungstätigkeit erfolgen.

Folgende Geschäftsvorfälle sind der laufenden Geschäftstätigkeit zuzuordnen:
i) Das Begleichen von Verbindlichkeiten aus Lieferungen & Leistungen i. H. v. EUR 0,1 Mio. (Auszahlung)
d) Die Bezahlung der Rechnungen für Strom, Wasser und Heizung i. H. v. EUR 0,1 Mio. (Auszahlung)
b) Die Ausbezahlung von Löhnen und Gehältern i. H. v. EUR 1,4 Mio. (Auszahlung). Die Bildung von Rückstellungen i. H. v. EUR 0,1 Mio. ist nicht zahlungsrelevant!

Folgende Geschäftsvorfälle haben einen investiven Charakter:
f) Der Kauf von Sachanlagen in bar i. H. v. EUR 0,2 Mio. (Auszahlung)
h) Der Kauf von Finanzanlagen in bar i. H. v. EUR 0,3 Mio. (Auszahlung)

Folgende Geschäftsvorfälle dienen der Finanzierung:
e) Die Aufnahme eines langfristigen Bankkredites i. H. v. EUR 2,0 Mio. (Einzahlung)

## Abb. B-44

**Konten der X-presso AG 2008** (Angaben in Mio. EUR)

### BESTANDSKONTEN

**Aktiva**

*Immaterielle Verm.*

| Soll | | Haben | |
|---|---|---|---|
| AB | 0,2 | | |
| | | 0,2 | SB |

*Sachanlagen*

| Soll | | Haben | |
|---|---|---|---|
| AB | 1,5 | | |
| f) | 0,2 | 0,2 | g |
| | | 1,5 | SB |

*Finanzanlagen*

| Soll | | Haben | |
|---|---|---|---|
| AB | 0,0 | | |
| h) | 0,3 | | |
| | | 0,3 | SB |

*Forderungen aus L&L*

| Soll | | Haben | |
|---|---|---|---|
| AB | 0,0 | | |
| a) | 1,2 | | |
| a) | 1,2 | | |
| | 2,4 | SB | |

*Liquide Mittel*

| Soll | | Haben | |
|---|---|---|---|
| AB | 0,4 | | |
| | | 1,4 | b) |
| | | 0,1 | d) |
| e) | 2,0 | | |
| | | 0,2 | f) |
| | | 0,3 | h) |
| | | 0,1 | i) |
| | 0,3 | SB | |

**Passiva**

*Eigenkapital*

| Soll | | Haben | |
|---|---|---|---|
| | | 2,0 | AB |
| | | 0,3 | → |
| SB | 1,7 | | |

*Rückstellungen*

| Soll | | Haben | |
|---|---|---|---|
| | | 0,0 | AB |
| | | 0,1 | b) |
| SB | 0,1 | | |

*Bankverbindlichkeiten*

| Soll | | Haben | |
|---|---|---|---|
| | | 0,0 | AB |
| | | 2,0 | e) |
| SB | 2,0 | | |

*Verbindl. aus L&L*

| Soll | | Haben | |
|---|---|---|---|
| | | 0,1 | AB |
| | | 0,8 | c) |
| i) | 0,1 | | |
| SB | 0,8 | | |

*Sonstige Verbindl.*

| Soll | | Haben | |
|---|---|---|---|
| | | 0,0 | AB |
| | | 0,1 | e) |
| SB | 0,1 | | |

### ERFOLGSKONTEN

**Aufwandskonten**

*Materialaufwand*

| Soll | | Haben | |
|---|---|---|---|
| | 0 | Saldo | |

*Personalaufwand*

| Soll | | Haben | |
|---|---|---|---|
| b) | 1,5 | | |
| | 1,5 | Saldo | |

*Abschreibungen*

| Soll | | Haben | |
|---|---|---|---|
| g) | 0,2 | | |
| | 0,2 | Saldo | |

*Sonst. Betr. Aufw.*

| Soll | | Haben | |
|---|---|---|---|
| c) | 0,8 | | |
| d) | 0,1 | | |
| | 0,9 | Saldo | |

*Zinsaufwendungen*

| Soll | | Haben | |
|---|---|---|---|
| e) | 0,1 | | |
| | 0,1 | Saldo | |

| | 2,7 | **Saldo** | 2,4 |
|---|---|---|---|
| | | **−0,3** | |

**Ertragskonten**

*Umsatzerlöse*

| Soll | | Haben | |
|---|---|---|---|
| | | 1,2 | a) |
| | | 1,2 | a) |
| | | 2,4 | |

AB: Anfangsbestand
SB: Schlussbestand

# Fallstudie X-presso AG
Aufgabe 1

Nach Zuordnung der einzelnen zahlungsrelevanten Geschäftsvorfälle auf die drei Teilbereiche laufende Geschäftstätigkeit, Investitionstätigkeit und Finanzierungstätigkeit ergibt sich folgende Kapitalflussrechnung:

### Abb. B-45

**Kapitalflussrechnung der X-presso AG für das Geschäftsjahr 2008 (Direkte Methode)**
(Angaben in Mio. EUR)

| | | |
|---|---|---:|
| | Einzahlung von Kunden | 0,0 |
| − | Auszahlung an Lieferanten | 0,2 |
| − | Auszahlung an Beschäftigte | 1,4 |
| − | Gezahlte Zinsen | 0,0 |
| − | Gezahlte Ertragssteuern | 0,0 |
| = | **Kapitalfluss aus laufender Geschäftstätigkeit** | **−1,6** |
| + | Einzahlungen aus Abgängen aus dem Sachanlagevermögen | 0,0 |
| − | Auszahlungen für Investitionen in das Sachanlagevermögen | 0,2 |
| + | Einzahlungen aus Abgängen aus dem Finanzanlagevermögen | 0,0 |
| − | Auszahlungen aufgrund von Finanzmittelanlagen | 0,3 |
| = | **Kapitalfluss aus Investitionstätigkeit** | **−0,5** |
| + | Einzahlungen aus Kapitalerhöhungen | 0,0 |
| − | Auszahlungen an Gesellschafter | 0,0 |
| + | Einzahlungen aus der Aufnahme von Krediten | 2,0 |
| − | Auszahlungen aus der Tilgung von Krediten | 0,0 |
| = | **Kapitalfluss aus Finanzierungstätigkeit** | **2,0** |
| | **Netto-Gesamtkapitalfluss des Geschäftsjahres** | **−0,1** |
| + | Finanzmittelfonds am Anfang der Periode | 0,4 |
| = | **Finanzmittelfonds am Ende der Periode** | **0,3** |

### Erstellen der Gewinn- und Verlustrechnung

Zur Erstellung der Gewinn- und Verlustrechnung nach dem Gesamtkostenverfahren werden nun die Salden der Aufwands- und Ertragskonten herangezogen (siehe Abb. B-46).

### Abb. B-46

**Gewinn- und Verlustrechnung (GuV) der X-presso AG 2008 nach dem Gesamtkostenverfahren**
(Angaben in Mio. EUR)

| | |
|---|---:|
| **Umsatzerlöse** | 2,4 |
| Bestandsveränderungen | − |
| Aktivierte Eigenleistungen | − |
| Sonstige betriebliche Erträge | − |
| Materialaufwand | − |
| Personalaufwand | 1,5 |
| Abschreibungen | 0,2 |
| Sonstige betriebliche Aufwendungen | 0,9 |
| **Betriebliches Ergebnis (EBIT)** | **−0,2** |
| Finanzerträge | − |
| Finanzaufwendungen | −0,1 |
| Finanzergebnis | −0,1 |
| **Ergebnis vor Steuern** | **−0,3** |
| Steuern | − |
| **Jahresfehlbetrag** | **−0,3** |

## Erstellen der Schlussbilanz

Nachdem die Erfolgskonten abgeschlossen wurden und mittels der Gewinn- und Verlustrechnung der Jahresüberschuss ermittelt und über das Konto Eigenkapital verbucht wurde, erfolgt der Abschluss aller Bestandskonten, aus dem sich die Schlussbilanz für das Geschäftsjahr 2008 ergibt. Außerdem ergibt sich aus der Gegenüberstellung der Einzahlungen und Auszahlungen die Kapitalflussrechnung für das entsprechende Jahr (siehe Abb. B-47).

**Abb. B-47**

**Schlussbilanz der X-presso AG zum 31.12.2008** (Angaben in Mio. EUR)

| AKTIVA | 4,7 |
|---|---|
| **Anlagevermögen** | 2,0 |
| Immaterielle Vermögensgegenstände | 0,2 |
| Sachanlagen | 1,5 |
| Finanzanlagen | 0,3 |
| **Umlaufvermögen** | 2,7 |
| Vorräte | – |
| Forderungen aus L&L | 2,4 |
| Sonstige Vermögensgegenstände | – |
| Liquide Mittel | 0,3 |
| **PASSIVA** | 4,7 |
| **Eigenkapital** | 1,7 |
| **Rückstellungen** | 0,1 |
| **Verbindlichkeiten** | 2,9 |
| Bankverbindlichkeiten | 2,0 |
| Verbindlichkeiten aus L&L | 0,8 |
| Sonstige Verbindlichkeiten | 0,1 |

## Lösungsvorschlag zu Aufgabenstellung 2

Die derivative (indirekte) Erstellung der Kapitalflussrechnung für die beiden X-presso Tochterunternehmen KMS und WKR geht vom Jahresüberschuss der Gewinn- und Verlustrechnung aus. Zur Ermittlung des Kapitalflusses aus der laufenden Geschäftstätigkeit werden zum Jahresüberschuss die nicht zahlungsrelevanten Posten der GuV, nämlich die Abschreibungen, wieder hinzugerechnet sowie das Delta in den relevanten Bilanzposten in diesem Fall addiert (Verbindlichkeiten) bzw. subtrahiert (Umlaufvermögen). Die zahlungswirksame Veränderung des Finanzmittelfonds ergibt sich schließlich aus der Summe des Kapitalflusses aus der laufenden Geschäftstätigkeit, aus der Investitionstätigkeit und aus der Finanzierungstätigkeit (siehe Abb. B-48).

# Fallstudie X-presso AG
Aufgabe 1

### Abb. B-48

**Kapitalflussrechnung der X-presso Tochterunternehmen für das Geschäftsjahr 2008**
(Angaben in Mio. EUR)

|   |   | KMS | WKR |
|---|---|---|---|
| + | Jahresüberschuss | 3,8 | 2,7 |
| + | Abschreibungen | 0,9 | 2,9 |
| + | Veränderung Rückstellungen | 0,1 | – |
| – | Veränderung von Vorräten | 0,8 | 0,1 |
| – | Veränderung von Forderungen aus L&L | 0,9 | 0,8 |
| – | Veränderung von Sonstigen Vermögensgegenständen | – | 0,1 |
| + | Veränderung von Verbindlichkeiten aus L&L | 0,3 | 0,4 |
| + | Veränderung von Sonstigen Verbindlichkeiten | – | (0,1) |
| = | **Kapitalfluss aus laufender Geschäftstätigkeit** | **3,4** | **4,9** |
| – | Veränderung Immaterieller Vermögensgegenstände | – | – |
| – | Veränderung des Sachanlagevermögens (netto Abschreibungen) | – | 1,5 |
| – | Veränderung des Finanzanlagevermögens | (0,3) | (0,2) |
| = | **Kapitalfluss aus Investitionstätigkeit** | **0,3** | **(1,3)** |
| + | Veränderung des Eigenkapitals (vor Einstellung in Gewinnrücklage) | – | – |
| – | Auszahlungen an Gesellschafter | 1,8 | 1,2 |
| + | Veränderung von Verbindlichkeiten ggü. Kreditinstituten | (2,0) | (2,5) |
| = | **Kapitalfluss aus Finanzierungstätigkeit** | **(3,8)** | **(3,7)** |
|   | **Zahlungswirksame Veränderung des Finanzmittelfonds** | **(0,1)** | **(0,1)** |
| + | Finanzmittelfonds am Anfang der Periode | 0,5 | 0,7 |
| = | **Finanzmittelfonds am Ende der Periode** | **0,4** | **0,6** |

### Lösungsvorschlag zu Aufgabenstellung 3

Bei beiden Tochterunternehmen, sowohl bei der WKR als auch bei der KMS, sind die liquiden Mittel im Laufe des Geschäftsjahres 2008 leicht zurückgegangen. In beiden Fällen wurde ein Nettokapitalzufluss aus der laufenden Geschäftstätigkeit erzielt und der Überschuss ganz oder teilweise dazu genutzt, die Gesellschafter zu bedienen und Kredite bei Banken zu tilgen.

Ein Unterschied zeigt sich insbesondere im Bereich der Investitionstätigkeit, die bei der KMS einen positiven Saldo, also einen Nettozahlungszufluss aufweist, wohingegen bei der WKR ein negativer Saldo zu verzeichnen ist. Dies liegt daran, dass die KMS im Geschäftsjahr keine Investitionen getätigt, sondern lediglich Finanzanlagen verkauft hat. Bei der WKR hingegen wurden EUR 1,5 Mio. in Sachanlagen investiert, so dass sich trotz des Verkaufs von Finanzanlagen ein Nettokapitalbedarf für Investitionen ergibt, der aus dem Überschuss aus der laufenden Geschäftstätigkeit bedient werden kann.

Außerdem ist festzustellen, dass die WKR bei einem niedrigeren Jahresüberschuss als die KMS einen höheren Cashflow aus der laufenden Geschäftstätigkeit erzielen konnte, wohingegen bei der KMS der Cashflow geringer als der Jahresüberschuss ausfällt. Ein wesentlicher Faktor hierfür sind die vergleichsweise hohen Abschreibungen bei der KMS, die sich zwar ergebnis-, aber nicht zahlungsrelevant auswirken. Außerdem schafft es die WKR, ihr Wachstum mit einem vergleichsweise moderaten Anstieg der Vorräte zu bewerkstelligen.

# Aufgabe 2

## Das Zusammenspiel von Menge, Kosten und Preis – die Break-Even-Analyse auf Basis der Deckungsbeitragsrechnung

### Lösungsvorschlag zu Aufgabenstellung 1

Die Selbstkosten eines Kostenträgers schließen sämtliche durch die Leistungserstellung in einem Betrieb entstandenen Kosten mit ein. Sie beinhalten folglich die Material-, Fertigungs-, Entwicklungs-, Verwaltungs- und Vertriebskosten. Die Verrechnung der Einzelkosten erfolgt direkt auf die bzw. den Kostenträger, die der Gemeinkosten erfolgt mittels Kostenträgerrechnung als Umlage von den Endkostenstellen. Die Verrechnungsgrundlage zur Verrechnung der Kosten auf den für die Produktgruppe X relevanten Endkostenstellen auf den Kostenträger XY findet sich in Abb. B-18.

### Berechnung der Maschinenstundensätze

Die Kosten der Fertigungsstraße X, also die Fertigungsgemeinkosten in Form von Maschinenkosten, sollen in Abhängigkeit von der in Anspruch genommenen Maschinenlaufzeit auf die Kostenträger verrechnet werden, so dass hier eine Berechnung des Maschinenstundensatzes nötig ist. Dieser ergibt sich aus dem Quotienten aus den Kosten der Kst. 270 und der Gesamtnutzungsdauer der Fertigungsstraße X (siehe Abb. B-49). Die Gesamtnutzungsdauer wiederum berechnet sich aus der Maschinenlaufzeit zur Produktion der Premium-Line-Maschine XP und der zusätzlichen Maschinenlaufzeit zur Produktion der Yuppie-Line-Maschine.

$$\text{Laufzeit für XY (in Std.)} = \frac{\text{Produktionsmenge} \times \text{Fertigungsdauer}}{60 \text{ Min./Std.} \times \text{Arbeitsstationen}} = \frac{\text{Produktionsmenge} \times 20 \text{ Min.}}{60 \text{ Min./Std} \times 8}$$

### Abb. B-49

**Maschinenstundensatzrechnung**

| | Einheit | Szenario Pessimistisch | Szenario Realistisch | Szenario Optimistisch |
|---|---|---|---|---|
| Gesamtkosten | Tsd. EUR | 161 | 161 | 161 |
| Laufzeit für XP | Std. | 4.929 | 4.929 | 4.929 |
| Laufzeit für XY | Std. | 625 | 1.042 | 1.458 |
| Laufzeit Gesamt | Std. | 5.554 | 5.971 | 6.387 |
| **Maschinenstundensatz** | EUR pro Std. | 28,99 | 26,96 | 25,21 |

### Ermittlung der Zuschlagssätze

Um die Kosten der Endkostenstellen auf den Kostenträger verrechnen zu können, müssen nun die Zuschlagssätze der einzelnen Kostenstellen ermittelt werden. Hierbei ist zwischen wertmäßigen und mengenmäßiger Zuschlagssätzen zu unterscheiden. Im Fall der KMS werden für die Kosten der Endkostenstellen 100, 500 und 563 wertmäßige Zuschlagssätze gebildet, für die anderen Endkostenstellen mengenmäßige Zuschlagssätze (siehe Abb. B-50).

## Fallstudie X-presso AG
Aufgabe 2

### Abb. B-50

**Zuschlagssätze**

| Kst. | Zuschlag | Verteilungs- grundlage | Einheit | Szenario Pessi- mistisch | Szenario Realis- tisch | Szenario Optimis- tisch |
|---|---|---|---|---|---|---|
| | Produktions-/Absatzmenge | | Geräte | 15.000 | 25.000 | 35.000 |
| | Materialeinzelkosten | | Tsd. EUR | 1.050 | 1.750 | 2.450 |
| 100 | Materialgemeinkosten- zuschlag | Materialeinzel- kosten | Anteil Material EK | 11,2 % | 10,9 % | 10,6 % |
| 280 | Fertigwarenlagerzuschlag | Produktions- menge | EUR pro Stück | 0,26 | 0,26 | 0,25 |
| 290 | Zuschlag Warenausgang | Absatzmenge | EUR pro Stück | 0,15 | 0,14 | 0,14 |
| 320 | Zuschlag Kundenhotline | Absatzmenge PG X | EUR pro Sück | 0,48 | 0,45 | 0,42 |
| 410 | F&E Zuschlag | Produktions- menge | EUR pro Sück | 0,76 | 0,75 | 0,73 |
| 420 | Zuschlag X-presso Tech. Zentrum | Produktions- menge PG X | EUR pro Sück | 3,13 | 2,91 | 2,72 |
| 500 | Verwaltungskostenzuschlag | Umsatz | Anteil Umsatz | 22,6 % | 22,2 % | 21,7 % |
| 563 | Marketingzuschlag X-presso | Umsatz PG X | Anteil Umsatz | 4,7 % | 4,4 % | 4,2 % |

Der wertmäßige Zuschlagssatz für die Materialkostenstelle 100 bezieht sich auf die Materialeinzelkosten. Er berechnet sich aus dem Quotienten der Kosten der Kostenstelle über den gesamten Materialkosten aller Produkte, also EUR 24,085 Mio. zzgl. der zusätzlich zu erwartenden Materialeinzelkosten für das Produkt XY. Da die zusätzlichen Materialkosten für XY mit der Produktions- bzw. Absatzmenge variieren, ergeben sich bei fixen Kosten der Kostenstelle unterschiedliche Zuschlagssätze für die drei Absatzszenarien (siehe Abb. B-50). Nach demselben Prinzip sind die Zuschlagssätze der Kostenstellen 500 und 563 zu berechnen, die sich allerdings auf den Gesamtumsatz bzw. den Umsatz der Produktgruppe X (also der Produkte XP und XY) beziehen.

Der mengenmäßige Zuschlagssatz für das X-presso Technologiezentrum (Kst. 420) stellt einen Zuschlag pro Stück dar. Die Kosten der Kostenstelle werden allerdings nicht auf die gesamte Produktionsmenge verteilt bzw. verrechnet, sondern nur auf die Produktionsmenge der Produktgruppe X, also auf diejenigen Produkte, die vom Forschungsaufwand des Technologiezentrums profitieren. Ermitteln lässt sich der Zuschlagssatz aus dem Quotienten der Kosten der Kostenstelle über der Produktionsmenge der Produkte XP und XY. Auch hier ergeben sich aufgrund der variierenden Produktions- bzw. Absatzmenge unterschiedliche Zuschlagssätze für die drei Szenarien (siehe Abb. B-50). Die restlichen mengenmäßigen Zuschlagssätze sind ebenfalls Stückzuschläge und lassen sich nach demselben Prinzip berechnen.

**Ermittlung der Selbstkosten**

Auf Basis der Materialeinzelkosten (aus Abb. B-17), der noch zu berechnenden Fertigungslohnkosten, des Maschinenstundensatzes, der Sondereinzelkosten des Vertriebs (Distributions- und Marketingkosten) sowie der Kostenstellenzuschlagssätze lassen sich nun die Selbstkosten der neuen Yuppie-Line-Maschine als Stückkosten ermitteln (siehe Abb. B-51).

$$\text{Fertigungslohnkosten} = \frac{\text{Fertigungsdauer}}{60 \text{ Min./Std.}} \times 30 \text{ EUR/Std.} = \frac{20 \text{ Min.}}{60 \text{ Min./Std.}} \times 30 \text{ EUR/Std.} = 10 \text{ EUR}$$

$$\text{Maschinenkosten} = \frac{\text{Fertigungsdauer}}{60 \text{ Min./Std.}} \times \text{Maschinenstundensatz (in EUR/Std.)} = \frac{20 \text{ Min.}}{60 \text{ Min./Std.}} = \text{Maschinenstundensatz (in EUR/Std.)}$$

**Abb. B-51**

**Selbstkosten der neuen Yuppie-Line-Maschine** (Angaben in EUR pro Stück)

|  | Szenario | | |
|---|---|---|---|
|  | Pessimistisch | Realistisch | Optimistisch |
| Materialeinzelkosten | 70,00 | 70,00 | 70,00 |
| Materialgemeinkostenzuschlag | 7,84 | 7,63 | 7,42 |
| Materialkosten | 77,84 | 77,63 | 77,42 |
| Fertigungslohnkosten | 10,00 | 10,00 | 10,00 |
| Maschinenkosten | 9,66 | 8,99 | 8,40 |
| Fertigungskosten | 19,66 | 18,99 | 18,40 |
| Herstellkosten | 97,50 | 96,62 | 95,82 |
| *Sondereinzelkosten des Vertriebs* | | | |
| Distributionskosten | 5,00 | 5,00 | 5,00 |
| Marketingkosten | 36,33 | 21,80 | 15,57 |
| *Lager- und Vertriebsgemeinkosten* | | | |
| Fertigwarenlagerzuschlag | 0,26 | 0,26 | 0,25 |
| Zuschlag Warenausgang | 0,15 | 0,14 | 0,14 |
| Marketingzuschlag X-presso | 6,32 | 5,91 | 5,65 |
| Zuschlag Kundenhotline | 0,48 | 0,45 | 0,42 |
| *F&E Gemeinkosten* | | | |
| F&E Zuschlag | 0,76 | 0,75 | 0,73 |
| Zuschlag X-presso Tech. Zentrum | 3,13 | 2,91 | 2,72 |
| Verwaltungskostenzuschlag | 30,38 | 29,84 | 29,17 |
| **Selbstkosten** | **180,31** | **163,68** | **155,47** |
| **Nettoerlöse** | **134,41** | **134,41** | **134,41** |
| **Nettoergebnis** | **−45,90** | **−29,27** | **−21,06** |

Die Material- und Fertigungskosten ergeben in Summe die Herstellkosten. Für die Ermittlung der Stückkosten sind neben den Gemeinkostenzuschlägen noch die Sondereinzelkosten des Vertriebs zu berücksichtigen. Hierzu zählen die variablen Distributionskosten (EUR 5 pro Stück) sowie die fixen Marketingkosten, die sich durch Division durch die Absatzmenge der Yuppie-Line-Maschine anteilig als Stückkosten zurechnen lassen. Nach Berücksichtigung sämtlicher Zuschläge ergeben sich schließlich die Selbstkosten als Stückkosten für die neue Yuppie-Line-Maschine.

## Fallstudie X-presso AG
Aufgabe 2

### a. Warum unterscheiden sich die Selbstkosten der drei Szenarien?

Bereits im Laufe des Abrechnungsgangs hat sich gezeigt, dass sich unterschiedliche Maschinenstunden- und Zuschlagssätze für die drei Szenarien ergeben. Der Grund hierfür ist die Verteilung fixer Kosten auf eine in Abhängigkeit von der Menge variierende Bezugsgröße (Produktionsmenge, Materialkosten, etc.). Aufgrund der mengenabhängigen Zuschlagssätze ergeben sich folglich mengenabhängige Selbstkosten.

Im Umkehrschluss könnte man nun folgern, dass die Kosten der Maschine mit steigender Menge abnehmen würden. Diese Schlussfolgerung ist zwar nicht falsch, aber insofern problematisch, als dass sie eine Durchschnittsbetrachtung und keine Marginalbetrachtung darstellt, wie sie die im Folgenden thematisierte Deckungsbeitragsrechnung darstellt.

### b. Rechnet sich die Einführung der Maschine?

Für alle drei Absatzszenarien liegen die Selbstkosten der Maschine über den Nettoerlösen. Es hat also den Anschein, als dass die Aufnahme der Maschine in das Produktangebot ein Minusgeschäft für die KMS darstellen würde. Dieser Rückschluss ist allerdings vorschnell und ein Trugschluss, wie sich durch die weitergehenden Berechnungen zeigen wird! Durch die Einbeziehung und die Zurechnung der Fixkosten in die Selbstkosten stellen die Selbstkosten eines Produktes keine geeignete Größe dar, um deren Wirtschaftlichkeit sinnvoll beurteilen zu können!

### Lösungsvorschlag zu Aufgabenstellung 2

Bei der Deckungsbeitragsrechnung handelt es sich im Gegensatz zur Vollkostenrechnung um eine Teilkostenrechnung, bei der nur die zusätzlich verursachten Kosten den verursachenden Kostenträgern zugerechnet werden. Im Falle der Yuppie-Line-Maschine handelt es sich um ein einzelnes Produkt, so dass hier nur die veränderlichen Kosten dieses Produktes relevant für die Beurteilung der Wirtschaftlichkeit im Sinne einer Marginalkostenbetrachtung sind.

Die Einzelkosten der Yuppie Line bestehen aus den Materialkosten für die Komponenten (EUR 70) und den Fertigungslohnkosten (EUR 10), die variablen Gemeinkosten aus den Distributionskosten (EUR 5). Zieht man diese Beträge von den Nettoerlösen ab, so ergibt sich der Stückdeckungsbeitrag, der in seiner Höhe unabhängig von der Absatzmenge ist (siehe Abb. B-52).

**Abb. B-52**

**Stückdeckungsbeitrag der Yuppie-Line-Maschine** (Angaben in EUR)

| | |
|---|---|
| Nettoerlöse | 134,41 |
| Materialeinzelkosten | 70,00 |
| Fertigungslohnkosten | 10,00 |
| Distributionskosten | 5,00 |
| **Stückdeckungsbeitrag** | **49,41** |

Zusätzlich zu den Einzelkosten und variablen Gemeinkosten fallen für die Yuppie Line noch fixe Gemeinkosten, nämlich das Gehalt der Produktmanagerin und das Werbebudget an. Allerdings reicht die Summe der Stückdeckungsbeiträge auch im Falle des pessimistischen Absatzszenarios aus, um diese fixen Kosten zu decken und einen zusätzlichen Deckungsbeitrag auf Produktebene zu erwirtschaften (siehe Abb. B-53). Auf Basis dieser Berechnungen wäre es also wirtschaftlich sinnvoll, das Produktangebot im kommenden Jahr um die Yuppie-Line-Kapselmaschine zu erweitern.

### Abb. B-53

**Produktdeckungsbeitrag der Yuppie-Line-Maschine** (Angaben in Tsd. EUR)

|  | Szenario | | |
| --- | --- | --- | --- |
|  | Pessimistisch | Realistisch | Optimistisch |
| Σ Stückdeckungsbeiträge | 741 | 1.235 | 1.729 |
| Produktfixkosten | | | |
| Lohnkosten Produktmanagerin | 45 | 45 | 45 |
| Werbebudget | 500 | 500 | 500 |
| **Produktdeckungsbeitrag** | **196** | **690** | **1.184** |

### Lösungsvorschlag zu Aufgabenstellung 3

Zur Bewertung der Opportunitätskosten durch den Wegfall eines Teils der Premium-Line-Erlöse ist es im ersten Schritt sinnvoll, den Stückdeckungsbeitrag der Premium Line zu ermitteln (siehe Abb. B-54).

### Abb. B-54

**Stückdeckungsbeitrag der Premium-Line-Maschine** (Angaben in EUR)

| | |
| --- | --- |
| Nettoerlöse | 168,03 |
| Variable Materialeinzelkosten | 80,00 |
| Fertigungslohnkosten | 10,00 |
| Distributionskosten | 5,00 |
| **Stückdeckungsbeitrag** | **73,03** |

Der entgangene Deckungsbeitrag aus den Verkäufen der Premium-Line-Maschine ergibt sich im zweiten Schritt als Produkt aus entgangener Absatzmenge des Produktes XP und dem Stückdeckungsbeitrag der Premium-Line-Maschine (siehe Abb. B-55).

### Abb. B-55

**Entgangener Produktdeckungsbeitrag der Premium-Line-Maschine**

|  |  | Szenario | | |
| --- | --- | --- | --- | --- |
|  | Einheit | Pessimistisch | Realistisch | Optimistisch |
| Entgangene XP Absatzmenge wegen XY | Stück | 3.000 | 5.000 | 7.000 |
| Entgangener Produktdeckungsbeitrag XP | EUR | 219.090 | 365.150 | 511.210 |

Da der Deckungsbeitrag der Yuppie-Line-Verkäufe bereits berechnet und berücksichtigt wurde, errechnet sich der Verlust nicht als Differenz der Deckungsbeiträge von XP und XY, sondern der gesamte Deckungsbeitrag von XP stellt die Opportunitätskosten der Produkteinführung dar. Der Nettoeffekt der Produkteinführung lässt sich im letzten Schritt als Differenz aus dem Produktdeckungsbeitrag von XY und dem entgangenen Deckungsbeitrag von XP berechnen (siehe Abb. B-56).

# Fallstudie X-presso AG
Aufgabe 2

### Abb. B-56

**Berechnung des Nettoeffektes der Produkteinführung** (Angaben in Tsd. EUR)

|  | Szenario | | |
| --- | --- | --- | --- |
|  | Pessimistisch | Realistisch | Optimistisch |
| Produktdeckungsbeitrag XY | 196 | 690 | 1.184 |
| Entgangener Produktdeckungsbeitrag XP | 219 | 365 | 511 |
| **Nettoeffekt Einführung XY** | **−23** | **325** | **673** |

Es zeigt sich, dass unter Berücksichtigung des Verdrängungseffekts bzw. der Opportunitätskosten die Produkteinführung zumindest für das pessimistische Absatzszenario nicht mehr wirtschaftlich wäre. Der Verlust hielte sich allerdings in engen Grenzen, so dass auch unter Berücksichtigung der Opportunitätskosten aufgrund der Verdrängung im Mittel über alle drei Szenarien immer noch davon ausgegangen werden kann, dass die Produkteinführung wirtschaftlich sinnvoll ist.

### Lösungsvorschlag zu Aufgabenstellung 4

Um den Verdrängungseffekt bei der Ermittlung der Break-Even-Absatzmenge zu berücksichtigen, gilt es den Deckungsbeitrag von Produkt XY um die Opportunitätskosten der kannibalisierten XP-Verkäufe anzupassen. Da für 20 Prozent, also jede fünfte verkaufte Yuppie-Line-Maschine, eine Premium-Line-Maschine nicht verkauft wurde, sind die zu berücksichtigenden Opportunitätskosten ein Fünftel des Premium-Line-Deckungsbeitrags (siehe Abb. B-57). Der Break-Even-Punkt bzw. die Break-Even-Menge ergibt sich nun aus dem Quotienten von Produktfixkosten und dem angepassten Deckungsbeitrag (siehe Abb. B-57 und B-58).

### Abb. B-57

**Break-Even-Analyse** (Angaben in EUR)

| | |
| --- | --- |
| Stückdeckungsbeitrag XY | 49,41 |
| Verlust Deckungsbeitrag XP | 14,61 |
| Angepasster Deckungsbeitrag XY | 34,80 |
| *Produktfixkosten XY* | |
| Lohnkosten Produktmanagerin | 45.000 |
| Werbebudget | 500.000 |
| Gesamt | 545.000 |
| **Break-Even-Menge** (in Stück) | **15.659** |

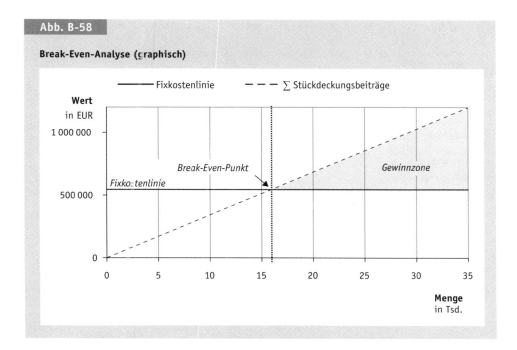

**Abb. B-58**

Break-Even-Analyse (graphisch)

## Aufgabe 3

### Eigen- oder Fremdfertigung – Kostenrechnung zur Fundierung von Programmentscheidungen

#### Lösungsvorschlag zu Aufgabenstellung 1

**Welche Optionen gibt es überhaupt?**
Zur Analyse der Fragestellung macht es zunächst einmal Sinn, sich Gedanken über die möglichen und sinnvollen Optionen zu machen, die theoretisch denkbar wären. Voraussetzung hierfür ist eine kurze Analyse der bei der KMS für Eigenproduktionen zur Verfügung stehenden Kapazität, um eine Aussage darüber treffen zu können, welcher Anteil des Bedarfs überhaupt intern dargestellt werden könnte und welcher Anteil ggf. zwingend extern vergeben werden müsste.

Da pro halber Schicht à vier Stunden 30 Minuten auf die Arbeitsvor- und 10 Minuten auf die Arbeitsnachbereitung entfallen, stehen pro Woche 200 Minuten für die tatsächliche Fertigung zur Verfügung. Bei 50 Arbeitswochen im Jahr macht das insgesamt 10.000 Minuten, die zur Produktion der für das Geschäftskundensegment zusätzlich benötigten Maschinen zur Verfügung stehen; 2.000 Minuten fallen für die Arbeitsvor- und -nachbereitung an (siehe Abb. B-59). Der Zuschlagsfaktor beträgt also 20 Prozent.

Zur Produktion einer Kapselmaschine werden 20 Minuten und eines Vollautomaten 25 Minuten Fertigungszeit benötigt, so dass in einer Woche entweder zehn Kapselmaschinen oder acht Vollautomaten montiert werden können. Im Laufe eines Jahres könnte bei der KMS also genau der gesamte Jahresbedarf an Kapselmaschinen (10 Geräte pro Woche × 50 Wochen = 500 Geräte) produ-

# Fallstudie X-presso AG
Aufgabe 3

ziert werden; der Bedarf an Vollautomaten müsste dann vollständig fremd vergeben werden (siehe Abb. B-60, Option 1).

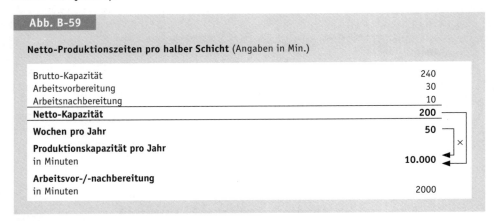

**Abb. B-59**

**Netto-Produktionszeiten pro halber Schicht** (Angaben in Min.)

| | |
|---|---|
| Brutto-Kapazität | 240 |
| Arbeitsvorbereitung | 30 |
| Arbeitsnachbereitung | 10 |
| **Netto-Kapazität** | **200** |
| Wochen pro Jahr | 50 |
| Produktionskapazität pro Jahr in Minuten | 10.000 |
| Arbeitsvor-/-nachbereitung in Minuten | 2000 |

**Abb. B-60**

**Produktionsprogrammoptionen**

| | Einheit | Maschinentyp Kapselmaschine | Maschinentyp Vollautomat |
|---|---|---|---|
| *Option 1: 100 Prozent der Kapselmaschinen* | | | |
| Fertigungswochen pro Jahr | Wochen | 50 | 0 |
| Nutzung Fertigungskapazität | Minuten | 10.000 | 0 |
| Produktionsrhythmus | Wochen | 1 | N/a |
| Produzierte Maschinen | Geräte | 500 | 0 |
| Zugekaufte Maschinen | Geräte | 0 | 200 |
| *Option 2: 100 Prozent der Vollautomaten, 50 Prozent der Kapselmaschinen* | | | |
| Fertigungswochen pro Jahr | Wochen | 25 | 25 |
| Nutzung Fertigungskapazität | Minuten | 5.000 | 5.000 |
| Produktionsrhythmus | Wochen | 2 | 2 |
| Produzierte Maschinen | Geräte | 250 | 200 |
| Zugekaufte Maschinen | Geräte | 250 | 0 |
| *Option 3: 100 Prozent der Vollautomaten* | | | |
| Fertigungswochen pro Jahr | Wochen | 0 | 25 |
| Nutzung Fertigungskapazität | Minuten | 0 | 5.000 |
| Produktionsrhythmus | Wochen | N/a | 2 |
| Produzierte Maschinen | Geräte | 0 | 200 |
| Zugekaufte Maschinen | Geräte | 500 | 0 |
| *Option 4: Nur Fremdfertigung* | | | |
| Fertigungswochen pro Jahr | Wochen | 0 | 0 |
| Nutzung Fertigungskapazität | Minuten | 0 | 0 |
| Produktionsrhythmus | Wochen | N/a | N/a |
| Produzierte Maschinen | Geräte | 0 | 0 |
| Zugekaufte Maschinen | Geräte | 500 | 200 |

Die Kapazität von 10.000 Minuten im Jahr ließe sich aber auch vollständig nutzen, wenn der gesamte Bedarf an Vollautomaten (200 Geräte) und die Hälfte des Jahresbedarfs an Kapselmaschinen intern gefertigt werden würde (siehe Abb. B-60, Option 2). Nachteil dieser Option wäre, dass sich die extern hinzugekauften Maschinen verteuern würden, weil bei einem der Fremdanbieter nicht die volle Stückzahl abgenommen und somit der Preisaufschlag fällig würde.

Um den Preisaufschlag zu vermeiden, wäre es ebenfalls denkbar, alle Vollautomaten intern zu produzieren und alle Kapselmaschinen extern zu vergeben (siehe Abb. B-60, Option 3). In diesem Fall würde nur die Hälfte der zur Verfügung stehenden internen Kapazität genutzt bzw. nur alle zwei Wochen produziert werden.

Und natürlich wäre es theoretisch auch denkbar und u. U. sogar sinnvoll, den gesamten Bedarf für beide Maschinentypen extern zu vergeben und keinen Gebrauch von der theoretisch freien internen Kapazität zu machen (siehe Abb. B-60, Option 4).

**Welche Stückkosten haben wir bei der internen Produktion?**
Nach der Eingrenzung der Optionen gilt es, die Stückkosten beider Maschinen im Falle der internen Produktion zu berechnen, wobei sämtliche Kosten, die sich für die vier Optionen nicht unterscheiden unberücksichtigt bleiben können.

Relevant für die Berechnung der Stückkosten auf Teilkostenbasis sind folglich die marginalen Herstellkosten, die sich aus den Materialkosten und den Fertigungslohnkosten (siehe Abb. B-61) zusammensetzen, sowie Verpackungsmaterialkosten, Lagerkosten und Kapitalkosten.

**Abb. B-61**

**Herstellkosten bei Eigenproduktion** (Angaben in EUR)

|  | Kapsel-maschine | Voll-automat |
|---|---|---|
| Materialkosten | 140,00 | 180,00 |
| Fertigungslohnkosten | 14,00 | 17,50 |
| Produktiv | 11,67 | 14,58 |
| Arbeitsvor-/-nachbereitung | 2,33 | 2,92 |
| **Herstellkosten** | **154,00** | **197,50** |

Die Lagerkosten sind von der Lagerreichweite abhängig, die für die Komponenten jeweils sechs Wochen beträgt. Für die Fertigerzeugnisse variiert die Lagerreichweite mit dem unterschiedlichen Produktionsrhythmus (siehe Abb. B-60 und B-63). In Option 1 werden wöchentlich Kapselmaschinen gefertigt, in den Optionen 2 und 3 jedoch Kapselmaschinen und Vollautomaten im wöchentlichen Wechsel und damit jeder Maschinentyp nur jede zweite Woche. Die Lagerreichweite der Fertigerzeugnisse beträgt somit inkl. des zusätzlichen einwöchigen Puffers in der Option 1 für die Kapselmaschinen zwei Wochen (1+1) und in den Optionen 2 und 3 jeweils drei Wochen (2+1). Die Lagerkosten für Komponenten und Fertigerzeugnisse lassen sich nun als Produkt aus Lagerreichweite und den Lagerkosten pro Woche berechnen (siehe Abb. B-62).

## Fallstudie X-presso AG
Aufgabe 3

### Abb. B-62

**Variable Stückkosten der Eigenproduktion**

|  | Einheit | Option 1 Kapsel-maschine | Option 1 Voll-auto-mat | Option 2 Kapsel-maschine | Option 2 Voll-auto-mat | Option 3 Kapsel-maschine | Option 3 Voll-auto-mat |
|---|---|---|---|---|---|---|---|
| Produzierte Maschinen | Geräte | 500 | 0 | 250 | 200 | 0 | 200 |
| Lagerreichweite Komponenten | Wochen | 6 | N/a | 6 | 6 | N/a | 6 |
| Lagerreichweite Fertigerzeugnisse | Wochen | 1 | N/a | 2 | 2 | N/a | 2 |
| Cash-to-Cash (C2C) Cycle | Tage | 61 |  | 68 | 68 |  | 68 |
| Herstellkosten | EUR | 154,00 |  | 154,00 | 197,50 |  | 197,50 |
| Verpackungsmaterialkosten | EUR | 2,00 |  | 2,00 | 2,00 |  | 2,00 |
| *Lagerkosten* |  |  |  |  |  |  |  |
| Komponenten | EUR | 0,60 |  | 0,60 | 0,60 |  | 0,60 |
| Fertigerzeugnisse | EUR | 0,10 |  | 0,20 | 0,20 |  | 0,20 |
| *Kapitalkosten* |  |  |  |  |  |  |  |
| auf das Material | EUR | 2,34 |  | 2,61 | 3,35 |  | 3,35 |
| auf die Wertschöpfung | EUR | 0,03 |  | 0,05 | 0,07 |  | 0,07 |
| **Stückkosten Eigenproduktion** | **EUR** | **159,07** |  | **159,46** | **203,72** |  | **203,72** |

Zur Berechnung der Kapitalkosten ist es sinnvoll, den sog. Cash-to-Cash (C2C) Cycle zu ermitteln (siehe Abb. B-63). Die Gesamtkapitalkosten beinhalten einen Anteil für das Material und einen für die Wertschöpfung (hier die Fertigungslohnkosten). Die Kapitalkosten des im Material gebundenen Kapitals errechnen sich mittels des Cash-to-Cash Cycles und dem durchschnittlichen Kapitalkostensatz (WACC) i. H. v. 10 Prozent. Die Kapitalkosten der in den Fertigerzeugnissen gebundenen Wertschöpfung errechnen sich als Produkt aus den Fertigungslohnkosten, der Lagerreichweite der Fertigerzeugnisse anteilig am Jahr und dem WACC[14].

Die anteiligen jährlichen Abschreibungen spielen für die Betrachtung deshalb keine Rolle, weil sie nicht mengen, sondern zeitabhängig sind. Die Kosten fallen also sowieso an bzw. sind fix. Da es sich bei der Entscheidung über die Eigenproduktion oder Fremdfertigung jedoch um eine Grenzkostenbetrachtung der zur Disposition stehenden zusätzlichen Menge handelt, spielen fixe Kosten für die Entscheidung keine Rolle.

### Welche Stückkosten haben wir bei Fremdfertigung?

Die Stückkosten bei Fremdfertigung errechnen sich aus den Einstands-, den Lager- und den Kapitalkosten; Letztere richten sich nach den INCOTERMS und der Lieferdauer sowie der Lagerreichweite abzüglich des Zahlungsziels des Anbieters. Im Falle von Anbieter 1 ergeben sich negative

---

[14] Das Zahlungsziel des Kunden kann in diesem Fall bei der Berechnung des C2C außer Acht gelassen werden, da es sich in den verschiedenen Optionen nicht unterscheidet; Normalerweise müsste es aber berücksichtigt werden.

# Lösungsvorschlag

### Abb. B-63
**Lagerreichweiten und Cash-to-Cash (C2C) Cycle bei Eigenproduktion**

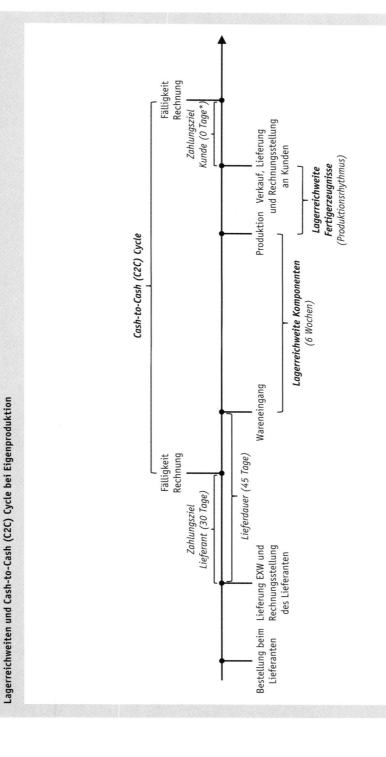

* In diesem Fall nicht relevant, weil sich die Optionen nicht hinsichtlich des Zahlungsziels für den Kunden unterscheiden

## Fallstudie X-presso AG
Aufgabe 3

### Abb. B-64
**Lagerreichweiten und Cash-to-Cash (C2C) Cycle bei Fremdfertigung DDP Schweiz**

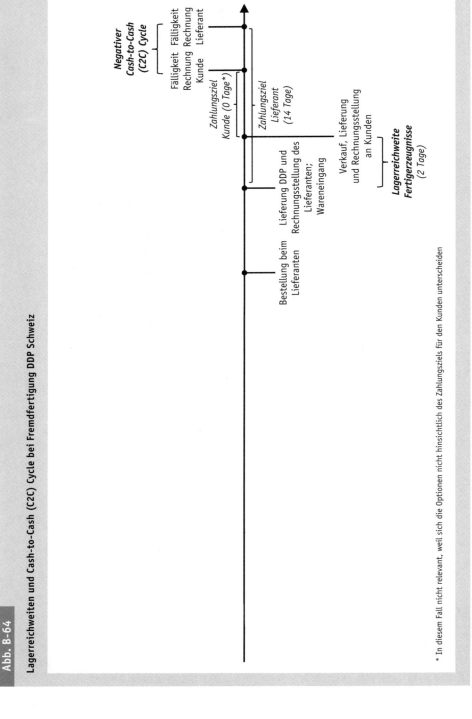

* In diesem Fall nicht relevant, weil sich die Optionen nicht hinsichtlich des Zahlungsziels für den Kunden unterscheiden

### Abb. B-65

**Lagerreichweiten und Cash-to-Cash (C2C) Cycle bei Fremdfertigung EXW China**

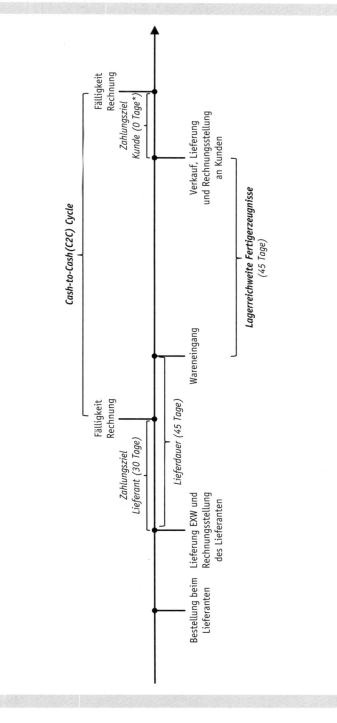

* In diesem Fall nicht relevant, weil sich die Optionen nicht hinsichtlich des Zahlungsziels für den Kunden unterscheiden

# Fallstudie X-presso AG
Aufgabe 3

Kapitalkosten, weil (i) die Rechnung erst bei Anlieferung gestellt wird (Incoterm DDP), (ii) die Maschinen im Durchschnitt lediglich zwei Tage im Lager verbleiben und (iii) die Rechnung erst nach 14 Tagen bezahlt werden muss. Im Mittel hat die KMS die Maschine also bereits an einen Kunden weiterverkauft, bevor sie beim Lieferanten bezahlt werden muss (siehe Abb. B-64 und B-66). Im Falle von Anbieter 2 gilt es bei der Berechnung der Kapitalkosten nicht nur eine Lagerreichweite von 45 Tagen, sondern zusätzlich die nochmal so lange Lieferzeit zu berücksichtigen, weil aufgrund der EXW Incoterms die Rechnungsstellung bereits mit Übergabe der Ware ab Werk des Lieferanten in China erfolgt, so dass die Geräte bereits während des Seetransports Eigentum der KMS sind und finanziert werden müssen (siehe Abb. B-65 und B-66).

### Abb. B-66

**Stückkosten bei Fremdfertigung** (Angaben in EUR)

|  | Bei voller Abnahmemenge | | | | Bei reduzierter Abnahmemenge | | | |
| --- | --- | --- | --- | --- | --- | --- | --- | --- |
|  | Kapselmaschine | | Vollautomat | | Kapselmaschine | | Vollautomat | |
|  | Anbieter | | Anbieter | | Anbieter | | Anbieter | |
|  | 1 | 2 | 1 | 2 | 1 | 2 | 1 | 2 |
| Preis | 156,25 | 140,19 | 206,25 | 168,22 | 164,06 | 154,21 | 216,56 | 185,04 |
| Lieferkosten | N/a | 10,00 | N/a | 15,00 | N/a | 10,00 | N/a | 15,00 |
| Transportversicherung | N/a | 9,11 | N/a | 10,93 | N/a | 10,02 | N/a | 12,03 |
| Zollgebühren | N/a | 3,79 | N/a | 4,54 | N/a | 4,16 | N/a | 5,00 |
| Einstandskosten | 156,25 | 163,09 | 206,25 | 198,69 | 164,06 | 178,39 | 216,56 | 217,07 |
| Lagerkosten | 0,03 | 0,64 | 0,03 | 0,64 | 0,03 | 0,64 | 0,03 | 0,64 |
| Kapitalkosten | −0,51 | 2,68 | −0,68 | 3,27 | −0,54 | 2,93 | −0,71 | 3,57 |
| **Stückkosten** | **155,77** | **166,41** | **205,60** | **202,60** | **163,55** | **181,96** | **215,88** | **221,28** |

Da beide Anbieter in Landeswährung angeboten haben, gilt es zunächst den Preis mittels des Wechselkurses in einen Euro-Preis umzurechnen. Weil Anbieter 1 sein Angebot als DDP-Preis unterbreitet hat, fallen hier keine zusätzlichen Kosten für die Lieferung, die Transportversicherung und den Zoll an. Anders im Falle von Anbieter 2, der sein Angebot als EXW-Preis unterbreitet hat – hier müssen wir selbst für die Lieferung, die Transportversicherung und die Zollgebühren aufkommen. Die Lieferkosten ergeben sich aus den Lieferkosten einer Europalette aus China dividiert durch die Anzahl der Geräte, die auf einer Palette Platz finden. Transportversicherung und Zollgebühren berechnen sich als prozentualer Anteil des angebotenen Preises pro Gerät.

Weil Option 2 eine Aufteilung der Produktion der Kapselmaschinen vorsieht, ist es außerdem nötig, zumindest für die Kapselmaschinen die Stückkosten bei reduzierter Abnahmemenge zu berechnen, da beide Anbieter bei einer geringer ausfallenden Abnahmemenge einen Aufschlag gegenüber dem Basisangebot vorgesehen haben.

### Welche Gesamtkosten ergeben sich für die verschiedenen Optionen?

Nun, da wir sowohl die Stückkosten bei Eigen- als auch bei Fremdfertigung vorliegen haben, gilt es noch, die Gesamtkosten der Optionen zu berechnen, um diese vergleichen und die günstigste Option auswählen zu können. Die Gesamtkosten einer Option ergeben sich als Summe aus intern produzierter Menge je Maschinentyp und den ermittelten Stückkosten sowie extern zu vergebener Menge und den Stückkosten des jeweils günstigeren Anbieters (siehe Abb. B-67).

**Abb. B-67**

**Gesamtkosten** (Angaben in EUR)

|  | Option 1 | | Option 2 | | Option 3 | | Option 4 | |
| --- | --- | --- | --- | --- | --- | --- | --- | --- |
|  | Kapsel-maschine | Voll-auto-mat | Kapsel-maschine | Voll-auto-mat | Kapsel-maschine | Voll-auto-mat | Kapsel-maschine | Voll-auto-mat |
| *Menge* | | | | | | | | |
| Eigenproduktion | 500 | 0 | 250 | 200 | 0 | 200 | 0 | 0 |
| Fremdfertigung | 0 | 200 | 250 | 0 | 500 | 0 | 500 | 200 |
| *Stückkosten* | | | | | | | | |
| Eigenproduktion | 159,07 | | 159,46 | 203,72 | | 203,72 | | |
| Fremdfertigung | | | | | | | | |
| Anbieter 1 | | 205,60 | 163,55 | | 155,77 | | 155,77 | 205,60 |
| Anbieter 2 | | 202,60 | 181,96 | | 166,41 | | 166,41 | 202,60 |
| *Gesamtkosten* | | | | | | | | |
| Eigenproduktion | 79.535 | 0 | 39.865 | 40.744 | 0 | 40.744 | 0 | 0 |
| Fremdfertigung | 0 | 40.520 | 40.888 | 0 | 77.885 | 0 | 77.885 | 40.520 |
| **Gesamt** | **120.055** | | **121.497** | | **118.629** | | **118.405** | |
| **Fremdanbieter** | N/a | 2 | 1 | N/a | 1 | N/a | 1 | 2 |

Es zeigt sich, dass es aus Kostengesichtspunkten am ökonomischsten wäre, den gesamten zusätzlichen Absatz für den Geschäftskundenbereich in der Herstellung fremd zu vergeben und Anbieter 1 mit der Produktion der Kapselmaschinen und Anbieter 2 mit der Produktion der Vollautomaten zu beauftragen.

**Lösungsvorschlag zu Aufgabenstellung 2**

Durch den Preisnachlass beider Anbieter im Falle eines Zuschlags der gesamten Menge beider Maschinentypen würden die Stückkosten und damit die Gesamtkosten der Fremdanbieter weiter sinken. Es wäre nun am ökonomischsten, beide Maschinentypen von Anbieter 1 in der Schweiz herstellen zu lassen (siehe Abb. B-68).

# Fallstudie X-presso AG
Aufgabe 3

### Abb. B-68

**Stückkosten Fremdfertigung unter Berücksichtigung Preisnachlass** (Angaben in EUR)

| Maschinentyp | Anbieter 1 | | Anbieter 2 | |
|---|---|---|---|---|
| | Kapsel-maschine | Voll-automat | Kapsel-maschine | Voll-automat |
| Preis | 148,44 | 195,94 | 133,18 | 159,81 |
| Lieferkosten | N/a | N/a | 10,00 | 15,00 |
| Transportversicherung | N/a | N/a | 8,66 | 10,39 |
| Zollgebühren | N/a | N/a | 3,60 | 4,31 |
| Einstandskosten | 148,44 | 195,94 | 155,44 | 189,51 |
| Lagerkosten | 0,03 | 0,03 | 0,64 | 0,64 |
| Kapitalkosten | −0,49 | −0,64 | 2,56 | 3,12 |
| Stückkosten | 147,98 | 195,33 | 158,64 | 193,27 |
| Gesamtkosten | 73.990 | 39.066 | 79.320 | 38.654 |
| **Summe** | **113.056** | | **117.974** | |

### Lösungsvorschlag zu Aufgabenstellung 3

Da es sich bei der Entscheidung über die Fremdvergabe um eine Grenzkostenbetrachtung handelt, sollten die Fertigungslöhne in diesem Fall keine Rolle mehr spielen und bei der Berechnung der marginalen Herstellkosten nicht berücksichtigt werden (siehe Abb. B-69).

### Abb. B-69

**Stückkosten Eigenproduktion ohne Lohnkosten**

| | Einheit | Option 1 | | Option 2 | | Option 3 | |
|---|---|---|---|---|---|---|---|
| | | Kapsel-maschine | Voll-automat | Kapsel-maschine | Voll-automat | Kapsel-maschine | Voll-automat |
| Produzierte Maschinen | Geräte | 500 | 0 | 250 | 200 | 0 | 200 |
| Lagerreichweite Komponenten | Wochen | 6 | N/a | 6 | 6 | N/a | 6 |
| Lagerreichweite Fertigerzeugnisse | Wochen | 1 | N/a | 2 | 2 | N/a | 2 |
| Cash-to-Cash (C2C) Cycle | Tage | 61 | | 68 | 68 | | 68 |
| Materialkosten | EUR | 140,00 | | 140,00 | 180,00 | | 180,00 |
| Verpackungsmaterialkosten | EUR | 2,00 | | 2,00 | 2,00 | | 2,00 |
| *Lagerkosten* | | | | | | | |
| Komponenten | EUR | 0,60 | | 0,60 | 0,60 | | 0,60 |
| Fertigerzeugnisse | EUR | 0,10 | | 0,20 | 0,20 | | 0,20 |
| *Kapitalkosten* | | | | | | | |
| auf das Material | EUR | 2,34 | | 2,61 | 3,35 | | 3,35 |
| auf die Wertschöpfung | EUR | N/a | | N/a | N/a | | N/a |
| **Stückkosten Eigenproduktion** | **EUR** | **145,04** | | **145,41** | **186,15** | | **186,15** |

Dadurch vergünstigt sich die Eigenproduktion, so dass es bei so oder so zu zahlenden Lohnkosten am ökonomischsten wäre, den gesamten Bedarf an Kapselmaschinen in Eigenproduktion bei der KMS fertigen zu lassen und lediglich die Produktion der Vollautomaten an Anbieter 2 zu vergeben (siehe Abb. B-70).

**Abb. B-70**

**Gesamtkosten ohne Lohnkosten** (Angaben in EUR)

|  | Option 1 | | Option 2 | | Option 3 | | Option 4 (2) | |
|---|---|---|---|---|---|---|---|---|
|  | Kapsel-maschine | Voll-automat | Kapsel-maschine | Voll-automat | Kapsel-maschine | Voll-automat | Kapsel-maschine | Voll-automat |
| *Menge* | | | | | | | | |
| Eigen-produktion | 500 | 0 | 250 | 200 | 0 | 200 | 0 | 0 |
| Fremdfertigung | 0 | 200 | 250 | 0 | 500 | 0 | 500 | 200 |
| *Stückkosten* | | | | | | | | |
| Eigen-produktion | 145,04 | | 145,41 | 186,15 | | 186,15 | | |
| Fremdfertigung | | | | | | | | |
| Anbieter 1 | | 205,6 | 163,55 | | 155,77 | | 147,98 | 195,33 |
| Anbieter 2 | | 202,60 | 181,96 | | 166,41 | | N/a | N/a |
| *Gesamtkosten* | | | | | | | | |
| Eigen-produktion | 72.520 | 0 | 36.353 | 37.230 | 0 | 37.230 | 0 | 0 |
| Fremdfertigung | 0 | 40.520 | 40.888 | 0 | 77.885 | 0 | 73.990 | 39.066 |
| **Gesamt** | 113.040 | | 114.471 | | 115.115 | | 113.056 | |
| **Fremdanbieter** | N/a | 2 | 1 | N/a | 1 | N/a | 1 | 1 |

**Lösungsvorschlag zu Aufgabenstellung 4**

Bislang haben für die Entscheidung hinsichtlich Eigenproduktion oder Fremdvergabe lediglich die Kosten der verschiedenen Optionen eine Rolle gespielt. Allerdings wird eine derart verkürzte Sichtweise einer solch wichtigen Entscheidung in der Praxis nicht gerecht. Vielmehr spielen andere Aspekte eine wichtige und oftmals auch eine wesentlich wichtigere Rolle. Insbesondere dann, wenn sich, wie hier der Fall, die verschiedenen Optionen bezüglich ihrer Kosten im Prinzip nur geringfügig unterscheiden.

Im Grundsatz ist die Entscheidung über die Eigenproduktion oder die Fremdvergabe nämlich oftmals (auch) eine strategische Entscheidung. Dies ist i. B. in der hier diskutierten Entscheidungssituation so, weil der Einstieg in ein neues Marktsegment erfolgen soll. Aufgrund der fehlenden Absatzzahlen aus der Vergangenheit wird eine Absatzprognose in dieser Situation somit sehr unsicher und damit wenig belastbar sein.

Es gilt also zu berücksichtigen, dass der tatsächliche Absatz in der Realität wesentlich höher oder niedriger ausfallen kann als der erwartete. Entsprechend gilt es, diese Volatilität in der Beschaffungsentscheidung zu berücksichtigen. In unserem Fall z. B. wäre die Eigenproduktion flexibler bei einer eher geringeren als der angenommenen Absatzmenge. Ein Problem würden wir bekommen, wenn der Absatz (wesentlich) höher ausfallen würde als jetzt geplant. Wie dies bei den Fremdanbietern aussieht, sollte im Rahmen der Verhandlungen zur Sprache kommen. In jedem Fall gilt es aber, derartige Mengenszenarien vorab zu diskutieren und ggf. auch vertraglich zu fixieren,

**Fallstudie X-presso AG**
Aufgabe 4

so dass es hinterher nicht zu Lieferengpässen oder großen Preisaufschlägen kommt, bzw. dass Stückzahlen abgenommen werden müssen, die aufgrund der geringer ausfallenden Nachfrage in diesem Umfang doch nicht benötigt werden.

Über die genannten strategischen Aspekte hinaus gilt es in der konkreten Situation außerdem zu berücksichtigen, dass es sich bei Anbieter 2 um einen bisher unbekannten chinesischen Hersteller handelt, bei dem die Qualität der Produkte unter Umständen nicht auf gleichbleibend hohem Niveau gewährleistet werden kann. Denkbar wäre zudem, dass es zu Problemen mit dem Schutz von Patentrechten oder sonstigem Know-how kommen könnte. Außerdem bestehen beim Bezug der Waren aus China, gerade aufgrund der INCOTERMS des Angebots (EXW) große Unsicherheiten hinsichtlich der Lieferkette nach Deutschland. Möglicherweise kann es zu dramatischen Verzögerungen bei der Lieferung kommen, die für die X-presso AG in einem Umsatzausfall oder zusätzlichen Kosten resultieren könnten. Berücksichtigen könnte man diese Risiken z. B. durch einen Risikoaufschlag in der Kalkulation, der eine Verteuerung des Angebots zur Folge hätte. Ein drastischer, aber nicht unüblicher Schritt wäre, Anbieter 2 aufgrund der vielen Bedenken bei der Vergabe gar nicht zu berücksichtigen, da z. B. die vorab nicht abschätzbaren Qualitätskosten eigentlich noch beachtet werden müssten.

## Aufgabe 4

### Die Prozesskostenrechnung

#### Lösungsvorschlag zu Aufgabenstellung 1

Grundsätzlich ist bei den einzelnen Tätigkeiten zwischen leistungsmengeninduzierten (lmi) und leistungsmengenneutralen (lmn) Tätigkeiten zu unterscheiden. Leistungsmengeninduziert bedeutet, dass Zeit und letztendlich Kosten von der Häufigkeit der Ausführung der jeweiligen einzelnen Tätigkeit abhängen. Leistungsmengenneutral bedeutet, dass die jeweilige Tätigkeit nicht von der Häufigkeit der Ausführung abhängt. Darüber hinaus gibt es Tätigkeiten, die eigentlich lmi sind, aber für die im konkreten Fall keine Mengenangaben vorliegen; diese Tätigkeiten sind folglich wie lmn zu behandeln und zu verrechnen.

Für die *Kundenhotline* (Kostenstelle 320) lassen sich die auf die einzelnen Tätigkeiten der Kostenstelle entfallenden Gesamtkosten über die bereits vorliegenden prozentualen Zeitanteile der Tätigkeiten multipliziert mit den Kosten der Kostenstelle (Kst.) berechnen. Teilt man nun die Gesamtkosten einer Tätigkeit durch die Kostentreibermenge, ergibt sich der Kostensatz für die einzelnen Tätigkeiten bzw. Teilprozesse (siehe Abb. B-71). Dieses Vorgehen könnte man als top-down bezeichnen; es entspricht der traditionellen ABC-Vorgehensweise.

Zur Berechnung der Teil- bzw. Tätigkeitskostensätze der Kst. 280 liegt für jede Tätigkeit die durchschnittliche Dauer eines einzelnen Vorganges und nicht deren Anteil an der Gesamtarbeitszeit wie im Falle von Kst. 320 vor. Für Kst. 280 können die Kostensätze der einzelnen Tätigkeiten bzw. Teilprozesse durch Multiplikation der Dauer eines Vorgangs mit dem Stundensatz der Kst. berechnet werden, was als bottom-up Vorgehensweise bezeichnet werden könnte; es entspricht der sog. time-driven ABC-Vorgehensweise. Der Stundensatz der Kst. ergibt sich durch Division der Kostenstellenkosten durch deren Kapazität (siehe Abb. B-72).

Die Gesamtkosten jeder Tätigkeit ergeben sich für Kst. 280 im zweiten Schritt als Produkt des Stundensatzes und der Menge der Kostentreiber der jeweiligen Tätigkeit. Die Differenz zwischen den so ermittelten Gesamtkosten der lmi-Tätigkeiten und den Kosten der Kostenstelle entfällt

# Lösungsvorschlag

**Abb. B-71**

**Berechnung der Teilprozesskostensätze für die Tätigkeiten in der Kundenhotline (Kst. 320)**

| ID | Tätigkeit | Kostentreiber | Menge | Anteil an Gesamt-zeit | Einzelkosten | | Inkl. Gemeinkosten-Zuschlag | | |
|---|---|---|---|---|---|---|---|---|---|
| | | | | | Kosten gesamt in EUR | Kosten-satz in EUR | Gemein-kosten Zuschlag in EUR | Kosten gesamt in EUR | Kosten-satz in EUR |
| 3201 | Bestellan-nahme am Telefon | Anzahl Bestellungen | 86.400 | 80 % | 28.800 | 0,33 | 6.756 | 35.556 | 0,41 |
| 3202 | Kunden-beratung | Nicht erfasst | N/A | 5 % | 1.800 | | | | |
| 3203 | Reklama-tions-annahme | Anzahl Reklamationen | 400 | 1 % | 360 | 0,90 | 84 | 444 | 1,11 |
| 3204 | Rücksprache intern | Nicht verrechenbar | N/A | 2 % | 720 | | | | |
| 3205 | Rückruf Kunde | Nicht erfasst | N/A | 2 % | 720 | | | | |
| 3206 | Allgemeine Verwaltungs-tätigkeit | lmn-Kosten | N/A | 10 % | 3.600 | | | | |
| GESAMT | | | | | 36.000 | | 6.840 | 36.000 | |
| | | lmi-Kosten gesamt | | | 29.160 | | | | |
| | | lmn-Kosten gesamt | | | 6.840 | | | | |

**Abb. B-72**

**Berechnung des Stundensatzes in den Kostenstellen**

| Nr. | Kostenstelle | Kosten in EUR | Kapazität in h | Stundensatz in EUR/h |
|---|---|---|---|---|
| 280 | Fertigwarenlager & Warenausgang | 19.500 | 650 | 30,00 |
| 320 | Kundenhotline | 36.000 | 3.000 | 12,00 |

auf die lmn-Tätigkeiten Lagerreinigung und -instandhaltung (2805) nämlich EUR 970 (siehe Abb. B-73).

Die so für beide Kostenstellen ermittelten Kostensätze der Teilprozesse sind sozusagen Teilprozesseinzelkosten je nach Verwendungszweck der Kostensätze kann es aber sinnvoll sein, auch die lmn-Kosten der Kostenstellen auf die einzelnen Tätigkeiten umzulegen und Kostensätze auf Vollkostenbasis zu bilden. Hierzu müssen die lmn-Kosten anteilig auf die mengeninduzierten Tätigkeiten bzw. Teilprozesse umgelegt werden. Es ergeben sich Gesamtkosten und Kostensätze der Tätigkeiten auf Vollkostenbasis (siehe Abb. B-71 und B-73).

# Fallstudie X-presso AG
Aufgabe 4

### Abb. B-73

**Berechnung der Teilprozesskostensätze für die Tätigkeiten im Fertigwarenlager & Warenausgang (Kst. 280)**

| ID | Tätigkeit | Kostentreiber | Menge | Dauer in Sek. | Einzelkosten Kostensatz in EUR | Einzelkosten Kosten gesamt in EUR | Inkl. Gemeinkosten-Zuschlag Gemeinkosten Zuschlag in EUR | Inkl. Gemeinkosten-Zuschlag Kosten gesamt in EUR | Inkl. Gemeinkosten-Zuschlag Kostensatz in EUR |
|---|---|---|---|---|---|---|---|---|---|
| 2801 | Einlagern der Fertigwarenpaletten | Anzahl Paletten | 420 | 75 | 0,63 | 263 | 14 | 277 | 0,66 |
| 2802 | Auslagern der Fertigwarenpaletten | Anzahl Paletten | 210 | 45 | 0,38 | 79 | 4 | 83 | 0,4 |
| 2803 | Zusammenstellen Bohnenkaffee Bestellungen | Anzahl Kartons | 36.000 | 20 | 0,17 | 6.000 | 314 | 6.314 | 0,18 |
| 2804 | Zusammenstellen X-presso Pakete | Anzahl Pakete | 146.250 | 10 | 0,08 | 12.188 | 638 | 12.826 | 0,09 |
| 2805 | Lagerreinigung und -instandhaltung | lmn-Kosten | N/a | N/a | | 970 | | | |
| GESAMT | | | | | | 19.500 | 970 | 19.500 | |

### Lösungsvorschlag zu Aufgabenstellung 2

Die Prozesskostensätze der Hauptprozesse ergeben sich aus den Kostensätzen der Teilprozesse sowie deren Häufigkeit in einem durchschnittlichen Prozessverlauf (siehe Abb. B-74).

Der Prozess der Bestellabwicklung von Bohnenkaffeebestellungen beinhaltet z.B. im Durchschnitt 0,9 Bestellannahmen am Telefon und 0,1 durch den Außendienst vor Ort. Außerdem werden pro durchschnittliche Bestellabwicklung 2,0 Kartons gepackt.

## Abb. B-74

Prozesskostensätze exkl. lmn-Zuschlag

| ID | Tätigkeit | Teilprozess-kostensatz in EUR | Häufig-keit* | Prozess-kostensatz in EUR |
|---|---|---|---|---|
| **Prozess »Bestellabwicklung – Bohnenkaffee Bestellung«** | | | | **0,70** |
| 3201 | Bestellannahme am Telefon | 0,33 | 0,9 | 0,30 |
| 3304 | Auftragsannahme vor Ort | 0,60 | 0,1 | 0,06 |
| 2803 | Zusammenstellen Bohnenkaffee Bestellungen | 0,17 | 2,0 | 0,34 |
| **Prozess »Bestellabwicklung – Mahlkaffee Bestellung«** | | | | **1,42** |
| 3402 | Auftragsannahme & -abwicklung | 0,85 | 1,0 | 0,85 |
| 2802 | Auslagern der Fertigwarenpaletten | 0,38 | 1,5 | 0,57 |
| **Prozess »Bestellabwicklung – X-presso Bestellung (telefonisch)«** | | | | **0,41** |
| 3201 | Bestellannahme am Telefon | 0,33 | 1,0 | 0,33 |
| 2804 | Zusammenstellen X-presso Pakete | 0,08 | 1,0 | 0,08 |
| **Prozess »Bestellabwicklung – X-presso Bestellung (online)«** | | | | **0,08** |
| 2804 | Zusammenstellen X-presso Pakete | 0,08 | 1,0 | 0,08 |

* Auftrittshäufigkeit in einem durchschnittlichen Prozessablauf

## Abb. B-75

Prozesskostensätze inkl. lmn-Zuschlag

| ID | Tätigkeit | Teilprozess-kostensatz in EUR | Häufig-keit* | Prozess-kostensatz in EUR |
|---|---|---|---|---|
| **Prozess »Bestellabwicklung – Bohnenkaffee Bestellung«** | | | | **0,79** |
| 3201 | Bestellannahme am Telefon | 0,41 | 0,9 | 0,37 |
| 3304 | Auftragsannahme vor Ort | 0,60 | 0,1 | 0,06 |
| 2803 | Zusammenstellen Bohnenkaffee Bestellungen | 0,18 | 2,0 | 0,36 |
| **Prozess »Bestellabwicklung – Mahlkaffee Bestellung«** | | | | **1,45** |
| 3402 | Auftragsannahme & -abwicklung | 0,85 | 1,0 | 0,85 |
| 2802 | Auslagern der Fertigwarenpaletten | 0,40 | 1,5 | 0,60 |
| **Prozess »Bestellabwicklung – X-presso Bestellung (telefonisch)«** | | | | **0,50** |
| 3201 | Bestellannahme am Telefon | 0,41 | 1,0 | 0,41 |
| 2804 | Zusammenstellen X-presso Pakete | 0,09 | 1,0 | 0,09 |
| **Prozess »Bestellabwicklung – X-presso Bestellung (online)«** | | | | **0,09** |
| 2804 | Zusammenstellen X-presso Pakete | 0,09 | 1,0 | 0,09 |

* Auftrittshäufigkeit in einem durchschnittlichen Prozessablauf

### Lösungsvorschlag zu Aufgabenstellung 3

Unter Anwendung des bisherigen Umlageschlüssels für die Kosten in den Kst. 280 und 320 entfielen 40 Prozent der Kosten auf die Produktgruppe Bohnenkaffee, 50 Prozent auf die Produktgruppe Mahlkaffee und 10 Prozent auf die Produktgruppe X-presso. Unter Heranziehung der ermittelten Prozesskostensätze in Verbindung mit den Prozesshäufigkeiten lassen sich die auf diese Prozesse entfallenden Kosten dieser und der anderen beiden beteiligten Kostenstellen nun alternativ auf die drei Produktgruppen zurechnen (siehe Abbildung B-76).

**Abb. B-76**

**Absorbierte Kosten auf Basis der Prozesskostenanalyse** (Angaben in EUR)

| Produktgruppe | Prozesshäufigkeit Herkömmlich | Online | Absorbierte Kosten Herkömmlich | Online | GESAMT | Anteil in Prozent |
|---|---|---|---|---|---|---|
| Bohnenkaffee | 18.000 | | 14.220 | | 14.220 | 25,2 |
| Mahlkaffee | 140 | | 203 | | 203 | 0,4 |
| X-presso Kapseln | 70.200 | 76.050 | 35.100 | 6.845 | 41.945 | 74,4 |
| GESAMT | | | | | 56.368 | 100,0 |

Es zeigt sich, dass auf Basis der Prozessanalyse und -kostenrechnung lediglich 25 Prozent der Kosten auf die Produktgruppe Bohnenkaffee und weniger als 1 Prozent der Kosten auf die PG Mahlkaffee entfallen, wohingegen der Produktgruppe X-presso entsprechend der Prozesskostenrechnung etwa drei Viertel der Kosten zugewiesen werden sollten. Das Störgefühl von Frau Weber war also berechtigt.

### Lösungsvorschlag zu Aufgabenstellung 4

Der Vergleich der Prozesskostensätze für die herkömmliche telefonische Bestellung und die Online-Bestellung zeigt, dass jede telefonische Bestellung inkl. umgelegter Gemeinkosten EUR 0,41 teurer ist, als wenn der Kunde die Bestellung direkt online über das Internet aufgibt, weil die Bestellannahme am Telefon (ID 3210) dann nicht anfällt. Insofern wäre es in der Tat überlegenswert, diese Kosten an den Kunden zu verrechnen und dadurch gleichzeitig für den Kunden einen Anreiz zu schaffen, verstärkt von der Möglichkeit der Onlinebestellung Gebrauch zu machen. Allerdings ist zu beachten, dass ein Inrechnungstellen einer Bestellgebühr für eine telefonische Bestellung u. U. negative Auswirkungen auf die Kundenzufriedenheit haben und sich somit insgesamt negativ auf die Ergebnissituation der X-presso WKR auswirken könnte. Diese Aspekte wären vor einer möglichen Einführung einer derartigen Pauschale also zu berücksichtigen und ggf. detaillierter zu analysieren.

# Aufgabe 5

## Der ROCE zur Analyse der wirtschaftlichen Situation

### Lösungsvorschlag zu Aufgabenstellung 1

Der Return on Capital Employed (ROCE) ist eine Renditekennzahl auf das investierte Kapital, definiert als sog. Capital Employed. Das Capital Employed wiederum ist die Summe aus dem langfristigen Kapital bzw. dem Anlagevermögen und dem Net Working Capital (Nettoumlaufvermögen).

Um die Aussagekraft des Treiberbaums zu steigern, ist es sinnvoll, den ROCE auf der ersten Detaillierungsebene analog zum DuPont System of Financial Control aus der EBIT-Marge und dem Kapitalumschlag zu errechnen (siehe Abb. B-77); theoretisch wäre es aber auch denkbar, den ROCE direkt aus dem EBIT und dem Capital Employed abzuleiten.

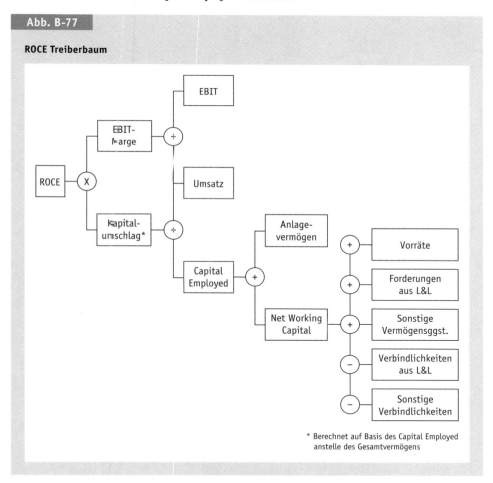

**Abb. B-77**

**ROCE Treiberbaum**

\* Berechnet auf Basis des Capital Employed anstelle des Gesamtvermögens

## Lösungsvorschlag zu Aufgabenstellung 2

**Abb. B-78**

**ROCE Treiberbaum Webersche Kaffeerösterei GmbH, 2007** (Angaben in Mio. EUR)

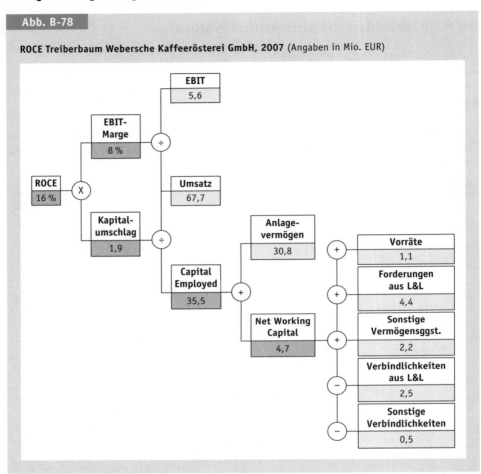

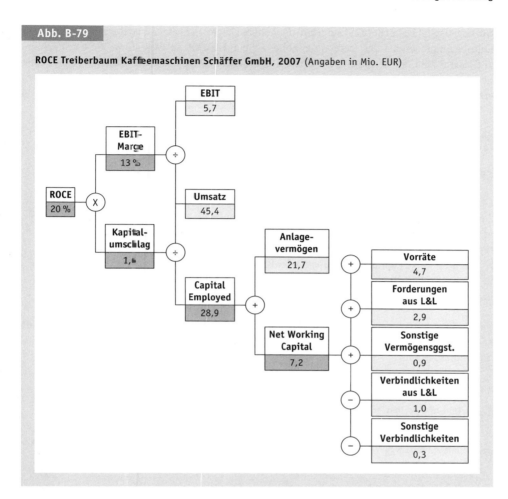

Abb. B-79

ROCE Treiberbaum Kaffeemaschinen Schäffer GmbH, 2007 (Angaben in Mio. EUR)

## Lösungsvorschlag zu Aufgabenstellung 3

Das Operative Ergebnis (EBIT) der beiden Tochterunternehmen ist im Geschäftsjahr 2007 nahezu identisch. Allerdings erwirtschaftet die KMS GmbH dieses Ergebnis insgesamt mit einem geringeren Umsatz und Kapitaleinsatz, was sich in der höheren EBIT-Marge bzw. dem höheren ROCE widerspiegelt.

Die moderate EBIT-Marge der WKR GmbH ist typisch für einen Konsumgüterhersteller, der in der Regel gegenüber dem abnehmenden Handel über eine geringe Marktmacht verfügt und damit keine exorbitanten Margen durchsetzen kann. Lediglich das wachsende Kapselsegment erlaubt im Direktvertrieb höhere Margen, so dass in Summe eine moderate EBIT-Marge von acht Prozent zustande kommt. Demgegenüber gelingt es der KMS, auf ihre Produkte eine höhere EBIT-Marge zu erzielen und gegenüber dem Handel durchzusetzen, weil der Preisdruck bei Elektrokleingeräten gerade im Premiumsegment nicht so hoch ist wie im Konsumgüterbereich.

Auf der anderen Seite ist jedoch der Kapitalumschlag der KMS etwas geringer als der der WKR, weil das zur Produktion nötige Kapital im Verhältnis zum Umsatz höher ist. Insbesondere das Net

**Fallstudie X-presso AG**
Aufgabe 6

Working Capital ist bei der KMS aufgrund der höheren Lagerreichweiten und der schlechteren Zahlungsbedingungen bei den Lieferanten höher als bei der WKR, so dass die WKR die schlechtere EBIT-Marge zum Teil durch den höheren Kapitalumschlag ausgleichen kann und insgesamt immer noch eine akzeptable Rendite von 16 Prozent auf das eingesetzte Kapital (Capital Employed) erzielt, die einem ROCE von 20 Prozent bei der KMS gegenübersteht.

## Aufgabe 6

### CFROI und CVA zur Bewertung des Markteintritts in China

**Lösungsvorschlag zu Aufgabenstellung 1**

Sowohl zur Berechnung des CFROI als auch zur Berechnung des CVA nach der Berechnungsvariante mit ökonomischen Abschreibungen werden die folgenden drei Berechnungskomponenten benötigt:

i. Das investierte Kapital (IK) zu Beginn der Periode
ii. Der Brutto-Cashflow (BCF) der Periode
iii. Die ökonomischen Abschreibungen (ÖA) der Periode

Um das investierte Kapital und den Brutto-Cashflow ermitteln zu können, ist es im ersten Schritt nötig bzw. sinnvoll, die Gewinn- und Verlustrechnung (B-80) und die Bilanz einer X-presso Boutique aufzustellen.

**Abb. B-80**

| Gewinn- und Verlustrechnung einer X-presso Boutique (Angaben in Tsd. CNY) | |
|---|---:|
| **Umsatzerlöse** | **4.000** |
| Materialaufwand | 1.000 |
| Personalaufwand | 134 |
| Abschreibungen | 100 |
| Sonstige betriebliche Aufwendungen | 487 |
|   Mietkosten | 467 |
|   Energiekosten | 10 |
|   Sonstige Nebenkosten | 10 |
| **EBIT** | **2.279** |
| Zinsergebnis | –53 |
| Finanzergebnis | –53 |
| **Ergebnis vor Steuern** | **2.226** |
| Steuern | 557 |
| **Jahresüberschuss** | **1.669** |

Die Umsatzerlöse eines Geschäftsjahres errechnen sich aus der Fläche einer Boutique (siehe Abb. B-29) und der Flächenproduktivität von CNY 50 Tsd. pro qm und Jahr. Der Materialaufwand lässt sich im nächsten Schritt aus dem Umsatz und der Handelsmarge der Produkte berechnen, die Personalkosten aus dem Monatslohn eines Boutiquemitarbeiters und der Anzahl der Mitarbeiter pro Boutique × 12 Monate. Die Abschreibungen ergeben sich als Quotient aus der Investitionssumme für die Ladenausstattung und der Nutzungsdauer bzw. den Abschreibungszeitraum in Jahren. Die sonstigen betrieblichen Aufwendungen setzen sich aus den Mietkosten, Energiekosten und sonstigen Nebenkosten zusammen (siehe Abb. B-29). Die Mietkosten sind das Produkt aus der Tagesmiete pro qm und der Fläche einer Boutique × 365 Tage.

Vom EBIT sind dann noch die Zinsen auf den Bankkredit zur Finanzierung der Ladeneinrichtung und der Vorräte (siehe Abb. B-81) abzuziehen, um das Ergebnis vor Steuern zu berechnen. Die Zinsen sind das Produkt aus der Kreditsumme und dem Zinssatz für Fremdkapital in Höhe von 8 Prozent. Der Jahresüberschuss ergibt sich aus dem Ergebnis vor Steuern unter Abzug der Steuern auf den Gewinn in China in Höhe von 25 Prozent.

### Abb. B-81

**Bilanz** (Angaben in Tsd. CNY)

| | $t_0$ | $t_1$ |
|---|---|---|
| **AKTIVA** | 664 | 2333 |
| **Anlagevermögen** | 500 | 400 |
| Immaterielle Vermögensgegenstände | 0 | 0 |
| Sachanlagen | 500 | 400 |
| Finanzanlagen | 0 | 0 |
| **Umlaufvermögen** | 164 | 1933 |
| Vorräte | 164 | 164 |
| Forderungen aus L&L | 0 | 0 |
| Sonstige Vermögensgegenstände | 0 | 0 |
| Liquide Mittel | 0 | 1.769 |
| **PASSIVA** | 664 | 2333 |
| **Eigenkapital** | 0 | 1.669 |
| **Rückstellungen** | 0 | 0 |
| **Verbindlichkeiten** | 664 | 664 |
| Bankverbindlichkeiten | 664 | 664 |
| Verbindlichkeiten aus L&L | 0 | 0 |
| Sonstige Verbindlichkeiten | 0 | 0 |

Die einzigen auf der Aktivseite der Bilanz relevanten Posten sind die Vorräte aufgrund des Lageraufbaus und das Sachanlagevermögen (siehe Abb. B-81).

Aufgrund der Abschreibungen verringert sich das Sachanlagevermögen, das zum Zeitpunkt $t_0$ als Resultat der Investition in die Ladeneinrichtung CNY 500 Tsd. beträgt, um CNY 100 Tsd. pro Jahr und beträgt nach dem ersten Geschäftsjahr noch CNY 400 Tsd. Die Vorräte lassen sich als Produkt aus Lagerreichweite (60 Tage) und Materialaufwand pro Tag (also Materialaufwand/365) berechnen.

Da zur Finanzierung von Ladeneinrichtung und Vorräten Fremdkapital aufgenommen werden soll, entspricht die auf der Aktivseite aus Sachanlagevermögen und Vorräten berechnete Bilanzsumme zum Zeitpunkt $t_0$ auf der Passivseite dem Kapitalbedarf in Form von Bankverbindlichkeiten. Der im Jahresverlauf erwirtschaftete Einzahlungsüberschuss wird sukzessive dem Eigenkapital

**Fallstudie X-presso AG**
Aufgabe 6

zugeführt.[15] Die Liquiden Mittel der Schlussbilanz bestehen aus den Liquiden Mitteln zum Zeitpunkt $t_0$ zuzüglich des Jahresüberschusses abzüglich der (nicht zahlungsrelevanten) Abschreibungen.

X-presso hat sich entschieden, die Boutiquen nicht durch Erwerb, sondern durch Anmietung der Räumlichkeiten zu eröffnen. Die Berechnungslogik des CFROI sieht es jedoch vor, dass diese operative Entscheidung »Kauf oder Miete« neutralisiert wird, um deren Einfluss auf den CFROI auszuschalten. Die Aufwendungen für Mieten sind daher zum einen aus dem Brutto-Cashflow herauszurechnen. Zum anderen muss der äquivalente Anschaffungspreis des Mietobjektes aktiviert und zum investierten Kapital hinzugerechnet werden. Da von einer uneingeschränkten Nutzung bzw. Laufzeit einer Boutique ausgegangen werden kann ($\rightarrow$ ewige Rente), ist zur Berechnung des Anschaffungspreises des Mietobjektes die Jahresmiete durch die inflationsbereinigten Fremdkapitalkosten zu teilen (8% – 4% = 4%)[16].

Das investierte Kapital (i) lässt sich nun aus der Bilanzsumme abzüglich des nicht betriebsnotwendigen Vermögens (hier der Liquiditätsüberschuss zum Zeitpunkt $t_1$) zuzüglich der kumulierten Abschreibungen sowie der eben berechneten Investition für das aktivierte Mietobjekt berechnen (siehe Abb. B-82).

Ausgangspunkt für die Berechnung des Brutto-Cashflows (ii) ist der Jahresüberschuss, der zunächst um den Finanzierungseffekt, also um die Fremdkapitalzinsen abzüglich des steuerlichen

**Abb. B-82**

**Berechnung des Investierten Kapitals** (Angaben in Tsd. CNY)

|   |   | $t_0$ | $t_1$ |
|---|---|---:|---:|
|   | Bilanzsumme | 664 | 2.333 |
| – | Nicht betriebsnotwendiges Vermögen | 0 | 1.769 |
| + | Kumulierte Abschreibungen |  | 100 |
| + | Aktivierte Miet-/Leasingobjekte | 11.675 | 11.675 |
|   | **Investiertes Kapital** | **12.339** | **12.339** |

Effekts, zu bereinigen ist. Im zweiten Schritt müssen nun zum bereinigten operativen Ergebnis die nicht zahlungsrelevanten Abschreibungen sowie die oben bereits thematisierten und zu neutralisierenden Mietkosten inkl. der Netto-Steuerwirkung auf die Aktivierung[17] hinzugerechnet werden, um den Brutto-Cashflow zu ermitteln (siehe Abb. B-83), der für beide Geschäftsjahre identisch ist.

---

15 Genau genommen müsste zumindest das zur Firmengründung notwendige Kapital bereits zum Zeitpunkt $t_0$ als Eigenkapital ausgewiesen werden. Darauf wird hier jedoch aus Vereinfachungsgründen und, weil diese Unterscheidung im Weiteren unwesentlich ist, verzichtet.
16 Sollte für das Mietobjekt ein Marktwert vorliegen, so wäre der Marktwert anstelle des berechneten Wertes anzusetzen.
17 Vereinfachungshalber wird von einem Netto-Null-Effekt der Steuerwirkung ausgegangen.

### Abb. B-83

**Berechnung des Brutto-Cashflows** (Angaben in Tsd. CNY)

| | | |
|---|---:|---:|
| Jahresüberschuss | 1.669 | 1.670 |
| + Aufwendungen für Fremdkapitalzinsen | 53 | 53 |
| − Steuermehraufwand wegen des fehlenden Tax Shields der Fremdkapitalzinsen | 13 | 13 |
| = **Bereinigtes operatives Ergebnis (nach Steuern vor Zinsen)** | **1.709** | **1.710** |
| + Abschreibungen | 100 | 100 |
| − Steuermehraufwand wegen des fehlenden Tax Shields der Abschreibungen | 25 | 25 |
| + Miet-/Leasingaufwendungen* | 467 | 467 |
| − Steuerwirkung der Miet-/Leasingaufwendungen | 117 | 117 |
| + Steuerwirkung der Abschreibungen auf die aktivierten Miet-/Leasingobjekte | 117 | 117 |
| = **Brutto-Cashflow** | **2.251** | **2.252** |

* Annahme: Steuerwirkung der Aktivierung und der Abschreibung heben sich gegenseitig auf.

Die ökonomischen Abschreibungen (iii) sowohl für das erste wie auch für das zweite Geschäftsjahr berechnen sich wie folgt:

### Abb. B-84

**Berechnung der ökonomischen Abschreibungen** (Angaben in Tsd. CNY)

$$\text{ÖA} = \frac{aA \times WACC}{(1+WACC)^n - 1} = \frac{500 \times 10\%}{0,6} = 82$$

aA: Abschreibbares Anlagevermögen zu historischen Werten
n: Nutzungsdauer der Investition/des Unternehmens

Auf Basis des Brutto-Cashflows, der ökonomischen Abschreibungen und des investierten Kapitals lassen sich der CFROI bzw. der CVA nun folgendermaßen berechnen:

### Abb. B-85

**CFROI einer X-presso Boutique** (Angaben in Tsd. CNY)

$$\text{CFROI} = \frac{BCF - ÖA}{IK} = \frac{2.251 - 82}{12.339} = 17,6\%$$

### Abb. B-86

**Cash Value Added einer X-presso Boutique** (Angaben in Tsd. CNY)

$$\begin{aligned}
CVA &= BCF - ÖA - (WACC \times IK) \\
&= 2.251 - 82 - (10\% \times 12.339) \\
&= 2.169 - 1234 \\
&= 935
\end{aligned}$$

# Fallstudie X-presso AG
## Aufgabe 6

Da die Planwerte für Brutto-Cashflow, ökonomische Abschreibungen und das investierte Kapital für beide Geschäftsjahre identisch sind, sind der CFROI und der CVA ebenfalls für beide Geschäftsjahre identisch.

### Lösungsvorschlag zu Aufgabenstellung 2

Zwei gegenläufige Effekte sind bei der Ermittlung der optimalen Boutiquenanzahl zu berücksichtigen: Zum einen trägt jede zusätzlich eröffnete Boutique mit ihrem Deckungsbeitrag zur Deckung der durch das Verwaltungsbüro und das Logistikzentrum verursachten Gemeinkosten bei; zum anderen führt die mit der Eröffnung jeder zusätzlichen Boutique sinkende Flächenproduktivität **aller Boutiquen** zu einem Rückgang des Deckungsbeitrags der gesamten Fläche.

Zur Ermittlung der optimalen Boutiquenanzahl könnte man nun entweder den CFROI und den CVA formal maximieren – was allerdings eine relativ komplexe Optimierungsgleichung erfordern würde – oder schlichtweg den CFROI und den CVA für eine unterschiedliche Anzahl Boutiquen berechnen und anschließend das Optimum über den maximalen CFROI bzw. CVA identifizieren. Letzterer Lösungsweg wird fortan weiterverfolgt, wobei die grundsätzliche Berechnungslogik der aus (1) bekannten Logik für eine einzelne Boutique entspricht.

### Abb. B-87

**Gewinn- und Verlustrechnung** (Angaben in Tsd. CNY)

| | Verwaltung | Lagerhaus | Boutiquen* | | | | | | | |
|---|---|---|---|---|---|---|---|---|---|---|
| | | | 0 | 1 | 2 | 3 | 4 | 5 | 6 | 7 |
| **Umsatzerlöse** | | | | 4.000 | 7.600 | 10.800 | 13.600 | 16.000 | 18.000 | 19.600 |
| Materialaufwand | | | | 1.000 | 1.900 | 2.700 | 3.400 | 4.000 | 4.500 | 4.900 |
| Personalaufwand | 228 | 130 | 358 | 492 | 626 | 760 | 894 | 1.028 | 1.162 | 1.296 |
| Abschreibungen | 100 | 100 | 200 | 300 | 400 | 500 | 600 | 700 | 800 | 900 |
| Sonstige betriebliche Aufwendungen | 130 | 283 | 413 | 1.900 | 2.387 | 2.874 | 3.361 | 3.848 | 4.335 | 4.822 |
| Marketingaufwendungen | | | 0 | 1.000 | 1.000 | 1.000 | 1.000 | 1.000 | 1.000 | 1.000 |
| Mietkosten | 110 | 183 | 293 | 760 | 1.227 | 1.694 | 2.161 | 2.628 | 3.095 | 3.562 |
| Energiekosten | 10 | 50 | 60 | 70 | 80 | 90 | 100 | 110 | 120 | 130 |
| Sonstige Nebenkosten | 10 | 50 | 60 | 70 | 80 | 90 | 100 | 110 | 120 | 130 |
| **EBIT** | | | −971 | 308 | 2.287 | 3.966 | 5.345 | 6.424 | 7.203 | 7.682 |
| Zinsergebnis | | | −120 | −173 | −225 | −276 | −325 | −373 | −419 | −464 |
| Finanzergebnis | | | −120 | −173 | −225 | −276 | −325 | −373 | −419 | −464 |
| **Ergebnis vor Steuern** | | | −1.091 | 135 | 2.062 | 3.690 | 5.020 | 6.051 | 6.784 | 7.218 |
| Steuern** | | | 0 | 34 | 516 | 923 | 1.255 | 1.513 | 1.696 | 1.805 |
| **Jahresüberschuss** | | | −1.091 | 101 | 1.546 | 2.767 | 3.765 | 4.538 | 5.088 | 5.413 |

* Beinhalten neben den Kosten der Boutiquen auch die Kosten für die Verwaltung und das Lager

### Abb. B-88

**Bilanz des gesamten Chinageschäfts zum Zeitpunkt $t_0$** (Angaben in Tsd. CNY)

| Anzahl Boutiquen | 0 | 1 | 2 | 3 | 4 | 5 | 6 | 7 |
|---|---|---|---|---|---|---|---|---|
| **AKTIVA** | 1.500 | 2.164 | 2.812 | 3.444 | 4.059 | 4.658 | 5.240 | 5.805 |
| **Anlagevermögen** | 1.500 | 2.000 | 2.500 | 3.000 | 3.500 | 4.000 | 4.500 | 5.000 |
| Immaterielle Vermögensgegenstände | 0 | 0 | 0 | 0 | 0 | 0 | 0 | 0 |
| Sachanlagen | 1.500 | 2.000 | 2.500 | 3.000 | 3.500 | 4.000 | 4.500 | 5.000 |
| Finanzanlagen | 0 | 0 | 0 | 0 | 0 | 0 | 0 | 0 |
| **Umlaufvermögen** | 0 | 164 | 312 | 444 | 559 | 658 | 740 | 805 |
| Vorräte | 0 | 164 | 312 | 444 | 559 | 658 | 740 | 805 |
| Forderungen aus L&L | 0 | 0 | 0 | 0 | 0 | 0 | 0 | 0 |
| Sonstige Vermögensgegenstände | 0 | 0 | 0 | 0 | 0 | 0 | 0 | 0 |
| Liquide Mittel | 0 | 0 | 0 | 0 | 0 | 0 | 0 | 0 |
| **PASSIVA** | 1.500 | 2.164 | 2.812 | 3.444 | 4.059 | 4.658 | 5.240 | 5.805 |
| **Eigenkapital** | 0 | 0 | 0 | 0 | 0 | 0 | 0 | 0 |
| **Rückstellungen** | 0 | 0 | 0 | 0 | 0 | 0 | 0 | 0 |
| **Verbindlichkeiten** | 1.500 | 2.164 | 2.812 | 3.444 | 4.059 | 4.658 | 5.240 | 5.805 |
| Bankverbindlichkeiten | 1.500 | 2.164 | 2.812 | 3.444 | 4.059 | 4.658 | 5.240 | 5.805 |
| Verbindlichkeiten aus L&L | 0 | 0 | 0 | 0 | 0 | 0 | 0 | 0 |
| Sonstige Verbindlichkeiten | 0 | 0 | 0 | 0 | 0 | 0 | 0 | 0 |

### Abb. B-89

**Berechnung des Investierten Kapitals für das gesamte Chinageschäft** (Angaben in Tsd. CNY)

| Boutiquen | 0 | 1 | 2 | 3 | 4 | 5 | 6 | 7 |
|---|---|---|---|---|---|---|---|---|
| Bilanzsumme | 1.500 | 2.164 | 2.812 | 3.444 | 4.059 | 4.658 | 5.240 | 5.805 |
| + Aktivierte Miet-/Leasingobjekte | 7.325 | 19.000 | 30.675 | 42.350 | 54.025 | 65.700 | 77.375 | 89.050 |
| **Investiertes Kapital** | 8.825 | 21.164 | 33.487 | 45.794 | 58.084 | 70.358 | 82.615 | 94.855 |

Es zeigt sich, dass zur Maximierung des CFROIs vier und zur Maximierung des CVAs fünf Boutiquen unter den gegebenen Bedingungen und Annahmen optimal wären. Der Unterschied resultiert daraus, dass der durch die fünfte Boutique generierte zusätzliche Brutto-Cashflow nach Abzug der ökonomischen Abschreibungen einerseits die auf Basis des WACCs ermittelte Mindestrendite auf die Kapitalkosten erwirtschaftet und daher einen positiven Cash Value Added liefert. Andererseits liegt dieser zusätzliche Wertbeitrag im Verhältnis zum dafür zusätzlich investierten Kapital jedoch unter dem relativen Wertbeitrag, gemessen als CFROI, der vorherigen vier Boutiquen.

Anhand dieses Beispiels wird deutlich, dass die Vorgabe einer Maximierung einer relativen Kennzahl wie dem CFROI unter bestimmten Bedingungen zu einer Fehlsteuerung führen kann. Hängt die Eröffnung der fünften Boutique nicht vom Vorhandensein von ausreichend Kapital ab, so würde deren Eröffnung einen positiven Wertbeitrag für X-presso leisten und die Eröffnung wäre insgesamt vorteilhaft.

# Fallstudie X-presso AG
Aufgabe 6

### Abb. B-90

**Berechnung des Brutto-Cashflows des gesamten Chinageschäfts** (Angaben in Tsd. CNY)

| Boutiquen | | 0 | 1 | 2 | 3 | 4 | 5 | 6 | 7 |
|---|---|---|---|---|---|---|---|---|---|
| **Jahresüberschuss** | | −1.091 | 101 | 1.546 | 2.767 | 3.765 | 4.538 | 5.088 | 5.413 |
| + | Aufwendungen für Fremdkapitalzinsen | 120 | 173 | 225 | 276 | 325 | 373 | 419 | 464 |
| − | Steuermehraufwand wegen des fehlenden Tax Shields der Fremdkapitalzinsen | 30 | 43 | 56 | 69 | 81 | 93 | 105 | 116 |
| = | **Bereinigtes operatives Ergebnis (nach Steuern vor Zinsen)** | −1.001 | 231 | 1.715 | 2.974 | 4.009 | 4.818 | 5.402 | 5.761 |
| + | Abschreibungen | 200 | 300 | 400 | 500 | 600 | 700 | 800 | 900 |
| − | Steuermehraufwand wegen des fehlenden Tax Shields der Abschreibungen | 50 | 75 | 100 | 125 | 150 | 175 | 200 | 225 |
| + | Miet-/Leasingaufwendungen | 293 | 760 | 1.227 | 1.694 | 2.161 | 2.628 | 3.095 | 3.562 |
| − | Steuerwirkung der Miet-/Leasingaufwendungen | 73 | 190 | 307 | 424 | 540 | 657 | 774 | 891 |
| + | Steuerwirkung der Abschreibungen auf die aktivierten Miet-/Leasingobjekte | 73 | 190 | 307 | 424 | 540 | 657 | 774 | 891 |
| = | **Brutto-Cashflow** | −558 | 1.216 | 3.242 | 5.043 | 6.620 | 7.971 | 9.097 | 9.998 |

### Abb. B-91

**Ermittlung der Ökonomischen Abschreibung**

| | Einheit | Boutique | Verwaltung | Lagerhaus |
|---|---|---|---|---|
| Abschreibbares Anlagevermögen* | Tsd. CNY | 500 | 500 | 1.000 |
| Nutzungsdauer des Anlagevermögens | Jahre | 5 | 5 | 10 |
| **Ökonomische Abschreibung** | Tsd. CNY pro Jahr | 82 | 82 | 63 |

* Zu historischen Werten

### Abb. B-92

**Berechnung des CFROI des Chinageschäfts in Abhängigkeit von der Anzahl Boutiquen**
(Angaben in Tsd. CNY)

Maximum

| Boutiquen | 0 | 1 | 2 | 3 | 4 | 5 | 6 | 7 |
|---|---|---|---|---|---|---|---|---|
| Brutto-Cashflow | −558 | 1.216 | 3.242 | 5.043 | 6.620 | 7.971 | 9.097 | 9.998 |
| Ökonomische Abschreibung | 145 | 227 | 309 | 391 | 473 | 555 | 637 | 719 |
| Investiertes Kapital | 8.825 | 21.164 | 33.487 | 45.794 | 58.084 | 70.358 | 82.615 | 94.855 |
| **CFROI** | −8,0 % | 4,7 % | 8,8 % | 10,2 % | 10,6 % | 10,5 % | 10,2 % | 9,8 % |

### Abb. B-93

Cash Value Added des Chinageschäfts in Abhängigkeit von der Anzahl Boutiquen
(Angaben in Tsd. CNY)

| Boutiquen | 0 | 1 | 2 | 3 | 4 | 5 (Maximum) | 6 | 7 |
|---|---|---|---|---|---|---|---|---|
| Brutto-Cashflow | −558 | 1.216 | 3.242 | 5.043 | 6.620 | 7.971 | 9.097 | 9.998 |
| Ökonomische Abschreibung | 145 | 227 | 309 | 391 | 473 | 555 | 637 | 719 |
| Investiertes Kapital | 8.825 | 21.164 | 33.487 | 45.794 | 58.084 | 70.358 | 82.615 | 94.855 |
| CVA | −1.586 | −1.128 | −416 | 73 | 338 | 380 | 199 | −207 |

### Lösungsvorschlag zu Aufgabenstellung 3

Sowohl der CFROI als auch der CVA sind wertorientierte finanzielle Kennzahlen, die die Kapitalkosten berücksichtigen und auf dem Cashflow und nicht auf dem Gewinn eines Unternehmens basieren.

*»Profits are an opinion, cash is a fact.«*

Für ein Unternehmen ist aber nicht der relative Cashflow, gemessen durch eine relative Kennzahl, sondern der absolute Cashflow, gemessen durch eine absolute Kennzahl, ausschlaggebend für den Erfolg. Beim CFROI handelt es sich um eine relative, beim CVA hingegen um eine absolute Kennzahl. Wie in (2) demonstriert, birgt die Steuerung über eine relative Kennzahl die Gefahr einer Fehlsteuerung, wenn die Zielvorgabe eine Maximierung und nicht das Erreichen bzw. Überbieten eines Mindestwertes darstellt. Diese Gefahr besteht bei einer absoluten Kennzahl wie dem CVA nicht.

Unter Berücksichtigung dieser Überlegungen ist Dr. Binder eher der CVA als der CFROI als Spitzenkennzahl zur zukünftigen Steuerung der X-presso AG zu empfehlen.

## Aufgabe 7

### Ermittlung von Verrechnungspreisen für das Chinageschäft

#### Lösungsvorschlag zu Aufgabenstellung 1

Die Grenzkosten einer Maschine entsprechen den variablen Kosten der Maschine. Die Grenzkosten der XP-Maschine setzen sich folglich aus den variablen Materialkosten und den Fertigungslöhnen zusammen und betragen EUR 90 (siehe Abb. B-94). Ein Verrechnungspreis auf Grenzkostenbasis würde somit ebenfalls EUR 90 betragen.

### Abb. B-94

Grenzkosten einer XP-Maschine (Angaben in EUR)

| Kostenart | Kosten |
|---|---|
| Variable Materialeinzelkosten | 80,00 |
| Fertigungslöhne | 10,00 |
| **Gesamt** | **90,00** |

**Fallstudie X-presso AG**
Aufgabe 7

Ein Verrechnungspreis auf Vollkostenbasis entspricht im Prinzip den Selbstkosten der Maschine, die neben den (variablen) Einzelkosten der Maschine auch Anteile der auf sämtliche Kostenträger umgelegten Fixkosten beinhalten. Die Zurechnung der Fixkosten erfolgt auf Basis der Zuschlagssätze (siehe Abb. B-31); die anzusetzenden (variablen) Einzelkosten sind aus Abb. B-30 bekannt. Nach Berücksichtigung sämtlicher relativer und absoluter Zuschläge ergeben sich Selbstkosten der XP-Maschine von EUR 149,20 (siehe Abb. B-95). Ein Verrechnungspreis auf Vollkostenbasis würde somit ebenfalls EUR 149,20 betragen.

### Abb. B-95

**Selbstkosten einer XP-Maschine** (Angaben in EUR pro Stück)

| | |
|---|---:|
| Materialeinzelkosten | 80,00 |
| Materialgemeinkostenzuschlag | 8,80 |
| Materialkosten | 88,80 |
| Fertigungslohnkosten | 10,00 |
| Werkzeugkosten | 10,00 |
| Fertigungskosten | 20,00 |
| Herstellkosten | 108,80 |
| Vertriebslogistikzuschlag | 0,50 |
| F&E Gemeinkosten | |
| F&E Zuschlag | 1,00 |
| Zuschlag X-presso Tech. Zentrum | 3,00 |
| Verwaltungskostenzuschlag | 35,90 |
| **Selbstkosten** | **149,20** |

**Lösungsvorschlag zu Aufgabenstellung 2**

Zur Ermittlung des aus dem Chinageschäft zu erwartenden (zusätzlichen) Gewinns in Abhängigkeit vom gewählten Verrechnungspreis und vom Bruttopreis des Produktes bzw. der korrelierenden Absatzmenge, ist es im ersten Schritt sinnvoll, (i) auf Basis des Verrechnungspreises die Einstandskosten der X-presso China Ltd. sowie (ii) die zu erwartende Absatzmenge in Abhängigkeit vom Bruttopreis zu berechnen.

Die Einstandskosten (i) der X-presso China Ltd. berechnen sich aus dem Verrechnungspreis, der beim Import der Produkte nach China dem Warenwert entspricht, und dem auf Maschinen erhobenen Importzoll i. H. v. 32 Prozent (siehe Abb. B-96). Je nach Vorgehensweise ist außerdem der Wechselkurs von CNY 9 pro EUR zu berücksichtigen.

### Abb. B-96

**Vom Verrechnungspreis zu den Einstandskosten**

| Variante | VRP in EUR | Einstandskosten X-presso China* in CNY |
|---|---:|---:|
| Grenzkosten | 90,00 | 1.069 |
| Vollkosten | 149,20 | 1.772 |

* Aus Vereinfachungsgründen werden Transportkosten nicht berücksichtigt

Die mit einem Bruttopreis von CNY 1.999 einhergehende Absatzmenge entspricht der Marktforschung zufolge 10.000 Stück. Läge der Bruttopreis um CNY 100 höher, also bei CNY 2.099, dann würde sich die Absatzmenge um 10 Prozent, also um 1.000 Stück, verringern. Läge der Bruttopreis um weitere CNY 100 höher, so würde sich die Absatzmenge um weitere 10 Prozent, nun also um 900 Stück, verringern, usw. Auf diese Art und Weise ergibt sich die Nachfragekurve der in Frage kommenden Bruttopreisspanne zwischen CNY 1.999 und 2.999 (siehe Abb. B-97).

**Abb. B-97**

**Erwartete Nachfragekurve**

| Bruttopreis in CNY | Absatzmenge XP-Maschine |
|---:|---:|
| 1.999 | 10.000 |
| 2.099 | 9.000 |
| 2.199 | 8.100 |
| 2.299 | 7.290 |
| 2.399 | 6.561 |
| 2.499 | 5.905 |
| 2.599 | 5.315 |
| 2.699 | 4.784 |
| 2.799 | 4.306 |
| 2.899 | 3.875 |
| 2.999 | 3.488 |

Auf Basis des aus dem Bruttopreis zu berechnenden Nettopreises (Bruttopreis ÷ (1+17 % Mehrwertsteuer), der durch einen bestimmten Bruttopreis bedingten Absatzmenge sowie der Einstandskosten der XP-Maschine lässt sich nun der (zusätzliche) Gewinn nach Steuern durch den Verkauf der XP-Maschine berechnen (siehe Abb. B-98).

Der Gewinn der X-presso China Ltd. nach Steuern entspricht der Differenz aus dem Nettopreis und den Einstandskosten multipliziert mit der jeweiligen Absatzmenge abzüglich der zu zahlenden Steuern in China i. H. v. 25 Prozent[18]. Da der Gewinn aus Vergleichbarkeitsgründen in EUR ausgewiesen wird, ist außerdem je nach Rechenweg der Wechselkurs zu berücksichtigen. Der Gewinn der KMS entspricht der Differenz aus dem Verrechnungspreis und den Grenzkosten der Maschine, multipliziert mit der jeweiligen Absatzmenge, abzüglich der zu zahlenden Steuern in Deutschland i. H. v. 30 Prozent. Der Konzerngewinn ist die Summe des in China und bei der KMS in Deutschland anfallenden Gewinns.

---

18 Da die X-presso China Ltd. neben der XP-Maschine zusätzlich Kapseln verkauft, wird hier davon ausgegangen, dass ein potenzieller Verlust durch den Verkauf der Maschine lediglich gewinn- und damit steuermindernd wirkt; daher wird hier auch ein Verlust »besteuert«.

# Fallstudie X-presso AG
Aufgabe 7

### Abb. B-98

**(Zusätzlicher) Gewinn nach Steuern durch den Absatz der XP-Maschinen in China**

| Preis in CNY | | Absatz | (Zusätzlicher) Gewinn nach Steuern in Tsd. EUR | | | | | |
|---|---|---|---|---|---|---|---|---|
| | | | X-presso China Ltd. | | KMS | | Konzern (gesamt) | |
| brutto | netto | | GK | VK | GK | VK | GK | VK |
| 1.999 | 1.709 | 10.000 | 533 | −53 | 0 | 414 | 533 | 362 |
| 2.099 | 1.794 | 9.000 | 544 | 17 | 0 | 373 | 544 | 389 |
| 2.199 | 1.879 | 8.100 | 547 | 72 | 0 | 336 | 547 | 408 |
| 2.299 | 1.965 | 7.290 | 544 | 117 | 0 | 302 | 544 | 419 |
| 2.399 | 2.050 | 6.561 | 536 | 152 | 0 | 272 | 536 | 424 |
| 2.499 | 2.136 | 5.905 | 525 | 179 | 0 | 245 | 525 | 424 |
| 2.599 | 2.221 | 5.315 | 510 | 199 | 0 | 220 | 510 | 419 |
| 2.699 | 2.307 | 4.784 | 494 | 213 | 0 | 198 | 494 | 412 |
| 2.799 | 2.392 | 4.306 | 475 | 222 | 0 | 178 | 475 | 401 |
| 2.899 | 2.478 | 3.875 | 455 | 228 | 0 | 161 | 455 | 389 |
| 2.999 | 2.563 | 3.488 | 434 | 230 | 0 | 145 | 434 | 374 |

GK: Bei einem Verrechnungspreis auf Grenzkostenbasis
VK: Bei einem Verrechnungspreis auf Vollkostenbasis

**Ist es ökonomischer, den Verrechnungspreis auf Grenz- oder auf Vollkostenbasis festzulegen?**
Es zeigt sich, dass der optimale Bruttopreis zur Maximierung des Gewinns sowohl aus Sicht der X-presso China Ltd. als auch aus Konzernsicht vom Verrechnungspreis abhängig ist. Dies liegt daran, dass sich in Abhängigkeit vom Verrechnungspreis sowohl die Gesamtsteuerlast als auch der zu zahlende Importzoll verändert: Je höher der Verrechnungspreis, desto höher die Steuerlast und die Zollgebühren. Dies liegt im Falle der Steuer daran, dass mit steigendem Verrechnungspreis ein größerer Anteil des Gewinns in Deutschland versteuert werden muss, wo die Steuern auf den Gewinn höher als in China ausfallen. Die Zollgebühren steigen durch einen höheren Verrechnungspreis, weil durch den höheren nominalen Warenwert die Berechnungsbasis für die Zollgebühren höher ist und somit auch die Zollgebühren höher ausfallen. Aus der Perspektive der Gewinnmaximierung und unter Berücksichtigung von Zoll und Steuern ist es also sinnvoll, den Verrechnungspreis so gering wie möglich anzusetzen.

Zu berücksichtigen ist allerdings, dass bei einem Verrechnungspreis zu Grenzkosten (oder gar darunter) keinerlei Anreiz für die KMS bzw. das Management der KMS vorhanden ist, die von der X-presso China gewünschte Absatzmenge tatsächlich zu produzieren und zu liefern, da die KMS keinen Gewinn auf den *Absatz* an die X-presso China erwirtschaftet.[19] Insofern ist ein Verrechnungspreis zu Grenzkosten oder gar darunter aus Koordinations- und steuerlichen Gesichtspunkten problematisch.

**Für welchen Bruttopreis würde sich die X-presso China bzw. der Konzern entscheiden?**
Wie bereits besprochen, ist der »optimale« Bruttopreis in beiden Fällen vom Verrechnungspreis abhängig. Lediglich bei einem Verrechnungspreis zu Grenzkosten entspräche der aus Konzernsicht

---

19 Zudem wäre ein Verrechnungspreis unter den Grenzkosten des Produktes aufgrund des Fremdvergleichsgrundsatzes auch gegenüber der Steuerbehörde nicht durchsetzbar.

optimale Bruttopreis auch dem Preis, für den sich das X-presso China Management entscheiden würde. Liegt der Verrechnungspreis über den Grenzkosten, wird er also z. B. auf Vollkostenbasis festgelegt, dann würde sich die X-presso China als Vertriebsgesellschaft nicht für den aus Konzernsicht optimalen Bruttopreis entscheiden.

## Lösungsvorschlag zu Aufgabenstellung 3

Durch die Forderung der deutschen Steuerbehörde nach einer Bruttomarge von 20 Prozent auf Seiten der KMS erhöht sich der auf Grenzkosten basierende Verrechnungspreis um 25 Prozent auf EUR 112,50. Die Einstandskosten der X-presso China erhöhen sich aufgrund der durch den Verrechnungspreis gestiegenen Materialkosten ebenfalls (siehe Abb. B-99).

### Abb. B-99

**Einstandskosten inkl. der geforderten Marge**

| Grenzkosten in EUR | VRP in EUR | Einstandskosten X-presso China in CNY |
|---|---|---|
| 90,00 | 112,50 | 1.337 |

Der (zusätzliche) Gewinn nach Steuern ist auf Basis des neuen Verrechnungspreises und auf Basis der höheren Einstandskosten analog zur vorherigen Rechnung zu ermitteln (siehe Abb. B-100).

### Abb. B-100

**(Zusätzlicher) Gewinn nach Steuern durch den Absatz der XP-Maschinen in China**

| Preis in CNY | | | (Zusätzlicher) Gewinn nach Steuern in Tsd. EUR | | | | | |
|---|---|---|---|---|---|---|---|---|
| | | | X-presso China Ltd. | | KMS | | Konzern (gesamt) | |
| brutto | netto | Absatz | GK | GK + Marge | GK | GK + Marge | GK | GK + Marge |
| 1.999 | 1.709 | 10.000 | 533 | 310 | 0 | 158 | 533 | 468 |
| 2.099 | 1.794 | 9.000 | 544 | 343 | 0 | 142 | 544 | 485 |
| 2.199 | 1.879 | 8.100 | 547 | 366 | 0 | 128 | 547 | 493 |
| 2.299 | 1.965 | 7.290 | 544 | 382 | 0 | 115 | 544 | 496 |
| 2.399 | 2.050 | 6.561 | 536 | 390 | 0 | 103 | 536 | 493 |
| 2.499 | 2.136 | 5.905 | 525 | 393 | 0 | 93 | 525 | 486 |
| 2.599 | 2.221 | 5.315 | 510 | 392 | 0 | 84 | 510 | 475 |
| 2.699 | 2.307 | 4.784 | 494 | 387 | 0 | 75 | 494 | 462 |
| 2.799 | 2.392 | 4.306 | 475 | 379 | 0 | 68 | 475 | 446 |
| 2.899 | 2.478 | 3.875 | 455 | 368 | 0 | 61 | 455 | 429 |
| 2.999 | 2.563 | 3.488 | 434 | 356 | 0 | 55 | 434 | 411 |

GK: Bei einem Verrechnungspreis auf Grenzkostenbasis
GK + Marge: Bei einem Verrechnungspreis auf Basis von Grenzkosten einschl. der geforderten Bruttomarge

## Fallstudie X-presso AG
Aufgabe 7

Vergleicht man nun den Gewinn der X-presso China bei einem Verrechnungspreis auf Basis von Grenzkosten und auf Basis von Grenzkosten einschl. Bruttomarge, so zeigt sich, dass nicht nur der maximale (Konzern-) Gewinn gesunken ist, sondern sich auch die optimale Preis-Mengenkombination sowohl für den Konzern als auch aus Sicht der X-presso China Ltd. durch die Vorgabe der deutschen Steuerbehörde geändert hat. Der Fall zeigt, dass fiskalische Rahmenbedingungen hinsichtlich der Verrechnungspreisgestaltung direkte Auswirkungen auf unternehmerische Entscheidungen haben (können).

### Lösungsvorschlag zu Aufgabenstellung 4

Da die Wettbewerberpackung eine geringere Kaffeemenge beinhaltet, ist es zur Ermittlung des eigenen Verrechnungspreises sinnvoll, den Transferpreis[20] des Wettbewerbers pro Gramm zu berechnen und damit zu normieren. Auf Basis des Transferpreises pro Gramm lässt sich anhand des eigenen Packungsinhalts dann der marktvergleichbare Verrechnungspreis für die X-presso Kapselpackungen XS und XL berechnen (siehe Abb. B-101).

**Abb. B-101**

**Marktorientierte Ermittlung des Verrechnungspreises für die Produkte XS und XL**

| | | |
|---|---|---|
| Kaffeemenge in einer Packung | 60 | g pro Packung |
| Transferpreis pro Gramm | 0,025 | EUR pro g |
| Kaffeemenge in einer X-presso Packung | 100 | g pro Packung |
| Verrechnungspreis pro X-presso Packung | 2,50 | EUR pro Packung |
| Einstandskosten der X-presso China Ltd. | 26 | in CNY pro Packung |
| Bruttoverkaufspreis | 49 | in CNY pro Packung |
| Nettoverkaufspreis | 42 | in CNY pro Packung |

### Lösungsvorschlag zu Aufgabenstellung 5

Auf Basis des Verrechnungspreises einer Kapselpackung lassen sich die Einstandskosten einer solchen Kapselpackung für die X-presso China Ltd. berechnen, indem der für den Import von Kaffee fällige Satz von 17 Prozent Zollgebühren aufgeschlagen wird. Je nach Rechenweg ist außerdem der Wechselkurs zu berücksichtigen. Zudem macht es Sinn, aus dem Bruttoverkaufspreis i. H. v. CNY 49 pro Packung den Nettoverkaufspreis zu berechnen, der nach Abzug der Mehrwertsteuer (17 Prozent) CNY 42 beträgt (siehe Abb. B-102).

Zur Berechnung des Gewinns der X-presso China Ltd. kann zunächst der Gewinn aus dem Verkauf der XP-Maschine als DB XP aus der vorherigen Gewinnberechnung (siehe Abb. B-100) übernommen werden. Zusätzlich zu dem Deckungsbeitrag der Maschine trägt jetzt noch der Verkauf der Kapselpackungen XS und XL zur Deckung der Fixkosten bei (siehe Abb. B-102). Der Deckungsbeitrag für die Kapselpackungen XS und XL errechnet sich aus der Differenz zwischen dem gerade berechneten Nettopreis und den Einstandskosten, multipliziert mit der Absatzmenge der Packungen, die das zehnfache des Maschinenabsatzes ausmacht. Außerdem sind die chinesischen Steuern auf den Gewinn i. H. v. 25 Prozent und je nach Berechnungsweg der Wechselkurs zu berück-

---

20 Die Begriffe Transferpreis und Verrechnungspreis sind synonym zu verwenden.

### Abb. B-102

**(Zusätzlicher) Gewinn nach Steuern inkl. Kapselumsatz und Fixkosten des Chinageschäfts**

| Preis XP in CNY | | Absatz | | in Tsd. EUR X-presso China Ltd. | | | (Zusätzlicher) Gewinn nach Steuern | | | |
|---|---|---|---|---|---|---|---|---|---|---|
| brutto | netto | XP | XS/XL | DB XP* | DB XS & XL | Fixkosten | China | KMS* | WKR | Konzern |
| 1.999 | 1.709 | 10.000 | 100.000 | 310 | 133 | 444 | −1 | 158 | 148 | 304 |
| 2.099 | 1.794 | 9.000 | 90.000 | 343 | 120 | 444 | 18 | 142 | 133 | 293 |
| 2.199 | 1.879 | 8.100 | 81.000 | 366 | 108 | 444 | 29 | 128 | 120 | 277 |
| 2.299 | 1.965 | 7.290 | 72.900 | 382 | 97 | 444 | 34 | 115 | 108 | 257 |
| 2.399 | 2.050 | 6.561 | 65.610 | 390 | 87 | 444 | 33 | 103 | 97 | 233 |
| 2.499 | 2.136 | 5.905 | 59.050 | 393 | 79 | 444 | 27 | 93 | 87 | 208 |
| 2.599 | 2.221 | 5.315 | 53.150 | 392 | 71 | 444 | 18 | 84 | 79 | 180 |
| 2.699 | 2.307 | 4.784 | 47.840 | 387 | 64 | 444 | 6 | 75 | 71 | 152 |
| 2.799 | 2.392 | 4.306 | 43.060 | 379 | 57 | 444 | −8 | 68 | 64 | 123 |
| 2.899 | 2.478 | 3.875 | 38.750 | 368 | 52 | 444 | −24 | 61 | 57 | 94 |
| 2.999 | 2.563 | 3.488 | 34.880 | 356 | 47 | 444 | −42 | 55 | 52 | 65 |

\* Bei einem Verrechnungspreis von XP zu Grenzkosten einschl. der geforderten Bruttomarge
DB = Deckungsbeitrag

sichtigen. Die gegen den Deckungsbeitrag anzusetzenden Fixkosten sind durch Division durch den Wechselkurs in EUR umzurechnen. Der Gesamtgewinn in China ist nun die Summe der Deckungsbeiträge aus dem Verkauf der XP-Maschine und den Kapseln abzüglich der Fixkosten des Chinageschäfts.

Der (zusätzliche) Gewinn der KMS kann ebenfalls aus der vorherigen Rechnung (siehe Abb. B-100) übernommen werden. Der durch den Kapselabsatz bei der WKR erzielte Gewinn errechnet sich aus der Differenz zwischen dem Verrechnungspreis und den Grenzkosten (siehe Abb. B-30), multipliziert mit der Absatzmenge der Kapseln. Außerdem sind die in Deutschland fälligen Steuern auf den Gewinn i. H. v. 30 Prozent in Abzug zu bringen. Der (zusätzliche) Konzerngewinn ergibt sich zu guter Letzt als Summe der bei den drei Tochtergesellschaften erzielten (zusätzlichen) Gewinne.

Es zeigt sich, dass sich durch den veränderten Produktmix sowohl seitens der X-presso China als auch seitens des Konzerns der optimale Bruttopreis der Maschine geändert hat (siehe Abb. B-102); aufgrund der zusätzlichen Marge auf den mit einem Maschinenverkauf einhergehenden Kaffeeverkauf ist der optimale Bruttopreis nun in beiden Fällen geringer, was mit einer höheren Absatzmenge einhergeht. De facto wäre es aus Konzernsicht in der geänderten Situation am besten, in China keinen Gewinn bzw. einen leichten Verlust einzufahren, durch den höheren Maschinen- und Kaffeeabsatz bei den beiden X-presso Töchtern KMS und WKR insgesamt den zusätzlich durch das Chinageschäft erzielten Gewinn jedoch zu maximieren.

### Lösungsvorschlag zu Aufgabenstellung 6

Das Einkreissystem verwendet einheitliche Verrechnungspreise multifunktional sowohl für Zwecke der Performance-Messung und der Unternehmenssteuerung als auch für Zwecke der bilanziellen und steuerlichen Erfolgsermittlung. Diese einheitliche Ermittlung führt zwar im Ergebnis zu einem kostenreduzierten Aufbau und zu geringerem Pflege- und Kommunikationsaufwand des Systems; jedoch wird diese Vereinfachung mit dem potenziellen Risiko von Zielkonflikten erkauft.

Diese Zielkonflikte sind insbesondere dann von Bedeutung, wenn notwendige Anpassungen zur steuerrechtskonformen Ausrichtung des Systems kontraproduktive Steuerungswirkungen entfalten und sich Fehlsteuerungsrisiken mit Opportunitätskosten und echten Verlusten ergeben. Bei Verrechnungspreisen im Einkreissystem werden die jeweiligen (Einzel-) Zielsetzungen in Abhängigkeit von der Höhe und Ausgestaltung der Verrechnungspreise eben nur durchschnittlich gut, im Regelfall aber nicht optimal erfüllt.

Durch ein Zweikreissystem könnte der Zielkonflikt zwischen der Steuerungs- und Erfolgsermittlungsfunktion umgangen werden, weil dann eines der beiden Systeme auf die Steuerungs- und eines auf die Gewinnmaximierung mit den dafür optimalen Verrechnungspreisen ausgerichtet werden kann. Allerdings kann ein Zweikreissystem steuerliche Compliance-Probleme nach sich ziehen; nämlich dann, wenn der Unterschied zwischen dem »betriebswirtschaftlichen« Verrechnungspreis zur Steuerung zu stark vom steuerlichen Verrechnungspreis abweicht und die Steuerbehörde den betriebswirtschaftlichen Verrechnungspreis als angemessen ansieht. Aus diesem Grund müssen die beiden Verrechnungspreise in einem Zweikreissystem in enger Abstimmung festgesetzt werden, um das Risiko einer Beanstandung durch die Steuerbehörde zu minimieren.

Neben dem Risiko einer Beanstandung durch die Steuerbehörde geht ein Zweikreissystem natürlich mit einem erheblichen zusätzlichen Aufwand für den Systemaufbau und die Systempflege sowie einer erhöhten Komplexität in der Geschäftssteuerung einher. Die Kommunikationsanforderungen an die Verrechnungspreisverantwortlichen steigen überproportional, da den Controllern und Buchhaltern vor Ort durch Unterstützungsmaßnahmen deutlich gemacht werden muss, wann welcher Verrechnungspreis in welcher Kalkulation nach welcher Ermittlungsmethode anzuwenden ist.

Da sich das Auslandsgeschäft bei der X-presso AG erst im Aufbau befindet und damit zunächst nur einen sehr geringen Anteil an Gesamtumsatz und Gesamtgewinn ausmacht, steht der Aufbau und Betrieb eines Zweikreissystems zunächst wahrscheinlich nicht im Verhältnis zu den im Ausland erzielten Gewinnen. Insofern sollte X-presso CFO Dr. Binder zunächst ein Einkreissystem unter Inkaufnahme der daraus resultierenden Zielkonflikte implementieren. Sollte das Auslandsgeschäft dann zukünftig größer werden, wäre sukzessive die Umstellung auf ein Zweikreissystem zu prüfen.

## Aufgabe 8

### Planung und Budgetierung der Fertigungskosten bei der WKR

#### Lösungsvorschlag zu Aufgabenstellung 1

Die bloße Sichtanalyse der Absatzmengen auf Produkt- bzw. Produktgruppenebene zeigt klar, dass es bei der Prognose der Absatzzahlen sinnvoll ist, zwischen den verschiedenen Marktsegmenten zu unterscheiden. Ist der Absatz der Produkte BB, BE, BS und ES über die Jahre relativ stabil bzw. leicht rückläufig, so ist im Kapselsegment mit den beiden X-presso Produkten ein rasanter Anstieg der Absatzmengen über die Jahre zu beobachten. Ein Blick auf den Marktabsatz macht deutlich, dass ein ähnlicher Befund auch für den Gesamtmarkt zutreffend ist.

Auf Basis dieser ersten Sichtanalyse scheint es zur Prognose der Absatzmengen in den Produktgruppen Bohnenkaffee und Mahlkaffee nicht nötig zu sein, eine aufwendige Analyse durchzuführen. Vielmehr lassen sich hier die Planzahlen unter Berücksichtigung einer leichten Verschiebung hin zu den kostengünstigeren Produkten ob der heraufziehenden Wirtschafts- und Finanzkrise sozusagen »über den Daumen« aus den historischen Marktdaten abschätzen (siehe Abb- B-103).

### Abb. B-103

**(Budgetierter) Röstkaffee Absatz** (Angaben in Tonnen)

| Produkt | 2004 | 2005 | 2006 | 2007 | 2008e | 2009p | 2010p |
|---|---|---|---|---|---|---|---|
| BB (Bohnenkaffee – Brühkaffee) | 1.410 | 1.423 | 1.315 | 1.287 | 1.290 | 1.200 | 1.200 |
| BE (Bohnenkaffee – Espresso) | 733 | 740 | 740 | 783 | 785 | 730 | 730 |
| BS (Bohnenkaffee – Spezial) | 282 | 313 | 315 | 336 | 337 | 300 | 300 |
| ES (Espresso Mahlkaffee) | 3.214 | 3.216 | 3.210 | 3.189 | 3.205 | 3.200 | 3.200 |

Anders verhält es sich hinsichtlich der beiden X-presso Kapselprodukte XS und XL, bei denen eine differenziertere Analyse sinnvoll erscheint. Die Sichtanalyse hatte bereits gezeigt, dass nicht nur der Absatz der WKR in diesem Marktsegment zugelegt hatte, sondern dass auch der Marktabsatz in diesem Segment über die letzten Jahre stark angewachsen ist. Insofern macht es Sinn, die Absatzprognose der WKR aus der Markterwartung abzuleiten. Ein Vergleich des Marktabsatzes über die Jahre zeigt, dass der Markt zwar stark gewachsen ist, dass aber das Wachstum rückläufig ist; konkret hat es sich über die letzten drei Jahre von Jahr zu Jahr ziemlich genau halbiert. Eine Fortsetzung dieses Trends ist insofern zu erwarten, als dass langsam eine Marktreife einzutreten scheint, die mit einem geringeren Wachstum verbunden ist. Auf Basis dieser Erkenntnisse scheint es sinnvoll, mit einer Markterwartung von +12 Prozent (24 Prozent × ½) für das Jahr 2009 zu rechnen, woraus sich ein Marktabsatz von rund 29.000 Tonnen in 2009 ergibt (siehe Abb. B-104).

### Abb. B-104

**Ermittlung der X-presso Absatzprognose**

*Röstkaffee-Konsum in Deutschland in Form von Kaffeepads & -kapseln*

|  | Einheit | 2004 | 2005 | 2006 | 2007 | 2008e | 2009p | 2010p |
|---|---|---|---|---|---|---|---|---|
| Jahresmenge | Tonnen | 2.750 | 7.000 | 14.000 | 21.000 | 26.000 |  |  |
| Anstieg ggü. Vorjahr | Prozent |  | 155 | 100 | 50 | 24 | 12 | 6 |
| Planmenge Markt | Tonnen |  |  |  |  |  | 29.000 | 31.000 |

*Marktanteil X-presso am Pad-/Kapselmarkt*

| Produkt | Einheit | 2004 | 2005 | 2006 | 2007 | 2008e | 2009p | 2010p |
|---|---|---|---|---|---|---|---|---|
| XS (X-presso Espresso) | Prozent | 1,2 | 1,3 | 1,3 | 1,3 | 1,3 | 1,3 | 1,3 |
| XL (X-presso Lungo) | Prozent | 0,8 | 0,9 | 1,1 | 1,3 | 1,4 | 1,5 | 1,6 |

*Budgetierter X-presso Absatz 2009/10*

| Produkt | Einheit | 2004 | 2005 | 2006 | 2007 | 2008e | 2009p | 2010p |
|---|---|---|---|---|---|---|---|---|
| XS (X-presso Espresso) | Tonnen | 33 | 89 | 185 | 273 | 337 | 377 | 403 |
| XL (X-presso Lungo) | Tonnen | 22 | 65 | 151 | 273 | 365 | 435 | 496 |

## Fallstudie X-presso AG
Aufgabe 8

Die so ermittelte Markterwartung dient nun als Ausgangspunkt für die Prognose der WKR-Absatzmengen in diesem Marktsegment. Im nächsten Schritt scheint es daher sinnvoll, die Marktanteile der beiden WKR Produkte XS und XL zu berechnen und zu analysieren. Hier zeigt sich, dass der XS-Marktanteil über die vergangenen Jahre mit 1,3 Prozent konstant geblieben ist, so dass eine Fortschreibung dieses Marktanteils zur Berechnung des 2009 Planabsatzes realistisch erscheint. Das Produkt XL hingegen konnte über die Jahre im Mittel etwa 0,1 Prozentpunkte an Marktanteilen hinzugewinnen; ein Trend, der ebenfalls auch im kommenden Jahr als realistisch anzunehmen ist, so dass sich für XL-Kapseln ein erwarteter Marktanteil von 1,5 Prozent in 2009 ergibt. Auf Basis der Markterwartung für das Pad- und Kapselsegment sowie der Marktanteilserwartung der beiden WKR-Produkte lassen sich nun die Absatzplanzahlen der X-presso Kapseln für das Jahr 2009 berechnen (siehe Abb. B-104 und B-105).

### Abb. B-105

**(Geplante) Absatzmengen** (Angaben in Tonnen)

| Produkt | 2004 | 2005 | 2006 | 2007 | 2008e | 2009p | 2010p |
|---|---|---|---|---|---|---|---|
| BB (Bohnenkaffee – Brühkaffee) | 1410 | 1423 | 1315 | 1287 | 1290 | 1.200 | 1.200 |
| BE (Bohnenkaffee – Espresso) | 733 | 740 | 740 | 783 | 785 | 730 | 730 |
| BS (Bohnenkaffee – Spezial) | 282 | 313 | 315 | 336 | 337 | 300 | 300 |
| ES (Espresso Mahlkaffee) | 3214 | 3216 | 3210 | 3189 | 3205 | 3.200 | 3.200 |
| XS (X-presso Espresso) | 33 | 89 | 185 | 273 | 337 | 377 | 403 |
| XL (X-presso Lungo) | 22 | 65 | 151 | 273 | 365 | 435 | 496 |
| **Gesamt** | **5694** | **5846** | **5916** | **6141** | **6319** | **6.242** | **6.329** |

### Lösungsvorschlag zu Aufgabenstellung 2

Um auf Basis der Veränderung der Vorratsmengen anschließend die geplante Produktionsmenge berechnen zu können, müssen sowohl die Vorratsmengen sämtlicher Produkte per 31.12.2008 als auch per 31.12.2009 ermittelt werden. Die angestrebte Vorratsmenge der Fertigprodukte ergibt sich aus der erwarteten Absatzmenge des Folgejahres, also für die Vorratsmenge am 31.12.2009 aus der Absatzmenge für 2010, und der angestrebten Lagerreichweite des jeweiligen Produktes (siehe Abb. B-106), die für die Produkte BB, BE und ES 3 Tage und für die Produkte BS, XS und XL 10 Tage beträgt (Vorräte per Stichtag = Absatzmenge Folgejahr × Lagerreichweite / 365).

### Abb. B-106

**Vorräte der Fertigprodukte per Stichtag** (Angaben in Tonnen)

| Produkt | 31.12.2008 | 31.12.2009 |
|---|---|---|
| BB (Bohnenkaffee – Brühkaffee) | 10 | 10 |
| BE (Bohnenkaffee – Espresso) | 6 | 6 |
| BS (Bohnenkaffee – Spezial) | 8 | 8 |
| ES (Espresso Mahlkaffee) | 26 | 26 |
| XS (X-presso Espresso) | 10 | 11 |
| XL (X-presso Lungo) | 12 | 14 |
| Gesamt | 72 | 75 |

### Abb. B-107

**Geplante Produktionsmengen** (Angaben in Tonnen)

| Produkt | 2009p | 2010p |
|---|---|---|
| BB (Bohnenkaffee – Brühkaffee) | 1.200 | 1.200 |
| BE (Bohnenkaffee – Espresso) | 730 | 730 |
| BS (Bohnenkaffee – Spezial) | 300 | 300 |
| ES (Espresso Mahlkaffee) | 3.200 | 3.200 |
| XS (X-presso Espresso) | 378 | 403 |
| XL (X-presso Lungo) | 437 | 496 |
| Gesamt | 6.245 | 6.329 |

Die Planproduktionsmenge je Produkt lässt sich nun als Summe aus Absatzmenge und der Veränderung der Vorratsmenge berechnen (siehe Abb. B-107).

**Lösungsvorschlag zu Aufgabenstellung 3**

Die für die Produktion der Fertigprodukte benötigten Rohkaffeemengen pro Sorte lassen sich Schritt für Schritt über die Jahresdurchsätze der verschiedenen Anlagen im Produktionsprozess berechnen. Dabei sind die Ausschussmengen und der Gewichtsverlust beim Rösten zu berücksichtigen (siehe Abb. B-15); wir »rollen den Produktionsprozess sozusagen von hinten auf« (siehe Abb. B-108).

Analog zum tatsächlichen Produktionsprozess lässt sich im letzten Schritt der Rohkaffeebedarf der Produktionsmenge pro Rohkaffeesorte aus dem Durchsatz der Mischerei und dem Mischungsverhältnis der Blends errechnen (siehe Abb. B-109).

# Fallstudie X-presso AG
Aufgabe 8

### Abb. B-108

**Durchsätze der Produktionsstufen** (Angaben in Tonnen)

| | 2009p | 2010p |
|---|---:|---:|
| *Durchsatz der Abfüllanlagen* | | |
| BB (Bohnenkaffee – Brühkaffee) | 1.206 | 1.206 |
| BE (Bohnenkaffee – Espresso) | 734 | 734 |
| BS (Bohnenkaffee – Spezial) | 302 | 302 |
| ES (Espresso Mahlkaffee) | 3.216 | 3.216 |
| XS (X-presso Espresso) | 380 | 405 |
| XL (X-presso Lungo) | 439 | 498 |
| **Gesamt** | **6.277** | **6.361** |
| *Durchsatz der Kaffeemühle* | | |
| BB (Bohnenkaffee – Brühkaffee) | | |
| BE (Bohnenkaffee – Espresso) | | |
| BS (Bohnenkaffee – Spezial) | | |
| ES (Espresso Mahlkaffee) | 3.315 | 3.315 |
| XS (X-presso Espresso) | 392 | 418 |
| XL (X-presso Lungo) | 453 | 513 |
| **Gesamt** | **4.160** | **4.246** |
| *Durchsatz des Rösters* | | |
| BB (Bohnenkaffee – Brühkaffee) | 1.206 | 1.206 |
| BE (Bohnenkaffee – Espresso) | 734 | 734 |
| BS (Bohnenkaffee – Spezial) | 302 | 302 |
| ES (Espresso Mahlkaffee) | 3.315 | 3.315 |
| XS (X-presso Espresso) | 392 | 418 |
| XL (X-presso Lungo) | 453 | 513 |
| **Gesamt** | **6.402** | **6.488** |
| *Durchsatz der Mischerei* | | |
| BB (Bohnenkaffee – Brühkaffee) | 1.444 | 1.444 |
| BE (Bohnenkaffee – Espresso) | 879 | 879 |
| BS (Bohnenkaffee – Spezial) | 362 | 362 |
| ES (Espresso Mahlkaffee) | 3.970 | 3.970 |
| XS (X-presso Espresso) | 469 | 501 |
| XL (X-presso Lungo) | 543 | 614 |
| **Gesamt** | **7.667** | **7.770** |

### Abb. B-109

**Rohkaffeebedarf der Produktionsmengen** (Angaben in Tonnen)

| Qualität | 2009p | 2010p |
|---|---:|---:|
| Arabica exclusive | 362 | 362 |
| Arabica premium | 937 | 981 |
| Arabica special | 2.399 | 2.447 |
| Arabica basic | 2.662 | 2.662 |
| Robusta exclusive | 101 | 112 |
| Robusta special | 485 | 485 |
| Robusta basic | 722 | 722 |
| **Gesamt** | **7.668** | **7.771** |

## Lösungsvorschlag zu Aufgabenstellung 4

Die Einkaufsmengen sind diejenigen Mengen an Rohkaffee, die zur Herstellung der Produktionsmengen der WKR-*Blends* zzgl. der Veränderung des Rohkaffee-Lagerbestandes benötigt werden. Zur Ermittlung der Einkaufsmengen müssen zunächst die auf Basis der Produktionsmenge zu planenden Rohkaffeevorräte per Stichtag berechnet werden. Die angestrebte Vorratsmenge für Rohkaffee ergibt sich aus der geplanten Produktionsmenge des Folgejahres, also für die Vorratsmenge am 31.12.2009 aus der Produktionsmenge für 2010 und der angestrebten Lagerreichweite des jeweiligen Produktes (siehe Abb. B-110), die für die Rohkaffeesorte Arabica exclusive 45 Tage und für alle anderen Rohkaffeesorten 20 Tage beträgt (Vorräte per Stichtag = Produktionsmenge Folgejahr × Lagerreichweite / 365).

### Abb. B-110

**Rohkaffeevorräte per Stichtag** (Angaben in Tonnen)

| Qualität | 31.12.2008 | 31.12.2009 |
|---|---|---|
| Arabica exclusive | 45 | 45 |
| Arabica premium | 51 | 54 |
| Arabica special | 131 | 134 |
| Arabica basic | 146 | 146 |
| Robusta exclusive | 6 | 6 |
| Robusta special | 27 | 27 |
| Robusta basic | 40 | 40 |
| **Gesamt** | **446** | **452** |

### Abb. B-111

**Geplante Rohkaffeeeinkaufsmenge 2009** (Angaben in Tonnen)

| Qualität | Menge |
|---|---|
| Arabica exclusive | 362 |
| Arabica premium | 940 |
| Arabica special | 2.402 |
| Arabica basic | 2.662 |
| Robusta exclusive | 101 |
| Robusta special | 485 |
| Robusta basic | 722 |
| **Gesamt** | **7.674** |

Die Einkaufsmenge je Rohkaffeesorte lässt sich nun als Summe aus geplanter Produktionsmenge(n) und der Veränderung der jeweiligen Vorratsmenge berechnen (siehe Abb. B-111).

## Lösungsvorschlag zu Aufgabenstellung 5

Zur Ermittlung eines Prognosewertes für die Preise von Arabica- und Robusta-Rohkaffee ist es sinnvoll, sich zunächst einmal die Preisentwicklung der vergangenen fünf Jahre anzuschauen (siehe Abb. B-12 und B-112).

## Fallstudie X-presso AG
Aufgabe 8

### Abb. B-112

**Ermittlung der Rohkaffeepreisprognose**

*Rohkaffeepreisveränderung ggü. Vorjahr*
in Prozent

| Sorte | 2005/04 | 2006/05 | 2007/06 | 2008/07 | 2009/08p |
|---|---|---|---|---|---|
| Arabica | 43 | 0 | 8 | 13 | 7 |
| Robusta | 40 | 34 | 28 | 22 | 16 |

*Rohkaffeepreisprognose*
in US-cts/lb

| Sorte | 2004 | 2005 | 2006 | 2007 | 2008e | 2009p |
|---|---|---|---|---|---|---|
| Arabica | 80,47 | 114,86 | 114,4 | 123,55 | 139,78 | 149,56 |
| Robusta | 35,99 | 50,55 | 67,55 | 86,6 | 105,28 | 122,12 |

Bei beiden Sorten ist in den vergangenen fünf Jahren ein Preisanstieg zu beobachten. Während dieser beim Arabica jedoch keinem ersichtlichen Muster folgt, lässt sich beim Robusta ein stetiger Rückgang des Preisanstiegs i. H. v. 6 Prozentpunkten pro Jahr erkennen. Die Fortschreibung dieses Musters dient somit, mangels einer besseren bzw. wahrscheinlicheren Alternative, als Prognosewert für die zukünftige Preisentwicklung. Beim Arabica muss hierfür, mangels sinnvoller Alternativen, der durchschnittliche Preisanstieg in den vergangenen drei Jahren herangezogen werden. Auf Basis der so ermittelten Veränderungsprognosen lässt sich der prognostizierte Kaffeepreis in 2009 errechnen (siehe Abb B-112).

Mittels des prognostizierten Rohkaffeepreises für Robusta- und Arabicabohnen sowie dem Planwert für den Wechselkurs EUR zu USD lassen sich nun die Einstandskosten für die von der WKR benötigten Rohkaffeesorten ermitteln (siehe Abb. B-113). Außerdem sind bei der Berechnung der Einstandskosten auch noch die Preisaufschläge der WKR sowie der Zuschlag für den Importeur zu berücksichtigen (siehe Abb. B-113).

Das Materialkostenbudget bildet nun lediglich noch das Produkt aus den Einstandskosten pro Tonne und den Einkaufsmengen der einzelnen Sorten (siehe Abb. B-114).

### Abb. B-113

**Rohkaffee Einstandskosten**
(Angaben in EUR pro Tonne)

| Qualität | 2009p |
|---|---|
| Arabica exclusive | 4.946 |
| Arabica premium | 2.968 |
| Arabica special | 2.720 |
| Arabica basic | 2.473 |
| Robusta exclusive | 2.221 |
| Robusta special | 2.120 |
| Robusta basic | 2.019 |

### Abb. B-114

**Materialkostenbudget** (Angaben in Tsd. EUR)

| Qualität | 2009p |
|---|---|
| Arabica exclusive | 1.790 |
| Arabica premium | 2.790 |
| Arabica special | 6.533 |
| Arabica basic | 6.583 |
| Robusta exclusive | 224 |
| Robusta special | 1.028 |
| Robusta basic | 1.458 |
| **Gesamt** | **20.406** |

## Lösungsvorschlag zu Aufgabenstellung 6

Voraussetzung für die Berechnung der Kosten für die Fertigungslöhne sind die Kostentreibermengen. Diese lassen sich jedoch mit relativ wenig Aufwand aus den bisher bereits ermittelten Mengendaten berechnen bzw. übernehmen (siehe Abb. B-115). Die Menge der abgefertigten Container errechnet sich z. B. als Quotient aus der Einkaufsmenge und dem Fassungsvermögen eines Containers (20 Tonnen); die Anzahl der Kapseln errechnet sich als Quotient aus dem Durchsatz der Kapselpresse für die Produkte XS und XL und der Kapselmasse.

### Abb. B-115

**Kostentreibermengen und Fertigungslohnkosten**

| Kostenstelle | | | | Anlagen-laufzeit | Fertigungs-löhne |
|---|---|---|---|---|---|
| ID | Name | Kostentreiber (KT) | Menge | in h | in Tsd. EUR |
| 210 | Wareneingang | Anzahl Container | 384 | 768 | 38 |
| 230 | Mischerei | Tonnen Röstkaffee | 7.667 | N/a | N/a |
| 240 | Rösterei | Tonnen Röstkaffee | 6.402 | 2.134 | 90 |
| 250 | Mahlwerk | Tonnen Mahlkaffee | 4.160 | 832 | 35 |
| 260 | X-presso Kapselpresse | Anzahl Kapseln | 163.000.000 | 6.792 | 261 |
| 271 | Abfüllanlage Bohnenkaffee | Tüten Bohnenkaffee | 4.460.000 | 2.478 | 82 |
| 272 | Abfüllanlage Mahlkaffee | Päckchen Mahlkaffee | 12.800.000 | 3.556 | 117 |
| 273 | Abpackstation X-presso Kapseln | Päckchen mit Kapseln | 8.150.000 | 6.792 | 204 |
| | Gesamt | | | | 827 |

Der nächste Schritt zur Ermittlung der Fertigungslohnkosten stellt die Berechnung der Anlagenlaufzeiten dar, die sich aus dem Quotienten aus Kostentreibermengen und dem Durchsatz der Anlagen ergeben.

Die Kosten für Fertigungslöhne lassen sich nun als Produkt aus Anlagenlaufzeit, Mitarbeitern pro Anlage, dem Vor-/Nachlauffaktor für das Fertigungspersonal sowie dem Stundensatz berechnen (siehe Abb. B-115).

## Lösungsvorschlag zu Aufgabenstellung 7

Bereits die Absatzmengenplanung, die die Basis für sämtliche weiteren Planungsdaten bildet, beruht zwar auf nach bestem Wissen und Gewissen geschätzten bzw. ermittelten Erwartungswerten, aber eben doch nur auf Erwartungs- und nicht auf Istwerten. Bereits bei den Absatzmengen werden sich im Plan-Ist-Vergleich nicht zu vermeidende Abweichungen ergeben, weil die tatsächliche Entwicklung nie völlig akkurat vorhergesehen und berechnet werden kann.

Zu den bereits mit Unsicherheit versehenen Absatzplanmengen »gesellen sich« im weiteren Planungsverlauf ebenfalls »nur« nach bestem Wissen und Gewissen prognostizierte Annahmen für Faktorkosten wie z. B. der Preis für Rohkaffee am Weltmarkt.

Insofern besteht hinsichtlich jeglicher Planzahlen Unsicherheit; die Realität bzw. das sog. IST wird immer zumindest leicht anders aussehen als die Planung. Nichtsdestotrotz ist damit die Planung nicht per se hinfällig oder wertlos, sondern sie ermöglicht nicht nur das Setzen von Zielen, sondern schafft auch ein gemeinsames Verständnis davon, wie die unternehmerische Zukunft in etwa aussehen könnte bzw. sorgt im ersten Schritt gar erst für die Auseinandersetzung mit selbiger.

## Aufgabe 9

### Lohnt sich die Investition in eine zusätzliche Kaffeemühle?

**Lösungsvorschlag zu Aufgabenstellung 1**

Da im gegebenen Fall davon ausgegangen werden kann, dass die gesamte Menge in jedem Fall produziert werden soll, ist die Alternative zur Investition in eine neue Kaffeemühle die Produktion unter Anordnung von Überstunden. Die Einsparungen und Aufwendungen durch eine zweite Mühle sind folglich gegen dieses alternative Szenario zu vergleichen und abzuwägen.

Die einzigen relevanten, weil sich ändernden, Zahlungsströme zur Beantwortung dieser Fragestellung sind zum einen die Auszahlung für die Anschaffung der zweiten Mühle und sind zum anderen die Einsparungen bei den Lohnkosten. Außerdem sind die steuerlichen Auswirkungen der Abschreibungen auf die Mühle sowie die der geringeren Lohnkosten zu berücksichtigen.

Um die Einsparungen der Lohnkosten berechnen zu können ist es sinnvoll, die zum Mahlen der Gesamtmenge notwendigen Arbeitsstunden zu berechnen, die wiederum von der benötigten Mahlkapazität in Tonnen abhängen.

Der Kapazitätsbedarf *Mahlen* (siehe Abb. B-116) ergibt sich aus der Summe der erwarteten Absatzmenge der Produkte (siehe Abb. B-33) unter Berücksichtigung des Schwunds (siehe Abb. B-15) beim Mahlen sowie im Falle von Produkt ES auch beim Abfüllen.

**Abb. B-116**

**Kapazitätsbedarf *Mahlen*** (Angaben in Tonnen)

| Szenario/Produkt | 2009p | 2010p | 2011p | 2012p | 2013p |
|---|---|---|---|---|---|
| *Pessimistisches Szenario* | | | | | |
| ES | 3.316 | 3.316 | 3.316 | 3.316 | 3.316 |
| XS | 389 | 402 | 402 | 402 | 402 |
| XL | 419 | 433 | 433 | 433 | 433 |
| **Gesamt** | **4.124** | **4.151** | **4.151** | **4.151** | **4.151** |
| *Basisszenario* | | | | | |
| ES | 3.316 | 3.316 | 3.316 | 3.316 | 3.316 |
| XS | 390 | 412 | 425 | 429 | 429 |
| XL | 451 | 508 | 556 | 594 | 627 |
| **Gesamt** | **4.157** | **4.236** | **4.297** | **4.339** | **4.372** |
| *Optimistisches Szenario* | | | | | |
| ES | 3.316 | 3.316 | 3.316 | 3.316 | 3.316 |
| XS | 402 | 442 | 469 | 482 | 490 |
| XL | 495 | 612 | 758 | 891 | 1.054 |
| **Gesamt** | **4.213** | **4.370** | **4.543** | **4.689** | **4.860** |

Der Zeitbedarf zum Mahlen der Gesamtmenge (siehe Abb. B-117) lässt sich im nächsten Schritt als Quotient aus dem Kapazitätsbedarf und dem stündlichen Durchsatz unter Berücksichtigung der Vor- und Nachlaufzeit von 20 Prozent berechnen. Zur Berechnung des Zeitbedarfs bei derzeitiger Kapazität ist der aktuelle Mühlendurchsatz von 1,0 Tonnen pro Std. anzusetzen; zur Berechnung des Zeitbedarfs bei erweiterter Kapazität der auf 1,5 Tonnen pro Std. erhöhte Durchsatz beider

### Abb. B-117

**Berechnung der Zeitersparnis bzw. der zuschlagspflichtigen Arbeitszeit** (Angaben in Std.)

| Szenario | 2009p | 2010p | 2011p | 2012p | 2013p |
|---|---|---|---|---|---|
| *Zeitbedarf zum Mahlen der gesamten Menge bei derzeitiger Kapazität* | | | | | |
| Pessimistisch | 4.949 | 4.981 | 4.981 | 4.981 | 4.981 |
| Basis | 4.988 | 5.083 | 5.156 | 5.207 | 5.246 |
| Optimistisch | 5.056 | 5.244 | 5.452 | 5.627 | 5.832 |
| *Zeitbedarf zum Mahlen der gesamten Menge bei Anschaffung der zweiten Mühle* | | | | | |
| Pessimistisch | 3.299 | 3.321 | 3.321 | 3.321 | 3.321 |
| Basis | 3.326 | 3.389 | 3.438 | 3.471 | 3.498 |
| Optimistisch | 3.370 | 3.496 | 3.634 | 3.751 | 3.888 |
| *Zeitersparnis durch Anschaffung der zweiten Mühle* | | | | | |
| Pessimistisch | 1.650 | 1.660 | 1.660 | 1.660 | 1.660 |
| Basis | 1.662 | 1.694 | 1.718 | 1.736 | 1.748 |
| Optimistisch | 1.686 | 1.748 | 1.818 | 1.876 | 1.944 |
| *Zuschlagspflichtige Arbeitszeit bei derzeitiger Kapazität* | | | | | |
| Pessimistisch | 149 | 181 | 181 | 181 | 181 |
| Basis | 188 | 283 | 356 | 407 | 446 |
| Optimistisch | 256 | 444 | 652 | 827 | 1.032 |

Mühlen zusammen. Die Zeitersparnis im Falle der Investition ist dann schlichtweg die Differenz zwischen den beiden Zeitbedarfen.

Neben der bloßen Zeitersparnis ist noch die eingesparte zuschlagspflichtige Arbeitszeit von Relevanz, weil die Ersparnis hier nicht nur die normalen Lohnkosten pro Stunde darstellt, sondern zusätzlich den nicht zu zahlenden Nacht- bzw. Sonn- und Feiertagszuschlag. Die zuschlagspflichtige Arbeitszeit errechnet sich aus dem Zeitbedarf zum Mahlen bei derzeitiger Kapazität abzüglich der nicht zuschlagspflichtigen Arbeitszeiten in der Kaffeemühle, nämlich 4.800 Stunden pro Jahr (300 Werktage × 2 Schichten × 8 Stunden). Da die maximale Nachtschichtkapazität in der Kaffeemühle 2.400 Tonnen im Jahr beträgt (eine Nachtschicht à 8 Stunden an 300 Werktagen), kann auch im optimistischen Szenario die gesamte zusätzliche Menge in Nachtarbeit hergestellt werden; Sonn- und Feiertagsarbeit, die mit 50 Prozent einen doppelt so hohen Zuschlag wie Nachtarbeit nach sich ziehen würde, ist nicht erforderlich.

Zur Berechnung der durch die Kapazitätserweiterung realisierbaren Einsparungen beim Fertigungslohn ist neben der bereits ermittelten Arbeitszeit noch der Stundenlohn bzw. der Nachtzuschlag für die zuschlagspflichtigen Arbeitszeiten erforderlich.

Da das X-presso Konzerncontrolling in den Folgejahren mit einem Anstieg der Fertigungslohnkosten zwischen einem und vier Prozent rechnet, sollte diese Schwankungsbreite in den Szenarien berücksichtigt werden. Das pessimistische Szenario sieht folglich einen Anstieg der Lohnkosten von 4 Prozent und das optimistische Szenario von lediglich 1 Prozent nach 2009 vor. Mangels einer besseren Einschätzung wird für das realistische Szenario die Mitte der Schwankungsbreite, also 2,5 Prozent als jährlicher Anstieg nach 2009 angenommen (siehe Abb. B-118). Der zusätzlich für Nachtarbeit fällige Nachtzuschlag beträgt 25 Prozent des Basislohns.

Die Ersparnis bei den Fertigungslohnkosten lässt sich nun im letzten Schritt durch Multiplikation des Stundenlohns bzw. des Nachtzuschlags mit der Zeitersparnis bzw. der zuschlagspflichtigen Arbeitszeit berechnen (siehe Abb. B-119).

**Fallstudie X-presso AG**
Aufgabe 9

**Abb. B-118**

**Fertigungslohnprognose** (Angaben in EUR pro Std.)

| Szenario | 2009p | 2010p | 2011p | 2012p | 2013p |
|---|---|---|---|---|---|
| *Basislohn* | | | | | |
| Pessimistisch | 35,00 | 36,40 | 37,86 | 39,37 | 40,94 |
| Basis | 35,00 | 35,88 | 36,78 | 37,70 | 38,64 |
| Optimistisch | 35,00 | 35,35 | 35,70 | 36,06 | 36,42 |
| *Nachtzuschlag* (25 Prozent des Basislohns) | | | | | |
| Pessimistisch | 8,75 | 9,10 | 9,47 | 9,84 | 10,24 |
| Basis | 8,75 | 8,97 | 9,20 | 9,43 | 9,66 |
| Optimistisch | 8,75 | 8,84 | 8,93 | 9,02 | 9,11 |

**Abb. B-119**

**Ersparnis bei den Fertigungslohnkosten** (Angaben in Tsd. EUR)

| | 2009p | 2010p | 2011p | 2012p | 2013p |
|---|---|---|---|---|---|
| *Basislohn* | | | | | |
| Pessimistisch | 58 | 60 | 63 | 65 | 68 |
| Basis | 58 | 61 | 63 | 65 | 68 |
| Optimistisch | 59 | 62 | 65 | 68 | 71 |
| *Nachtzuschlag* | | | | | |
| Pessimistisch | 1 | 2 | 2 | 2 | 2 |
| Basis | 2 | 3 | 3 | 4 | 4 |
| Optimistisch | 2 | 4 | 6 | 7 | 9 |
| *GESAMT* | | | | | |
| Pessimistisch | 59 | 62 | 65 | 67 | 70 |
| Basis | 60 | 64 | 66 | 69 | 72 |
| Optimistisch | 61 | 66 | 71 | 75 | 80 |

Die Berechnung der Zahlungsströme ist nun verhältnismäßig einfach: Im ersten Schritt müssen die berechneten Einsparungen bei den Lohnkosten den Abschreibungen auf die Investition gegenübergestellt werden, um die Auswirkungen der Investition auf das Ergebnis vor und nach Steuern zu berechnen (siehe Abb. B-120). Vom Jahresüberschuss lässt sich dann auf den Netto-Zahlungsfluss überleiten, indem man die Auszahlung für die Mühle in 2008 berücksichtigt und die nicht zahlungswirksamen Abschreibungen wieder zum Jahresüberschuss hinzurechnet.

Durch Aufsummieren der Zahlungsströme zeigt sich, dass sich die Investition im Vergleich zur Nachtarbeitsoption in keinem der drei Szenarien innerhalb des vorausberechneten Zeitraums von fünf Jahren amortisieren würde.

**Abb. B-120**

Zahlungsströme auf der Zeitachse (Angaben in Tsd. EUR)

|   |   | 2008 | 2009 | 2010 | 2011 | 2012 | 2013 |
|---|---|---:|---:|---:|---:|---:|---:|
|   | *Pessimistisches Szenario* | | | | | | |
|   | Ersparnis Lohnkosten | | 59 | 62 | 65 | 67 | 70 |
| − | Abschreibungen | | 50 | 50 | 50 | 50 | 50 |
| = | Ergebnis vor Steuern | | 9 | 12 | 15 | 17 | 20 |
| − | Steuern | | 3 | 4 | 5 | 5 | 6 |
| = | Jahresüberschuss | | 6 | 8 | 10 | 12 | 14 |
| − | Investition | 500 | | | | | |
| + | Abschreibungen | | 50 | 50 | 50 | 50 | 50 |
| = | Nettozahlungsfluss | −500 | 56 | 58 | 60 | 62 | 64 |
|   | Summiert über Laufzeit | −500 | −444 | −386 | −326 | −264 | −200 |
|   | *Basisszenario* | | | | | | |
|   | Ersparnis Lohnkosten | | 60 | 64 | 66 | 69 | 72 |
| − | Abschreibungen | | 50 | 50 | 50 | 50 | 50 |
| = | Ergebnis vor Steuern | | 10 | 14 | 16 | 19 | 22 |
| − | Steuern | | 3 | 4 | 5 | 6 | 7 |
| = | Jahresüberschuss | | 7 | 10 | 11 | 13 | 15 |
| − | Investition | 500 | | | | | |
| + | Abschreibungen | | 50 | 50 | 50 | 50 | 50 |
| = | Nettozahlungsfluss | −500 | 57 | 60 | 61 | 63 | 65 |
|   | Summiert über Laufzeit | −500 | −443 | −383 | −322 | −259 | −194 |
|   | *Optimistisches Szenario* | | | | | | |
|   | Ersparnis Lohnkosten | | 61 | 66 | 71 | 75 | 80 |
| − | Abschreibungen | | 50 | 50 | 50 | 50 | 50 |
| = | Ergebnis vor Steuern | | 11 | 16 | 21 | 25 | 30 |
| − | Steuern | | 3 | 5 | 6 | 8 | 9 |
| = | Jahresüberschuss | | 8 | 11 | 15 | 17 | 21 |
| − | Investition | 500 | | | | | |
| + | Abschreibungen | | 50 | 50 | 50 | 50 | 50 |
| = | Nettozahlungsfluss | −500 | 58 | 61 | 65 | 67 | 71 |
|   | Summiert über Laufzeit | −500 | −442 | −381 | −316 | −249 | −178 |

**Lösungsvorschlag zu Aufgabenstellung 2**

Die Kapitalwertberechnung (siehe Abb. B-121) zeigt, dass sich die Investition in eine zweite Kaffeemühle lediglich bei Eintreten des optimistischen Szenarios und selbst bei dessen Eintreten auch nur dann, wenn der Restwert in der Kapitalwertberechnung berücksichtigt wird, rechnen würde. Unter Abwägung dieser Ergebnisse sollte die WKR Werksleitung auch in diesem Jahr nicht in eine zusätzliche Kaffeemühle investieren, sondern die Absatzmenge durch die teilweise Anordnung von Nachtarbeit herstellen lassen.

Berücksichtigt man außerdem, dass bei einer Nutzungsdauer von 15 Jahren die aktuelle Kaffeemühle in etwa 7–8 Jahren ersetzt werden müsste und die dann anstehende Ersatzinvestition zu einer Erweiterung der Kapazität durch die Anschaffung einer größeren Mühle genutzt werden könnte, dann ist dies ein weiteres Argument gegen eine Investition in eine zusätzliche Mühle zum jetzigen Zeitpunkt.

# Fallstudie X-presso AG
Aufgabe 9

### Abb. B-121

**Kapitalwertberechnung** (Angaben in Tsd. EUR)

|  | 2008 | 2009 | 2010 | 2011 | 2012 | 2013 | Restwert* |
|---|---|---|---|---|---|---|---|
| *Pessimistisch* | | | | | | | |
| Nettozahlungsfluss | −500 | 56 | 57 | 59 | 60 | 63 | 387 |
| Diskontfaktor | 1,00 | 0,91 | 0,83 | 0,75 | 0,68 | 0,62 | 0,62 |
| Diskontierte Zahlungsströme | −500 | 51 | 47 | 44 | 41 | 39 | 240 |
| **Kapitalwert exkl. Restwert** | **−278** | | | | | | |
| **Kapitalwert inkl. Restwert** | **−38** | | | | | | |
| *Basisszenario* | | | | | | | |
| Nettozahlungsfluss | −500 | 57 | 60 | 61 | 63 | 65 | 399 |
| Diskontfaktor | 1,00 | 0,91 | 0,83 | 0,75 | 0,68 | 0,62 | 0,62 |
| Diskontierte Zahlungsströme | −500 | 52 | 50 | 46 | 43 | 40 | 248 |
| **Kapitalwert exkl. Restwert** | **−269** | | | | | | |
| **Kapitalwert inkl. Restwert** | **−21** | | | | | | |
| *Optimistisches Szenario* | | | | | | | |
| Nettozahlungsfluss | −500 | 58 | 61 | 65 | 67 | 71 | 436 |
| Diskontfaktor | 1,00 | 0,91 | 0,83 | 0,75 | 0,68 | 0,62 | 0,62 |
| Diskontierte Zahlungsströme | −500 | 53 | 51 | 49 | 46 | 44 | 270 |
| **Kapitalwert exkl. Restwert** | **−257** | | | | | | |
| **Kapitalwert inkl. Restwert** | **13** | | | | | | |

* Unter der Annahme, dass der Nettozahlungsfluss in den Nutzungsjahren 6–15 dem in 2013 entspricht

Die Bildung der drei Szenarien zeigt allerdings auch, wie stark die erwartete Rentabilität einer Investition von den zugrunde liegenden Annahmen abhängt und dass nicht allzu große Veränderungen dieser Annahmen die Rentabilität einer Investition und damit die Investitionsentscheidung grundlegend beeinflussen können. Insofern ist es wichtig, gerade bei Investitionsrechnungen immer im Hinterkopf zu behalten, dass sämtliche Berechnungen auf zahlreichen mehr oder weniger unsicheren Annahmen und Prognosen beruhen und dass diese Annahmen einen maßgeblichen Einfluss auf die scheinbare Rentabilität eines Projektes haben können. So ist es ohne weiteres möglich und kommt in der Praxis regelmäßig vor, dass auf Basis unterschiedlicher Interessen unter Verwendung von im Prinzip nicht unrealistischen Annahmen Investitionsprojekte entweder schön oder schlecht gerechnet werden.

Außerdem zeigt ein Vergleich der Kapitalwerte inkl. und exkl. des Restwertes für ein und dasselbe Szenario, welch großen Einfluss der lediglich unter Einbeziehung einiger weniger zentraler Annahmen berechnete Restwert auf den Kapitalwert eines Projektes hat. Dabei wird es in der Praxis häufig vorkommen, dass eine einigermaßen fundierte Prognose der Zahlungsströme lediglich für die ersten fünf Jahre einer Investition vorgenommen werden kann und für den restlichen Zeitraum ein Restwert angesetzt wird bzw. werden muss. Dies ist insofern auch nachvollziehbar, als dass die Szenarioanalyse schon gezeigt hatte, welche Schwankungsbreite die Prognose bereits in den ersten fünf Jahren einer Investition aufweisen kann. Es ändert jedoch nichts daran, dass der hohe Restwert die Rentabilität eines Projektes auf dem Papier signifikant beeinflusst, so dass hier stets ein genauer Blick auf den Effekt und die Plausibilität des Restwertes angebracht ist.

Konservativ agierende Unternehmen ermitteln aufgrund der Problematik des Restwertes daher den Kapitalwert einer Investition teilweise unter der Annahme, dass der angeschaffte Vermögensgegenstand nach dem Planungszeitraum zum Buchwert wieder verkauft wird und beenden das Investitionsprojekt zumindest auf dem Papier und zur Kapitalwertberechnung vorzeitig.

## Aufgabe 10

### Target Costing zur Entwicklung der neuen Yuppie-Line-Kapselmaschinen

#### Lösungsvorschlag zu Aufgabenstellung 1

Die Zielkosten einer Komponente errechnen sich aus den Kosten der jeweiligen Komponente im sog. Basismodell (noch kostengünstiger geht es nicht) und dem dieser Komponente zugewiesenen Anteil des Budgets zur Erfüllung von Leistungsanforderungen.

Die Komponentenkosten des Basismodells sind bekannt (siehe Abb. B-37). Zur Bestimmung der Zielkosten ist also noch das Budget zur Erfüllung von Leistungsanforderungen auf die einzelnen Komponenten aufzuteilen. Um das Budget zur Erfüllung von Leistungsanforderungen jedoch verteilen zu können, ist im ersten Schritt zunächst einmal dessen absolute Höhe zu ermitteln (siehe Abb. B-122).

**Abb. B-122**

**Berechnung des Budgets für Leistungsanforderungen** (Angaben in EUR)

| | |
|---|---|
| Verkaufspreis (VKP) | 159,95 |
| MWSt. | 25,54 |
| Netto-Preis (NP) | 134,41 |
| Bruttomarge | 53,76 |
| Herstellkosten | 80,65 |
| Werkzeugkosten | 5,00 |
| Personalkosten | 10,00 |
| **Allowable Cost** | **65,65** |
| Materialkosten Basismodell | 50,00 |
| **Materialkostenbudget Leistungsanforderungen** | **15,65** |

Zur Berechnung der Komponentenzielkosten muss nun im ersten Schritt der gewichtete Nutzenanteil aller Komponenten am Gesamtprodukt über sämtliche Leistungsanforderungen hinweg berechnet werden, um auf dessen Basis im zweiten Schritt das komponentenspezifische Budget zur Erfüllung von Leistungsanforderungen zuweisen zu können (siehe Abb. B-123).

## Fallstudie X-presso AG
Aufgabe 10

### Abb. B-123

**Nutzenanteil der Komponenten am Gesamtprodukt & resultierendes Budget zur Erfüllung von Leistungsanforderungen** (Angaben in Prozent)

| Leistungsanforderung | Komponenten | | | | | | | | |
|---|---|---|---|---|---|---|---|---|---|
| | Baugruppenträger | Bedienpanel | Brühgruppe | Gehäuse | Heißwassersystem | Milchaufschäumer | Pumpe | Steuerungselektronik | Sonstige | Summe |
| Anzahl Kaffeevariationen | 3,1 | | | | 12,4 | | | 15,5 | | 31,0 |
| Cooles Design | 7,0 | 28,0 | | | | | | | | 35,0 |
| Einfache Bedienbarkeit | 1,4 | | | | | | | 5,6 | | 7,0 |
| Hohe Kaffeequalität | | | 13,5 | | 8,1 | | 5,4 | | | 27,0 |
| **Gesamt** | 11,5 | 13,5 | 28,0 | 8,1 | 12,4 | 5,4 | 21,1 | | | 100,0 |
| **Budget zur Erfüllung von Leistungsanforderungen** (in EUR) | 1,80 | 2,11 | 4,38 | 1,27 | 1,94 | 0,84 | 3,30 | | | 15,65 |

### Abb. B-124

**Zielkosten der Komponenten** (Angaben in EUR)

| | Komponenten | | | | | | | | |
|---|---|---|---|---|---|---|---|---|---|
| | Baugruppenträger | Bedienpanel | Brühgruppe | Gehäuse | Heißwassersystem | Milchaufschäumer | Pumpe | Steuerungselektronik | Sonstige | Gesamt |
| Kosten Basismodell | 5,00 | 2,00 | 15,00 | 3,00 | 5,00 | 4,00 | 2,00 | 12,00 | 2,00 | 50,00 |
| Budget für Leistungsanforderungen | | 1,80 | 2,11 | 4,38 | 1,27 | 1,94 | 0,84 | 3,30 | | 15,65 |
| **Zielkosten** | 5,00 | 3,80 | 17,11 | 7,38 | 6,27 | 5,94 | 2,84 | 15,30 | 2,00 | 65,65 |

Die Zielkosten der Komponenten lassen sich nun durch einfache Addition der Kosten des Basismodells und dem eben ermittelten Budget zur Erfüllung von Leistungsanforderungen berechnen (siehe Abb. B-124).

### Lösungsvorschlag zu Aufgabenstellung 2

Der Zielkostenindex pro Komponente ist der Quotient aus Nutzen- und Kostenanteil der jeweiligen Komponente. Da die Nutzenanteile der einzelnen Komponenten zur Allokation des Budgets zur Erfüllung von Leistungsanforderungen notwendig waren und somit bereits vorliegen, müssen »lediglich noch« die Kostenanteile der einzelnen Komponenten berechnet werden. Was zunächst einfach klingt, ist deshalb doch nicht ganz so trivial, weil je nach Situation und Intention unterschiedliche Definitionen für die Kostenanteile denkbar sind und berechnet werden könn(t)en, nämlich:

i. $\dfrac{\text{Drifting Costs der Komponente}}{\text{Drifting Costs gesamt}}$

ii. $\dfrac{\text{Drifting Costs der Komponente}}{\text{Gesamtzielkosten}}$

iii. $\dfrac{\text{Zielkosten der Komponente}}{\text{Gesamtzielkosten}}$

Da die KMS noch ganz am Anfang der Produktentwicklung steht und die Zielkostenindices u. a. auch zur Steuerung des Kostensenkungsbedarfs genutzt werden sollen, empfiehlt sich in dieser Situation die Berechnung des Kostenanteils nach Definition ii., weil hier die aktuell vorgefundenen Kosten ins Verhältnis zu den angestrebten Zielkosten gesetzt werden und somit der Kostensenkungsbedarf Eingang in die Berechnung der Zielkostenindices findet (siehe Abb. B-125).

**Abb. B-125**

Zielkostenindices der Komponenten auf Basis von Nutzen- und Kostenanteilen

| Komponente | Drifting Costs in EUR | Kostenanteil in Prozent | Nutzenanteil in Prozent | Zielkosten-index | Implikation |
|---|---|---|---|---|---|
| Baugruppen-träger | 5 | 8 | – | – | eigentlich zu aufwendig |
| Bedienpanel | 4 | 6 | 12 | 1,92 | zu einfach |
| Brühgruppe | 15 | 23 | 14 | 0,59 | eigentlich zu aufwendig |
| Gehäuse | 10 | 15 | 28 | 1,87 | zu einfach |
| Heißwasser-system | 10 | 15 | 8 | 0,54 | zu aufwendig |
| Milchauf-schäumer | 7 | 11 | 12 | 1,13 | zu einfach |
| Pumpe | 2 | 3 | 5 | 1,80 | zu einfach |
| Steuerungs-elektronik | 25 | 38 | 21 | 0,56 | zu aufwendig |
| Sonstige | 2 | 3 | – | – | eigentlich zu aufwendig |
| **Gesamt** | **80** | **122** | **100** | **0,82** | **insgesamt zu aufwendig** |

Auf Basis der berechneten Kostenanteile und der bereits vorhandenen Nutzenanteile lässt sich nun auch das sog. Zielkostendiagramm erstellen, das die sich aus den Zielkostenindices der Produktkomponenten abzuleitenden Implikationen für die weitere Produktentwicklung nochmals grafisch veranschaulicht (siehe Abb. B-126).

In der weiteren Entwicklung der Yuppie-Line-Kaffeemaschinen sollten alle derzeit noch zu aufwändigen Komponenten nach Möglichkeit so modifiziert werden, dass sich über eine Senkung der jeweiligen Kosten im Idealfall ein Zielkostenindex von 1 ergibt.

Demgegenüber ist für alle noch zu einfachen Komponenten zu prüfen, ob die derzeit verbauten Teile den Kundenanforderungen hinreichend genügen. Ist dies nicht der Fall, so sollten aufwendigere Komponenten verbaut werden, auch wenn hierdurch die Kosten der jeweiligen Komponenten steigen.

# Fallstudie X-presso AG
Aufgabe 10

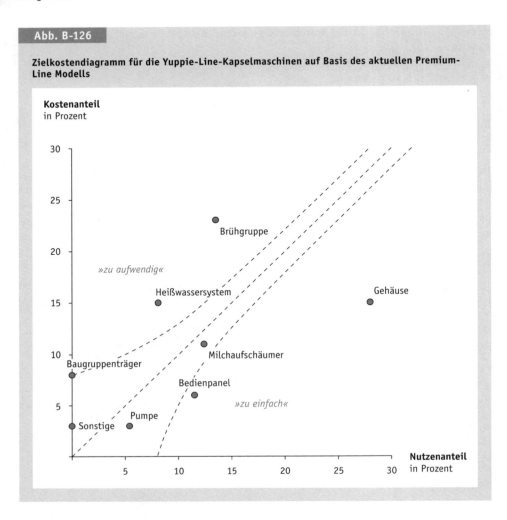

**Abb. B-126**

Zielkostendiagramm für die Yuppie-Line-Kapselmaschinen auf Basis des aktuellen Premium-Line Modells

### Lösungsvorschlag zu Aufgabenstellung 3

Um der Produktentwicklungsabteilung von Schäffer konkrete Vorgaben hinsichtlich des Kostensenkungsbedarf bei den einzelnen Produktkomponenten machen zu können oder ihnen bei zu einfachen Komponenten den Spielraum für den Verbau teurerer Varianten aufzuzeigen, macht es abschließend Sinn, die entsprechenden Differenzen zwischen den Drifting Costs, im Falle der Yuppie-Line-Maschine die Kosten des aktuellen Premium-Line-Modells, und den Zielkosten zu berechnen (siehe Abb. B-127).

## Abb. B-127

**Zielkosten der Yuppie-Line im Vergleich zum aktuellen High-End-Modell** (Angaben in EUR)

| Komponente | Drifting Costs des High-End-Modells | Zielkosten der Yuppie-Line | Anpassungsbedarf |
|---|---|---|---|
| Baugruppenträger | 5,00 | 5,00 | 0,00 |
| Bedienpanel | 4,00 | 3,80 | –0,20 |
| Brühgruppe | 15,00 | 17,11 | 2,11 |
| Gehäuse | 10,00 | 7,38 | –2,62 |
| Heißwassersystem | 10,00 | 6,27 | –3,73 |
| Milchaufschäumer | 7,00 | 5,94 | –1,06 |
| Pumpe | 2,00 | 2,84 | 0,84 |
| Steuerungselektronik | 25,00 | 15,30 | –9,70 |
| Sonstige | 2,00 | 2,00 | 0,00 |
| **Gesamt** | **80,00** | **65,64** | **–14,36** |

## Aufgabe 11

# Senkung des Materialeinsatzes durch Benchmarking der Produktionsprozesse

### Lösungsvorschlag zu Aufgabenstellung 1

## Abb. B-128

**Größen zur Leistungsbeurteilung**

| Kennzahl | Produktgruppe | | |
|---|---|---|---|
| | B | M | X |
| Schwund beim Mahlen | | X | X |
| Schwund beim Abfüllen von Mahlkaffee | | X | |
| von Bohnenkaffee | X | | |

»Life is really simple, but we insist on making it complicated.« (Confucius)

### Lösungsvorschlag zu Aufgabenstellung 2

Aus den Angaben der Abb. B-38 lässt sich für jede Produktionscharge Kaffee der jeweilige Schwund berechnen (siehe Abb. B-129).

Zunächst macht es Sinn, die Produktionsmenge in Packungen über den Packungsinhalt der einzelnen Produkte in kg umzurechnen. Im zweiten Schritt gilt es zu berücksichtigen, dass der Rohkaffee beim Rösten 16,5 Prozent Gewicht verliert. Folglich ist es sinnvoll, den Gewichtsverlust des Rohkaffeeeinsatzes zu berechnen. Im dritten Schritt ergibt sich nun der Schwund als Differenz aus der eingesetzten Rohkaffeemenge abzüglich des Gewichtsverlusts und abzüglich der Produktionsmenge (»Was tatsächlich in der Packung angekommen ist.«). Im letzten Schritt lässt sich der abso-

**Fallstudie X-presso AG**
Aufgabe 11

### Abb. B-129

**Berechnung des gesamten Schwundes der jeweiligen Charge bei der WKR**

| Charge | Produkt | Rohkaffee-einsatz in Tonnen | Produktionsmenge in Packungen | Produktionsmenge in kg | Gewichts-verlust* in kg | Schwund in kg | Schwund in Prozent |
|---|---|---|---|---|---|---|---|
| 1 | BB | 12 | 19.880 | 9.940 | 1980 | 80 | 0,8 |
| 2 | BE | 6 | 9.950 | 4.975 | 990 | 35 | 0,7 |
| 3 | BS | 3 | 4.980 | 2.490 | 495 | 15 | 0,6 |
| 4 | ES | 12 | 38.036 | 9.509 | 1980 | 511 | 5,1 |
| 5 | XS | 6 | 47.900 | 4.790 | 990 | 220 | 4,4 |
| 6 | XL | 6 | 47.950 | 4.795 | 990 | 215 | 4,3 |
| 7 | ES | 12 | 37.956 | 9.489 | 1980 | 531 | 5,3 |
| 8 | XL | 6 | 47.850 | 4.785 | 990 | 225 | 4,5 |
| 9 | ES | 12 | 37.996 | 9.499 | 1980 | 521 | 5,2 |

\* Gewichtsverlust durch das Rösten

lute Schwund in kg noch über der eingesetzten Rohkaffeemenge abzüglich des Gewichtsverlusts relativieren und in einen Prozentsatz umwandeln. Dies erscheint insofern sinnvoll, als dass Rohkaffee- und Produktionsmenge bei den verschiedenen Chargen variiert haben.

Für jede Produktgruppe liegen Werte für jeweils drei Chargen vor, die sich zu einer Durchschnittsangabe mitteln lassen (siehe Abb. B-130).

### Abb. B-130

**Durchschnittlicher Schwund bei der WKR**

| Produkt-gruppe | Charge i | Charge ii | Charge iii | Schwund in Prozent i | Schwund in Prozent ii | Schwund in Prozent iii | Schwund in Prozent ⌀ | Produktions-prozessschritt | Schwund in Prozent |
|---|---|---|---|---|---|---|---|---|---|
| Bohnen-kaffee | 1 | 2 | 3 | 0,8 | 0,7 | 0,6 | 0,7 | Schwund beim Mahlen | 4,4 |
| Mahl-kaffee | 4 | 7 | 9 | 5,1 | 5,3 | 5,2 | 5,2 | Schwund beim Abfüllen von Mahlkaffee | 0,8 |
| X-presso Kapseln | 5 | 6 | 8 | 4,4 | 4,3 | 4,5 | 4,4 | Schwund beim Abfüllen von Bohnenkaffee | 0,7 |

Der Produktionsprozess von Mahlkaffee (Produkt ES) und der X-presso Kapseln (Produkte XS und XL) ist bis zur Produktionsstufe »Mahlen« identisch. Da es beim Pressen der X-presso Kapseln nicht zu Schwund kommt, muss der gesamte Schwund bei der Produktion der Kapseln vom Mahlen herrühren. Der Schwund des Produktionsschrittes »Mahlen« entspricht somit dem mittleren Schwund der X-presso Chargen, so dass sich der Schwund für das Abfüllen von Mahlkaffee aus der Differenz des Schwunds beim Mahlkaffee und beim X-presso Kaffee ergibt.

Der Schwund beim Abfüllen von Bohnenkaffee entspricht dem mittleren Schwund der drei Bohnenkaffee-Chargen. Bei dieser Produktgruppe entsteht nur beim Abfüllen Schwund, weil die Produkte BB, BE und BS als »ganze Bohnen« nicht gemahlen werden müssen.

Der Schwund im Produktionsprozess der Wettbewerber lässt sich nach derselben Vorgehensweise wie bei der WKR aus den Produktionsdaten der Wettbewerber berechnen (siehe Abb. B-131).

Pro Wettbewerber liegen Daten zu je drei Chargen vor, die zu einem Durchschnittswert pro Wettbewerber gemittelt werden können.

### Abb. B-131

**Durchschnittlicher Schwund bei den Wettbewerbern**

| Wett-bewerber | Charge | Rohkaffee-einsatz in Tonnen | Produktionsmenge in Packungen | in kg | Gewichts-verlust* in kg | Schwund pro Charge in kg | in Prozent | ⌀ in Prozent |
|---|---|---|---|---|---|---|---|---|
| *Hersteller von Bohnenkaffee* | | | | | | | | |
| B1 | i | 13 | 21.472 | 10.736 | 2.145 | 119 | 1,1 | |
|  | ii | 17 | 28.106 | 14.053 | 2.805 | 142 | 1,0 | 1,1 |
|  | iii | 14 | 23.100 | 11.550 | 2.310 | 140 | 1,2 | |
| B2 | i | 8 | 13.306 | 6.653 | 1.320 | 27 | 0,4 | |
|  | ii | 9 | 14.954 | 7.477 | 1.485 | 38 | 0,5 | 0,4 |
|  | iii | 6 | 9.990 | 4.995 | 990 | 15 | 0,3 | |
| B3 | i | 14 | 23.170 | 11.585 | 2.310 | 105 | 0,9 | |
|  | ii | 18 | 29.820 | 14.910 | 2.970 | 120 | 0,8 | 0,8 |
|  | iii | 16 | 26.532 | 13.266 | 2.640 | 94 | 0,7 | |
| *Hersteller von Mahlkaffee* | | | | | | | | |
| M1 | i | 11 | 35.048 | 8.762 | 1.815 | 423 | 4,6 | |
|  | ii | 14 | 44.608 | 11.152 | 2.310 | 538 | 4,6 | 4,5 |
|  | iii | 8 | 25.544 | 6.386 | 1.320 | 294 | 4,4 | |
| M2 | i | 19 | 59.968 | 14.992 | 3.135 | 873 | 5,5 | |
|  | ii | 15 | 47.344 | 11.836 | 2.475 | 689 | 5,5 | 5,5 |
|  | iii | 17 | 53.656 | 13.414 | 2.805 | 781 | 5,5 | |
| M3 | i | 11 | 35.048 | 8.762 | 1.815 | 423 | 4,6 | |
|  | ii | 9 | 28.768 | 7.192 | 1.485 | 323 | 4,3 | 4,4 |
|  | iii | 7 | 22.400 | 5.600 | 1.155 | 245 | 4,2 | |

\* Gewichtsverlust durch das Rösten

### Lösungsvorschlag zu Aufgabenstellung 3

Aus dem Vergleich der Benchmarking-Ergebnisse über die teilnehmenden Wettbewerber (siehe Abb. B-132) zieht die WKR folgende Erkenntnisse:

- Wettbewerber M3 ist mit einem Schwund von lediglich 2,9 Prozent beim Mahlen der Maßstab für diesen Produktionsschritt. Es gilt daher, das Setup von M3 genauer zu studieren und die gewonnenen Erkenntnisse soweit wie möglich auf das Setup der Kaffeemühle der WKR anzuwenden.
- Wettbewerber M2 schafft es, mit derselben Maschine wie die WKR mit lediglich 0,5 Prozent Schwund zu produzieren; insofern ist M2 zunächst der Maßstab beim Abfüllen von Mahlkaffee, ohne investieren zu müssen.
- Wettbewerber M1 ist zwar der absolute Maßstab beim Abfüllen von Mahlkaffee; allerdings gilt es zu berücksichtigen, dass M1 zur kompletten Eliminierung des Schwunds eine neuartige Abfüllanlage einsetzt, die angeschafft werden müsste. Es ist zu prüfen, ob sich diese Investition lohnen würde, um die zusätzlich möglichen Einsparungen zu realisieren.

**Fallstudie X-presso AG**
Aufgabe 11

> Mitbewerber B2 ist mit einem Schwund von lediglich 0,4 Prozent der Maßstab beim Abfüllen von Bohnenkaffee; da alle Mitbewerber inkl. der WKR die gleiche Abfüllanlage verwenden, scheint hier das Zusammenspiel aus Anlage und Tüte einen relevanten Aspekt darzustellen, den es genauer zu verstehen und ggf. zu übernehmen gilt.

**Abb. B-132**

**Benchmarking-Ergebnisse** (Angaben in Prozent)

| Produktionsprozessschritt | WKR | Mitbewerber 1 | Mitbewerber 2 | Mitbewerber 3 | Zielwert | Verbesserungspotenzial |
|---|---|---|---|---|---|---|
| Schwund beim Mahlen | 4,4 | 4,5 | 5,0 | 2,9 | 2,9 | 1,5 |
| Schwund beim Abfüllen von Mahlkaffee | 0,8 | 0,0 | 0,5 | 1,5 | 0,5 | 0,3 |
| Schwund beim Abfüllen von Bohnenkaffee | 0,7 | 1,1 | 0,4 | 0,8 | 0,4 | 0,3 |

**Lösungsvorschlag zu Aufgabenstellung 4**

Zur Abschätzung des Einsparpotenzials gilt es zunächst, das Verbesserungspotenzial in den resultierenden verminderten Rohkaffeebedarf zur Herstellung der Jahresabsatzmenge umzurechnen (siehe Abb. B-133). Dabei ist erneut der Gewichtsverlust beim Rösten zu berücksichtigen.

**Abb. B-133**

**Verminderung Materialeinsatz**

| | Einheit | BB | BE | BS | ES | XS | XL | Gesamt |
|---|---|---|---|---|---|---|---|---|
| Planabsatz 2008 (in Tonnen) | | 1.200 | 730 | 337 | 3.200 | 360 | 360 | 6.187 |
| Verbesserungspotenzial (in Prozent) | | | | | | | | |
| beim Mahlen | | | | | | 1,5 | 1,5 | |
| beim Abfüllen | | 0,3 | 0,3 | 0,3 | 0,3 | | | |
| Verminderung Rohkaffeebedarf (in Tonnen) | | 4.298 | 2.615 | 1.207 | 67.762 | 6.371 | 6.371 | 88.624 |
| Arabica exclusive | | – | – | 1.207 | – | – | – | 1.207 |
| Arabica premium | | – | 262 | – | 6.776 | 3.186 | 2.548 | 12.772 |
| Arabica special | | – | 1.046 | – | 27.105 | 2.548 | 3.186 | 33.885 |
| Arabica basic | | 2.149 | 1.046 | – | 27.105 | – | – | 30.300 |
| Robusta premium | | – | – | – | – | 637 | 637 | 1.274 |
| Robusta special | | – | 262 | – | 6.776 | – | – | 7.038 |
| Robusta basic | | 2.149 | – | – | – | – | – | 2.149 |

Der verminderte Rohkaffeebedarf pro Produkt kann in einem zweiten Schritt nun über das Mischungsverhältnis der Blends (siehe Abb. B-15) in einen verminderten Rohkaffeebedarf pro Sorte Rohkaffee umgerechnet werden.

Zur Berechnung des Einsparpotenzials müssen jetzt noch die Einstandskosten der WKR für die verschiedenen Rohkaffeesorten ermittelt werden. Diese ergeben sich aus folgenden Faktoren:

### Abb. B-134

**Faktoren zur Berechnung des Einsparpotenzials**

| Faktor | Einheit | Annahme/Schätzwert |
|---|---|---|
| Rohkaffeepreis | USD/lb | Arabica = 1,40 |
| | | Robusta = 1,05 |
| | | (auf Basis von Abb. B-12) |
| Wechselkurs | USD/EUR | 1,45 |
| Umrechnungsfaktor | Kg/lb | 0,453592 |
| Preisaufschlag der WKR | Prozent | siehe Abb. B-13 |
| Preisaufschlag Importeur | Prozent | 5 |

### Abb. B-135

**Einsparpotenzial durch effizientere Prozesse**

| Rohkaffeesorte | Verminderter Rohkaffeebedarf in kg | Rohkaffee Einstandskosten in EUR/kg | Einsparpotenzial in Tsd. EUR |
|---|---|---|---|
| Arabica exclusive | 1.207 | 4,47 | 5 |
| Arabica premium | 12.772 | 2,68 | 34 |
| Arabica special | 33.885 | 2,46 | 83 |
| Arabica basic | 30.300 | 2,24 | 68 |
| Robusta premium | 1.274 | 1,84 | 2 |
| Robusta special | 7.038 | 1,76 | 12 |
| Robusta basic | 2.149 | 1,68 | 4 |
| **Gesamt** | **88.624** | | **208** |

Das Einsparpotenzial ist nun die Summe aller Produkte aus dem verminderten Rohkaffeebedarf und den Einstandskosten der WKR je Rohkaffeesorte (siehe Abb. B-135).

Die Benchmarking-Ergebnisse mitsamt der Schätzung des Einsparpotenzials kommunizieren Sie an den WKR-Werksleiter und die Verantwortlichen der Kostenstellen *Mahlwerk* (Kst. 250), *Abfüllanlage ganze Bohnen* (Kst. 271) sowie *Abfüllanlage Mahlkaffee* (Kst. 272), die teilweise bereits Mitglieder des Projektteams gewesen sind. Zwar herrscht bei den Beteiligten immer noch eine Rest-Skepsis vor, dass die effizienteren Prozesse der Wettbewerber auch bei der WKR implementiert werden können, doch die Fabrikbesuche haben ja gezeigt, dass es andere teilweise tatsächlich (noch) besser machen!

Sie weisen auch aufgrund der immer noch vorhandenen Skepsis ausdrücklich darauf hin, dass in der Umsetzungsphase zur Hebung der Einsparpotenziale durchaus noch einige Spezifika des WKR-Produktionsprozesses zu berücksichtigen sind. Z. B. ist noch im Detail zu prüfen, ob und ggf. zu welchen Mehr- oder sogar Minderkosten auf andere Tüten zur Verpackung von Bohnenkaffee umgestellt werden kann, und inwiefern das Produktmarketing hier Bedenken haben könnte. Im Grundsatz hat das Wettbewerbs-Benchmarking-Projekt aber gezeigt, dass die Produktion hinsichtlich des Materialeinsatzes durch operative Änderungen tatsächlich noch effizienter gestaltet wer-

**Fallstudie X-presso AG**
Aufgabe 11

den kann und dass hier Einsparpotenzial »schlummert«. Sie weisen alle Verantwortlichen darauf hin, wie wichtig im nächsten Schritt die Umsetzungsphase sein wird, um die geschätzten Einsparungen auch tatsächlich zu realisieren.

Außerdem schlagen Sie vor, ein derartiges Benchmarking-Projekt auch in der Kapselpresse durchzuführen, um den Ausschuss beim ebenfalls immer teurer werdenden Verpackungsmaterialverbrauch von Aluminium weiter zu senken. Denn es gilt: »Nach dem Benchmarking ist vor dem Benchmarking.«

### Lösungsvorschlag zu Aufgabenstellung 5

Durch die Investition in die neue Abfüllanlage könnte der Schwund beim Abfüllen von Mahlkaffee, also beim Abfüllen des Produktes ES, gegenüber den prozessualen Verbesserungen nochmals um 0,5 Prozent gemindert werden. Die resultierenden zusätzlichen Einsparungen lassen sich nun analog zu den prozessualen Einsparungen berechnen (siehe Abb. B-136). Das zusätzliche Einsparpotenzial von nicht einmal EUR 50 Tsd. würde eine Investition in eine neue Abfüllanlage bei einer Nutzungsdauer von ca. 15 Jahren und einem netto Investitionsvolumen von EUR 1,5 Mio. nicht rechtfertigen. Für diese Einschätzung bedarf es keiner zusätzlichen detaillierten Investitionsrechnung!

**Abb. B-136**

**Einsparpotenzial durch die neue Abfüllanlage**

|  | Verminderter Materialeinsatz in Tonnen | Rohkaffee Einstandskosten in EUR/kg | Einsparpotenzial in Tsd. EUR |
|---|---|---|---|
| Verminderung Rohkaffeebedarf | 19.066 |  |  |
| Arabica exclusive | 0 | 4,47 | 0 |
| Arabica premium | 1.907 | 2,68 | 5 |
| Arabica special | 7.626 | 2,46 | 19 |
| Arabica basic | 7.626 | 2,24 | 17 |
| Robusta premium | 0 | 1,84 | 0 |
| Robusta special | 1.907 | 1,76 | 3 |
| Robusta basic | 0 | 1,68 | 0 |
| **Gesamt** | **19.066** |  | **44** |

## Aufgabe 12

## Strategieimplementierung mittels Balanced Scorecard

### Lösungsvorschlag zu Aufgabenstellung 1[21]

**Abb. B-137**

**Strategische Ziele im Geschäftskundenmarkt**

| Perspektive | Fragestellung | Strategische Ziele |
|---|---|---|
| Finanzen | Welche Ziele leiten sich aus den Rendite- und Break-even-Erwartungen des Konzerns sowie aus dem hohen Finanzierungsbedarf ab? | ▸ Rendite von >10% erreichen<br>▸ Umsatz stetig steigern<br>▸ Finanzierungsbedarf senken |
| Kunden | Welche Ziele leiten sich aus dem Anspruch ab, führend beim Kundenbedürfnismanagement und hinsichtlich des Service Levels zu sein? | ▸ Marktanteil stetig erhöhen<br>▸ Kundenzufriedenheit maximieren<br>▸ Liefertreue gewährleisten |
| Prozesse | Welche Ziele ergeben sich aus den Finanz- und Kundenzielen für die Prozesse im Unternehmen? | ▸ Wartezeiten im Call Center minimieren<br>▸ Wartungs- und Reparaturkosten optimieren<br>▸ Lagerbestände minimieren |
| Potenziale | Welche Ziele lassen sich für das langfristige Erreichen von Finanz-, Kunden- und Prozesszielen ableiten? | ▸ Umfassende Service-Mentalität verankern<br>▸ Beratungsfähigkeit der Kundenberater sicherstellen<br>▸ Automatisches Nachbestellverfahren entwickeln |

Die strategischen Ziele sollten sich so konkret wie möglich auf die Strategie und Situation der X-presso AG beziehen. Es sollte außerdem darauf geachtet werden, nicht wahllos möglichst viele strategische Ziele zu definieren, sondern sich auf eine Auswahl zu beschränken, die sich unmittelbar aus der X-presso Strategie für den Geschäftskundenmarkt ableitet. Ganz nach dem Motto:

»Strategy is about making choices«
– Michael E. Porter, Harvard Business School

---

[21] Der nachfolgende Lösungsvorschlag stellt lediglich eine von verschiedenen denkbaren Lösungsoptionen dar. Gerade bei einem strategischen Instrument wie der Balanced Scorecard gibt es nicht den einen richtigen Lösungsvorschlag, sondern eine Vielzahl von richtigen bzw. denkbaren Lösungsansätzen.

## Fallstudie X-presso AG
Aufgabe 12

**Lösungsvorschlag zu Aufgabenstellung 2**

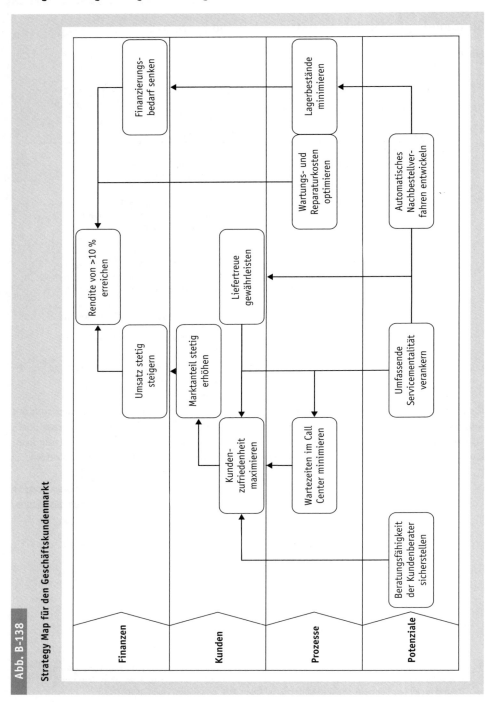

Abb. B-138

**Strategy Map für den Geschäftskundenmarkt**

## Lösungsvorschlag zu Aufgabenstellung 3

**Abb. B-139**

**Messgrößen zur Messung strategischer Ziele**

| Perspektive | Strategische Ziele | Messgrößen |
|---|---|---|
| Finanzen | ▸ Rendite von > 10 Prozent erreichen<br>▸ Umsatz stetig steigern<br>▸ Finanzierungsbedarf senken | ▸ Return on Capital Employed (ROCE)<br>▸ Cash Flow Return on Investment (CFROI)<br>▸ Umsatzwachstum<br>▸ Free Cash Flow<br>▸ Working Capital Produktivität |
| Kunden | ▸ Marktanteil stetig erhöhen<br>▸ Kundenzufriedenheit maximieren<br>▸ Liefertreue gewährleisten | ▸ Marktanteil<br>▸ Index Kundenzufriedenheit<br>▸ Anteil pünktlicher Lieferungen<br>▸ Kundenbeschwerden/Lieferungen |
| Prozesse | ▸ Wartezeiten im Call Center minimieren<br>▸ Wartungs- und Reparaturkosten optimieren<br>▸ Lagerbestände minimieren | ▸ ∅ Zeit in Warteschleife/Anruf<br>▸ ∅ Wartungs- + Reparaturkosten je Maschine beim Kunden<br>▸ ∅ Lagerbestand Maschinen je Maschine beim Kunden<br>▸ ∅ Lagerbestand Kaffee/Absatzmenge |
| Potenziale | ▸ Umfassende Service-Mentalität verankern<br>▸ Beratungsfähigkeit der Kundenberater sicherstellen<br>▸ Automatisches Nachbestellverfahren entwickeln | ▸ Index Service-Mentalität<br>▸ Schulungstage/Kundenberater<br>▸ Umsetzungsgrad Projektplan |

Bei den oben vorgeschlagenen Messgrößen handelt es sich um eine beispielhafte Auswahl. Andere oder zumindest leicht abgewandelte Messgrößen wären denkbar, sollten sich aber stets so direkt wie möglich auf das zu messende strategische Ziel beziehen und zudem in ausreichendem Maße vom Management beeinflussbar sein. Zudem ist darauf zu achten, dass sowohl Ergebniskennzahlen als auch Leistungstreiber als Frühindikatoren i. B. für die Prozess- und Potenzialperspektive berücksichtigt werden.

Wichtig ist auch, dass bei allen Beteiligten Konsens über Bedeutung und Definition der gewählten Messgrößen herrscht. So könnte sich der Marktanteil z. B. sowohl auf den mengenmäßigen als auch auf den wertmäßigen Marktanteil beziehen. Um derartigen Missverständnissen vorzubeugen, sollten sämtliche Messgrößen so exakt wie möglich definiert und kommuniziert werden.

Außerdem ist es grundsätzlich von Vorteil, Resultats- statt Eingangsgrößen zu wählen, also z. B. zur Messung der Entwicklung des automatischen Nachbestellverfahrens besser den Umsetzungsgrad des Projektplans als Resultat des Entwicklungsfortschritts zu messen als z. B. die Anzahl der auf das Verfahren verwandten Mann-Tage, da letztere Größe wenig über den tatsächlichen Zielerreichungsgrad aussagt, sondern lediglich den betriebenen (möglicherweise erfolglosen) Aufwand darstellt.

Es sollte jedoch darauf geachtet werden, nicht zu viele und damit zunehmend unschärfere Messgrößen zu definieren. Maximal drei Messgrößen pro strategischem Ziel und fünf pro Perspektive sollten als Faustregel hinreichen, um das jeweilige Ziel sinnvoll abzubilden. Bei zu vielen Messgrößen besteht die Gefahr, einen Kennzahlenfriedhof zu schaffen, ohne den Erkenntnisgewinn und die Steuerungsfähigkeit des Managements zu verbessern.

Zur Messung der drei vorgeschlagenen Indizes muss in regelmäßigen Abständen zumindest stichprobenhaft eine Kundenbefragung durchgeführt werden. Grundsätzlich wäre es vorzuziehen, Messgrößen auszuwählen, für die ein derartiger Zusatzaufwand nicht betrieben werden muss. Da die Kundenzufriedenheit und ihre Treibergrößen für X-presso aber von zentraler Wichtigkeit sind, wurde dieser Nachteil in unserem Fall in Kauf genommen.

### Lösungsvorschlag zu Aufgabenstellung 4

Bei der Festlegung der Zielwerte für die definierten Messgrößen sollten in der Praxis die folgenden beiden Kriterien unbedingt Beachtung finden:
- Die Zielwerte je Messgröße sollten zwar anspruchsvoll, aber nicht unerreichbar sein.
- Die letztendlich für die Erreichung des Zielwerts bzw. die für das strategische Ziel verantwortliche Person sollte unbedingt in den Prozess der Zielwertfestlegung mit eingebunden sein.

Die Bestimmung der tatsächlichen Zielwerte sollte dann auf Basis von Vergleichs- oder Vergangenheitswerten erfolgen, um eine möglichst hohe Akzeptanz der Zielwerte bei den Mitarbeitern zu schaffen. So lässt sich ein z. B. aus einer Benchmarkingstudie abgeleiteter und bei Konkurrenten bereits realisierter Zielwert oder ein aus der Vergangenheit hergeleiteter Wert sicherlich wesentlich nachhaltiger als realisierbar argumentieren als ein tendenziell willkürlich festgelegter Zielwert.

### Beispielhafte Festlegung dreier Zielwerte:

*Return on Capital Employed (ROCE):*
Aus dem Konzernerwartungswert lässt sich für die Messgröße Return on Capital Employed unmittelbar auch der Zielwert in Höhe von 10 Prozent bzw. >10 Prozent festlegen. Eine Vergleichswert- oder Vergangenheitsbetrachtung ist nicht notwendig.

*Umsatzwachstum:*
Auch für die Messgröße Umsatzwachstum ist keine Vergleichswert- oder Vergangenheitsbetrachtung notwendig, um den Zielwert festzulegen. Der Zielwert lässt sich in diesem Fall unmittelbar aus dem strategischen Ziel ableiten. Da der Anspruch von X-presso ist, stärker als die Konkurrenz zu wachsen, kann bzw. sollte als Zielwert das im Zeitraum jeweils festgestellte Marktwachstum hergenommen werden.

*Marktanteil:*
Zur Festlegung des Zielwerts für den Marktanteil sollte ab der zweiten Messperiode ein Vergangenheitsvergleich erfolgen. Da als strategisches Ziel formuliert wurde, den Marktanteil kontinuierlich zu erhöhen, sollte als Zielwert für die aktuelle Periode folglich jeweils der tatsächlich realisierte Marktanteil der Vorperiode angesetzt werden.

### Lösungsvorschlag zu Aufgabenstellung 5

Die Maßnahmen zur Zielerreichung sollten folgende Kriterien erfüllen:
- Maßnahmen sollten tatsächlich relevant zur Zielerreichung sein.
- Maßnahmen sollten im unternehmerischen Kontext implementierbar sein.

- Die Gesamtliste aller Maßnahmen sollte erschöpfend in Bezug auf die Gesamtsumme aller formulierten strategischen Ziele sein.
- Einzelmaßnahmen sollten klar voneinander abgrenzbar sein, bzw. ähnliche oder teilweise überlappende Maßnahmen zu einer einzigen Maßnahme zusammengefasst werden.

**Beispielhafte Formulierung von Maßnahmen:**

### Abb. B-140

**Maßnahmen zur Zielerreichung**

| Maßnahme | Primär adressiertes strategisches Ziel | Nebeneffekt(e) |
|---|---|---|
| Software zur Berechnung optimaler Wartungsintervalle einführen | Wartungs- und Reparaturkosten optimieren | N/a |
| Datenbasiertes Lagerbestandsmanagement implementieren | Lagerbestände minimieren | + Senkt das Working Capital und somit den Finanzierungsbedarf<br>− Birgt das Risiko einer verminderten Lieferbereitschaft aufgrund der geringeren Lagerreichweite, was sich wiederum negativ auf die Kundenzufriedenheit auswirken könnte |
| Kundenberater schulen | Beratungsfähigkeit der Kundenberater sicherstellen | N/a |
| ... | ... | ... |

In der Unternehmenspraxis sollte gemäß der Projektmanagementmaxime: »Wer macht was bis wann?« außerdem für jede Maßnahme ein Verantwortlicher und eine Deadline festgelegt werden. Denn ohne klar definierte Verantwortlichkeiten wäre die Gefahr groß, dass sich niemand zuständig fühlt und die auf dem Papier erarbeiteten Maßnahmen niemals zur Implementierung kommen.

## Fallstudie X-presso AG
Aufgabe 12

**Lösungsvorschlag zu Aufgabenstellung 6**

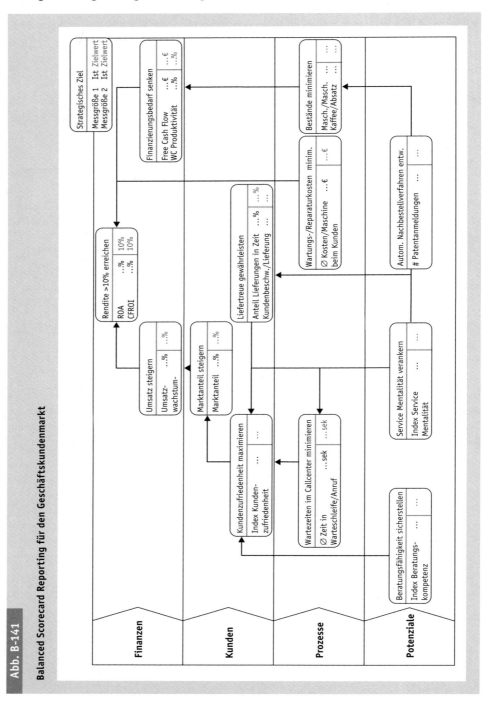

Abb. B-141
Balanced Scorecard Reporting für den Geschäftskundenmarkt

## Aufgabe 13

# Die BCG-Portfolio-Matrix zur Entwicklung der langfristigen Produktstrategie

**Lösungsvorschlag zu Aufgabenstellung 1**

Das sog. Marktanteils-Marktwachstums-Portfolio (BCG-Portfolio-Matrix) stellt auf der x-Achse den relativen Marktanteil des Unternehmens bzw. der Produktgruppe im Vergleich zum Wettbewerber mit dem größten Marktanteil im betrachteten Teilmarkt dar und auf der y-Achse das Wachstum des Marktsegments in Prozent. Optional lässt sich z. B. der Umsatz der betrachteten Produktgruppe über die Kreisfläche in der Matrix darstellen.

Zur Erstellung der Matrix werden also folgende Größen benötigt:
i. Relativer Marktanteil von Schäffer je Marktsegment
ii. Marktwachstum des Marktsegments
iii. Nettoerlöse der Produktgruppe

Der relative Marktanteil je Marktsegment lässt sich aus den Marktanteilen von Schäffer (siehe Abb. B-142) im Vergleich zum Marktanteil des jeweils größten Mitbewerbers (siehe Abb. B-143) im jeweiligen Marktsegment berechnen (siehe Abb. B-144).

### Abb. B-142

**Absatzmarkteile von Schäffer** (Angaben in Prozent)

| Maschinentyp | 2006 | 2007 | 2008 | 2009p |
|---|---|---|---|---|
| Vollautomaten | 15 | 15 | 15 | 15 |
| Filterkaffeemaschinen | 6 | 6 | 6 | 6 |
| Padmaschinen | 0 | 0 | 0 | 0 |
| Kapselmaschinen | 22 | 22 | 22 | 22 |
| Siebträgermaschinen | 22 | 22 | 22 | 22 |

### Abb. B-143

**Absatzmarktanteil des größten Mitbewerbers** (Angaben in Prozent)

| Maschinentyp | 2006 | 2007 | 2008 | 2009p |
|---|---|---|---|---|
| Vollautomaten | 27 | 27 | 28 | 27 |
| Filterkaffeemaschinen | 7 | 7 | 7 | 7 |
| Padmaschinen | 16 | 17 | 17 | 18 |
| Kapselmaschinen | 39 | 38 | 37 | 37 |
| Siebträgermaschinen | 15 | 16 | 15 | 15 |

**Fallstudie X-presso AG**
Aufgabe 13

**Abb. B-144**

**Relativer Marktanteil von Schäffer im Vergleich zum größten Mitbewerber**

| Maschinentyp | 2006 | 2007 | 2008 | 2009p |
|---|---|---|---|---|
| Vollautomaten | 0,6 | 0,6 | 0,5 | 0,6 |
| Filterkaffeemaschinen | 0,9 | 0,9 | 0,9 | 0,9 |
| Padmaschinen | 0,0 | 0,0 | 0,0 | 0,0 |
| Kapselmaschinen | 0,6 | 0,6 | 0,6 | 0,6 |
| Siebträgermaschinen | 1,5 | 1,4 | 1,5 | 1,5 |

Das Marktwachstum (siehe Abb. B-145) lässt sich aus den Daten zur Marktentwicklung (siehe Abb. B-4) berechnen.

**Abb. B-145**

**Marktwachstum** (Angaben in Prozent)

| Maschinentyp | 2006/07 | 2007/08 | 2008/09 |
|---|---|---|---|
| Vollautomaten | 1 | 20 | 11 |
| Filterkaffeemaschinen | 0 | 1 | 1 |
| Padmaschinen | 5 | 12 | 8 |
| Kapselmaschinen | 56 | 35 | 22 |
| Siebträgermaschinen | –5 | 1 | 0 |

Die Nettoerlöse der Produktgruppen lassen sich aus den Absatzzahlen von Schäffer (siehe Abb. B-5) und den Nettopreisen der Produkte berechnen. Die Nettopreise der Produkte (siehe Abb. B-146) lassen sich wiederum aus den Bruttoverkaufspreisen (siehe Abb. B-3) abzüglich Mehrwertsteuer und Handelsmarge ermitteln. Die Nettoerlöse eines Produkts errechnen sich dann durch Multiplikation des Nettopreises mit dem Absatz des Produktes, die Nettoerlöse einer Produktgruppe durch Addition der Nettoerlöse sämtlicher Produkte der Produktgruppe (siehe Abb. B-147).

**Abb. B-146**

**Nettopreise der Produkte** (Angaben in EUR)

| Produkt | Nettopreis |
|---|---|
| FK (Filterkaffeemaschine) | 16,79 |
| SB (Siebträgermaschine – basis) | 33,59 |
| SP (Siebträgermaschine – premium) | 50,40 |
| VB (Vollautomat – basis) | 210,06 |
| VP (Vollautomat – premium) | 420,15 |
| XP (X-presso Kapselmaschine) | 168,03 |

## Abb. B-147

**Nettoerlöse der Produkte** (Angaben in Tsd. EUR)

| Maschinentyp | 2006 | 2007 | 2008 | 2009p |
|---|---|---|---|---|
| Vollautomaten | 25.818 | 26.196 | 31.342 | 34.661 |
| Filterkaffeemaschinen | 4.691 | 4.701 | 4.757 | 4.790 |
| Padmaschinen | 0 | 0 | 0 | 0 |
| Kapselmaschinen | 7.729 | 12.081 | 16.333 | 19.878 |
| Siebträgermaschinen | 2.590 | 2.456 | 2.484 | 2.484 |

Anhand der berechneten Daten lässt sich nun das Marktanteils-Marktwachstums-Portfolio für die Jahre 2007 bis 2009 darstellen (siehe Abbildung B-149).

### Lösungsvorschlag zu Aufgabenstellung 2

Mit der Position in der Matrix ist dem Konzept der Boston Consulting Group zufolge jeweils eine Normstrategie für die jeweilige Produktgruppe verbunden.

## Abb. B-148

**Normstrategien**

| Typus/Matrixquadrant | Normstrategie | Beschreibung |
|---|---|---|
| **Question marks** (hohes Marktwachstum, geringer relativer Marktanteil) | ▸ Aufbauen oder aufgeben | Es ist zu prüfen, ob Investitionen zur Erhöhung des Marktanteils und zur Realisierung von Erfahrungskurveneffekten sinnvoll erscheinen. Ist dies nicht der Fall, so ist der Geschäftsbereich aufzugeben. |
| **Stars** (hohes Marktwachstum, hoher relativer Marktanteil) | ▸ Ausbauen | Der Geschäftsbereich hat bereits eine gute Marktposition, die es zu halten bzw. weiter auszubauen gilt. Das hohe Marktwachstum erfordert i. d. R. weitere Investitionen, um mit der Marktentwicklung Schritt halten zu können. |
| **Cash cows** (geringes Marktwachstum, hoher relativer Marktanteil) | ▸ Abschöpfen | Das geringe Marktwachstum bei guter Marktposition resultiert i. d. R. in einem positiven Cashflow, den es abzuschöpfen und anderweitig sinnvoll zu investieren gilt. |
| **Dogs** (geringes Marktwachstum, geringer relativer Marktanteil) | ▸ Aufgeben | Die schlechte Marktposition in einem wenig attraktiven Markt machen weitere Investitionen i. d. R. wenig lohnenswert. Der Geschäftsbereich ist daher aufzugeben und die dadurch verfügbaren Mittel anderweitig sinnvoller zu investieren. |

## Fallstudie X-presso AG
### Aufgabe 13

**Abb. B-149** Marktanteils-Marktwachstums-Portfolios für die Jahre 2007 bis 2009

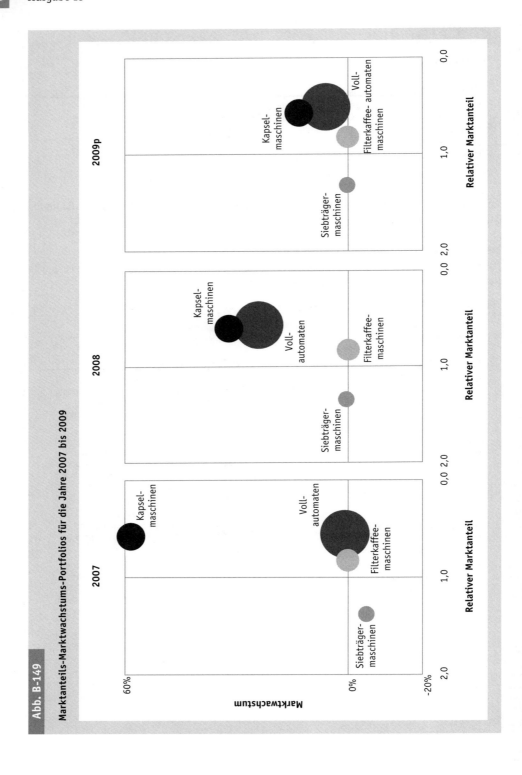

## Abb. B-150

**Normstrategien für die KMS Produktgruppen auf Basis der BCG-Portfolio-Analyse**

| Produktgruppe | Normstrategie |
|---|---|
| Vollautomaten | Aufbauen/aufgeben |
| Filterkaffeemaschinen | Aufbauen/aufgeben |
| Kapselmaschinen | Aufbauen/aufgeben |
| Siebträgermaschinen | Abschöpfen |

**Synthese für die jeweilige Produktgruppe:**

- Die Geschäftsbereiche **Vollautomaten, Filterkaffeemaschinen** und **Kapselmaschinen** sind entweder aufzubauen oder aufzugeben und die ggf. durch Aufgabe frei werdenden Ressourcen wirtschaftlich sinnvoller in neue und/oder vielversprechendere Geschäftsfelder zu investieren.
- Der Geschäftsbereich **Siebträgermaschinen** ist abzuschöpfen. Die Investitionen in Produktentwicklung und Marketing sollten heruntergefahren werden, um mit der bestehenden Produktpalette einen möglichst hohen Deckungsbeitrag für die Produktgruppe zu erwirtschaften.

### Lösungsvorschlag zu Aufgabenstellung 3

**Kaffeemaschinen Schäffer GmbH**
**– Management Memorandum –**

Von: Leiter Controlling
An: Geschäftsführung

**Betreff: Bedenken hinsichtlich Aussagekraft der BCG-Portfolio-Matrix in unserem Marktumfeld**

Sehr geehrte Damen und Herren,

für Ihre Strategiesitzung zur Diskussion der zukünftigen Produktgruppenstrategien habe ich – wie beauftragt – ein Marktanteils-Marktwachstums-Portfolio für unsere vier Produktgruppen für die Jahre 2007 bis 2009 erstellt.

Erlauben Sie mir, dass ich Sie hiermit auf meine Bedenken hinsichtlich der Aussagekraft und vollständigen Anwendbarkeit der sog. BCG-Portfolio-Matrix in unserem Marktumfeld aufmerksam mache.

Grundgedanke der BCG-Analyse ist, dass ein Unternehmen in unterschiedlichen Teilmärkten mit unterschiedlichen Wachstumsraten vertreten sein sollte, weil unterschiedliche Wachstumsraten mit einem unterschiedlichen Kapitalfluss des jeweiligen Produktes einhergehen. Hohe Wachstumsraten bedingen i.d.R. einen Nettofinanzierungsbedarf, um mit dem Wachstum Schritt halten zu können, z.B. zum Ausbau der Produktionskapazität. Geringe Wachstumsraten bedingen, bei ausreichend großem Marktanteil und den damit verbundenen hohen Margen, i.d.R. einen Nettofinanzierungsüberschuss, der zur Finanzierung des Wachstums der Produkte mit einem Nettofinanzierungsbedarf herangezogen werden kann.

## Fallstudie X-presso AG
Aufgabe 13

Typischerweise durchläuft bei dieser Sichtweise ein Markt bzw. ein Produkt einen Lebenszyklus, an dessen Anfang relativ hohe Wachstumsraten stehen, welche im weiteren Verlauf dann sukzessive zurückgehen oder sich gar ins Negative umkehren. Dieses Phänomen lässt sich in unserer Branche gerade sehr gut am Marktsegment Kapselmaschinen beobachten, das sich noch relativ am Anfang des Lebenszyklus befindet und erwartungsgemäß hohe Wachstumsraten aufweist.

Auch die Marktsegmente Filterkaffeemaschinen und Siebträgermaschinen entsprechen dieser Sichtweise. Allerdings sind diese beiden Teilmärkte im Lebenszyklus bereits weiter fortgeschritten und weisen über die letzten Jahre erwartungsgemäß konstant geringe bzw. negative Wachstumsraten auf.

Nicht ins Bild passt jedoch das Marktsegment Vollautomaten, welches innerhalb des betrachteten Dreijahreszeitraumes in 2007 gar kein, in 2008 ein hohes und in 2009 ein moderates Marktwachstum aufweist. Eine derart schnelle und sprunghafte Veränderung der Marktwachstumsraten in diesem Teilmarkt ist nicht konsistent mit der langfristigen Produkt-Lebenszyklus-Sichtweise, auf welcher die BCG-Normstrategie-Empfehlungen basieren. Aus diesem Grund möchte ich davor warnen, aus der vorliegenden Analyse voreilige Schlüsse hinsichtlich einer aus der Normstrategie-Logik abzuleitenden Desinvestition der Produktgruppe Vollautomaten zu ziehen.

Auch möchte ich vor einer auf Basis der Normstrategien ebenfalls denkbaren Desinvestition in die Produktgruppe Kapselmaschinen warnen, da diese Produktgruppe maßgeblich für unser Umsatzwachstum der vergangenen Jahre verantwortlich gewesen ist.

Vielmehr schlage ich vor, in die Diskussion der zukünftigen Produktgruppenstrategien weitere Instrumente mit einzubeziehen, um die Entscheidungen auf eine breitere Datengrundlage zu stellen. Diesbezüglich möchte ich insbesondere die Berücksichtigung folgender Informationen für die einzelnen Produktgruppen anregen:

- Deckungsbeiträge
- Budgetierter Investitionsbedarf
- Historischer und prognostizierter zukünftiger Kapitalfluss
- Cash Value Added

Mit freundlichen Grüßen
Ihr Leiter Controlling

## Praxistipp

### Kritische Anmerkungen zu Portfoliomodellen im Allgemeinen:

Aufgrund der auf wenige Dimensionen vereinfachten Darstellung eines komplexen Zusammenhangs weisen Portfoliomodelle unweigerlich einen reduktionistischen Charakter auf. Schwer planbare Einflüsse können nicht berücksichtigt werden. Portfoliomodelle erheben daher auch keinerlei Anspruch auf Vollständigkeit, sondern sind ausschließlich eine komprimierte Entscheidungshilfe für komplexe Sachverhalte im Rahmen des Strategiefindungsprozesses.

Außerdem muss betont werden, dass der Anspruch zu hoch wäre, im strategischen Bereich mit exakten und genau quantifizierbaren Annahmen zu arbeiten. Die Normstrategien der BCG-Matrix bergen die Gefahr einer mechanistischen Anwendung, ohne unternehmensspezifische Aspekte zu berücksichtigen. So bleiben u. U. Synergiepotenziale zwischen den einzelnen Geschäftsfeldern unberücksichtigt, die tatsächlich eine wichtige Rolle spielen können. Daher dürfen Empfehlungen aufgrund der starken Aggregation keinesfalls unreflektiert übernommen werden.

Zusammenfassend lässt sich festhalten, dass Portfoliomodelle zu ersten wertvollen und kreativen Reflexionen über Strategiealternativen und Ressourcenzuteilung in diversifizierten Unternehmen anregen können. Damit schaffen sie einen grundlegenden Denkrahmen für ein produktgruppenübergreifendes Verständnis der notwendigen Handlungsschritte sowie der Vorgehensweisen in einem komplexen und anspruchsvollen strategischen Planungsprozess.

# C Praxisfälle

Der dritte und letzte Teil des Übungsbuches enthält direkt an die betriebswirtschaftliche Realität angelehnte Aufgabestellungen namhafter deutscher und internationaler Unternehmen. Ziel dieser »Praxisfälle« ist es, den Einsatz ausgewählter Controlling-Instrumente in der Unternehmenspraxis darzustellen und dabei unter anderem auch auf die Herausforderungen bei der praktischen Umsetzung theoretischer Konzepte aufmerksam zu machen.

Der von den Unternehmen vorgestellte Lösungsvorschlag findet sich in diesem Teil des Buches unmittelbar im Anschluss an die jeweilige Aufgabenstellung. Beim Lösungsvorschlag handelt es sich nicht notwendigerweise um »die eine richtige Lösung«, sondern vielmehr um den vom betroffenen Unternehmen gewählten Weg, die dargestellte betriebswirtschaftliche Problemstellung im Kontext des jeweiligen Unternehmensumfeldes zu adressieren.

## 1. Praxisfall von Ernst & Young zur Thematik HGB vs. IFRS

*Siegfried Keller; Sebastian Breyer; Dr. Philipp Gaenslen; Patrick Horbach*

Der Praxisfall HGB vs. IFRS stellt in drei Aufgaben die unterschiedliche Behandlung einzelner Sachverhalte nach HGB und IFRS sowie die damit verbundenen Implikationen für das Controlling dar.

Das Mutterunternehmen (MU) Power Generation Holding (PGH) ist eine in Deutschland ansässige Technologiefirma. Sie ist als große Kapitalgesellschaft verpflichtet, einen Jahresabschluss und einen Lagebericht nach § 264 ff. HGB aufzustellen. Zusätzlich muss die PGH einen Konzernabschluss und einen Konzernlagebericht nach § 290 ff. HGB aufstellen. Die PGH übt das Wahlrecht nach § 315a HGB aus und stellt den Konzernabschluss nach IFRS auf. Sowohl die PGH als auch ihre Tochterunternehmer (TU) wenden die Vorschriften des HGB n. F. (d. h. nach BilMoG) vollständig an. Das Geschäftsjahr entspricht dem Kalenderjahr, wobei im Praxisfall das Geschäftsjahr 2009 betrachtet wird.

Die Engine Windpower GmbH (EWP) ist ein 100-prozentiges TU der PGH. Im Betrachtungszeitraum wird die Creative New Energy (CNE) als neues 100-prozentiges TU erworben. Beide TU stellen einen HGB-Einzelabschluss auf. In den Konzernabschluss werden beide TU auf Basis eines sog. IFRS Reporting Package einbezogen.

Latente Steuern werden aus Vereinfachungsgründen im Praxisfall nicht berücksichtigt.

# Praxisfälle
Ernst & Young

## Teilaufgabe 1

### Aktivierung immaterieller Vermögenswerte

Die EWP hat am 1. März 2009 mit der Entwicklung einer völlig neuartigen Windturbine begonnen. Marktanalysen zeigen, dass ein Markt für dieses Produkt vorhanden ist. Am 30. Juni 2009 wurde der EWP das Patent mit einer Nutzungsdauer bis zum 31. Dezember 2019 erteilt. Am 1. September 2009 waren sämtliche bestehenden technischen und personellen Probleme gelöst sowie die Finanzierung der erforderlichen Herstellungsanlagen durch die Hausbank gesichert.

Die Controlling Abteilung der EWP konnte der Windturbinenentwicklung die folgenden zahlungswirksamen Aufwendungen zuordnen:

### Abb. C-1

**Zahlungswirksame Aufwendungen zur Entwicklung der Windturbine** (Angaben in Tsd. EUR)

| Zeitraum | Aufwendung | Betrag |
|---|---|---|
| 01.03. – 30.06.2009 | Einzelkosten der Forschung | 10.000 |
|  | Einzelkosten der Entwicklung | 5.000 |
| 30.06.2009 | Anwaltskosten zur Erteilung des Patents | 2.000 |
| 01.07. – 31.08.2009 | Einzelkosten der Entwicklung | 5.000 |
| 01.09. – 31.12.2009 | Einzelkosten der Entwicklung | 12.000 |
|  | Gemeinkosten der Entwicklung | 7.000 |
|  | Einzelkosten der Forschung | 3.000 |
| 01.01. – 31.12.2009 | Schulungskosten | 3.000 |

Die Produktentwicklung wurde laut Projektcontrolling am 31. Dezember 2009 abgeschlossen und am 2. Januar 2010 wurde mit Produktion und Vertrieb begonnen. Im Dezember 2009 wurde von der Controlling Abteilung aufgrund weiterer Marktforschungsstudien ermittelt, dass für die Laufzeit des Patentes voraussichtlich mit folgenden Einzahlungsüberschüssen in Tsd. EUR (vereinfachende Annahme des Mittelzuflusses am Ende des jeweiligen Geschäftsjahres) gerechnet werden kann:

### Abb. C-2

**Voraussichtliche Einzahlungsüberschüsse während der Patentlaufzeit für die Turbine**
(Angaben in Tsd. EUR)

| Jahr | 2010 | 2011 | 2012 | 2013 | 2014 | 2015 | 2016 | 2017 | 2018 | 2019 |
|---|---|---|---|---|---|---|---|---|---|---|
| Betrag | 1.600 | 2.000 | 2.400 | 2.400 | 2.000 | 2.000 | 2.000 | 2.000 | 2.000 | 2.000 |

Der Zinssatz für vergleichbare Investitionen (entsprechende Laufzeit und Risikostruktur) beträgt zum 31. Dezember 2009 7 Prozent p. a.

Im HGB-Abschluss 2009 der EWP werden die aufgeführten Aufwendungen als in 2009 ergebniswirksam erfasst, da die Gesellschaft vom eingeschränkten Aktivierungswahlrecht nach § 248 II HGB keinen Gebrauch macht. Abschlussbuchungen nach HGB werden insofern nicht vorgenommen.

## Aufgabenstellung

Das Projektcontrolling erhält den Auftrag, den dargestellten Sachverhalt nach seinen Auswirkungen im IFRS Reporting Package der EWP zum 31. Dezember 2009 zu beurteilen, zudem sollen die erforderlichen IFRS-Abschlussbuchungen genannt werden. Wie ist das Ergebnis, insbesondere im Vergleich mit einer Bilanzierung nach HGB, zu interpretieren und welche Implikationen resultieren daraus für die Aufgaben des Controllings?

## Teilaufgabe 2

### Business Combination/Kapitalkonsolidierung

Um die Marktposition zu stärken, hat die Geschäftsführung der PGH beschlossen, die hochinnovative CNE (zukünftiges Schwesterunternehmen der EWP) zu erwerben. Die CNE ist auf dem Gebiet der Entwicklung neuer, Umwelt schonender Heizsysteme für kleinere Wohnhäuser und Einfamilienhäuser tätig. Die Stärke der CNE liegt in der Entwicklung von unterschiedlichen Heizkonzepten aus einer Basisplattform heraus. Dabei wird eine sehr stringente Vertriebsstruktur verfolgt, um alle Produkte »aus einer Hand« anbieten zu können.

Während der Vertragsverhandlungen hat das Controlling der PGH umfangreiche Voruntersuchungen (Due Diligence) durchgeführt. Zum einen wurden die bisher bei der CNE durchgeführten Forschungsprojekte detailliert in Bezug auf die angefallenen Kosten analysiert. Darüber hinaus konnte das Controlling während der Vertragsverhandlungen die Planungsrechnungen der CNE einsehen. Diese hat das Controlling mit eigenen Planungsrechnungen verglichen. Die daraus insgesamt abgeleiteten Daten wurden verwendet, um die Geschäftsführung bei der Bestimmung der Preisobergrenze zu unterstützen. Die Barwertkalküle des Controllings zeigen, dass ein aus Sicht der PGH angemessener Kaufpreis in der Größenordnung zwischen EUR 18,5 Mio. und EUR 22,1 Mio. liegen könnte.

Der Erwerb von 100 Prozent der CNE-Anteile konnte am 1. Januar 2009 zu folgenden Konditionen abgeschlossen werden:

**Abb. C-3**

**Basisdaten des CNE-Erwerbs** (Angaben in Tsd. EUR)

| | |
|---|---|
| Kaufpreis in bar | 20.000 |
| Bilanzielles Eigenkapital der CNE (HGB) | 7.535 |

Im HGB Abschluss der CNE werden mangels Erfüllung der Aktivierungsvoraussetzungen des § 248 II HGB die derzeit laufenden Forschungsprojekte nicht bilanziert. Die während der Due Diligence erlangten Daten konnten vom Controlling so aufbereitet werden, dass den einzelnen Forschungsprojekten konkrete zu erwartende künftige Zahlungsströme zugeordnet werden konnten. Der Barwert dieser Zahlungsströme wurde zur Bewertung der Forschungsprojekte verwendet und stellt sich wie folgt dar:

## Praxisfälle
Ernst & Young

### Abb. C-4

**Barwert der laufenden Forschungsprojekte** (Angaben in Tsd. EUR)

| Projekt | Barwert |
|---|---|
| Clean Energie | 2.500 |
| Mikro Block Kraftwerk | 3.250 |
| Wasserstoff-Heizung | 1.665 |

Über andere stille Reserven verfügt die CNE nicht. Auf Einzelabschlussebene bestehen keine wesentlichen Bilanzierungsunterschiede zwischen HGB und IFRS. Das bilanzielle Eigenkapital der CNE entspricht damit dem beizulegenden Zeitwert ihrer Vermögenswerte und Schulden.

Bei der Budgetierung für die kommenden Geschäftsjahre stellt die Geschäftsführung der PGH zum 31. Dezember 2009 fest, dass es sich bei dem erworbenen Tochterunternehmen CNE um eine selbstständige Zahlungsmittel generierende Einheit (ZGE) handelt.

Die Geschäftsführung hat das Controlling gebeten, für diese ZGE eine Planungsrechnung über einen Planungszeitraum von 5 Jahren aufzustellen. Das Controlling hat unter Zugrundelegung detaillierter Planungsannahmen und Detailberechnungen folgende aggregierten Auszahlungen und Einzahlungen in Tsd. EUR (vereinfachende Annahme des Mittelzu- und -abflusses am Ende des jeweiligen Geschäftsjahres) abgeleitet:

### Abb. C-5

**Aggregierte Ein- und Auszahlungen der ZGE** (Angaben in Tsd. EUR)

| EUR | 2010 | 2011 | 2012 | 2013 | 2014 | Danach |
|---|---|---|---|---|---|---|
| Auszahlungen | –4.000 | –2.500 | –1.000 | –500 | –300 | –300 |
| Einzahlungen | 0 | 1.000 | 3.000 | 3.500 | 4.000 | 4.000 |

Alle drei von der CNE bearbeiteten Forschungsprojekte entwickeln sich sehr vorteilhaft und planmäßig, jedoch ist das Forschungsstadium zum Jahresende noch nicht überwunden. Es ist lediglich absehbar, dass im Jahr 2010 noch erhebliche Forschungs- und Entwicklungskosten anfallen werden und die ersten Produkte frühestens ab Mitte 2011 auf den Markt gebracht werden können.

Zum 31. Dezember 2009 beträgt der Zinssatz für Investitionen in Unternehmen wie die CNE aufgrund der erhöhten Risikostruktur 10 Prozent p. a.

Wie muss die Erstkonsolidierung der CNE zum 1. Januar 2009 im IFRS-Konzernabschluss der PGH berücksichtigt werden? Ermitteln Sie zunächst die Höhe des Firmenwertes/Goodwill unter Berücksichtigung der ggf. zu aktivierenden Projekte. Wie stellt sich die Folgekonsolidierung zum 31. Dezember 2009 dar? Wie ist der Impairmenttest für den Firmenwert und die Forschungsprojekte nach IAS 36 zum 31. Dezember 2009 durchzuführen? Anschaffungsnebenkosten sind nicht angefallen. Können die vom Controlling aufbereiteten Daten dieser Bilanzierung zu Grunde gelegt werden?

## Teilaufgabe 3

### Langfristige Fertigungsaufträge (»Construction Contracts«)

Die EWP hat Anfang 2007 mit der Windstrom AG einen Vertrag über die Erstellung einer Offshore-Windparkanlage in der Nordsee ca. 30 km vor der Küste Schleswig-Holsteins abgeschlossen. Zum vereinbarten Liefer- und Leistungsumfang der kundenspezifisch entwickelten Windparkanlage gehören neben den 60 einzelnen Windenergieanlagen (WEA – Leistung je 2 Megawatt (Windparkanlage gesamt 120 MW). Rotordurchmesser 70 m, Höhe inkl. Rotor 90 m über Meeresspiegel), deren Fundamente sowie die Anbindung an das küstennahe Leitungsnetz der Windstrom AG.

Der vereinbarte Auftragswert beträgt EUR 420 Mio. Die EWP verfügt aufgrund früherer großer Windparkprojekte über ein gut ausgeprägtes Projektmanagement und -controlling hinsichtlich der Abwicklung von entsprechend großen Windparkprojekten, d.h., das Projektcontrolling ist in der Lage, eine hinreichend genaue und detaillierte Projektkalkulation zu den Auftragskosten, Ergebnismargen und resultierenden Cashflows zu erstellen. Die vom Projektcontrolling zur Auftragsannahme erstellte detaillierte Projektkalkulation weist erwartete Auftragskosten von insgesamt EUR 330 Mio. aus: EUR 99 Mio. für 2007, EUR 110 Mio. für 2008 und EUR 121 Mio. für 2009.

Das Projektcontrolling ermittelt, dass bis zum 31. Dezember 2007 die ursprünglich geplanten Auftragskosten in Höhe von EUR 99 Mio. auch tatsächlich angefallen sind, und rechnet unverändert mit Gesamtauftragskosten in Höhe von EUR 330 Mio. Die Windstrom AG hat in 2007 eine Anzahlung in Höhe von EUR 70 Mio. geleistet.

Bis zum 31. Dezember 2008 sind wie geplant weitere Auftragskosten in Höhe von EUR 110 Mio. angefallen. Im quartalsweisen Projektmeeting im Dezember 2008 berichten die im Projekt verantwortlichen Bauingenieure von zeitlichen Verzögerungen bei der Erstellung der Unterwasserfundamente. Erst auf Nachfrage des zuständigen Projektcontrollers stellt sich jedoch heraus, dass nicht nur zeitliche Verzögerungen sondern auch erhebliche Mehrkosten drohen. Die anwesende Geschäftsführung ist angesichts der unklaren Informationslage zur neuen Kostensituation sehr beunruhigt und beauftragt noch im Projektmeeting das Projektcontrolling mit der kurzfristigen Installation einer Task Force aus Bauingenieuren und Projektcontrollern. Die Task Force »Windstrom« ermittelt auf Basis der neuen Informationen eine signifikante Erhöhung der Gesamtkosten zur vertragskonformen Fertigstellung der Windparkanlage. Die Neukalkulation der Task Force zum 31. Dezember 2008 geht davon aus, dass bis zur Fertigstellung in 2009 noch weitere EUR 291 Mio. an Kosten anfallen werden (statt der ursprünglich geplanten EUR 121 Mio.).

Am 31. Dezember 2009 wird die Windparkanlage von der Windstrom AG abgenommen und der Auftrag abgerechnet. Bis zur Fertigstellung der Anlage im Jahr 2009 sind nun doch nur noch EUR 171 Mio. an Auftragskosten angefallen. Aufgrund des konsequenten Monitorings des Projekts, das auf Wunsch der Geschäftsführung bis zum Projektabschluss weitergeführt wurde, konnten einerseits die Probleme mit den Unterwasserfundamenten doch kostengünstiger gelöst werden und andererseits die restlichen Projektkosten nochmals reduziert werden.

Die Bilanzierung nach HGB erfolgt auf Grundlage der »completed-contract-method«. Eine vorzeitige Gewinnrealisierung ist nicht zulässig (annahmegemäß sind im vorliegenden Fall keine individuell abrechenbaren Projekt-Meilensteine definiert). Ein eventueller Gewinn kann erst nach endgültigem Risikoübergang, also nach Projektabnahme, realisiert werden. Während der Erstellungsphase werden die Auftragskosten unter den unfertigen Erzeugnissen des Vorratsvermögens aktiviert. Potenzielle Gewinnanteile werden erst im Zeitpunkt der Umsatzrealisierung berücksich-

# Praxisfälle
Ernst & Young

tigt. Die Eckdaten für die erforderlichen projektbezogenen Buchungen erhält die Accountingabteilung vom Projektcontrolling.

Folgende Buchungen ergeben sich – teilweise bereits unterjährig – nach HGB:

### Abb. C-6

**Im Zusammenhang mit der Windparkanlage stehende Buchungen** (Angaben in Tsd. EUR)

| Buchung | | | 2007 | 2008 | 2009 |
|---|---|---|---|---|---|
| Diverse Aufwendungen | an | Bank* | 99.000 | 110.000 | 171.000 |
| Unfertige Erzeugnisse | an | Diverse Aufwendungen | 99.000 | 110.000 | 171.000 |
| Bank | an | Erhaltene Anzahlungen | 70.000 | | |
| Außerplanmäßige Abschreibungen | an | Unfertige Erzeugnisse | | 80.000 | |
| Unfertige Erzeugnisse | an | Periodenfremder Ertrag | | | 80.000 |
| Erhaltene Anzahlungen | an | Umsatzerlöse | | | 70.000 |
| Forderungen | an | Umsatzerlöse | | | 350.000 |
| Herstellungskosten des Umsatzes | an | Unfertige Erzeugnisse | | | 380.000 |

\* Annahme: Ausschließlich zahlungswirksame Aufwendungen

Entsprechend dem Prinzip der verlustfreien Bewertung von Vermögensgegenständen, die Gegenstand eines schwebenden Geschäfts sind, müssen die zum 31. Dezember 2008 für das Gesamtgeschäft drohenden Verluste als außerplanmäßige Abschreibung der bereits aktivierten unfertigen Erzeugnisse berücksichtigt werden (eine außerplanmäßige Abschreibung von bereits aktivierten Erzeugnissen geht der Bildung einer Drohverlustrückstellung stets vor). Die Höhe der außerplanmäßigen Abschreibung (EUR 80 Mio.) ergibt sich aus der Differenz zwischen den erwarteten Projekterlösen (EUR 420 Mio.) und den angepassten erwarteten Gesamtauftragskosten (EUR 500 Mio.). Die außerplanmäßige Abschreibung wird in den Herstellungskosten des Umsatzes ausgewiesen.

Der in 2009 realisierte Ertrag in Höhe von EUR 120 Mio. beinhaltet einen periodenfremden Ertrag aus der Rücknahme der außerplanmäßigen Abschreibung aus 2008 (EUR 80 Mio., Ausweis in den Herstellungskosten des Umsatzes).

Sie als Mitarbeiter des Projektcontrollings erhalten zunächst den Auftrag zur Prüfung, wie der Großauftrag für Zwecke des IFRS Reporting Package behandelt werden muss. Sie sollen weiterhin die Umsatzkosten, Umsatzerlöse sowie die zum Auftrag gehörenden Bilanzpositionen in den Abschlüssen der EWP zum 31. Dezember 2007, 31. Dezember 2008 und 31. Dezember 2009 ermitteln. Sofern der Auftrag mit der Percentage-of-Completion-Methode bilanziert werden muss, sollten Sie die Cost-to-Cost-Methode anwenden. Gehen Sie davon aus, dass alle mit dem Vertrag verbundenen HGB-Buchungen für Zwecke der Erstellung des IFRS Reporting Package bereits rückgängig gemacht wurden, und geben Sie die erforderlichen originären IFRS-Buchungssätze an. Beurteilen Sie aus Controllingsicht die Ergebnisentwicklung und die Entwicklung von relevanten Bilanzpositionen nach HGB und IFRS im Vergleich.

## Lösungsvorschlag zu Teilaufgabe 1

Es ist zu klären, ob und wann die Ansatzvoraussetzungen für immaterielle Vermögenswerte – hier insbesondere im Zusammenhang mit Forschungs- und Entwicklungsprojekten (siehe IAS 38.57) – kumulativ erfüllt sind:
- Technische Realisierbarkeit
- Fertigstellungs- sowie Nutzungs- oder Veräußerungsabsicht
- Fähigkeit zur Nutzung oder Veräußerung
- Nachweis eines voraussichtlich künftigen Nutzens
- Verfügbarkeit technischer, finanzieller und sonstiger Ressourcen zum Abschluss der Entwicklung und Nutzung oder Veräußerung
- Verlässliche Bewertung der zurechenbaren Ausgaben

Im vorliegenden Fall sind die Ansatzvoraussetzungen erst seit dem 1. September 2009 erfüllt, da ab diesem Zeitpunkt die bestehenden technischen und personellen Probleme gelöst waren und die Finanzierung durch die Hausbank gesichert war.

Zu den aktivierbaren Herstellungskosten zählen gemäß IAS 38.66 auch die direkt zurechenbaren Gemeinkosten.

Die Aktivierung sämtlicher Aufwendungen wird jedoch in folgenden Bereichen eingeschränkt:
- Aufwendungen in der Forschungsphase sind gemäß IAS 38.54 grundsätzlich nicht aktivierungsfähig, da das Unternehmen noch nicht den Nachweis eines wahrscheinlichen zukünftigen Nutzens erbringen kann. Die nicht aktivierbaren Forschungsausgaben der EWP betragen EUR 13.000 Tsd.
- Aufwendungen in der Entwicklungsphase sind erst ab vollständiger Erfüllung aller Ansatzvoraussetzungen aktivierungspflichtig. Eine nachträgliche Aktivierung früherer Aufwendungen ist nach IAS 38.71 nicht zulässig. Damit sind bei der EWP Entwicklungs- und Anwaltskosten vor dem 1. September 2009 in Höhe von insgesamt EUR 12.000 Tsd. nicht nachträglich aktivierungsfähig.
- Aufwendungen aus Schulungsmaßnahmen sind nach IAS 38.67(c) generell als Aufwand der laufenden Periode zu erfassen und somit kein Bestandteil der aktivierbaren Herstellkosten.

Somit sind lediglich EUR 19.000 Tsd. in Form der Einzel- und Gemeinkosten der Entwicklung für den Zeitraum 1. September bis 31. Dezember 2009 aktivierungsfähig und -pflichtig.

Das Patent hat eine endliche Nutzungsdauer und ist gemäß IAS 38.97 planmäßig abzuschreiben. Die Abschreibung beginnt ab dem 2. Januar 2010, da erst zu diesem Zeitpunkt ein betriebsbereiter Zustand des immateriellen Vermögenswertes erreicht wird.

Es ergibt sich gegebenenfalls jedoch die Pflicht zu einer außerplanmäßigen Abschreibung i. S. d. IAS 38.111 i. V. m. IAS 36. Gemäß IAS 36.8 ist der Vermögenswert im Wert gemindert, wenn der Buchwert den erzielbaren Betrag übersteigt. Der erzielbare Betrag ist gemäß IAS 36.6 der höhere der beiden Beträge aus beizulegendem Zeitwert abzüglich Verkaufskosten und Nutzungswert. Zum beizulegenden Zeitwert ist keine Angabe gemacht, der vom Controlling ermittelte Nutzungswert beträgt EUR 14.303 Tsd. (= diskontierte Einzahlungsüberschüsse).

### Abb. C-7

**Diskontierung der Einzahlungsüberschüsse** (Angaben in Tsd. EUR)

|  | 2010 | 2011 | 2012 | 2013 | 2014 | 2015 | 2016 | 2017 | 2018 | 2019 |
|---|---|---|---|---|---|---|---|---|---|---|
| Einzahlungs-überschuss in TEUR: | 1.600 | 2.000 | 2.400 | 2.400 | 2.000 | 2.000 | 2.000 | 2.000 | 2.000 | 2.000 |
| Diskontie-rungsfaktor* | 0,935 | 0,873 | 0,816 | 0,763 | 0,713 | 0,666 | 0,623 | 0,582 | 0,544 | 0,508 |
| Barwert in TEUR: | 1.496 | 1.746 | 1.958 | 1.831 | 1.426 | 1.332 | 1.246 | 1.164 | 1.088 | 1.016 |

\* Bei einem Zinssatz von 7 Prozent p. a.

Es ergibt sich somit eine außerplanmäßige Wertminderung von EUR 4.697 Tsd.

Folgende Abschlussbuchungen sind zur Überleitung vom HGB-Abschluss auf das IFRS Reporting Package der EWP Ende 2009 erforderlich:

### Abb. C-8

**Abschlussbuchungen zur Überleitung des HGB Abschlusses in einen IFRS Abschlusss**
(Angaben in Tsd. EUR)

| Buchung |  |  | Betrag |
|---|---|---|---|
| Immaterielle Vermögenswerte | an | Entwicklungsaufwendungen | 19.000 |
| Außerplanmäßige Abschreibungen | an | Immaterielle Vermögenswerte | 4.697 |

Die Darstellung zeigt, dass eine Nichtinanspruchnahme des nach BilMoG inzwischen möglichen, eingeschränkten Aktivierungswahlrechts selbst geschaffener immaterieller Vermögenswerte nach § 248 II HGB im Vergleich zu IFRS zu einem niedrigeren Ergebnisausweis im ersten Jahr führt, da nach IAS 38 eine Aktivierungspflicht für selbst erstellte immaterielle Vermögenswerte besteht soweit die oben genannten Voraussetzungen erfüllt sind. Dadurch werden die identifizierbaren Entwicklungskosten nach IFRS aktiviert. In den Folgejahren ist für diesen Sachverhalt aufgrund der planmäßigen Abschreibungen der aktivierten Entwicklungskosten ein höherer Ergebnisausweis nach HGB zu erwarten.

Für die Ermittlung der aktivierungsfähigen Aufwendungen nach IAS 38 kommt der Controllingabteilung eine wesentliche Bedeutung zu. Zum einen muss sichergestellt werden, dass die Entwicklungskosten verlässlich von den Forschungskosten getrennt werden können, da letztere einem Aktivierungsverbot unterliegen. Zum anderen müssen die direkt zurechenbaren Gemeinkosten von den indirekt zurechenbaren Gemeinkosten separiert werden, da auch hier eine Unterscheidung hinsichtlich der Aktivierungsfähigkeit Voraussetzung ist. Darüber hinaus muss der erstmögliche Zeitpunkt identifiziert werden, zu dem die Aktivierung erfolgen kann.

Während nach HGB für das Anlagevermögen das gemilderte Niederstwertprinzip i. S. d. § 253 III HGB gilt, nach der außerplanmäßige Abschreibungen nur vorzunehmen sind, wenn es sich voraussichtlich um eine dauernde Wertminderung handelt, ist nach IAS 36 eine außerplanmäßige Abschreibung dann vorzunehmen, wenn der Buchwert den erzielbaren Betrag übersteigt. Auch hier ist die Einbeziehung des Controllings notwendig, da die zukünftigen Einzahlungsüberschüsse in der Regel im Rahmen der Budgetierung bzw. des Forecast vom Controlling ermittelt werden.

## Lösungsvorschlag zu Teilaufgabe 2

**Erstkonsolidierung zum 1. Januar 2009**
Gemäß IFRS 3.10 sind sämtliche identifizierbaren Vermögenswerte und Schulden gesondert von einem sonst verbleibenden Firmenwert (Goodwill) mit ihrem beizulegenden Wert (fair value) anzusetzen. Der fair value stellt die Konzernanschaffungskosten für die einzelnen Vermögenswerte und Schulden dar. Besonderes Augenmerk ist auf die Identifizierung von ansatzpflichtigen immateriellen Vermögenswerten zu legen. Diese müssen den Ansatzkriterien des IAS 38 genügen, wobei eine Besonderheit bei Forschungsprojekten zu beachten ist: auch wenn nicht alle Kriterien des IAS 38.57 (siehe Aufgabe zu immateriellen Vermögenswerten) erfüllt sind, sind nach IAS 38.34 so genannte »In-Process Research and Development«-Projekte in einer Erstkonsolidierung mit Konzernanschaffungskosten anzusetzen.

Die Schwierigkeit besteht hier darin, den einzelnen Projekten Konzernanschaffungskosten zuzuordnen, da sie im Kaufpreis von EUR 20 Mio. enthalten sind, und im Allgemeinen die abgeschlossenen Verträge keine Kaufpreiszuordnungen auf einzelne Vermögenswerte enthalten. IFRS 3.18 besagt, dass die einzelnen Vermögenswerte und Schulden mit ihrem »fair value« als Konzernanschaffungskosten anzusetzen sind. Die IFRS verlangen an dieser Stelle nicht, dass dazu externe Gutachten einzuholen sind. Vielmehr können bei der Zugangsbewertung allgemeingültige Bewertungsmethoden verwendet werden, insbesondere dann, wenn keine am Markt beobachtbaren Kaufpreise vorhanden sind. Diese Berechnungen erfolgen im Allgemeinen auf den Daten des Controllings mit Barwertkalkülen. Die bei der Berechnung getroffenen Annahmen sowie die Ableitung der Berechnungen sind ordnungsgemäß zu dokumentieren.

Die Erstkonsolidierung der CNE im Konzernabschluss des MU stellt sich unter direkter Verwendung der vom Controlling durchgeführten Berechnungen wie folgt dar:

### Abb. C-9

**Kaufpreisallokation zum Zweck der Erstkonsolidierung** (Angaben in Tsd. EUR)

| | |
|---|---:|
| *Konzernanschaffungskosten der Projekte:* | |
| Projekt Clean Energie | 2.500 |
| Projekt Mikro Block Kraftwerk | 3.250 |
| Projekt Wasserstoff-Heizung | 1.665 |
| Konzernanschaffungskosten der übrigen Vermögenswerte/Schulden (= bilanzielles EK der CNE) | 7.535 |
| **Gesamt ansatzpflichtige Vermögenswerte/Schulden** | **14.950** |
| Kaufpreis | 20.000 |
| **Firmenwert/Goodwill** | **5.050** |

**Folgekonsolidierung zum 31. Dezember 2009**
Wie unter HGB sind nach IAS 27/IFRS 3 die Erstkonsolidierungsbuchungen bei der Folgekonsolidierung zu wiederholen. Darüber hinaus sind die Buchwerte der Vermögenswerte und Schulden nach IFRS 3.54 fortzuführen. Aus Vereinfachungsgründen stellt der Sachverhalt lediglich auf die

Fortführung der Buchwerte der Projekte und des Firmenwertes ab, da sich keine Veränderungen in den übrigen Vermögenswerten und Schulden ergeben haben.

**Folgebewertung des Firmenwertes**

Der Firmenwert (Goodwill) wird nach IAS 36.107 nicht planmäßig abgeschrieben, da er über eine unbestimmbare Nutzungsdauer verfügt. Vielmehr ist nach IAS 36 ein Wertminderungstest (Impairment Test) durchzuführen. Der Goodwill ist dafür auf die einzelnen ZGE nach IAS 36.80 aufzuteilen. Gemäß dem Sachverhalt ist davon auszugehen, dass die CNE eine eigenständige ZGE darstellt. Damit ist eine »automatische« Zuordnung des Firmenwertes auf die ZGE CNE gegeben.

Zur Durchführung des Impairment Tests ist der Buchwert dem erzielbaren Betrag gegenüberzustellen. Der erzielbare Betrag ist gemäß IAS 36.6 der höhere der beiden Beträge aus beizulegendem Zeitwert abzüglich Verkaufskosten und Nutzungswert. Übersteigt der Buchwert den erzielbaren Betrag, ist eine außerplanmäßige Abschreibung vorzunehmen (Impairment).

Zum beizulegenden Zeitwert ist keine Angabe gemacht. Der Nutzungswert berechnet sich als Barwert der Einzahlungsüberschüsse der ZGE, wobei im Allgemeinen von einer Planungsphase von 5 Jahren ausgegangen werden kann. Da für Unternehmen im Allgemeinen eine unbegrenzte Nutzungsdauer unterstellt wird, ist der Restwert finanzmathematisch als unendliche Rente zu ermitteln und in das Barwertkalkül einzubeziehen (IAS 36.33). Wie oben beschrieben, werden die notwendigen Daten durch das Controlling ermittelt. Insofern fließen auch hier die Controllingdaten unmittelbar in den Werthaltigkeitstest ein. Der Nutzungswert beträgt EUR 23.951 Tsd. und ergibt sich als Barwert der Einzahlungsüberschüsse:

**Abb. C-10**

**Berechnung des Nutzungswertes** (Angaben in Tsd. EUR)

|  | 2010 | 2011 | 2012 | 2013 | 2014 | danach |
|---|---|---|---|---|---|---|
| Einzahlungsüberschuss | −4.000 | −1.500 | 2.000 | 3.000 | 3.700 | 3.700 |
| Diskontierungsfaktor* | 0,909 | 0,826 | 0,751 | 0,683 | 0,621 | 0,621 |
| Unendliche Rente | – | – | – | – | – | 37.000 |
| Barwert | −3.636 | −1.239 | 1.502 | 2.049 | 2.298 | 22.977 |

* Bei einem Zinssatz von 10 Prozent p. a.

Der Buchwert der ZGE CNE setzt sich wie folgt zusammen:

**Abb. C-11**

**Berechnung des Buchwertes** (Angaben in Tsd. EUR)

| | |
|---|---|
| Projekt Clean Energie | 2.500 |
| Projekt Mikro Block Kraftwerk | 3.250 |
| Projekt Wasserstoff-Heizung | 1.665 |
| Übrige Vermögenswerte und Schulden | 7.535 |
| Firmenwert/Goodwill | 5.050 |
| **Buchwert ZGU CNE** | **20.000** |

Da der Nutzungswert den Buchwert der ZGU CNE um EUR 3.951 Tsd. übersteigt, ist keine außerplanmäßige Abschreibung des Firmenwertes vorzunehmen.

**Folgebewertung der Forschungsprojekte**
Da die Nutzungsdauer der Forschungsprojekte zum Zeitpunkt der Bilanzerstellung nicht hinreichend genau bestimmbar ist, ist nach IAS 38.107 eine unbestimmbare Nutzungsdauer anzunehmen. Damit ist – wie für den Goodwill – keine planmäßige Abschreibung auf die Forschungsprojekte vorzunehmen, vielmehr ist auch hier ein Wertminderungstest durchzuführen.

Dieser Wertminderungstest ist – wie für den Goodwill – auf Basis der ZGE durchzuführen. Eine ZGE wird nach IAS 36.6 definiert als die kleinste identifizierbare Gruppe von Vermögenswerten, die Mittelzuflüsse erzeugen, die weitestgehend unabhängig von den Mittelzuflüssen anderer Vermögenswerte oder Gruppen von Vermögenswerten sind.

Nach der Angabe geht die Geschäftsführung davon aus, dass die Forschungsprojekte Bestandteil der übergeordneten ZGE CNE sind. Dem liegt die Annahme zugrunde, dass die zu erwartenden künftigen Einzahlungsüberschüsse der Forschungsprojekte nicht unabhängig voneinander sind. Alle drei künftigen Produkte werden als Heizungssysteme in Einfamilienhäusern oder kleineren Mehrfamilienhäusern eingesetzt, werden also einen gemeinsamen Markt und Kundenkreis sowie einen einheitlichen Vertriebsweg haben. Weiterhin basieren die Heizungssysteme auf einer gemeinsamen Plattform und werden daher im Produktionsprozess auch teilweise identische Bauteile verwenden.

Der Wertminderungstest für die Forschungsprojekte ist damit identisch zum Wertminderungstest des Firmenwertes. Da der Wertminderungstest für den Firmenwert keinen Abschreibungsbedarf aufgezeigt hat, besteht keine Notwendigkeit einer außerplanmäßigen Abschreibung für die Forschungsprojekte.

## Lösungsvorschlag zu Teilaufgabe 3

Der Vertrag zwischen der EWP und der Windstrom AG ist nach IAS 11 als langfristiger Fertigungsauftrag einzustufen. Die Anwendung der Percentage-of-Completion-Method zur anteiligen Gewinnrealisierung während der Projektlaufzeit ist möglich, da folgende Voraussetzungen erfüllt sind:

Da es sich bei dem Vertrag über die Offshore-Windparkanlage um eine kundenspezifische Fertigung einzelner Gegenstände oder einer Anzahl von Gegenständen handelt, die hinsichtlich Design, Technologie und Funktion oder hinsichtlich ihrer Verwendung aufeinander abgestimmt oder voneinander abhängig sind, liegt ein Fertigungsauftrag nach IAS 11.3 vor.

Weiterhin handelt es sich bei dem Offshore-Windpark-Vertrag nach IAS 11.3 um einen Festpreisvertrag. Da das Ergebnis dieses Festpreisvertrags seitens EWP verlässlich geschätzt werden kann (Voraussetzungen des IAS 11.22 und 23 sind erfüllt – Projektcontrolling ist in der Lage, die erforderlichen umfangreichen projektbezogenen Planungs- und Kontrollrechnungsdaten in verlässlicher Weise zur Verfügung zu stellen), können Erträge und Aufwendungen aus dem Projekt entsprechend dem Leistungsfortschritt an den jeweiligen Abschlussstichtagen erfasst werden (Percentage-of-Completion-Method – PoC-Method, IAS 11.25ff).

Der Fertigstellungsgrad des Auftrags wird von der EWP nach der Cost-to-Cost-Methode ermittelt, d. h. der Fertigstellungsgrad ergibt sich aus dem Verhältnis der bis zum Stichtag angefallenen und vom Projektcontrolling ermittelten Auftragskosten zu den am Stichtag geschätzten gesamten Auftragskosten (IAS 11.30).

Die kumulierten Kosten, die geschätzten Gesamtkosten und daraus abgeleitet der Fertigstellungsgrad zum 31. Dezember 2007, 31. Dezember 2008 und 31. Dezember 2009 ergeben sich aus der folgenden Tabelle.

**Abb. C-12**

**Auftragsdaten des Offshore-Windparks** (Angaben in Tsd. EUR)

|  | 2007 | 2008 | 2009 |
|---|---|---|---|
| Auftragswert | 420.000 | 420.000 | 420.000 |
| Kumulierte Kosten | 99.000 | 209.000 | 380.000 |
| Geschätzte Gesamtkosten | 330.000 | 500.000 | 380.000 |
| Fertigstellungsgrad | 30,0 % | 41,8 % | 100,0 % |

Zum 31. Dezember 2007 beträgt der Fertigstellungsgrad 30,0 Prozent. Es können Umsatzerlöse in Höhe von EUR 126 Mio. realisiert werden. Zum 31. Dezember 2007 wird insofern bereits ein Gewinn in Höhe von EUR 27 Mio. realisiert (30,0 Prozent des erwarteten Gesamtgewinns von EUR 90 Mio.).

Zum 31. Dezember 2008 stellt sich die Projektkostensituation aufgrund der identifizierten Probleme mit den Unterwasserfundamenten wesentlich schlechter dar. Der Vorgehensweise im Rahmen der PoC-Method folgend können zum 31. Dezember 2008 entsprechend dem Fertigstellungsgrad von 41,8 Prozent auch 41,8 Prozent der Projekterlöse (EUR 175,6 Mio.) realisiert werden. Es werden also zum 31. Dezember 2008 Umsatzerlöse in Höhe von EUR 49,6 Mio. zusätzlich gebucht zu den bereits zum 31. Dezember 2007 realisierten EUR 126 Mio.

Damit wird aus der PoC-Methode für das Geschäftsjahr 2008 zunächst ein Verlust aus dem Projekt in Höhe von EUR 60,4 Mio. (= Kosten EUR 110 Mio. ./. Ertrag EUR 49,6 Mio.) realisiert. Der geschätzte Gesamtverlust aus dem Projekt wird am 31. Dezember 2008 jedoch in Höhe von EUR 80 Mio. erwartet. Erwartete wahrscheinlich eintretende Verluste sind sofort als Aufwand zu erfassen (IAS 11.36). Das bisher realisierte Gesamtergebnis aus dem Projekt ist ein Verlust in Höhe von EUR 33,4 Mio. (= Gewinn aus 2007 EUR 27 Mio. ./. Verlust aus 2008 EUR 60,4 Mio.). Um den erwarteten und wahrscheinlichen Gesamtverlust in Höhe von EUR 80 Mio. vollständig zu erfassen, muss in 2008 noch ein zusätzlicher Aufwand in Höhe von EUR 46,6 Mio. gebucht werden. Dieser Aufwand wird als Wertberichtigung auf die Forderungen aus Auftragsfertigung und in den Umsatzkosten berücksichtigt.

Zum 31. Dezember 2009 und damit zum Projektabschluss hat sich die Situation bei den Projektkosten wieder entspannt. Nach erfolgreicher Projektabnahme kann zunächst der noch nicht realisierte Umsatz in Höhe von EUR 244,4 Mio. (= EUR 420 Mio. ./. EUR 126 Mio. ./. EUR 49,6 Mio.) gebucht werden. Da nach finaler Projektabnahme keine Verluste mehr zu erwarten sind, kann weiterhin die Wertberichtigung auf die Forderungen aus Auftragsfertigung von 2008 ertragswirksam aufgelöst werden. Damit ergibt sich in 2009 insgesamt ein Ertrag in Höhe von EUR 120 Mio., davon EUR 46,4 Mio. aus der Auflösung der Wertberichtigung.

Lösungsvorschlag

Die originären IFRS-Buchungssätze sind in folgender Tabelle dargestellt:

### Abb. C-13

**Im Zusammenhang mit der Windparkanlage stehende Buchungen nach IFRS** (Angaben in Tsd. EUR)

| Buchung | | | 2007 | 2008 | 2009 |
|---|---|---|---|---|---|
| Umsatzkosten | an | Bank* | 99.000 | 110.000 | 171.000 |
| Forderungen aus Auftragsfertigung | an | Umsatz | 126.000 | 49.560 | 244.000 |
| Bank | an | Forderungen aus Auftragsfertigung | 70.000 | | |
| Umsatzkosten | an | Wertberichtigung auf Forderungen aus Auftragsfertigung | | 46.460 | −46.460 |
| Forderungen | an | Forderungen aus Auftragsfertigung | | | 350.000 |

\* Annahme: Ausschließlich zahlungswirksame Aufwendungen

Die bilanziellen und ertragseitigen Auswirkungen für die einzelnen Jahre nach HGB und IFRS sind in folgender Übersicht vergleichend gegenübergestellt:

### Abb. C-14

**Bilanzielle und ertragseitige Auswirkungen** (Angaben in Tsd. EUR)

| HGB | | IFRS | |
|---|---|---|---|
| *Relevante GuV-Positionen im GJ 2007* | | | |
| Umsatz | 0 | Umsatz | 126.000 |
| Herstellungskosten des Umsatzes | 0 | Umsatzkosten | −99.000 |
| Gewinn | 0 | Gewinn | 27.000 |
| *Relevante Bilanz-Positionen per 31.12.2007* | | | |
| Unfertige Erzeugnisse | 99.000 | Forderungen aus Auftragsfertigung | 56.000 |
| Erhaltene Anzahlungen | −70.000 | | |
| *Relevante GuV-Positionen im GJ 2008* | | | |
| Umsatz | 0 | Umsatz | 49.560 |
| Herstellungskosten des Umsatzes | −80.000 | Umsatzkosten | −156.560 |
| davon aus außerplanmäßiger Abschreibung | −80.000 | davon aus Wertberichtigung | −46.560 |
| Gewinn | −80.000 | Gewinn | −107.000 |
| *Relevante Bilanz-Positionen per 31.12.2008* | | | |
| Unfertige Erzeugnisse | 209.000 | Forderungen aus Auftragsfertigung | 105.560 |
| Wertberichtigung auf unfertige Erzeugnisse | −80.000 | Wertberichtigung auf Forderungen aus Auftragsfertigung | −46.560 |
| Erhaltene Anzahlungen | −70.000 | | |
| *Relevante GuV-Positionen im GJ 2009* | | | |
| Umsatz | 420.000 | Umsatz | 244.440 |
| Herstellungskosten des Umsatzes | −300.000 | Umsatzkosten | −124.440 |
| davon periodenfremder Ertrag | 80.000 | davon periodenfremder Ertrag | 46.560 |
| Gewinn | 120.000 | Gewinn | 120.000 |
| *Relevante Bilanz-Positionen per 31.12.2009* | | | |
| Unfertige Erzeugnisse | 0 | Forderungen aus Auftragsfertigung | 0 |
| Erhaltene Anzahlungen | 0 | Wertberichtigung auf Forderungen aus Auftragsfertigung | 0 |
| Forderungen | 350.000 | Forderungen | 350.000 |

Nach HGB erfolgt die Bilanzierung auf Grundlage der Completed-Contract-Methode. »Vorzeitige« Umsatz- und Gewinnrealisierung sind grundsätzlich nicht gestattet. Umsatz und Gewinn dürfen erst bei Übergang des Gesamtfunktionsrisikos realisiert werden, also im Jahr 2009. Diese Bilanzierung ist unmittelbare Folge des in § 252 Abs. 1 Nr. 4 HGB kodifizierten Realisationsprinzips. In den Perioden der Fertigung, die vor der Umsatzrealisierung liegen, werden die Herstellungskosten unter den unfertigen Erzeugnissen des Vorratsvermögens aktiviert. Die im Jahr 2008 erkannten drohenden Verluste führen zu einer Wertberichtigung dieser Vorratsposition mit sofortiger Ergebniswirkung (Imparitätsprinzip). Im Jahr 2009 kommt es dann mit der Umsatzrealisierung zu einem sprunghaften Umsatz- und Gewinnausweis. Die Bilanzierung auf Basis der Completed-Contract-Methode zielt insbesondere auf den Grundsatz der Verlässlichkeit und ist somit Ausdruck des Gläubigerschutz- und (bilanziellen) Kapitalerhaltungskonzepts, das eine Ausschüttung unrealisierter Gewinne verhindern soll. Zur Erreichung dieser Grundsätze wird eine für die interne Unternehmenssteuerung unerwünschte unstetige und nicht periodengerechte Ergebnisentwicklung in Kauf genommen.

Nach IAS 11 erfolgt die Bilanzierung auf Grundlage der Percentage-of-Completion-Methode, bei der sowohl Kosten als auch Erlöse nach dem Leistungsfortschritt erfasst werden. Voraussetzung für die Anwendung ist unter anderem, dass das Projektcontrolling in der Lage ist, das zu erwartende Ergebnis des Projekts (Kosten und Erträge) verlässlich zu schätzen. Die Anwendung der Percentage-of-Completion-Methode führt regelmäßig zur Gewinnrealisierung bevor ein rechtlicher Vergütungsanspruch entstanden ist. Im Vordergrund steht die korrekte und periodengerechte Darstellung der wirtschaftlichen Lage eines Unternehmens. Der IFRS-Abschluss verfolgt mit dem »true-and-fair-view«-Grundsatz vorrangig eine Informationsfunktion. Die im IFRS-Abschluss zum Windstrom-Projekt enthaltenen Daten stellen die wirtschaftliche Lage entsprechend dem »true-and-fair-view«-Grundsatz treffender dar und sind damit auch besser geeignet für Zwecke der internen Steuerung durch das Management.

*Siegfried Keller ist Partner, Sebastian Breyer ist Director und Dr. Philipp Gaenslen und Patrick Horbach sind Senior Manager bei der Ernst & Young GmbH Wirtschaftsprüfungsgesellschaft.*

## 2. Praxisfall der HUGO BOSS AG zur Nutzung der Deckungsbeitragsrechnung für die Geschäftssteuerung[1]

Markus Neubrand; Ivica Maric

### Konzernprofil HUGO BOSS

Der HUGO BOSS Konzern ist seit Jahren einer der Weltmarktführer im gehobenen Segment für Bekleidung des Premium- und Luxusgütermarktes und baut diese Stellung kontinuierlich aus. Neben der ausgeprägten Produktkompetenz bilden ein globales und exklusives Verkaufs- und Vertriebsnetz, eine ausgeprägte Markt- und Kundenkenntnis, automatisierte Logistikprozesse sowie verlässliche Beschaffungsstrukturen die Grundlagen für eine erfolgreiche Geschäftsentwicklung. Darüber hinaus ist das Markenportfolio, das von der klassischen Konfektion über Abend- und Freizeitmode bis hin zu Schuhen & Lederaccessoires sowie in Lizenz vertriebenen Düften, Uhren, Brillen und Kinderbekleidung alle wichtigen Modebereiche abdeckt, eine tragende Säule des Konzernerfolgs (siehe Abb. C-15).

**Abb. C-15**

**HUGO BOSS Markenportfolio**

| BOSS BLACK | BOSS SELECTION | BOSS GREEN | BOSS ORANGE | HUGO |
|---|---|---|---|---|
| Herrenkollektion | Herrenkollektion | Herrenkollektion | Herrenkollektion | Herrenkollektion |
| Damenkollektion | Accessoires | Damenkollektion | Damenkollektion | Damenkollektion |
| Accessoires | | Accessoires | Accessoires | Accessoires |
| Kinderkollektion | | | | |

### Praxisfall

Übernehmen Sie die Rolle des Leiters für die Sparte *Schuhe und Lederaccessoires*. Der Vorstand misst Ihren Erfolg an dem operativen Ergebnisbeitrag Ihrer Sparte. Ihre Verantwortung umfasst die Entwicklung, die Beschaffung, die Produktion und den Vertrieb Ihrer Produkte über den Großhandel. In Italien besitzen Sie eine Eigenfertigung für Schuhe. In Ihrem Werk können zwei verschiedene Modelle, der klassische Lederschnürer *Max* und der Sneaker *HUGO II* (siehe Abb. C-16), gefertigt werden. Der Fertigungsprozess besteht aus vier Stufen (siehe Abb. C-17).

Kosten und Produktionsmengen der Fertigung sowie für Verwaltung und Vertrieb sind in den Abb. C-18 und C-19 zusammengefasst. Die Löhne in den vier Fertigungsstufen sind Akkordlöhne, die vollständig von der geleisteten Fertigungszeit abhängen. Auch die Kosten für Energie und Verbrauchsmaterialien fallen proportional zum Output bzw. den Fertigungsminuten an. Die Produk-

---

[1] Die in dieser Fallstudie verwendeten Zahlen sind frei erfunden.

## Praxisfälle
HUGO BOSS

### Abb. C-16

**Gefertigte Schuhmodelle**

Max

HUGO II

### Abb. C-17

**Fertigungsprozess**

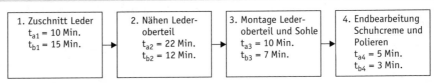

1. Zuschnitt Leder
$t_{a1}$ = 10 Min.
$t_{b1}$ = 15 Min.

2. Nähen Lederoberteil
$t_{a2}$ = 22 Min.
$t_{b2}$ = 12 Min.

3. Montage Lederoberteil und Sohle
$t_{a3}$ = 10 Min.
$t_{b3}$ = 7 Min.

4. Endbearbeitung Schuhcreme und Polieren
$t_{a4}$ = 5 Min.
$t_{b4}$ = 3 Min.

$t_{ax}$ = Fertigungszeit pro Paar für klassischen Lederschnürer »Max« in der jeweiligen Fertigungsstufe x
$t_{bx}$ = Fertigungszeit pro Paar für Sneaker »HUGO II« in der jeweiligen Fertigungsstufe x

### Abb. C-18

**Kosten- und Kapazitätsübersicht, Januar – Dezember**

| | | Kostenstelle | | | | | |
| | | 1000 | 1001 | 1002 | 1003 | 1004 | |
| Kostenart | Einheit | Zuschnitt | Nähen | Montage | Endbearbeitung | Verwaltung und Vertrieb | Summe |
|---|---|---|---|---|---|---|---|
| Lohn/Gehalt | EUR | 279.000 | 271.600 | 198.000 | 105.800 | 750.000 | 1.604.400 |
| Energie | EUR | 38.750 | 48.500 | 14.850 | 11.500 | 150.000 | 263.600 |
| Verbrauchsmaterialien* | EUR | 23.250 | 77.600 | 24.750 | 23.000 | | 148.600 |
| Abschreibung Produktionsmaschinen | EUR | 25.000 | 15.000 | 40.000 | 5.000 | | 85.000 |
| Abschreibung Gebäude | EUR | 40.000 | 50.000 | 35.000 | 10.000 | 100.000 | 235.000 |
| Gesamtkosten | EUR | 406.000 | 462.700 | 312.600 | 155.300 | 1.000.000 | 2.336.600 |
| Kapazität | Mannjahre | 10 | 10 | 7 | 4 | 14 | 45 |

* Z. B. Nägel, Fäden, Schuhcreme

tionsmenge in der Periode entspricht der abgesetzten Menge. Die Abschreibung der Produktionsmaschinen und des Gebäudes werden gemäß der geplanten Nutzungsdauer ermittelt.

Die Kosten für das Leder und die Sohle je Modell und Paar sowie die produzierte bzw. abgesetzte Menge finden sich in Abb. C-19.

### Abb. C-19

**Stückliste und Produktions- bzw. Absatzmenge**

|  | Einheit | Schuhmodell | |
|---|---|---|---|
|  |  | Max | HUGO II |
| Verbrauch Leder | m² pro Paar | 0,4 | 0,4 |
| Lederkosten | EUR pro m² | 30 | 25 |
| Kosten der Sohle | EUR pro Paar | 15 | 10 |
| Produktions- bzw. Absatzmenge | Paare | 25.000 | 35.000 |
| Großhandels-Preis | EUR pro Paar | 80 | 60 |

### Aufgaben

1. **Voll- versus Teilkostenrechnung zur Steuerung der eigenen Schuhproduktion**
   a. Ermitteln Sie das Ergebnis pro abgesetztem Paar Schuhe unter Verwendung der Vollkostenrechnung. Berechnen Sie hierzu zunächst die gesamten Fertigungsminuten je Modell und Fertigungsstufe. Die Fertigungsminuten verwenden Sie als Schlüssel, um die Kosten für Verwaltung und Vertrieb zu verrechnen.
   b. Der deutsche Vertrieb hat einen neuen möglichen Kunden, die *Stiefelkaiser GmbH* identifiziert. Dieser will ab Januar in den nächsten zwölf Monaten zehn neue Filialen in deutschen Großstädten eröffnen und dort neben HUGO BOSS auch andere preisgünstigere Marken bzw. Eigenmarken vertreiben. *Stiefelkaiser* plant jährlich 5.000 Paare des Modells *Max* abzusetzen. Zur Unterstützung seiner Expansion verlangt dieser allerdings einen Abschlag auf den Listenpreis von 20 Prozent. Der Produktionsleiter bestätigt Ihnen, dass durch Überstunden zum regulären Akkordlohn die zusätzlichen Mengen produziert werden können. Bestimmen Sie unter Verwendung der Selbstkosten pro Paar aus Teilaufgabe a. den zu erwartenden Ergebniseffekt eines Jahres.
   c. Ihr Produktionsleiter weist darauf hin, dass nicht sämtliche Kosten der Fertigung von der produzierten Menge abhängen. Berechnen Sie zunächst die variablen Kosten je Fertigungsminute und anschließend die durchschnittlichen variablen Produktkosten je Modell. Ermitteln Sie unter Verwendung der variablen Kosten den zu erwartenden Ergebniseffekt aus dem Zusatzauftrag der *Stiefelkaiser GmbH*. Wie ist die Differenz zu Teilaufgabe b. zu erklären?
   d. Diskutieren Sie die Einsatzmöglichkeiten und Grenzen der Voll- und Teilkostenrechnung in Bezug auf das oben aufgeführte Beispiel.
2. **Kundendeckungsbeitragsrechnung**
   Dem Leiter des Schuhvertriebs werden von dem möglichen neuen Kunden *Stiefelkaiser GmbH* neben der Reduzierung der Listenpreise um 20 Prozent noch weitere Forderungen gestellt. Der Kunde verlangt einen Werbekostenzuschuss für seine Kampagnen von EUR 20 Tsd. pro Jahr. Darüber hinaus will er das Recht eingeräumt bekommen, am Ende einer Saison (Frühling/Sommer bzw. Herbst/Winter) bis zu 15 Prozent der von ihm gekauften Waren zum vollen Einkaufs-

preis retournieren zu können. Erfahrungsgemäß wird dieses Recht zu einem Viertel auch genutzt. Da Sie keinerlei weitere Verwendungsmöglichkeiten für die retournierte Ware haben, müssen Sie diese leider vernichten lassen. Der Vertriebsleiter plant zudem eine Person als Junior Key Account Manager mit einem Jahresgehalt von EUR 40 Tsd. einzustellen. Ansonsten soll die vorhandene Vertriebsstruktur genutzt werden. Der zuständige Controller ermittelt auf Basis des Showroombelegungsplans in Stunden einen anteiligen Schlüssel der Showroommiete für *Stiefelkaiser* von 5 Prozent der jährlichen Kosten von EUR 200 Tsd. Die Standard Zahlungs- (4 Prozent Skonto bei Zahlung innerhalb von 10 Tagen, 60 Tage netto) und Lieferbedingungen (ab Werk, Transportkosten trägt der Kunde) sollen auch für diesen Kunden Gültigkeit haben. Der Kunde plant seine Rechnungen innerhalb von 60 Tagen zu begleichen.

a. Bestimmen Sie den zu erwartenden direkten Kundendeckungsbeitrag der *Stiefelkaiser GmbH* für ein Jahr. Lohnt es sich, den neuen Kunden zu gewinnen?

Die Ergebnisrechnung des deutschen Vertriebs für alle HUGO BOSS Produkte können Sie nachfolgender Tabelle entnehmen. Der Kundendeckungsbeitrag der bisherigen Kunden unterscheidet sich nur gering.

### Abb. C-20

**Ergebnisrechnung Vertrieb Deutschland, Januar bis Dezember**

|  | in Tsd. EUR | in Prozent* |
|---|---:|---:|
| **Brutto Umsatzerlöse** | 20.000 | 109,9 |
| Rabatt | –600 | –3,3 |
| Skonto | –400 | –2,2 |
| Retouren | –800 | –4,4 |
| **Netto Umsatzerlöse** | 18.200 | 100,0 |
| Herstellkosten des Umsatzes | –11.830 | –65,0 |
| **Deckungsbeitrag** | 6.370 | 35,0 |
| Direkte Kundenkosten** | –1.500 | –8,2 |
| **Direkter Kundenbeitrag** | 4.870 | 26,8 |
| Indirekte Vetriebskosten*** | –2.000 | –11,0 |
| **Operatives Ergebnis** | 2.870 | 15,8 |

\* Der Netto Umsatzerlöse
\*\* Insb. Key Account Management, Marketing und Werbekostenzuschüsse, Training
\*\*\* Insb. Showroomausgaben, Vertriebsinnendienst und Leitung

b. Erstellen Sie eine mehrstufige Deckungsbeitragsrechnung für den deutschen Großhandels-Vertrieb. Welche Auswirkung hat der neue Kunde *Stiefelkaiser* auf das Operative Ergebnis?

3. Make or Buy – Eigenfertigung oder Handelsware

Für den Sneaker *HUGO II* gibt es neben der Möglichkeit der Eigenfertigung als Alternative einen chinesischen Schuhproduzenten *Shoedefix*, bei dem die geplante Menge als Handelsware (fertiges Produkt) bezogen werden kann. Der chinesische Produzent bietet Ihnen 1.000 Schuhpaare zu einem Preis von USD 45,– pro Paar an. Auf den Beschaffungspreis müssen 10 Prozent Einfuhrzölle bezahlt werden. Für den 4-wöchigen Transport per Schiff und LKW nach Metzingen fallen Transportkosten in Höhe von EUR 3,– pro Schuhpaar an. Rechnen Sie mit einem Wechselkurs von USD 1,35 pro EUR.

a. Erstellen Sie einen Kostenvergleich der Eigenfertigung gegenüber dem chinesischen Handelswarenpartner. Welche Beschaffungsvariante wählen Sie?
Der chinesische Handelswarenpartner hat bei den produzierten Schuhen einen Gewinnaufschlag von 10 Prozent mit einkalkuliert. Sie wissen zudem, dass die Hälfte seiner Produktkosten auf Löhne für die Arbeiter entfällt. Diese Löhne werden in CNY bezahlt. Der Wechselkurs beträgt CNY 6,80 pro USD.
b. Welche Aspekte sollten Sie neben dem reinen Kostenvergleich bei der Wahl der Beschaffungsvariante zudem noch berücksichtigen? Bei welchem Wechselkurs des USD zum CNY erzielt der chinesische Partner gerade noch ein positives Ergebnis?

4. Deckungsbeitragsrechnung bei Kapazitätsengpass
Der Auftragseingang zur aktuellen Schuhkollektion hat die von Ihren Vertriebsmitarbeitern geplanten Stückzahlen deutlich übertroffen. Sie sind sich nun unsicher, ob die Produktionskapazitäten in Ihrem Werk ausreichen, um diese Nachfrage zu bedienen. Außerdem hat Ihr chinesischer Handelswarenpartner Ihnen bereits signalisiert, dass er in nächster Zeit keine freien Kapazitäten hat und somit keine weiteren Aufträge von Ihnen annehmen kann. Die Absatzmenge für das Modell *Max* beträgt 30.000 und für *HUGO II* 40.000 Paare. Die Kapazität in Ihrer Eigenproduktion sieht wie folgt aus: *Zuschnitt* 976.800 Min., *Nähen* 976.800 Min., *Montage* 683.760 Min. und *Endbearbeitung* 390.720 Min.
   a. Berechnen Sie, ob und gegebenenfalls in welcher Fertigungsstufe ein Produktionsengpass entstehen könnte!
   b. Welche Schuhe würden Sie produzieren lassen, wenn die Gewinnmaximierung Ihr angestrebtes Ziel ist? Berechnen Sie den aus dieser Entscheidung resultierenden Gewinn!

5. Make or Buy bei Kapazitätsengpass
Um Ihre Kundenbeziehungen nicht aufs Spiel zu setzen, entschließen Sie sich dazu, die gesamte Nachfrage zu befriedigen. Deshalb gehen Sie erneut auf Ihre Handelswarenpartner zu und erkundigen sich nach freien Produktionskapazitäten. Neben der Eigenproduktion bietet sich Ihnen nun auch die Möglichkeit, den Sneaker *HUGO II* über den chinesischen Handelswarenpartner aus Teilaufgabe 3. zu beschaffen. Außerdem ergibt sich die Möglichkeit, den Lederschnürer *Max* über einen italienischen Schuhproduzenten zu beschaffen. Die Beschaffungskosten des klassischen Lederschnürers *Max* würden dort EUR 52,– pro Paar betragen.
   a. Welchen Schuh würden Sie selbst produzieren und welchen zukaufen, um den Gewinn zu maximieren? Berechnen Sie den hieraus resultierenden Gewinn!
   b. Ab welchem Einkaufspreis lohnt es sich, den Sneaker *HUGO II* über den chinesischen Handelswarenpartner zu beschaffen bzw. wie müsste sich der Wechselkurs des USD zum EUR verändern, damit die Entscheidung zu Gunsten der Beschaffung über den Handelswarenpartner fällt?

## Lösungsvorschlag

### Lösungsvorschlag zu Aufgabe 1a
Abb. C-21 zeigt die Ermittlungen der vollen Fertigungskosten pro Paar. Dabei werden die Verwaltungs- und Vertriebskosten über die Fertigungsminuten als Bezugsgröße auf die Schuhmodelle verrechnet.
Zur Ermittlung der Selbstkosten pro Paar müssen anschließend die Materialeinzelkosten für das Leder über den Verbrauch in m² und für die Sohlen ermittelt werden (siehe Abb. C-22). Materialgemeinkosten sind nicht angegeben.

# Praxisfälle
## HUGO BOSS

### Abb. C-21

**Fertigungskosten, Januar – Dezember**

| | | Kostenstelle | | | | | |
|---|---|---|---|---|---|---|---|
| | | 1000 | 1001 | 1002 | 1003 | 1004 | |
| | Einheit | Zuschnitt | Nähen | Montage | End-bear-beitung | Verwaltung und Vertrieb | Gesamt |
| Lohn/Gehalt | EUR | 279.000 | 271.600 | 198.000 | 105.800 | 750.000 | 1.604.400 |
| Energie | EUR | 38.750 | 48.500 | 14.850 | 11.500 | 150.000 | 263.600 |
| Verbrauchs-materialien (z. B. Nägel, Faden, Schuhcreme) | EUR | 23.250 | 77.600 | 24.750 | 23.000 | | 148.600 |
| Abschreibung Produktions-maschinen | EUR | 25.000 | 15.000 | 40.000 | 5.000 | | 85.000 |
| Abschreibung Gebäude | EUR | 40.000 | 50.000 | 35.000 | 10.000 | 100.000 | 235.000 |
| **Gesamtkosten** | **EUR** | **406.000** | **462.700** | **312.600** | **155.300** | **1.000.000** | **2.336.600** |
| Produktions-menge Max | Paare | 25.000 | 25.000 | 25.000 | 25.000 | | 25.000 |
| Produktions-menge HUGO II | Paare | 35.000 | 35.000 | 35.000 | 35.000 | | 35.000 |
| Fertigungszeit Max | Min. pro Paar | 10 | 22 | 10 | 5 | | 47 |
| Fertigungszeit HUGO II | Min. pro Paar | 15 | 12 | 7 | 3 | | 37 |
| Fertigungszeit Max | Min. | 250.000 | 550.000 | 250.000 | 125.000 | | 1.175.000 |
| Fertigungszeit HUGO II | Min. | 525.000 | 420.000 | 245.000 | 105.000 | | 1.295.000 |
| **Fertigungszeit gesamt** | **Min.** | **775.000** | **970.000** | **495.000** | **230.000** | | **2.470.000** |
| Gesamtkosten Fertigungs-stufe | EUR pro Min. | 0,52 | 0,48 | 0,63 | 0,68 | | |
| Umlage Verwaltung/Vertrieb | EUR pro Min. | 0,40 | 0,40 | 0,40 | 0,40 | | |
| **Summe Fertigungs-kosten Max** | **EUR pro Paar** | **9,29** | **19,40** | **10,36** | **5,40** | | **44,45** |
| **Summe Fertigungs-kosten HUGO II** | **EUR pro Paar** | **13,93** | **10,58** | **7,25** | **3,24** | | **35,01** |

## Abb. C-22

**Selbstkosten und Ergebnis**

|  | Einheit | Schuhmodell Max | HUGO II | Gesamt |
|---|---|---|---|---|
| **Großhandelspreis** | EUR pro Paar | 80,00 | 60,00 | |
| Kosten Leder | EUR pro Paar | -12,00 | -10,00 | |
| Kosten Sohle | EUR pro Paar | -15,00 | -10,00 | |
| Fertigungskosten | EUR pro Paar | -44,45 | -35,01 | |
| **Selbstkosten** | EUR pro Paar | -71,45 | -55,01 | |
| **Ergebnis je Schuhmodell** | EUR pro Paar | 8,55 | 4,99 | |
| | Prozent pro Paar | 10,7 | 8,3 | |
| Absatzmenge | Paare | 25.000 | 35.000 | |
| Brutto Umsatzerlöse | EUR | 2.000.000 | 2.100.000 | 4.100.000 |
| **Ergebnis** | EUR | 213.687 | 174.713 | 388.400 |

Da sich die Absatz- und Produktionsmenge entsprechen, kann der Gewinn eines Jahres über die Multiplikation des Ergebnisses pro Paar mit der Absatzmenge ermittelt werden. Bei einem Auseinanderfallen von Absatz- und Produktionsmenge müsste eine Bestandsveränderung beim Gesamtkostenverfahren und nur die Herstellkosten der abgesetzten Erzeugnisse beim Umsatzkostenverfahren berücksichtigt werden.

### Lösungsvorschlag zu Aufgabe 1b

Der auf Basis der Selbstkosten ermittelte Gewinn aus der Annahme des Zusatzauftrags ist negativ und daher nicht vorteilhaft (siehe Abb. C-23).

## Abb. C-23

**Ergebnis des Zusatzauftrags über 5.000 Paar Max Schuhe** (Angaben in EUR)

| | |
|---|---|
| Brutto Umsatzerlöse | 400.000 |
| Rabatt | -80.000 |
| Netto Umsatzerlöse | 320.000 |
| Selbstkosten gesamt | -357.263 |
| **Ergebnis** | **-37.263** |

### Lösungsvorschlag zu Aufgabe 1c

Erweitern Sie die Tabelle aus Teilaufgabe 1a. und ergänzen Sie die folgende Ermittlung der variablen Fertigungskosten (siehe Abb. C-24). Die Löhne sind vollständig abhängig von der geleisteten Fertigungszeit und daher variabel. Hingegen könnten Monatslöhne, die nicht outputbezogen sind, als fix betrachtet werden.

**Praxisfälle**
HUGO BOSS

### Abb. C-24

**Fertigungskosten, Januar – Dezember**

| | | Kostenstelle | | | | | |
|---|---|---|---|---|---|---|---|
| | | 1000 | 1001 | 1002 | 1003 | 1004 | |
| | Einheit | Zuschnitt | Nähen | Montage | Endbearbeitung | Verwaltung und Vertrieb | Summe |
| Lohnkosten | EUR pro Min. | 0,36 | 0,28 | 0,40 | 0,46 | | |
| Energiekosten | EUR pro Min. | 0,05 | 0,05 | 0,03 | 0,05 | | |
| Verbrauchsmaterialien | EUR pro Min. | 0,03 | 0,08 | 0,05 | 0,10 | | |
| **Variable Fertigungskosten Max** | EUR | 4,40 | 9,02 | 4,80 | 3,05 | | 21,27 |
| **Variable Fertigungskosten HUGO II** | EUR | 6,60 | 4,92 | 3,36 | 1,83 | | 16,71 |

Durch die Addition der variablen Fertigungs- und Materialeinzelkosten erhalten Sie die variablen Herstellkosten und zudem den Deckungsbeitrag pro abgesetztem Paar Schuhe (siehe Abb. C-25).

### Abb. C-25

**Herstellkosten und Deckungsbeitrag**

| | | Schuhmodell | | |
|---|---|---|---|---|
| | | Max | Hugo II | Gesamt |
| **Großhandelspreis** | EUR pro Paar | 80,00 | 60,00 | |
| Kosten Leder | EUR pro Paar | −12,00 | −10,00 | |
| Kosten Sohle | EUR pro Paar | −15,00 | −10,00 | |
| Variable Fertigungskosten | EUR pro Paar | −21,27 | −16,71 | |
| **Variable Herstellkosten** | EUR pro Paar | −48,27 | −36,71 | |
| **Deckungsbeitrag** | EUR pro Paar | 31,73 | 23,29 | |
| | Prozent pro Paar | 39,7 | 38,8 | |
| Absatzmenge | Paare | 25.000 | 35.000 | |
| Brutto Umsatzerlöse | EUR | 2.000.000 | 2.100.000 | 4.100.000 |
| **Ergebnis** | EUR | 793.250 | 815.150 | 1.608.400 |

Der Deckungsbeitrag aus der Annahme des Zusatzauftrags ist positiv und würde daher den Gesamtgewinn erhöhen (siehe Abb. C-26).

### Abb. C-26

**Ergebnis des Zusatzauftrags über 5.000 Paar Max Schuhe** (Angaben in EUR)

| | |
|---|---:|
| Brutto Umsatzerlöse | 400.000 |
| Rabatt | −80.000 |
| Netto Umsatzerlöse | 320.000 |
| Herstellkosten | −241.350 |
| **Ergebnis** | **78.650** |

### Lösungsvorschlag zu Aufgabe 1d

Die Teilkostenrechnung ist – im Gegensatz zur Vollkostenrechnung – geeignet, Entscheidungen über die Annahme von Zusatzaufträgen zu unterstützen.

Jede Zurechnung von fixen Kosten (z. B. Abschreibung, Leitung) im Rahmen der Vollkostenrechnung – auch bei exakter Schlüsselung – birgt Gefahren der Fehlinterpretation. Nur bei den exakten Produktions- bzw. Absatzmengen der Produkte haben die auf Vollkostenbasis ermittelten Ergebnisse pro Paar Schuhe ihre Gültigkeit. Bei einer Abweichung der Menge müssten die anteiligen Fixkosten neu ermittelt werden.

Die Teilkostenrechnung umgeht dieses Problem durch die ausschließliche Betrachtung der variablen Kosten. Der auf dieser Basis ermittelte Deckungsbeitrag zeigt die zu erwartende Veränderung des Ergebnisses an und ermöglicht damit die Identifikation von Verlust- und Gewinnbringern.

Die Deckungsbeitragsrechnung lässt sich in mehrstufiger Form periodenbezogen weiter verfeinern durch die Zuordnung von fixen Kosten auf höheren Ebenen (z. B. Sparte). Dadurch ist nicht nur die Entscheidungsunterstützung von kurzfristigen Preisuntergrenzen (z. B. Annahme von Zusatzaufträgen), sondern auch von Preisuntergrenzen zur Gewinnerzielung (Deckung sämtlicher fixen Kosten) möglich.

### Lösungsvorschlag zu Aufgabe 2a

Der direkte Kundendeckungsbeitrag ist positiv und daher lohnt es sich, den neuen Kunden zu gewinnen (siehe Abb. C-27). Die anteiligen fixen Kosten aus der Showroombelegung werden nicht in den direkten Kundenbeitrag mit eingerechnet, da diese Kosten bei Aufnahme oder Nichtaufnahme des Kunden ohnehin anfallen.

### Abb. C-27

**Kundendeckungsbeitragsrechnung, Januar – Dezember**

|  | in EUR | in Prozent* |
|---|---:|---:|
| **Brutto Umsatzerlöse** | **400.000** | **131,1** |
| Rabatt | −80.000 | −26,2 |
| Skonto |  | 0,0 |
| Retouren | −15.000 | −4,9 |
| **Netto Umsatzerlöse** | **305.000** | **100,0** |
| Herstellkosten des Umsatzes | −241.350 | −79,1 |
| **Deckungsbeitrag** | **63.650** | **20,9** |
| Direkte Kundenkosten** | −60.000 | −19,7 |
| Key Account Management | −40.000 | −13,1 |
| Werbekostenzuschuss | −20.000 | −6,6 |
| **Direkter Kundenbeitrag** | **3.650** | **1,2** |

\* Der Netto Umsatzerlöse
\*\* Insb. Key Account Management, Marketing und Werbekostenzuschüsse, Training

### Lösungsvorschlag zu Aufgabe 2b

Wie in Teilaufgabe a. ermittelt, erhöht sich das operative Ergebnis durch die Aufnahme des neuen Kunden *Stiefelkaiser* kurzfristig um ca. EUR 4 Tsd. Allerdings ist festzustellen, dass die Hinzunahme zu einer Verschlechterung des relativen Ergebnisses führt.

### Abb. C-28

**Ergebnisrechnung inkl. Stiefelkaiser, Januar – Dezember**

|  | Großhandel Deutschland | | Stiefelkaiser | | Gesamt | |
|---|---:|---:|---:|---:|---:|---:|
|  | in Tsd. EUR | in Prozent* | in Tsd. EUR | in Prozent* | in Tsd. EUR | in Prozent* |
| **Brutto Umsatzerlöse** | **20.000** | **109,9** | **400** | **131,1** | **20.400** | **110,2** |
| Rabatt | −600 | −3,3 | −80 | −26,2 | −680 | −3,7 |
| Skonto | −400 | −2,2 | 0 | 0,0 | −400 | −2,2 |
| Retouren | −800 | −4,4 | −15 | −4,9 | −815 | −4,4 |
| **Netto Umsatzerlöse** | **18.200** | **100,0** | **305** | **100,0** | **18.505** | **100,0** |
| Herstellkosten des Umsatzes | −11.830 | −65,0 | −241 | −79,1 | −12.071 | −65,2 |
| **Deckungsbeitrag** | **6.370** | **35,0** | **64** | **20,9** | **6.434** | **34,8** |
| Direkte Kundenkosten** | −1.500 | −8,2 | −60 | −19,7 | −1.560 | −8,4 |
| **Direkter Kundenbeitrag** | **4.870** | **26,8** | **4** | **119,7** | **4.874** | **26,3** |
| Indirekte Vetriebskosten*** |  |  |  |  | −2.000 | −10,8 |
| **Operatives Ergebnis** |  |  |  |  | **2.874** | **15,5** |

\* Der Netto Umsatzerlöse
\*\* Insb. Key Account Management, Marketing und Werbekostenzuschüsse, Training
\*\*\* Insb. Showroomausgaben, Vertriebsinnendienst und Leitung

## Lösungsvorschlag zu Aufgabe 3a

Für den Sneaker *HUGO II* sind die variablen Kosten der Eigenfertigung geringer als bei der Beschaffung des Sneakers über den chinesischen Schuhproduzenten (siehe Abb. C-29). Somit ist es vorteilhafter, das Modell im eigenen Werk zu produzieren.

### Abb. C-29

**Variable Stückkosten des Sneakers HUGO II** (Angaben in EUR)

| Eigenfertigung | | Handelsware | |
|---|---|---|---|
| Kostenart | Betrag | Kostenart | Betrag |
| Kosten Leder | −10,00 | Einkaufspreis | −33,33 |
| Kosten Sohle | −10,00 | Zollkosten | −3,33 |
| Variable Fertigungskosten | −16,71 | Transport | −3,00 |
| **Variable Kosten** | **−36,71** | **Variable Kosten** | **−39,67** |

## Lösungsvorschlag zu Aufgabe 3b

Neben dem reinen Kostenvergleich sollten bei der Wahl der Beschaffungsvariante unter anderem folgende Faktoren in den Entscheidungsprozess miteinbezogen werden:
- Arbeitsbedingungen im Betrieb des Partners
- Einhaltung von Qualitätsstandards
- Zuverlässigkeit des Partners
- Wechselkursrisiken
- Politische und wirtschaftliche Lage im Land des Produzenten

Um den Wechselkurs zu berechnen, bei dem der chinesische Partner gerade noch ein positives Ergebnis erzielt, müssen zunächst die Lohnkosten in CNY bestimmt werden, da lediglich diese in CNY anfallen und somit bei einer Änderung des Wechselkurses eine Ergebnisveränderung zur Folge haben (siehe Abb. C-30).

### Abb. C-30

**Shoedefix Ertragsrechnung**

| | Einheit | Betrag |
|---|---|---|
| Verkaufspreis | USD | 45,00 |
| Gewinnaufschlag | USD | 4,09 |
| Fertigungskosten | USD | −40,91 |
| − davon Löhne | USD | −20,45 |
| − davon sonstige Kosten | USD | −20,45 |
| Löhne | CNY | −139,09 |
| Maximale Lohnkosten | USD | −24,55 |
| **Maximaler Wechselkurs** | **CNY pro USD** | **5,67** |

## Praxisfälle
HUGO BOSS

Diese Löhne in CNY dürfen umgerechnet maximal USD 24,55 betragen, da die Kosten ansonsten die Erlöse übersteigen würden. Somit ergibt sich ein maximaler Wechselkurs von CNY 5,67 pro USD, bei dem der Partner gerade noch ein positives Ergebnis erzielt.

### Lösungsvorschlag zu Aufgabe 4a

Aus der Gegenüberstellung der benötigten und maximal vorhandenen Fertigungszeit je Fertigungsstufe ergibt sich ein Engpass in der Fertigungsstufe *Nähen* (siehe Abb. C-31).

**Abb. C-31**

**Benötigte und verfügbare Fertigungskapazität, Januar – Dezember**

| Bezeichnung | Einheit | Kostenstelle 1000 Zuschnitt | 1001 Nähen | 1002 Montage | 1003 End-bear-beitung | 1004 Verwal-tung und Vertrieb | Summe |
|---|---|---|---|---|---|---|---|
| Produktionsmenge Max | Paare | 30.000 | 30.000 | 30.000 | 30.000 | | 30.000 |
| Produktionsmenge HUGO II | Paare | 40.000 | 40.000 | 40.000 | 40.000 | | 40.000 |
| Fertigungszeit Max | Min. pro Paar | 10 | 22 | 10 | 5 | | 47 |
| Fertigungszeit HUGO II | Min. pro Paar | 15 | 12 | 7 | 3 | | 37 |
| Fertigungszeit Max | Min. | 300.000 | 660.000 | 300.000 | 150.000 | | 1.410.000 |
| Fertigungszeit HUGO II | Min. | 600.000 | 480.000 | 280.000 | 120.000 | | 1.480.000 |
| **Fertigungszeit gesamt** | Min. | 900.000 | 1.140.000 | 580.000 | 270.000 | | 2.890.000 |
| Maximale Kapazität | Min. | 976.800 | 976.800 | 683.760 | 390.720 | | |
| **Freie Kapazität** | Min. | 76.800 | –163.200 | 103.760 | 120.720 | | |

### Lösungsvorschlag zu Aufgabe 4b

**Abb. C-32**

**Deckungsbeitrag der Schuhmodelle am Engpass Nähen**

| | | Schuhmodell Max | Hugo II |
|---|---|---|---|
| Deckungsbeitrag je Schuh | EUR pro Paar | 31,73 | 23,29 |
| Fertigungsschritt Nähen | Min. pro Paar | 22 | 12 |
| **Deckungsbeitrag am Engpass** | EUR pro Min. | 1,44 | 1,94 |

Um den Gewinn zu maximieren, muss zunächst dasjenige Modell produziert werden, das je Fertigungsminute am Engpass den höheren Deckungsbeitrag erzielt. Das bedeutet, dass die gesamte Absatzmenge von Modell *HUGO II* produziert wird und die verbleibenden Kapazitäten zur Produktion von *Max* genutzt werden sollten (siehe Abb. C-32). Die verbleibenden Kapazitäten ermöglichen eine Produktion von 22.581 Paaren von Modell *Max* (siehe Abb. C-33). Der hieraus resultierende Gewinn beträgt EUR 428 Tsd.

### Abb. C-33

**Ergebnis bei Kapazitätsengpass**

|  | Einheit | Max | HUGO II | Gesamt |
|---|---|---|---|---|
| Wholesalepreis | EUR pro Paar | 80,00 | 60,00 | |
| Deckungsbeitrag | EUR pro Paar | 31,73 | 23,29 | |
| Absatzmenge | Paare | 22.581 | 40.000 | |
| Brutto Umsatzerlöse | EUR | 1.806.480 | 2.400.000 | 4.206.480 |
| Deckungsbeitrag | EUR | 716.495 | 931.600 | 1.648.095 |
| Fixkosten | EUR | | | −1.220.000 |
| **Gewinn** | **EUR** | | | **428.095** |

#### Lösungsvorschlag zu Aufgabe 5a

Um eine Entscheidung treffen zu können, müssen zunächst die variablen Kosten der Eigenproduktion und der Handelsware ermittelt werden (siehe Abb. C-34).

Da für beide Schuhmodelle die Eigenproduktion günstiger ist als die Handelsware und die Kapazität im eigenen Werk nicht ausreicht, um die gesamte Menge zu produzieren, muss der Kostenvorteil der Eigenproduktion je benötigter Fertigungsminute am Engpass zur Entscheidung über das selbst zu produzierende Schuhmodell herangezogen werden.

Um den Gewinn zu maximieren, sollte zunächst *HUGO II* selbst produziert und die verbleibenden Kapazitäten zur Produktion von *Max* genutzt werden. Die restlichen Stückzahlen (7.419 Paare) von *Max* sollten als Handelsware beschafft werden.

Der resultierende Gewinn beträgt EUR 636 Tsd.

## Abb. C-34

**Make-or-Buy-Analyse bei Kapazitätsengpass**

|  |  | Schuhmodell | | Gesamt |
|---|---|---|---|---|
|  |  | Max | HUGO II |  |
| Großhandelspreis | EUR pro Paar | 80,00 | 60,00 |  |
| **Variable Kosten Eigenfertigung** |  |  |  |  |
| Leder | EUR pro Paar | −12,00 | −10,00 |  |
| Sohle | EUR pro Paar | −15,00 | −10,00 |  |
| Fertigungskosten | EUR pro Paar | −21,27 | −16,71 |  |
| **Gesamt** | **EUR pro Paar** | **−48,27** | **−36,71** |  |
| **Variable Kosten Handelsware** |  |  |  |  |
| Einkaufspreis | EUR pro Paar | −52,00 | −33,33 |  |
| Zollkosten | EUR pro Paar |  | −3,33 |  |
| Transport | EUR pro Paar |  | −3,00 |  |
| **Gesamt** | **EUR pro Paar** | **−52,00** | **−39,67** |  |
| Kostenvorteil Eigenproduktion | EUR pro Paar | 3,73 | 2,96 |  |
| Fertigungsschritt Nähen | Min. pro Paar | 22 | 12 |  |
| **Kostenvorteil** | **EUR pro Min.** | **0,17** | **0,25** |  |
| Absatzmenge | Paare | 30.000 | 40.000 |  |
| davon in Eigenproduktion | Paare | 22.581 | 40.000 |  |
| davon als Handelsware | Paare | 7.419 | 0 |  |
| Brutto Umsatzerlöse | EUR | 2.400.000 | 2.400.000 | 4.800.000 |
| Deckungsbeitrag | EUR | 924.227 | 931.600 | 1.855.827 |
| Fixkosten | EUR |  |  | −1.220.000 |
| **Gewinn** | **EUR** |  |  | **635.827** |

**Lösungsvorschlag zu Aufgabe 5b**

Wenn der Kostenvorteil je Fertigungsminute am Engpass kleiner oder gleich dem von *Max* ist, lohnt es sich, den Sneaker *HUGO II* als Handelsware zu beschaffen, wenn keine freien Kapazitäten in der Eigenproduktion mehr vorhanden sind.

## Abb. C-35

**Break-even Wechselkurs zur Beschaffung als Handelsware**

|  | Einheit | HUGO II |
|---|---|---|
| Kostenvorteil | EUR pro Min. | 0,17 |
| Fertigungsschritt Nähen | Min. pro Paar | 12 |
| **Kostenvorteil Eigenproduktion** | **EUR pro Paar** | **2,03** |
| Variable Kosten Eigenfertigung | EUR pro Paar | −36,71 |
| **Maximale Beschaffungskosten** | **EUR pro Paar** | **−38,74** |
| Transport | EUR pro Paar | −3,00 |
| Zollkosten | EUR pro Paar | −3,25 |
| **Einkaufspreis** | EUR pro Paar | −32,50 |
|  | USD pro Paar | −45,00 |
| **Wechselkurs** | **USD pro EUR** | **1,38** |

Bis zu einem Kostenvorteil von EUR 2,03 würde es sich lohnen, den Sneaker als Handelsware zu beschaffen (siehe Abb. C-35). Somit dürfen die variablen Beschaffungskosten höchstens EUR 38,74 betragen. Bei einem unveränderten Einkaufspreis von USD 45,- wäre dies bei einer Veränderung des Wechselkurses auf USD 1,38 pro EUR der Fall. Unter der Annahme eines konstanten Wechselkurses des USD zum EUR müsste alternativ der chinesische Handelswarenpartner den Einkaufspreis auf USD 43,88 reduzieren, damit die variablen Beschaffungskosten auf EUR 38,74 sinken.

*Markus Neubrand ist Director Controlling und Ivica Maric ist Head of Group Analysis & Planning bei der HUGO BOSS AG.*

# 3. Praxisfall der GARDENA GmbH zur Prozesskostenrechnung

*Bernd Geiselmann*

GARDENA ist die europaweit führende Marke für hochwertige Gartengeräte und weltweit in mehr als 80 Ländern vertreten. Das Produktspektrum umfasst die drei Geschäftsbereiche Gartenbewässerung, Gartengeräte sowie Teich & Pumpen. GARDENA entwickelte sich seit der Gründung im Jahre 1961 vom kleinen Handelshaus für Gartengeräte in nur wenigen Jahrzehnten zum weltweit führenden Hersteller intelligenter Produkte und Systeme für die Gartenpflege. Das Geheimnis für den Erfolg stützt sich auf die hohe Innovationskraft der Marke sowie eine konsequent praktizierte Sortiments- und Vermarktungspolitik.

Die GARDENA GmbH mit Sitz in Ulm und ihre Tochtergesellschaften sind seit März 2007 Unternehmen der Husqvarna Gruppe (siehe Abb. C-36). Ulm ist einer der Hauptstandorte im Husqvarna Konzern, an dem Aufgabenfelder wie Einkauf, Forschung und Entwicklung, IT, Logistik und Marketing mit internationaler Zuständigkeit angesiedelt sind. Aus Ulm heraus werden zudem der deutsche Vertrieb und die Produktion des GARDENA Produktsortiments gesteuert. Im Zuge der Übernahme von GARDENA durch die Husqvarna Gruppe haben sich sowohl das Marken- als auch das Produktportfolio erweitert. Hauptproduktfelder sind Outdoor-Produkte wie Bewässerungssysteme, Kettensägen, Rasenmäher, Rasentraktoren, Trimmer, Zubehör und Produkte für das Baugewerbe wie Abbruchroboter, Fugenschneider, Wandsägen etc.

**Abb. C-36**

**Wichtige Marken und Produktfelder der Husqvarna Gruppe**

Die GARDENA Logistikorganisation ist Dienstleister für die Vertriebsorganisationen in ganz Europa. Ihre Aufgabe ist es, im Auftrag der verschiedenen Vertriebsgesellschaften europaweit Kunden (Baumärkte, Fachhändler, etc.) aus dem deutschen Zentrallager zu beliefern. Auftragserfassung und Rechnungsstellung erfolgen weiterhin von den Vertriebsgesellschaften vor Ort. Bestellt z. B. ein Kunde in Frankreich bei der französischen Vertriebsgesellschaft, dann wird der Auftrag in Frankreich erfasst und an die zentrale Logistikorganisation weitergeleitet. Der französische Kunde erhält die Lieferung im Auftrag der französischen Vertriebsgesellschaft aus dem Lieferzentrum in Ulm; gleichzeitig schickt ihm die französische Vertriebsgesellschaft eine Rechnung über die gelieferten Waren. Im Innenverhältnis stellt die deutsche Logistikorganisation als Inhaber der Bestände eine Rechnung an die französische Vertriebsgesellschaft über den Warenwert der an den Kunden ausgelieferten Bestellung. Zum Monatsende stellt die zentrale Logistikorganisation der Vertriebsgesellschaft außerdem die Logistikkosten für die Bearbeitung der Lieferung in Rechnung. Durch die möglichst verursachungsgerechte Kostenzuordnung soll im ersten Schritt Transparenz hergestellt und im zweiten Schritt das Logistikkostenvolumen möglichst gering gehalten werden.

Um die Logistikkosten an die Vertriebsgesellschaften weiterverrechnen zu können, war es notwendig, sinnvolle Kostentreiber als Verrechnungsgrundlage für die Einführung einer Prozesskostenrechnung zu identifizieren. Bei der Auswahl der Kostentreiber waren bzw. sind insbesondere zwei Aspekte wichtig: (i) Der Kostentreiber muss tatsächlich in einem engen Zusammenhang mit den verursachten Kosten stehen und (ii) die Anzahl und die Struktur der ausgelösten Bearbeitungsprozesse müssen von der Vertriebsgesellschaft nachvollziehbar und beeinflussbar sein.

Grundsätzlich kamen die folgenden Verrechnungsschlüssel in Frage:

- *Aufträge* – Die Anzahl der Aufträge treibt die Kosten in der Auftragsabwicklung. Sie können von der Vertriebsgesellschaft zum Beispiel durch die Einführung von Mindestbestellmengen beeinflusst werden. Zudem ist diese Kenngröße leicht nachvollziehbar und daher grundsätzlich als Kostentreiber zur Verrechnung der Logistikkosten geeignet.
- *Umsatz* – Zwar ist der Umsatz von der Vertriebsgesellschaft beeinflussbar und zudem leicht nachvollziehbar, jedoch steht er in keinem unmittelbaren Zusammenhang mit den Logistikkosten und ist daher als Verrechnungsschlüssel nur bedingt geeignet.
- *Ausgelieferte Paletten* – Je höher der Anteil der Palettenlieferungen, desto geringer die Lieferkosten im Verhältnis zum Umsatz. Aus Sicht der Vertriebsgesellschaft ist diese Kenngröße nachvollziehbar und könnte daher grundsätzlich als Schlüssel zur Verrechnung der Logistikkosten herangezogen werden.
- *Ausgelieferte Pakete* – Paketlieferungen haben im Vergleich zu Palettenlieferungen einen kleineren Umsatz und damit höhere relative Lieferkosten. Wie die Palettenlieferungen könnte auch diese Größe grundsätzlich als Verrechnungsschlüssel herangezogen werden.
- *Automatische Picks* (= aus dem automatisierten Lager kommissionierte Produkte) – Die Anzahl automatischer Picks beeinflusst die Kostenstruktur signifikant. Je mehr Produkte automatisch kommissioniert werden können, desto geringer sind die verursachten Kosten. Über die Festlegung von bestimmten Bestellmengen kann die Vertriebsgesellschaft zudem die verursachten Logistikkosten beeinflussen. Die Anzahl der automatischen Picks beeinflusst die Logistikkosten maßgeblich, ist vom Kunden nachvollziehbar und daher als Verrechnungsschlüssel sehr gut geeignet.
- *Manuelle Picks* – Manuelle Picks werden immer dann notwendig, wenn ein Produkt aufgrund seiner Größe nicht automatisch gepickt werden kann. Sie beeinflussen die Kosten in der Logistik somit stark. Auch diese Kenngröße ist somit sehr relevant und wäre als Schlüssel zur Verrechnung der Logistikkosten gut geeignet.

Auf Basis obenstehender Anforderungen und Charakteristika der analysierten Verrechnungsschlüssel wurden bei GARDENA schließlich folgende Kostentreiber als Schlüssel zur Verrechnung der Logistikkosten ausgewählt: Die **Anzahl der Aufträge**, die **Anzahl automatischer Picks** und die **Anzahl manueller Picks** *(siehe Abb. C-37)*.

**Abb. C-37**

Leistungsmengen der Kostentreiber

| Kostentreiber | Deutschland | Frankreich | Österreich | Gesamt |
|---|---|---|---|---|
| Aufträge | 333.333 | 200.000 | 60.000 | 593.333 |
| Automatische Picks | 2.000.000 | 1.250.000 | 250.000 | 3.500.000 |
| Manuelle Picks | 100.000 | 40.000 | 15.000 | 155.000 |

## Praxisfälle
### GARDENA

Anstelle der Anzahl der Picks wäre auch die Anzahl der ausgelieferten Paletten und Pakete zur Verrechnung geeignet gewesen. Da die Anzahl Paletten und Pakete jedoch stark mit den Frachtkosten korreliert und die Anzahl und die Verteilung der Picks das Kostenvolumen stärker beeinflussen, wurden bei GARDENA die oben genannten Größen als Kostentreiber für die Verrechnung ausgewählt.

### Aufgaben

1. Ermitteln Sie auf Basis der Kosten der Kostenstellen (siehe Abb. C-38) und der Zurechnungsraten (siehe Abb. C-39) die Kostensätze für die definierten Prozesse. Da auch die Einlagerungs- (Kostenstelle Wareneingang 1 bis 3) und Lagerkosten (Kostenstelle Lager 1 bis 3) auf die Prozesse verrechnet werden sollen, müssen diese Kosten zunächst auf die anderen Kostenstellen umgelegt werden[2].

### Abb. C-38

**Kosten der Kostenstellen** (Angaben in Tsd. EUR)

| Kostenstelle | Kosten |
|---|---|
| Leitung | 450 |
| Wareneingang 1 | 250 |
| Wareneingang 2 | 100 |
| Wareneingang 3 | 300 |
| Lager 1 | 200 |
| Lager 2 | 90 |
| Lager 3 | 220 |
| Auftragsabwicklung | 80 |
| Kommissionierung 1 (K1) | 2.000 |
| Kommissionierung 2 (K2) | 1.000 |
| Kommissionierung 2 (K3) | 2.100 |
| **Gesamt** | **6.790** |

### Abb. C-39

**Zurechnungsraten für die Kosten der Kostenstellen auf die Prozesse** (Angaben in Prozent)

| | Kostenstelle | | | | |
|---|---|---|---|---|---|
| Prozess | Leitung | Auftrags-abwicklung | K1 | K2 | K3 |
| Aufträge bearbeiten | 100 | 100 | 20 | 20 | 20 |
| Automatisches Picken | | | 40 | 40 | 40 |
| Manuelles Picken | | | 40 | 40 | 40 |
| **Gesamt** | **100** | **100** | **100** | **100** | **100** |

---

2 Ziehen Sie als Umlageschlüssel die Kosten der Kostenstellen heran.

2. Ermitteln Sie auf Basis der errechneten Prozesskostensätze und der Leistungsmengen (siehe Abb. C-44) die Logistikkostenbelastung für Deutschland, Frankreich und Österreich. Die Frachtkosten in Höhe von EUR 4,4 Mio. werden pro Kunde erfasst und können somit direkt an die Vertriebsgesellschaft verrechnet werden (siehe Abb. C-40).

### Abb. C-40

**Umsatz und Frachtkosten** (Angaben in Tsd. EUR)

|  | Deutschland | Frankreich | Österreich | Gesamt |
|---|---|---|---|---|
| Umsatz | 100.000 | 50.000 | 10.000 | 160.000 |
| Frachtkosten | 3.000 | 1.000 | 400 | 4.400 |

3. Ermitteln Sie die Verrechnung für Deutschland, Frankreich und Österreich, wenn nur der Umsatz (siehe Abb. C-40) als Verrechnungsschlüssel für die Prozess- und die Frachtkosten verwendet wird. Vergleichen und erklären Sie die jeweiligen Ergebnisse.

### Lösungsvorschlag

#### Lösungsvorschlag zu Aufgabe 1

Da in unserem Fall auch die Kosten der Einlagerung und der Lagerhaltung auf die Prozesse umgelegt werden sollen, müssen die Kosten dieser Kostenstellen (siehe Abb. C-38) zunächst auf die anderen Kostenstellen weiterverrechnet werden. Wäre dies nicht der Fall und blieben diese Kosten in der Logistikorganisation stehen, dann müssten die Kosten dieser Kostenstellen später über einen Zuschlag verrechnet werden.

Da bei der Verrechnung der Kosten der Wareneingangs- und Lagerkostenstellen keine weitere Differenzierung mehr stattfinden soll, ist es im ersten Schritt sinnvoll, die Kosten auf diesen Kostenstellen aufzuaddieren (siehe Abb. C-41).

### Abb. C-41

**Kosten der Wareneingangs- und Lagerkostenstellen** (Angaben in Tsd. EUR)

| Kostenstelle | Kosten |
|---|---|
| Wareneingang 1 | 250 |
| Wareneingang 2 | 100 |
| Wareneingang 3 | 300 |
| Lager 1 | 200 |
| Lager 2 | 90 |
| Lager 3 | 220 |
| **Gesamt** | **1.160** |

Die summierten Kosten können nun unter Heranziehung der Kostenstellenkosten als Umlageschlüssel den verbleibenden Kostenstellen anteilig zugerechnet werden (siehe Abb. C-42).

**Abb. C-42**

**Umlage der Einlagerungs- und Lagerkosten auf die anderen Kostenstellen**

| Kst. | Kosten in Tsd. EUR | Umlageschlüssel in Prozent | Verrechnete Kosten in Tsd. EUR | Gesamtkosten in Tsd. EUR |
|---|---|---|---|---|
| Leitung | 450 | 8,0 | 93 | 543 |
| Auftragsabwicklung | 80 | 1,4 | 16 | 96 |
| Kommissionierung 1 | 2.000 | 35,5 | 412 | 2.412 |
| Kommissionierung 2 | 1.000 | 17,8 | 206 | 1.206 |
| Kommissionierung 2 | 2.100 | 37,3 | 433 | 2.533 |
| **Gesamt** | **5.630** | **100,0** | **1.160** | **6.790** |

Im nächsten Schritt können nun unter Heranziehung der Zurechnungsraten (siehe Abb. C-39) die Kosten der Endkostenstellen den Prozessen zugerechnet werden (siehe Abb. C-43). Die Prozesskosten lassen sich durch Division der den Prozessen zugerechneten Gesamtkosten durch die jeweilige Kostentreibermenge ermitteln (siehe Abb. C-44).

**Abb. C-43**

**Umrechnung der Gesamtkosten auf die Prozesse** (Angaben in Tsd. EUR)

| | Kostenstelle | | | | | |
|---|---|---|---|---|---|---|
| Prozess | Leitung | Auftragsabwicklung | K1 | K2 | K3 | Gesamt |
| **Gesamt** | 543 | 96 | 2.412 | 1.206 | 2.533 | **6.790** |
| Aufträge bearbeiten | 543 | 96 | 482 | 241 | 507 | **1.869** |
| Automatisches Picken | 0 | 0 | 965 | 482 | 1.013 | **2.460** |
| Manuelles Picken | 0 | 0 | 965 | 482 | 1.013 | **2.460** |

**Abb. C-44**

**Ermittlung der Prozesskosten**

| Prozess | Kosten in Tsd. EUR | Menge | Prozesskosten in EUR |
|---|---|---|---|
| Aufträge bearbeiten | 1.869 | 593.333 | 3,15 |
| Automatisches Picken | 2.460 | 3.500.000 | 0,70 |
| Manuelles Picken | 2.460 | 155.000 | 15,87 |

## Lösungsvorschlag zu Aufgabe 2

Zur Ermittlung der Kostenbelastung der einzelnen Länder (siehe Abb. C-45) werden die von den Vertriebsgesellschaften in Anspruch genommenen Mengen (siehe Abb. C-37) mit den Prozesskostensätzen (siehe Abb. C-44) multipliziert und die Frachtkosten je Land addiert.

### Abb. C-45

**Logistikkostenbelastung der Länder** (Angaben in Tsd. EUR)

|  | Deutschland | Frankreich | Österreich |
|---|---|---|---|
| Fracht | 3.000 | 1.000 | 400 |
| Aufträge bearbeiten | 1.050 | 630 | 189 |
| Automatisches Picken | 1.400 | 875 | 175 |
| Manuelles Picken | 1.587 | 635 | 238 |
| **Gesamtkosten** | **7.037** | **3.140** | **1.002** |

## Lösungsvorschlag zu Aufgabe 3

Beim Vergleich der Kostenverrechnung auf Basis der Umsatzverteilung (siehe Abb. C-46) mit der Verrechnung auf Basis der Prozesskosten (siehe Abb. C-45) fällt Folgendes auf:

### Abb. C-46

**Logistikkostenbelastung der Länder auf Basis des Umsatzes als Umlageschlüssel**
(Angaben in Tsd. EUR)

|  | Gesamt | Deutschland | Frankreich | Österreich |
|---|---|---|---|---|
| Frachtkosten | 4.400 |  |  |  |
| Kosten der Kostenstellen | 6.790 |  |  |  |
| **Gesamt** | **11.190** | **6.994** | **3.497** | **699** |

Im Falle von Deutschland unterscheidet sich die Höhe der Kostenbelastung nicht wesentlich. Signifikante Unterschiede gibt es jedoch im Falle von Frankreich und Österreich. Frankreich profitiert von der Prozesskostenverrechnung. Österreich hingegen bekommt bei einer Verrechnung über Prozesskosten deutlich höhere Kosten verrechnet als bei einer rein umsatzproportionalen Verrechnung.

Um diese Unterschiede im Detail zu verstehen, ist es sinnvoll, einen genaueren Blick auf den Umsatz pro Auftrag und das Verhältnis aus automatischen und manuellen Picks zu werfen (siehe Abb. C-47).

Österreich hat im Vergleich zu den anderen beiden Ländern einen deutlich geringeren Umsatz pro Auftrag und einen höheren Anteil manueller Picks. Aus diesem Grund ist die Verrechnung an Österreich auf Basis der Prozesskosten höher als auf reiner Umsatzbasis.

## Praxisfälle
GARDENA

**Abb. C-47**

**Auftragscharakteristika**

|  | Einheit | Deutschland | Frankreich | Österreich |
|---|---|---|---|---|
| Umsatz pro Auftrag | EUR | 300 | 250 | 167 |
| Anteil automatischer Picks | Prozent | 95,2 | 96,9 | 94,3 |
| Anteil manueller Picks | Prozent | 4,8 | 3,1 | 5,7 |

Frankreich trägt bei einer auf Prozesskosten basierenden im Vergleich zu einer rein umsatzanteiligen Verrechnung die geringsten Kosten. Grund hierfür ist hauptsächlich das günstige Verhältnis automatischer Picks zu manuellen Picks.

Die Verrechnung über Prozesskosten begünstigt die Organisationen mit einer Leistungsstruktur, die in der Logistikeinheit möglichst geringe Kosten verursacht. So könnte z. B. Österreich versuchen, Aufträge mit einem höheren Volumen zu erhalten. Dies wäre z. B. über Mindestabnahmemengen etc. möglich. Eine andere Möglichkeit wäre, die Anzahl der automatischen Picks zu erhöhen. Dies ist jedoch nur über die Auswahl der Produkte möglich und entsprechend schwierig zu steuern. In jedem Fall hätte das lokale Management aber zumindest bessere Informationen über den Zusammenhang zwischen Logistikkosten und Produkten und dadurch eine höhere Transparenz über die tatsächliche Profitabilität der Produkte.

*Bernd Geiselmann ist Director Controlling bei der GARDENA GmbH, Member of the Husqvarna Group.*

# 4. Praxisfall von Bayer zur Beurteilung und Steuerung der Geschäftsentwicklung mit Hilfe finanzieller Kennzahlen

*Dr. Rainer Schwarz; Dr. Ute Bonenkamp; Dr. Mario Krist; Dr. Michael Lorenz*

In dieser Fallstudie sollen Sie am Beispiel des Bayer-Konzerns verschiedene finanzielle Kennzahlen kennenlernen und verstehen, wie diese auszuwerten und zu interpretieren sind. In diesem Zusammenhang sollen Ihnen zudem wichtige Grundregeln im Umgang mit Kennzahlen bewusst werden.

Finanzielle Kennzahlen liefern verdichtete Informationen und werden zur Beurteilung des Unternehmenserfolgs eingesetzt. Sie dienen als Basis für Entscheidungen, zur Kontrolle und zur Dokumentation wichtiger Sachverhalte und Zusammenhänge im Unternehmen. Das Controlling unterstützt das Management bei der Entscheidungsfindung und Steuerung des Konzerns mit Informationen. Die Basis dafür stellen die finanzwirtschaftlichen Kennzahlen dar.

**Der Bayer-Konzern**
»Bayer: Science For A Better Life« – Unter diesem Leitbild ist Bayer in zahlreichen forschungsintensiven Bereichen tätig. Der Konzern ist mit rund 300 Gesellschaften und ca. 108 000 Mitarbeitern ein weltweit tätiges Unternehmen mit Kernkompetenzen auf den Gebieten Gesundheit, Ernährung und hochwertige Materialien. Er wird von einer Management-Holding geführt, unter deren strategischer Leitung die drei Teilkonzerne HealthCare, CropScience und MaterialScience in operativer Eigenständigkeit arbeiten. Die Angebotspalette umfasst eine Vielzahl an Produkten, wie z. B. das Schmerzmittel Aspirin® und Kunststoffe wie Makrolon® für CDs und DVDs. Der Teilkonzern **Bayer HealthCare (BHC)** ist ein weltweit tätiges Unternehmen in der Gesundheitsversorgung. Ziel ist es, mit innovativen Produkten die Gesundheit von Mensch und Tier zu verbessern. **Bayer CropScience (BCS)** ist im Pflanzenschutzgeschäft und in der Schädlingsbekämpfung tätig. Ein weiterer Schwerpunkt liegt beim Geschäft mit Saatgut und Pflanzeneigenschaften. **Bayer MaterialScience (BMS)** ist ein Hersteller von Hightech-Polymerwerkstoffen und Entwickler innovativer Lösungen für Produkte, die in vielen Bereichen des täglichen Lebens Anwendung finden.

Bayer hat in den vergangenen Jahren einen grundlegenden strukturellen Umbau durchlaufen. Durch eine stärkere Ausrichtung auf innovative Geschäftsfelder kombiniert mit der konsequenten Umsetzung von Portfolio- und Restrukturierungsmaßnahmen wurden im letzten Jahrzehnt neue Voraussetzungen für weiteres profitables Wachstum geschaffen. Das prominenteste Beispiel stellt die Übernahme des Berliner Pharmakonzerns Schering AG im Jahre 2006 dar. Mit einem Kaufpreis von rund 17 Milliarden EUR ist dies die größte M&A-Transaktion in der Unternehmensgeschichte von Bayer. Im Gegenzug hat sich Bayer von einer Reihe von Geschäften getrennt. Zu nennen sind dabei insbesondere die Desinvestitionen von Wolff Walsrode und H. C. Starck aus dem Bereich MaterialScience in 2007, die einen Verkaufspreis von knapp 2 Milliarden EUR erbracht haben. Weiterhin wurde die Division Diagnostika von Bayer HealthCare für 4,2 Milliarden EUR an die Siemens AG verkauft.

Wichtige Kennzahlen des Bayer-Konzerns und seiner Teilkonzerne für die Jahre 2005 bis 2009 sind in der folgenden Tabelle zusammengefasst.

## Praxisfälle
Bayer

### Abb. C-48

**Finanzielle Kennzahlen des Bayer-Konzerns und der drei Teilkonzerne**

| Bayer-Konzern | 2005 in Mio. EUR | 2006* in Mio. EUR | 2007 in Mio. EUR | 2008 in Mio. EUR | 2009 in Mio. EUR |
|---|---|---|---|---|---|
| Umsatzerlöse | 24.701 | 28.956 | 32.385 | 32.918 | 31.168 |
| Veränderung, davon: | | 17,2% | 11,8% | 1,6% | -5,3% |
| Menge/Preis | | 5,2% | 6,1% | 4,4% | -5,7% |
| Währung | | -0,2% | -3,6% | -3,4% | 0,6% |
| Portfolio | | 12,2% | 9,3% | 0,6% | -0,2% |
| EBIT | 2.514 | 2.762 | 3.154 | 3.544 | 3.006 |
| EBIT vor Sondereinflüssen | 3.047 | 3.479 | 4.287 | 4.342 | 3.772 |
| EBITDA | 4.122 | 4.675 | 5.866 | 6.266 | 5.815 |
| EBITDA vor Sondereinflüssen | 4.602 | 5.584 | 6.777 | 6.931 | 6.472 |
| EBITDA-Marge vor Sondereinflüssen | 18,6% | 19,3% | 20,9% | 21,1% | 20,8% |
| Operativer Cashflow (Netto-Cashflow) | 3.227 | 3.928 | 4.281 | 3.608 | 5.375 |
| Forschungs- und Entwicklungskosten | 1.729 | 2.297 | 2.578 | 2.653 | 2.746 |
| Nettofinanzverschuldung | 5.494 | 17.473 | 12.184 | 14.152 | 9.691 |
| Eigenkapitalquote | 30,4% | 23,0% | 32,7% | 31,1% | 37,1% |

| Bayer HealthCare | 2005 in Mio. EUR | 2006* in Mio. EUR | 2007 in Mio. EUR | 2008 in Mio. EUR | 2009 in Mio. EUR |
|---|---|---|---|---|---|
| Außenumsatzerlöse | 7.996 | 11.724 | 14.807 | 15.407 | 15.988 |
| EBIT | 923 | 1.313 | 1.564 | 2.181 | 2.640 |
| EBIT vor Sondereinflüssen | 1.177 | 1.715 | 2.492 | 2.764 | 3.012 |
| EBITDA | 1.280 | 1.947 | 3.065 | 3.692 | 4.148 |
| EBITDA vor Sondereinflüssen | 1.487 | 2.613 | 3.792 | 4.157 | 4.468 |
| EBITDA-Marge vor Sondereinflüssen | 18,6% | 22,3% | 25,6% | 27,0% | 27,9% |
| Operativer Cashflow (Netto-Cashflow) | 1.087 | 1.526 | 2.010 | 2.259 | 3.431 |

| Bayer CropScience | 2005 in Mio. EUR | 2006 in Mio. EUR | 2007 in Mio. EUR | 2008 in Mio. EUR | 2009 in Mio. EUR |
|---|---|---|---|---|---|
| Außenumsatzerlöse | 5.896 | 5.700 | 5.826 | 6.382 | 6.510 |
| EBIT | 690 | 584 | 656 | 918 | 798 |
| EBIT vor Sondereinflüssen | 685 | 641 | 786 | 1.084 | 1.017 |
| EBITDA | 1.284 | 1.166 | 1.204 | 1.450 | 1.311 |
| EBITDA vor Sondereinflüssen | 1.273 | 1.204 | 1.324 | 1.603 | 1.508 |
| EBITDA-Marge vor Sondereinflüssen | 21,6% | 21,1% | 22,7% | 25,1% | 23,2% |
| Operativer Cashflow (Netto-Cashflow) | 904 | 898 | 1.040 | 736 | 745 |

| Bayer MaterialScience | 2005 in Mio. EUR | 2006 in Mio. EUR | 2007 in Mio. EUR | 2008 in Mio. EUR | 2009 in Mio. EUR |
|---|---|---|---|---|---|
| Außenumsatzerlöse | 9.446 | 10.161 | 10.435 | 9.738 | 7.520 |
| EBIT | 1.250 | 992 | 1.042 | 537 | -266 |
| EBIT vor Sondereinflüssen | 1.293 | 1.210 | 1.117 | 586 | -126 |
| EBITDA | 1.721 | 1.499 | 1.542 | 1.041 | 341 |
| EBITDA vor Sondereinflüssen | 1.764 | 1.677 | 1.606 | 1.088 | 446 |
| EBITDA-Marge vor Sondereinflüssen | 18,7% | 16,5% | 15,4% | 11,2% | 5,9% |
| Operativer Cashflow (Netto-Cashflow) | 1.337 | 1.281 | 1.147 | 782 | 849 |

* Schering halbjährig berücksichtigt (Erlangung der Mehrheit im Juni 2006)

Aufgabenstellung

## Teilaufgabe 1

### Beschreibung, Gruppierung und Interpretation der Kennzahlen

a) Beschreiben Sie die verwendeten Kennzahlen näher. Was sagen die einzelnen Kennzahlen aus?
b) Wie lassen sich die Kennzahlen gruppieren? Wie würden Sie eine Erhöhung/Verringerung der einzelnen Kennzahlen beurteilen?

## Teilaufgabe 2

### Analyse und Vergleichbarkeit ausgewählter Kennzahlen

Ziel des Bayer-Konzerns ist es, den Unternehmenswert zu steigern. Um dies zu erreichen, wurde unter anderem im Jahre 2006 das HealthCare Portfolio durch die Schering-Übernahme ergänzt. Für die operative Steuerung kommt den Kennzahlen Umsatz, EBITDA vor Sondereinflüssen und EBITDA-Marge vor Sondereinflüssen im Bayer-Konzern eine zentrale Bedeutung zu.

a) Erstellen Sie Grafiken, die die zeitliche Entwicklung dieser Kennzahlen von 2005 bis 2009 für den Konzern und die drei Teilkonzerne verdeutlichen. Stellen Sie zusätzlich die Nettoverschuldung für den Konzern grafisch dar.
b) Beurteilen Sie die Auswirkungen der Übernahme der Schering AG anhand der obigen Kennzahlen. Welche Probleme ergeben sich für die Vergleichbarkeit der zeitlichen Entwicklung der Kennzahlen? Wie kann man diese Probleme lösen?
c) Als global agierendes Unternehmen ist Bayer in verschiedenen Währungsräumen aktiv. Interpretieren Sie die Umsatzentwicklung im Lichte des Währungseinflusses.
d) Welche Messgröße würden Sie zur Beurteilung des Umsatzwachstums aus dem operativen Geschäft verwenden?

## Teilaufgabe 3

### Auswirkung der Diversifikation auf die Kennzahlen des Bayer-Konzerns

a) Vergleichen Sie die Entwicklung von BHC mit der von BMS im Zeitablauf. Welche weiteren Faktoren könnten Einfluss auf die Entwicklung der Kennzahlen der beiden Teilkonzerne in den Jahren 2005 bis 2009 gehabt haben?
b) Welchen Einfluss hat die Tatsache, dass Bayer ein Konglomerat darstellt, auf die Konzern-Kennzahlen?
c) Geben die einzelnen Kennzahlen ein vollständiges Bild der Lage des Bayer-Konzerns wieder?

## Teilaufgabe 4

### Umgang mit betriebswirtschaftlichen Kennzahlen

Welche Grundregeln sind bei der Analyse von Kennzahlen zu beachten? Verallgemeinern Sie zur Beantwortung dieser Frage die gewonnenen Erkenntnisse aus den vorangegangenen Aufgaben.

**Praxisfälle**
Bayer

## Lösungsvorschlag zu Teilaufgabe 1

**Lösungsvorschlag zu Aufgabenstellung 1a**

Die Kennzahlen geben verdichtete Informationen zu unterschiedlichen Sachverhalten im Bayer-Konzern.

**Umsatzerlöse** stellen die Erlöse (nach Abzug von Erlösschmälerungen und Umsatzsteuer) aus dem Verkauf von Waren und Dienstleistungen im Rahmen des gewöhnlichen Geschäftsverkehrs dar. Innerbetriebliche Umsätze zwischen Bayer Gesellschaften werden im Rahmen der Konsolidierung eliminiert. Es verbleiben demnach nur die Außenumsatzerlöse.

**Earnings Before Interest and Taxes (EBIT)** bezeichnen den Gewinn aus der operativen Tätigkeit des Unternehmens, das heißt vor Abzug des Finanzergebnisses und der Steuern. **Earnings Before Interest, Taxes, Depreciation & Amortization (EBITDA)** ist das EBIT zuzüglich Abschreibungen. Abschreibungen stellen zwar Aufwand dar, sind jedoch nicht mit einer Auszahlung verbunden. Durch die Bereinigung um Abschreibungen ist das EBITDA ein cashflow-naher und damit aussagekräftiger Indikator für die operativ erwirtschafteten Geldmittel einer Periode. Um die Periodenvergleichbarkeit des EBIT und des EBITDA zu erhöhen, werden diese um Sondereinflüsse korrigiert. Sondereinflüsse sind außerordentliche, in der Regel einmalige Aufwendungen oder Erträge. Die **EBITDA-Marge vor Sondereinflüssen** berechnet sich aus dem EBITDA vor Sondereinflüssen dividiert durch die Umsatzerlöse. Sie ist ein Indikator dafür, wie viel Cent pro Euro Umsatz im operativen Geschäft erwirtschaftet werden. Das EBITDA, das um Sondereinflüsse bereinigte EBITDA sowie die EBITDA-Marge vor Sondereinflüssen sind zwar nach den internationalen Rechnungslegungsvorschriften nicht definiert, stellen jedoch in der betriebswirtschaftlichen Praxis weit verbreitete Kennzahlen dar.

Der **Operative Cashflow (Netto-Cashflow)** entspricht dem Cashflow aus der betrieblichen Tätigkeit gemäß den International Accounting Standards (IAS 7). Vereinfacht ausgedrückt handelt es sich dabei um den EBITDA nach Abzug von Steuerzahlungen und nicht-zahlungswirksamen Erträgen/Aufwendungen sowie nach Veränderungen des Working Capital.[3] Er ist ein Maß für die Innenfinanzierungskraft, d. h. dafür, wie viele Mittel zur Durchführung von Investitionen, Akquisitionen, Dividenden, Zinsen oder zur Schuldentilgung zur Verfügung stehen.

Zu den **Forschungs- und Entwicklungskosten** zählen die Personal- und Sachkosten der Forschungseinrichtungen von Bayer sowie Kosten für bezogene Leistungen, so z. B. die Kosten der klinischen Forschung und die Kosten für die Nutzung fremder Patente.

Die **Nettofinanzverschuldung** ist die Summe der Finanzverbindlichkeiten (ausstehende Anleihen, Verbindlichkeiten gegenüber Kreditinstituten, etc.) abzüglich vorhandener Zahlungsmittel und kurzfristig verfügbarer finanzieller Vermögenswerte.

Die **Eigenkapitalquote** ist das Verhältnis aus dem Buchwert des Eigenkapitals und dem Gesamtkapital. Es ist ein Maß für die Finanzierungsstruktur des Unternehmens und gibt an, wie groß der Anteil des Haftungskapitals am Gesamtkapital ist.

**Lösungsvorschlag zu Aufgabenstellung 1b**

Grundsätzlich bestehen mehrere Möglichkeiten, Kennzahlen zu gruppieren, z. B. nach der Herkunft der Information aus dem Jahresabschluss (Bilanz, Gewinn- und Verlustrechnung, Kapital-

---

[3] Bayer weist Zinszahlungen nicht im Cashflow aus der betrieblichen Tätigkeit, sondern im Cashflow der Investitions- und Finanzierungstätigkeit aus. Vgl. hierzu auch das Wahlrecht nach IAS 7.31–7.34.

flussrechnung) oder danach, ob es sich um absolute oder relative Kennzahlen handelt. Des Weiteren lassen sich Kennzahlen auch nach dem ihnen zugrunde liegenden Sachverhalt wie folgt klassifizieren.

Kennzahlen, die die **Größe** eines Unternehmens erfassen:
Hierzu zählen die **Umsatzerlöse** oder auch die **Anzahl der Mitarbeiter**. Es lässt sich keine allgemeingültige Aussage treffen, ob eine Erhöhung dieser Kennzahlen positiv oder negativ zu beurteilen ist. Im Allgemeinen haben Unternehmen das Ziel zu wachsen, allerdings sollte es sich möglichst um profitables Wachstum handeln. Über die Profitabilität des Wachstums liefern diese Kennzahlen allein jedoch keine Aussage.

Kennzahlen, die den **Erfolg** eines Unternehmens erfassen:
Zu dieser Gruppe zählen das **EBIT** und das **EBITDA (vor Sondereinflüssen)**. Steigerungen dieser Kennzahlen sind grundsätzlich positiv zu beurteilen, da sie einen höheren Erfolg widerspiegeln. Allerdings reicht eine isolierte Betrachtung des EBIT oder des EBITDA nicht aus, da diese nur einen absoluten Wert darstellen. So wäre z. B. ein EBIT von 100 EUR bei Umsätzen von 1 Mio. EUR gering, bei einem Umsatz von 300 EUR jedoch hoch. Die EBITDA-Marge gibt zusätzlich Auskunft über die Relation des Erfolgs zur Höhe der Umsätze. Eine Analyse der EBITDA-Marge allein genügt jedoch ebenfalls nicht, da sie ggf. nur geringe absolute Gewinne widerspiegelt. Kurz: Es sollten sowohl absolute als auch relative Kennzahlen zum Unternehmenserfolg ausgewertet werden.

Kennzahlen, die die **Liquidität** eines Unternehmens erfassen:
Hier ist der **Operative Cashflow (Netto-Cashflow)** zu nennen. Dieser gibt den Mittelzufluss aus operativer Tätigkeit ins Unternehmen wieder. Hier ist grundsätzlich ein hoher Wert positiv zu beurteilen.

Kennzahlen, die das **Zukunftspotenzial** eines Unternehmens erfassen:
Zu dieser Gruppe kann man die **Forschungs- und Entwicklungskosten** zählen. Sie zeigen, in welcher Höhe ein Unternehmen investiert, um auch zukünftig erfolgreich am Markt zu sein. Hohe Forschungs- und Entwicklungskosten sind jedoch nicht per se positiv zu beurteilen. Der Erfolg hängt schließlich davon ab, ob es gelingt, durch Forschung und Entwicklung innovative Produkte zur Marktreife zu bringen und diese erfolgreich zu vertreiben.

Kennzahlen, die das **Risiko** oder die **Verlässlichkeit** eines Unternehmens erfassen:
Zu den Kennzahlen für die Beurteilung des finanziellen Risikos kann man die **Nettofinanzverschuldung** oder die **Eigenkapitalquote** zählen. Grundsätzlich sind Fremdkapitalgeber an einer hohen Kreditwürdigkeit interessiert. Diese drückt sich in einer geringen Nettofinanzverschuldung sowie einer hohen Eigenkapitalquote aus.

Generell bleibt festzuhalten, dass Grundlage jeder Kennzahlenanalyse ein **klares Verständnis** darüber ist, **wie die einzelnen Kennzahlen definiert sind** und was sie beinhalten. Dies impliziert auch, dass verschiedene Kennzahlen **Aussagen zu unterschiedlichen Sachverhalten** erlauben.

# Praxisfälle
Bayer

## Lösungsvorschlag zu Teilaufgabe 2

### Lösungsvorschlag zu Aufgabenstellung 2a

**Abb. C-49**

**Zeitliche Entwicklung der Kennzahlen**

**Umsatzerlöse in Mio. EUR**

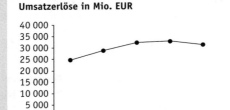
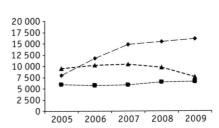

**EBITDA vor Sondereinflüssen in Mio. EUR**

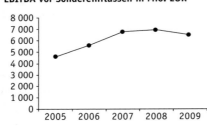
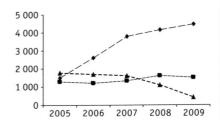

**EBITDA-Marge vor Sondereinflüssen in Prozent**

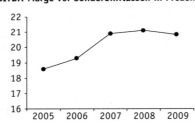
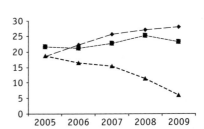

**Nettofinanzverschuldung in Mio. EUR**

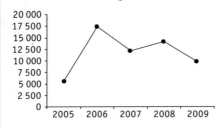

## Lösungsvorschlag zu Aufgabenstellung 2b

Durch die Übernahme von Schering sind die Umsatzerlöse, das EBITDA vor Sondereinflüssen sowie die Marge in den Jahren 2006 und 2007 stark angestiegen. Dies zeigt sich sowohl an den Zahlen für BHC als auch im Konzern insgesamt. Da die Akquisition in Höhe von ca. 17 Milliarden EUR zu einem großen Teil durch die Aufnahme von Fremdkapital finanziert wurde, erhöhte sich in 2006 die Nettofinanzverschuldung des Konzerns um 12 Milliarden EUR auf 17,5 Milliarden EUR.

Kennzahlen aus den Jahren vor und nach der Übernahme sind jedoch nicht miteinander vergleichbar. Es lässt sich nicht ohne Weiteres sagen, ob das Unternehmen operativ erfolgreich war. So sagt der Anstieg des Konzern-Umsatzes um 17 Prozent in 2006 und um 12 Prozent in 2007 grundsätzlich nichts darüber aus, inwieweit dieser auf einer Ausweitung des bestehenden Geschäfts beruht oder auf die Einbeziehung des Schering-Geschäfts zurückzuführen ist (sog. **Portfolioeffekt**).

Eine Vergleichbarkeit kann dadurch wiederhergestellt werden, dass der **Umsatz um den Portfolioeffekt bereinigt** wird, d. h. es wird als Vergleichsmaßstab simuliert, welcher Umsatz sich ergeben hätte, wenn Schering nicht als Teil von Bayer in den Konsolidierungskreis einbezogen worden wäre. Weiterhin ergeben sich durch die Übernahme **einmalige Sondereffekte**, wie z. B. **Integrations- oder Restrukturierungskosten**, die die Vergleichbarkeit erschweren. Um eine bessere Vergleichbarkeit zu gewährleisten, bereinigt Bayer das EBITDA und die EBITDA-Marge um diese Sondereinflüsse. Die bereinigten Zahlen ermöglichen eine bessere Beurteilung der zu Grunde liegenden Ertragskraft.

## Lösungsvorschlag zu Aufgabenstellung 2c

Bayer tätigt Geschäfte in einer Vielzahl an Währungen. Da der Konzernabschluss aber in Euro erstellt wird, haben Schwankungen der Fremdwährungskurse einen erheblichen Einfluss auf die Kennzahlen des Bayer-Konzerns. Dies betrifft nicht nur den Umsatz, sondern z. B. auch Kosten für den Bezug von Rohstoffen oder auch die Bewertung von Vermögen und Verbindlichkeiten. Seit Ende 2005 hat der Euro eine massive Aufwertung gegenüber dem US Dollar erfahren, was im Juli 2008 mit einem Allzeithoch von knapp 1,60 USD/EUR gipfelte. Auf die Umsatz- und Gewinnentwicklung von Bayer hatte dies einen negativen Einfluss. Waren Ende 2005 100 USD Umsatz, die in den USA erzielt wurden, noch ca. 85 EUR (1,18 USD/EUR) wert, so hat sich dies bis zum Juli 2008 auf rund 63 EUR (1,60 USD/EUR) reduziert. In der zu Beginn gezeigten Kennzahlentabelle wird die Umsatzveränderung, die auf Wechselkursschwankungen zurückzuführen ist, separat unter »Währung« ausgewiesen.

## Lösungsvorschlag zu Aufgabenstellung 2d

Zur Beurteilung der operativen Leistung setzt Bayer auf das sog. **organische Wachstum**. Dieses berechnet sich als Umsatzwachstum durch Preissteigerung und/oder Mengenwachstum und ist somit bereinigt um Währungs- und Portfolioeffekte. In den Jahren 2005 bis 2008 verzeichnete der Bayer-Konzern jährlich ein organisches Umsatzplus zwischen 4,4 Prozent und 6,1 Prozent, in 2009 jedoch ein Minus von 5,7 Prozent.

Generell bleibt festzuhalten, dass bei der Kennzahlenanalyse dringend darauf zu achten ist, nicht Äpfel mit Birnen, sondern **Gleiches mit Gleichem zu vergleichen**. Insbesondere Vergleiche im Zeitablauf bedingen daher oftmals eine **Bereinigung der Kennzahlen um Sondereffekte**.

## Lösungsvorschlag zu Teilaufgabe 3

### Lösungsvorschlag zu Aufgabenstellung 3a

Der wesentliche Faktor für den Anstieg aller relevanten operativen Indikatoren (Umsatz, EBITDA(Marge)) bei **HealthCare** liegt in der erfolgreichen Integration von Schering. Die daraus erwachsenen **Synergien** sind mit **mehr als 800 Millionen EUR** höher ausgefallen als erwartet. Die 3-Jahres-Ergebnisprognose aus dem Jahr 2006, die als Guidance für die erwartete Realisierung von Synergiepotenzialen geplant war, konnte mit einer EBITDA-Marge vor Sondereinflüssen von 27,0 Prozent im Jahr 2008 bereits früher als geplant erreicht werden. So heißt es im Geschäftsbericht 2006, S. 97:

> »Die Entwicklung unseres HealthCare-Geschäfts schätzen wir auch über das Jahr 2007 hinaus sehr zuversichtlich ein. Wir gehen davon aus, unsere bereinigte EBITDA-Marge kontinuierlich weiter zu verbessern, und streben an, im Jahr 2009 eine bereinigte EBITDA-Marge von ca. 27 Prozent erwirtschaften zu können.«

Die Ergebnisentwicklung bei **MaterialScience** war dagegen im gesamten Betrachtungszeitraum rückläufig. Vor allem die globale Wirtschaftskrise hat seit Beginn des 2. Halbjahres 2008 deutliche Spuren hinterlassen. Im Vergleich zu 2007 lag der Umsatz im Krisenjahr 2009 fast 2 Milliarden EUR niedriger und auch beim um Sondereinflüsse bereinigten EBITDA hatte BMS einen dramatischen Einbruch zu verzeichnen. In der globalen Wirtschaftskrise hat sich gezeigt, dass BMS derjenige Bereich ist, der stärker **konjunkturellen Schwankungen** unterliegt.

Die Nettofinanzverschuldung des Bayer-Konzerns konnte durch den Verkauf der Division Diagnostika von Bayer HealthCare an die Siemens AG und die Desinvestitionen von Wolff Walsrode und H. C. Starck aus dem Bereich MaterialScience in 2007 deutlich reduziert werden.

### Lösungsvorschlag zu Aufgabenstellung 3b

Bei einer Analyse der drei Teilkonzerne der Bayer AG zeigt sich, dass unterschiedliche Faktoren Einfluss auf die Geschäftsentwicklung nehmen. Während das Geschäft von HealthCare zum Beispiel von gesundheitspolitischen Rahmenbedingungen abhängig ist, zeigt sich bei CropScience eine Abhängigkeit vom Wetter und bei MaterialScience vom Konjunkturverlauf. Die Unterschiedlichkeit der Einflussfaktoren wird insbesondere an den teilweise gegenläufigen Entwicklungen der Erfolgskennzahlen deutlich. Für den Bayer-Konzern ermöglicht das Engagement in diesen unterschiedlichen Geschäftsfeldern eine **gute Diversifikation**. So ist das Risiko gering, dass sich gleichzeitig die Rahmenbedingungen für alle drei Bereiche negativ entwickeln. Während z. B. zu Zeiten der Wirtschaftskrise noch MaterialScience von den anderen Bereichen aufgefangen wurde, so hat sich dieses Bild in 2010 wieder gedreht, wie im Aktionärsbrief zum 30. Juni 2010, S. 4 berichtet wird:

> »Im 2. Quartal 2010 erzielte der Bayer-Konzern erneut ein Umsatz- und Ergebnisplus. MaterialScience konnte sein Geschäft kräftig ausweiten: Die Absatzmengen lagen wieder auf Vorkrisenniveau. HealthCare verbesserte den Umsatz leicht und erzielte ein Ergebnis in der Größenordnung des Vorjahres. Das CropScience-Geschäft lag unter Vorjahr. Hier verzeichneten wir in einem wettbewerbs- und witterungsbedingt schwierigen Marktumfeld Mengen- und Preiseinbußen.«

Dieser Vorteil der Diversifikation zeigt sich auch im sehr viel weniger volatilen Verlauf der Kennzahlen für den gesamten Bayer-Konzern im Vergleich zu den einzelnen Teilkonzernen.

**Lösungsvorschlag zu Aufgabenstellung 3c**
Insgesamt können einzelne Kennzahlen kein vollständiges Bild der Unternehmenslage wiedergeben und es muss stets das Geschäft hinter den Kennzahlen analysiert werden. Darüber hinaus ist es wichtig, verschiedene **Kennzahlen im Zusammenhang** zu bewerten. Wie ist z. B. eine Erhöhung der Nettofinanzverschuldung zu beurteilen, wenn die aufgenommenen Mittel dazu genutzt werden, um zukunftsträchtige Investitionen zu tätigen?

Darüber hinaus ist immer auch ein Vergleich der eigenen Kennzahlen in **Relation zum Wettbewerb** entscheidend. Erst hier zeigt sich, ob es dem Unternehmen tatsächlich gelungen ist, erfolgreicher als die Konkurrenten zu sein. Aus diesem Grund basieren operative Zielvereinbarungen im Bayer-Konzern regelmäßig auf **Benchmarking-Vergleichen** mit relevanten Wettbewerbern. So kann in einem Wachstumsmarkt wie China ein Umsatzanstieg von 10 Prozent nicht ausreichen, um zusätzliche Marktanteile zu gewinnen, wohingegen ein moderater Umsatzrückgang während des Krisenjahres 2008 durchaus einen Erfolg gegenüber dem Wettbewerb darstellen kann.

## Lösungsvorschlag zu Teilaufgabe 4

Aus den vorangegangenen Aufgaben lassen sich insbesondere folgende Grundregeln ableiten:
- Grundlage jeder Kennzahlenanalyse ist ein klares Verständnis darüber, wie die einzelnen Kennzahlen definiert sind und was sie beinhalten.
- Bei der Kennzahlenanalyse ist darauf zu achten, immer nur Gleiches mit Gleichem zu vergleichen. Insbesondere Vergleiche im Zeitablauf bedingen daher oftmals eine Bereinigung der Kennzahlen um Sondereffekte.
- Ein Unternehmen lässt sich nur mit einem Strauß verschiedener Kennzahlen verstehen. Auch einzelne Aspekte sollten anhand einer Auswahl gleichgerichteter Kennzahlen analysiert werden.
- Eine Beurteilung der Kennzahlen sollte im Vergleich zum Wettbewerb vorgenommen werden. Hierbei können Benchmarking Analysen wertvolle Erkenntnisse bezüglich der eigenen Stärken und Schwächen liefern.

*Dr. Rainer Schwarz ist Head of Corporate Controlling der Bayer AG.*
*Dr. Ute Bonenkamp, Dr. Mario Krist und Dr. Michael Lorenz sind Mitarbeiter im Corporate Controlling der Bayer AG.*

# 5. Praxisfall der SternStewart & Co. GmbH zum Thema Wertorientiertes Management

*Stefan Heppelmann*

Die Dämpfer AG (Dämpfer) ist ein auf die Produktion von Fahrwerktechnikkomponenten spezialisierter Automobilzulieferer. Die Produktion findet ausschließlich in Deutschland statt und unterteilt sich in drei voneinander unabhängige Segmente: Blattfedern, Luftfedern und Stabilisatoren (siebe Abb. C-50). Als weltweiter Marktführer kann Dämpfer auf eine langjährige Erfolgsgeschichte mit konstantem Umsatz- und Gewinnwachstum zurückblicken.

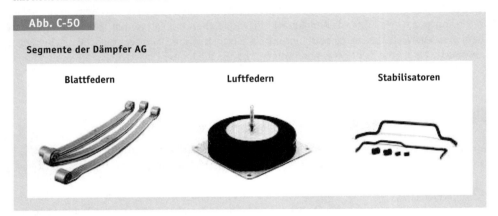

**Abb. C-50**

Segmente der Dämpfer AG

Blattfedern   Luftfedern   Stabilisatoren

Die Geschäftsleitung steuert das Unternehmen anhand von drei Spitzenkennzahlen: Earnings Before Interest and Taxes (EBIT), Cash Flow (CF) und Value Added (VA). Der VA ist eine Übergewinngröße. Er berücksichtigt die gewichteten Kapitalkosten (Weighted Average Cost of Capital, kurz WACC) auf das gebundene Kapital (Capital Employed, kurz CE) und ist wie folgt definiert:

$$VA = NOPAT - (WACC \times CE)$$

Die Berechnung des VA erfolgt durch das Subtrahieren der Kapitalkosten vom Net Operating Profit after Tax (NOPAT). Die Kapitalkosten berechnen sich durch das Multiplizieren des gebundenen Kapitals (Anlagevermögen + Forderungen aus L&L + Vorräte-Verbindlichkeiten aus L&L) mit dem gegebenen Kapitalkostensatz (WACC). Der NOPAT ergibt sich aus dem EBIT abzüglich des Steueraufwands.

Mit dem überraschenden Eintreten der weltweiten Krise in der Automobilindustrie im Herbst 2008 ändert sich die Unternehmenslage schlagartig: Deutliche Umsatzeinbrüche lassen die Bestände stark ansteigen und führen in Verbindung mit einer Zunahme der ausstehenden Forderungen zu einem erheblichen Anstieg des Net Working Capitals (NWC) und zu einer dramatischen Verschlechterung des Cashflows. Der Cashflow rückt dadurch schnell in den Mittelpunkt der kurzfristigen Unternehmenssteuerung.

## Unternehmenssituation

### Abb. C-51

Gewinn- und Verlustrechnung 2008 (Angaben in Mio. EUR)

|  | Blattfedern | Luftfedern | Stabilisatoren |
|---|---|---|---|
| **Umsatzerlöse** | **250,0** | **270,0** | **295,0** |
| Aufwendungen für Roh-, Hilfs- und Betriebsstoffe | 163,0 | 175,0 | 190,0 |
| Personalaufwand | 62,0 | 66,0 | 79,0 |
| Abschreibungen | 12,0 | 15,0 | 16,0 |
| **Betriebliche Aufwendungen gesamt** | **237,0** | **256,0** | **285,0** |
| **Betriebsergebnis** | **13,0** | **14,0** | **10,0** |
| Zinsen und ähnliche Aufwendungen | 8,0 | 10,0 | 9,0 |
| **Finanzergebnis** | **-8,0** | **-10,0** | **-9,0** |
| **Ergebnis der gewöhnlichen Geschäftstätigkeit** | **5,0** | **4,0** | **1,0** |
| Steuern vom Einkommen und vom Ertrag | 1,7 | 1,4 | 0,3 |
| **Jahresüberschuss/Jahresfehlbetrag** | **3,3** | **2,6** | **0,7** |

### Abb. C-52

Bilanz 2008 (Angaben in Mio. EUR)

|  | Blattfedern | Luftfedern | Stabilisatoren |
|---|---|---|---|
| **AKTIVA** | | | |
| **A. Umlaufvermögen** | | | |
| Vorräte | 120,0 | 110,0 | 90,0 |
| Forderungen aus Lieferungen und Leistungen | 50,0 | 54,0 | 60,0 |
| Kassenbestand | 1,0 | 3,0 | 1,0 |
| **Summe Umlaufvermögen** | **171,0** | **167,0** | **151,0** |
| **B. Anlagevermögen** | | | |
|  | 2,0 | 3,0 | 2,0 |
| Sachanlagen | 110,0 | 140,0 | 120,0 |
| Finanzanlagen | 5,0 | 4,0 | 3,0 |
| **Summe Anlagevermögen** | **117,0** | **147,0** | **125,0** |
| **Bilanzsumme** | **288,0** | **314,0** | **276,0** |
| **PASSIVA** | | | |
| **A. Eigenkapital** | | | |
| Gezeichnetes Kapital | 56,0 | 59,4 | 52,6 |
| Rücklagen | 23,7 | 23,0 | 22,7 |
| Bilanzgewinn/Bilanzverlust | 3,3 | 2,6 | 0,7 |
| **Summe Eigenkapital** | **83,0** | **85,0** | **76,0** |
| **B. Rückstellungen** | | | |
| Rückstellungen | 40,0 | 35,0 | 25,0 |
| **C. Fremdkapital** | | | |
| Verbindlichkeiten aus Lieferungen und Leistungen | 45,0 | 44,0 | 55,0 |
| Langfristige Verbindlichkeiten | 120,0 | 150,0 | 120,0 |
| **Summe Fremdkapital** | **165,0** | **194,0** | **175,0** |
| **Bilanzsumme** | **288,0** | **314,0** | **276,0** |

**Praxisfälle**
SternStewart & Co.

#### Abb. C-53

**Umsatzenwicklung** (Angaben in Mio. EUR)

| Segment | 2006 | 2007 | 2008 | 2009p | 2010p | 2011p | 2012p | 2013p |
|---|---|---|---|---|---|---|---|---|
| Blattfedern | 340,0 | 350,0 | 250,0 | 240,0 | 250,0 | 270,0 | 300,0 | 315,0 |
| Luftfedern | 280,0 | 320,0 | 270,0 | 250,0 | 255,0 | 265,0 | 275,0 | 290,0 |
| Stabilisatoren | 320,0 | 340,0 | 295,0 | 270,0 | 275,0 | 285,0 | 290,0 | 300,0 |
| **Gesamt** | **940,0** | **1010,0** | **815,0** | **760,0** | **780,0** | **820,0** | **865,0** | **905,0** |

#### Abb. C-54

**Entwicklung des Net Working Capitals** (Angaben in Mio. EUR)

|  | 2006 | 2007 | 2008 |
|---|---|---|---|
| *Blattfedern* | | | |
| Vorräte | 55,0 | 66,0 | 120,0 |
| Forderungen aus Lieferungen und Leistungen | 48,0 | 47,0 | 50,0 |
| Verbindlichkeiten aus Lieferungen und Leistungen | 35,0 | 43,0 | 45,0 |
| **Gesamt** | **68,0** | **70,0** | **125,0** |
| *Luftfedern* | | | |
| Vorräte | 60,0 | 59,0 | 110,0 |
| Forderungen aus Lieferungen und Leistungen | 49,0 | 48,0 | 54,0 |
| Verbindlichkeiten aus Lieferungen und Leistungen | 47,0 | 48,0 | 44,0 |
| **Gesamt** | **62,0** | **59,0** | **120,0** |
| *Stabilisatoren* | | | |
| Vorräte | 30,0 | 45,0 | 90,0 |
| Forderungen aus Lieferungen und Leistungen | 56,0 | 55,0 | 60,0 |
| Verbindlichkeiten aus Lieferungen und Leistungen | 48,0 | 50,0 | 55,0 |
| **Gesamt** | **38,0** | **50,0** | **95,0** |

**Ergänzende finanzielle Unternehmensinformationen**

- Unternehmensintern wird für alle drei Segmente mit einem WACC (ohne Steuervorteil) von 10 Prozent für die Berechnung der Kapitalkosten gerechnet.
- Auf das Ergebnis der gewöhnlichen Geschäftstätigkeit berechnet sich ein Steuersatz von 34 Prozent.
- Dämpfer hat sich direkt vor der Finanzkrise zu einem Zinssatz von 5 Prozent für 10 Jahre refinanziert.
- Für den gesamten Planungszeitraum kann mit konstanten Abschreibungen, Rückstellungen, Anlagevermögen und Zinsaufwand zum Basisjahr 2008 gerechnet werden.
- Für die Jahre nach 2013 rechnet das Unternehmen mit einem nachhaltigen Wachstum des VA von 2 Prozent in allen Segmenten.

## Fabrikationssteuerung

Die Ermittlung der optimalen Losgrößen in den Werken von Dämpfer erfolgt auf Basis der klassischen Losformel, auch Andlersche Formel genannt. Bis zum Eintreten der Krise wurde die Losgröße auf die Optimierung der Stückkosten (l) anhand folgender Funktion kalibriert (zusätzliche operative Lagerhaltungskosten können vernachlässigt werden):

$$F(l) = \frac{a}{l} + c$$

$F$ = Stückkosten
$a$ = Rüstkosten
$l$ = Losgröße
$c$ = var. Produktionskosten

Werden auch Kapitalkosten in die Optimierung einbezogen, verändert sich die Formel wie folgt:

$$F(l) = \frac{a}{l} + \frac{c \times l \times KK}{2b} + c + \frac{a \times KK}{2b}$$

$KK$ = Kapitalkosten
$b$ = Produktabsatz pro Periode

## Reaktion auf die Krise

Konfrontiert mit den neuen Rahmenbedingungen ist Dämpfer Ende 2008 erstmals gezwungen, kurzfristige Maßnahmen zur Stabilisierung von Ertrags- und Finanzierungslage zu ergreifen, um die Effekte der Krise abzuschwächen. Neben einem Kosteneinsparungsprogramm wird auch ein Programm zur NWC-Optimierung aufgesetzt, um den langfristigen Unternehmenserfolg zu sichern. Ziel der Restrukturierungsprogramme ist es, die betrieblichen Aufwendungen in allen drei Segmenten ab 2009 auf 90 Prozent des Umsatzes zu reduzieren und gleichzeitig die Reichweiten des Net Working Capitals (Vorräte, Forderungen und Verbindlichkeiten aus Lieferungen und Leistungen; Berechnung mit 365 Tagen) basierend auf dem Niveau von 2007 um 10 Prozent zu senken.

### Teilaufgabe 1

Um ein genaues Bild über die Lage des Unternehmens und über die Auswirkungen der Restrukturierungsprogramme zu erhalten, sollen für alle drei Segmente zunächst EBIT, VA und operativer Cashflow für das Jahr 2008 auf Basis der Istdaten und für 2009 auf Basis der Plandaten, samt angestrebter Effekte der Restrukturierungsprojekte berechnet werden.

### Teilaufgabe 2

Ein Element des Bestands-Optimierungsprogramms ist die Optimierung der Losgrößen in der Produktion. Skizzieren Sie graphisch, wie sich die Kostenverlaufskurven (i) ohne Kapitalkosten und (ii) mit Kapitalkosten in Abhängigkeit von den Losgrößen bewegen (zusätzliche operative Lager-

# Praxisfälle
SternStewart & Co.

haltungskosten (z. B. Transportkosten) können vernachlässigt werden). Das Kostenoptimum in Abhängigkeit von l bei Berücksichtigung von Kapitalkosten ist wie folgt definiert:

$$l = \sqrt{\frac{2 \times a \times b}{c \times KK}}$$

Erörtern Sie folgende Effekte anhand der Graphik:
a. Wie wirkt sich die Nicht-Berücksichtigung der Kapitalkosten auf die Optimierung nach EBIT aus?
b. Wie wirkt sich die Berücksichtigung nur der Fremdkapitalkosten auf die Optimierung nach Earnings Before Taxes (EBT) aus?
c. Wie wirkt sich die Berücksichtigung sowohl der Fremd- als auch der Eigenkapitalkosten auf die Optimierung nach VA aus?
d. Wie wirkt sich die Minimierung des NWC auf die Optimierung nach Cash aus?

### Teilaufgabe 3

Zeigen Sie zusätzlich auch auf, in welchem Verhältnis die jeweiligen Losgrößenoptimale zueinander stehen. Berechnen Sie zudem, wie stark die Rüstkosten gesenkt werden müssen, um die optimale Losgröße aus Cash-Sicht zum neuen Optimum aus VA-Sicht zu machen.

Im Rahmen der Restrukturierung wird die mögliche Veräußerung von einzelnen Segmenten ins Auge gefasst. Ein konkretes Angebot eines Investors über 7 × EBITDA liegt für das Segment Stabilisatoren bereits vor. Anhand einer Bewertung des Segmentes soll über den möglichen Verkauf entschieden werden.

a. Bewerten Sie das Segment Stabilisatoren ausgehend vom Basisjahr 2008 mit Hilfe der VA-Methode.
b. Unabhängig vom Ergebnis der Segmentbewertung teilt Ihnen der Steuerberater des Hauses mit, dass aus grundsätzlichen Überlegungen niemals unter 6,5 X EBITDA verkauft werden sollte. Plausibilisieren Sie diese Aussage mit folgender Formel und den Daten im Basisjahr 2008 und Basisjahr 2013.

$$\frac{NOPAT}{WACC-g} = EBITDA \times M$$

Erläutern Sie dem Steuerberater, woraus sich die Abweichungen zwischen seiner Faustformel und Ihren berechneten Ergebnissen ergeben. Gliedern Sie bei Ihren Berechnungen den EBITDA-Multiple dazu in seine drei wesentlichen Komponenten auf: Investitionspolitik, Steueraufwand und erwartetes Wachstum.

### Lösungsvorschlag zu Teilaufgabe 1

**Berechnung EBIT**

Das EBIT für das Jahr 2008 kann direkt aus der GuV entnommen werden.

Für das Jahr 2009 muss die Berechnung des EBIT beim Umsatz aus der Planung begonnen werden (siehe Abb. C-55). Für die betrieblichen Aufwendungen wird angenommen, dass die geplante Reduzierung auf 90 Prozent des Umsatzes erreicht wird.

Lösungsvorschlag

### Abb. C-55

**Berechnung des EBIT 2009** (Angaben in Mio. EUR)

|  | Blattfedern | Luftfedern | Stabilisatoren |
|---|---|---|---|
| Umsatz 2009 | 240,0 | 250,0 | 270,0 |
| Betriebliche Aufwendung 2009 | 216,0 | 225,0 | 243,0 |
| **EBIT 2009** | **24,0** | **25,0** | **27,0** |

**Berechnung VA**

### Abb. C-56

**Entwicklung der Reichweiten** (Angaben in Tagen)

|  | 2006 | 2007 | 2008 | zukünftig |
|---|---|---|---|---|
| *Blattfedern* | | | | |
| Vorräte | 59 | 69 | 175 | 62 |
| Forderungen aus Lieferungen und Leistungen | 52 | 49 | 73 | 44 |
| Verbindlichkeiten aus Lieferungen und Leistungen | 38 | 45 | 66 | 40 |
| **Net Working Capital** | **73** | **73** | **183** | **66** |
| *Luftfedern* | | | | |
| Vorräte | 78 | 67 | 149 | 61 |
| Forderungen aus Lieferungen und Leistungen | 64 | 55 | 73 | 49 |
| Verbindlichkeiten aus Lieferungen und Leistungen | 61 | 55 | 59 | 49 |
| **Net Working Capital** | **81** | **67** | **162** | **61** |
| *Stabilisatoren* | | | | |
| Vorräte | 34 | 48 | 111 | 43 |
| Forderungen aus Lieferungen und Leistungen | 64 | 59 | 74 | 53 |
| Verbindlichkeiten aus Lieferungen und Leistungen | 55 | 54 | 68 | 48 |
| **Net Working Capital** | **43** | **54** | **118** | **48** |

Das gebundene Kapital in 2009 (siehe Abb. C-57) wird berechnet auf Basis der vorgegebenen Reichweitenziele des NWC (siehe Abb. C-56).

Reichweite = (NWC × 365) / Umsatz
Reichweitenziel = Reichweite 2007 × 90 %

### Abb. C-57

**Berechnung des Gebundenen Kapitals 2009** (Angaben in Mio. EUR)

|  | Blattfedern | Luftfedern | Stabilisatoren |
|---|---|---|---|
| NWC | 43,2 | 41,5 | 35,7 |
| Anlagevermögen | 117,0 | 147,0 | 125,0 |
| **Gebundenes Kapital** | **160,2** | **188,5** | **160,7** |

**Praxisfälle**
SternStewart & Co.

### Abb. C-58

**Berechnung der Steuern in 2009** (Angaben in Mio. EUR)

|  | Blattfedern | Luftfedern | Stabilisatoren |
|---|---:|---:|---:|
| EBIT | 24,0 | 25,0 | 27,0 |
| Zinsen | 8,0 | 10,0 | 9,0 |
| EBT | 16,0 | 15,0 | 18,0 |
| Steuern | 5,4 | 5,1 | 6,1 |
| Jahresüberschuss | 10,6 | 9,9 | 11,9 |

### Abb. C-59

**Berechnung des Value Added** (Angaben in Mio. EUR)

|  |  | Blattfedern | Luftfedern | Stabilisatoren |
|---|---|---:|---:|---:|
| 2008 | EBIT | 13,0 | 14,0 | 10,0 |
|  | – Steuern | 1,7 | 1,4 | 0,3 |
|  | **= Nopat** | **11,3** | **12,6** | **9,7** |
|  | Gebundenes Kapital | 242,0 | 267,0 | 220,0 |
|  | **Kapitalkosten*** | **24,2** | **26,7** | **22,0** |
|  | VA | −12,9 | −14,1 | −12,3 |
| 2009 | EBIT | 24,0 | 25,0 | 27,0 |
|  | – Steuern | 5,4 | 5,1 | 6,1 |
|  | **= Nopat** | **18,6** | **19,9** | **20,9** |
|  | Gebundenes Kapital | 160,2 | 188,5 | 160,7 |
|  | **Kapitalkosten*** | **16,0** | **18,8** | **16,1** |
|  | VA | 2,5 | 1,1 | 4,8 |

* Gebundenes Kapital x WACC

### Berechnung Cashflow

Für die Berechnung des Cashflows (Operativer Cashflow) wird auf Grund der gegebenen Basisdaten die indirekte Ermittlungsmethode gewählt und somit auf Basis folgender Formel berechnet:

Ergebnis laut Gewinn- und Verlustrechnung
- \+ Abschreibungen/– Zuschreibungen
- \+ Erhöhung/– Verminderung Rückstellungen
- – Erträge/+ Verluste aus Anlagenabgang
- \+ Verminderung/– Erhöhung der Forderungen, Vorräte
- \+ Erhöhung/– Verminderung der Lieferverbindlichkeiten
- = Operativer Cashflow

Lösungsvorschlag

### Abb. C-60

**Operativer Cash Flow** (Angaben in Mio. EUR)

|  |  | Blattfedern | Luftfedern | Stabilisatoren |
|---|---|---|---|---|
| 2008 | EBIT | 13,0 | 14,0 | 10,0 |
|  | − Zinsen | 8,0 | 10,0 | 9,0 |
|  | − Steuern | 1,7 | 1,4 | 0,3 |
|  | **Ergebnis** | **3,3** | **2,6** | **0,7** |
|  | + Abschreibungen | 12,0 | 15,0 | 16,0 |
|  | − Delta NWC | 55,0 | 61,0 | 45,0 |
|  | **Operativer Cash Flow** | **−39,7** | **−43,4** | **−28,3** |
| 2009 | EBIT | 24,0 | 25,0 | 27,0 |
|  | − Zinsen | 8,0 | 10,0 | 9,0 |
|  | − Steuern | 5,4 | 5,1 | 6,1 |
|  | **Ergebnis** | **10,6** | **9,9** | **11,9** |
|  | + Abschreibungen | 12,0 | 15,0 | 16,0 |
|  | − Delta NWC | −81,8 | −78,5 | −59,3 |
|  | **Operativer Cash Flow** | **104,4** | **103,4** | **87,1** |

**Kommentare Ergebnisse**

Die Lage des Unternehmens in 2008 ist äußerst angespannt. Zwar konnte in allen drei Segmenten noch ein positiver EBIT erreicht werden. Doch zeigt die VA-Berechnung auf, dass in allen Segmenten Werte vernichtet werden, da die Kapitalkosten nicht gedeckt werden können. Die Cash Flow Berechnung (siehe Abb. C-60) unterstreicht zudem das durch die Krise entstandene Cash-Problem.

Sofern die Ziele der angestoßenen Restrukturierung erreicht werden, entspannt sich die Situation von Dämpfer in 2009 erheblich. Durch die Kosteneinsparungen werden die Umsatzrückgänge kompensiert und die Bestandsoptimierung setzt hohe Millionenbeträge an gebundenem Kapital frei.

### Lösungsvorschlag zu Teilaufgabe 2

**Graphische Analyse**

Die Optimierung der Losgröße bei Nicht-Berücksichtigung der Kapitalkosten ist ausschließlich abhängig von den Rüstkosten (für das Bereitstellen oder Umrüsten der Maschinen) und den variablen Fertigungskosten. Anhand der gegebenen Formel ist ersichtlich, dass die Stückkosten der Produktion bei Verkleinerung der Losgrößen stark ansteigen, da die Umrüstungskosten auf eine kleinere Stückanzahl umgeschlagen werden müssen (siehe Abb. C-61). Bei Vergrößerung der Losgröße nähert sich die Kostenkurve der X-Achse mit einem Abstand in Höhe der variablen Produktionskosten asymptotisch, da sich der Kosteneffekt der Umrüstung bei Erhöhung der Stückzahlen minimiert.

Bei Berücksichtigung der Kapitalkosten ändert sich die Kostenfunktion deutlich. Durch die Berücksichtigung der Kapitalkosten ist die Funktion in allen Punkten auf der Y-Achse nach oben verschoben. Bei Vergrößerung der Losgröße steigen die durchschnittlichen Lagerbestände an, auf Basis derer sich die Kapitalkosten berechnen. Aufgrund dieser Eigenschaft ist hier das Kostenoptimum bei einer kleineren Losgröße erreicht als bei Nicht-Berücksichtigung der Kapitalkosten.

# Praxisfälle
SternStewart & Co.

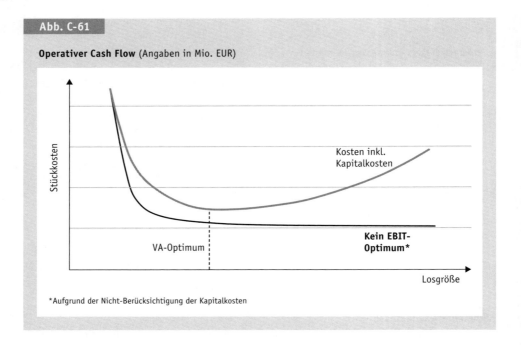

**Abb. C-61**

**Operativer Cash Flow** (Angaben in Mio. EUR)

Stückkosten

Kosten inkl. Kapitalkosten

VA-Optimum

**Kein EBIT-Optimum***

Losgröße

*Aufgrund der Nicht-Berücksichtigung der Kapitalkosten

**Optimierung nach unterschiedlichen Kennzahlen**

Als Basis der weiteren Untersuchungen dient nun die Kostenverlaufsfunktion mit Kapitalkosten:

$$F(l) = \frac{a}{l} + \frac{c \times l \times KK}{2b} + c + \frac{a \times KK}{2b}$$

Für das Berechnen des Kostenminimums muss die Funktion nach l abgeleitet werden:

$$0 = \frac{-a}{l^2} + \frac{c \times KK}{2b}$$

Wird die Funktion nach l aufgelöst, so erhält man folgenden Ausdruck:

$$l = \sqrt{\frac{2 \times a \times b}{c \times KK}}$$

a. Optimierung nach EBIT: Bei Optimierung nach EBIT kommt es durch die Vernachlässigung der Kapitalkosten (werden auf 0 gesetzt) sowie zusätzlicher operativer Lagerhaltungskosten zu einem nicht definierten Ergebnis.

b. Optimierung nach EBT: Für die Optimierung nach EBT müssen zusätzlich Fremdkapitalkosten in die Gleichung einbezogen werden, die in dem gegebenen Beispiel bei 5 Prozent liegen. Dadurch knickt die Kostenfunktion im Vergleich zur EBIT-Kurve nach »oben« ab. Die Kurve hat ein eindeutiges Minimum, das durch die geringen Kapitalkosten bei einer vergleichsweise hohen Losgröße vorliegt. Bei größerer Losgröße steigen die Stückgesamtkosten aufgrund der wachsenden Bestände an. Bei geringerer Losgröße werden Bestandskosten minimiert, jedoch steigen in diesem Fall die Stückgesamtkosten für das Umrüsten der Maschinen stark an.

c. Optimierung nach VA. Die wertorientierte Optimierung sieht es vor, neben den Fremdkapitalkosten auch die Eigenkapitalkosten mit einzubeziehen, wodurch sich hier ein Kapitalkostensatz von 10 Prozent ergibt. Die Kostenfunktion knickt im Vergleich zur EBT-Kurve entsprechend stärker nach oben ab. Aufgrund der höheren Kapitalkosten verschiebt sich das Kostenminimum deutlich nach links. Zudem steigen die Kosten bei Erhöhung der Losgrößen stärker an als bei der EBT-Kurve.

d. Optimierung nach Cash: Um in der Produktion möglichst wenig Cash zu binden, müssen die Bestände minimiert werden, indem die Losgröße gesenkt wird. Aus der Cash-Perspektive liegt das theoretische Optimum daher bei der Mindestbestellmenge (Losgröße) von einer Einheit. Dem Cash-Optimum stehen extreme Umrüstkosten gegenüber, weshalb man in der Praxis bei der Bestandsoptimierung eine Trade-Off-Entscheidung zwischen Cash- und Kostenoptimierung treffen muss.

**Verhältnis Losgrößenoptimale**

Wie bereits analysiert, ist das Kostenoptimum nach EBIT wegen der Vernachlässigung der Kapitalkosten sowie zusätzlicher operativer Lagerhaltungskosten nicht definiert.

Das Verhältnis zwischen EBT- und VA-Optimum lässt sich dagegen wie folgt berechnen:

$$\frac{l_{EBT}}{l_{VA}} = \frac{\sqrt{\frac{2 \times a \times b}{c \times 5\%}}}{\sqrt{\frac{2 \times a \times b}{c \times 10\%}}} = \frac{\sqrt{\frac{1}{5}}}{\sqrt{\frac{1}{10}}} = \sqrt{2}$$

Analog dazu lässt sich das Verhältnis zwischen VA-Optimum und Cash-Optimum wie folgt darstellen:

$$\frac{l_{CASH}}{l_{VA}} = \frac{\sqrt{\frac{2 \times a \times b}{c}}}{\sqrt{\frac{2 \times a \times b}{c \times 10\%}}} = \frac{\sqrt{\frac{1}{1}}}{\sqrt{\frac{1}{10}}} = \sqrt{10}$$

In der Cash-Perspektive werden analog zur EBIT-Perspektive keine kalkulatorischen Kapitalkosten angesetzt. Das Verhältnis der optimalen Losgrößen nach unterschiedlichen Kennzahlen ist folglich unabhängig von Rüstkosten, variablen Produktionskosten und Gesamtverbrauch und ist alleine durch das Verhältnis der angewandten Kapitalkostensätze definiert.

## Praxisfälle
SternStewart & Co.

### Anpassung Rüstkosten

Für die Berechnung des Optimierungsbedarfs der Rüstkosten werden die Formeln für das Berechnen des Cash-Optimums und des VA-Optimums gleichgestellt und auf die Umrüstungskosten des VA-Optimums aufgelöst:

$$\sqrt{\frac{2 \times a \times b}{c}} = \sqrt{\frac{2 \times a \times b}{0{,}1 \times c}}$$

$$\sqrt{2a(alt)} \times \sqrt{\frac{b}{c}} = \sqrt{2a(neu)} \times \sqrt{\frac{b}{c}}$$

$$\sqrt{10\% \times a(alt)} = \sqrt{a(neu)}$$

$$a(neu) = 10\% \times a(alt)$$

Bei einer Losgrößensteuerung nach Cash müssten die Rüstkosten in der Produktion um 90 Prozent gesenkt werden, um das VA-Optimum zu erreichen.

## Lösungsvorschlag zu Teilaufgabe 3

### Lösungsvorschlag zu Aufgabenstellung 3a

Für eine VA-Unternehmensbewertung müssen zunächst die erwarteten VA-Werte der zukünftigen Jahre ermittelt werden, die sich aus dem NOPAT und den Kapitalkosten (siehe Abb. C-62) errechnen. Diese jahresweise bestimmten VA-Werte müssen anschließend diskontiert und um den VA-Residualwert (Terminal Value) ergänzt werden (siehe Abb. C-63).

### Abb. C-62

**Berechnung des Capital Employed des Stabilisatorensegments** (Angaben in Mio. EUR)

|      | 2009  | 2010  | 2011  | 2012  | 2013  |
|------|-------|-------|-------|-------|-------|
| NWC  | 35,7  | 36,4  | 37,7  | 38,4  | 39,7  |
| AV   | 125,0 | 125,0 | 125,0 | 125,0 | 125,0 |
| **CE** | **160,7** | **161,4** | **162,7** | **163,4** | **164,7** |

### Abb. C-63

**Berechnung des VA Nettobarwerts für das Stabilisatoren Segment** (Angaben in Mio. EUR)

|      | 2009 | 2010 | 2011 | 2012 | 2013 | TV |
|------|------|------|------|------|------|-----|
| **Umsatz** | 270,0 | 275,0 | 285,0 | 290,0 | 300,0 | |
| Betriebliche Aufwendungen | 243,0 | 247,5 | 256,5 | 261,0 | 270,0 | |
| Steuern | 6,1 | 6,3 | 6,6 | 6,8 | 7,1 | |
| **Nopat** | **20,9** | **21,2** | **21,9** | **22,2** | **22,9** | |
| Kapitalkosten | 16,1 | 16,1 | 16,3 | 16,3 | 16,5 | |
| **VA** | **4,8** | **5,1** | **5,6** | **5,9** | **6,4** | **79,9** |
| **Nettobarwert VA** | **70,3** | | | | | |

Aus der Unternehmensplanung erhalten wir die erwarteten Umsätze der kommenden 5 Jahre für das Segment Stabilisatoren. Für die Kosten werden bereits ab dem Jahr 2009 die erwarteten Effekte des Restrukturierungsprojekts mit einbezogen. Bei den Abschreibungen geht man von keinen Änderungen zum Jahr 2008 aus. Auf Basis dieser Annahmen lassen sich die VA-Werte für die entsprechenden Jahre berechnen. Die angesetzten Kapitalkosten berechnen sich als Produkt aus dem gebundenen Kapital (Summe des Anlagevermögens und des NWC) und dem Kapitalkostensatz i. H. v. 10 Prozent. Der Wert des Segments ergibt sich als Netto-Barwert (NBW) der VA der Planungsjahre. Die Abzinsung erfolgt mit dem Kapitalkostensatz von 10 Prozent.

$$TV = \frac{VA_{t5}}{WACC-g} = EUR\ 79{,}9\ Mio.$$

$VA_{t5}$ = Geplanter VA im letzten Planungsjahr
$g$ = erwartetes VA-Wachstum

**Segmentwert Stabilisatoren**

Der Segmentwert für das Stabilisatorensegment ergibt sich nun aus dem Netto-Barwert und dem Ausgangskapital:

Systemwert Stabilisatoren = gebundenes Kapital 2009 + NBW VA + TV
= EUR 161 Mio. + EUR 21 Mio. + EUR 49 Mio.
= EUR 231 Mio.

**EBITDA Multiple**

Der EBITDA Multiple errechnet sich aus dem Segmentwert und dem EBITDA:

$$\text{EBITDA Multiple} = \frac{\text{Segmentwert}}{EBITDA_{t0}} = \frac{\text{Segmentwert}}{EBIT_{t0} + DA_{t0}} = \frac{231}{10+16} = 9$$

Die VA-Segmentbewertung ergibt einen Segmentwert von EUR 231 Mio., was einem EBITDA Multiple von 9 entspricht. Das Angebot von 7 x EBITDA des Investors für das Segment Stabilisatoren ist damit abzulehnen.

**Lösungsvorschlag zu Aufgabenstellung 3b**

Um die Behauptung des Steuerberaters zu plausibilisieren, muss der EBITDA Multiple (M) in die VA-Segmentbewertung überführt werden.

Es gilt folgende Gleichung:

$$\frac{NOPAT}{WACC-g} = EBITDA \times M$$

$$M = \frac{NOPAT}{EBITDA} \times \frac{1}{WACC-g}$$

$$M = \frac{(EBITDA - D\&A) \times (1-t)}{EBITDA} \times \frac{1}{WACC-g}$$

$$M = \left(1 - \frac{D\&A}{EBITDA}\right) \times (1-t) \times \frac{1}{WACC-g}$$

**Praxisfälle**
SternStewart & Co.

| Multiple Treiber: | Investitionspolitik | Steuer | Wachstum | |
|---|---|---|---|---|
| $M_{\text{Basisjahr 2008}}$ = | 0,4 × | 0,7 × | 12,5 | = 3,2 |
| $M_{\text{Basisjahr 2013}}$ = | 0,7 × | 0,7 × | 12,5 | = 5,4 |

Die Aussage des Steuerberaters kann nicht duch die Steuer oder Wachstumskomponente erklärt werden, da es hier keine unterschiedlichen Ansichten zwischen Steuerberater und Geschäftsführung Dämpfer geben sollte. Deshalb muss die unterschiedliche Ansicht auf der erwarteten Invesitionspolitik beruhen, bzw. auf dem Verständnis, wie hoch der Anteil der Abschreibungen am operativen Gewinn sein wird.

*Stefan Heppelmann ist Partner der Stern Stewart & Co. GmbH in München.*

# 6. Praxisfall von Henkel zum Thema Verrechnungspreise

*Robert Risse*

Die Ireland Detergent Ltd. produziert als Tochterunternehmen des Henkel-Konzerns Zusatzstoffe für Waschmittel (Zusa), die für bestimmte Waschmittelprodukte der Konzern-Produktpalette benötigt werden. Mit dem Zusatzstoff werden durch die Ireland Detergent Ltd. auch Endprodukte für den irischen Markt hergestellt und vertrieben. Ein Großteil der Produktion von Zusa wird jedoch an Schwestergesellschaften im Konzern – beispielsweise nach Griechenland und in andere Mittelmeerländer – verkauft. Auch die deutsche Waschmittelproduktion des Konzerns wird im Jahr 2009 durch die Ireland Detergent Ltd. mit rund 100 Kilotonnen (kt) Zusa beliefert. Insgesamt benötigt der Konzern 1.300 kt. Die jährliche Zusa-Produktionskapazität der eigenen Anlage in Irland ist mit 500 kt jedoch bereits ausgeschöpft. Die fehlenden 800 kt kauft die Ireland Detergent Ltd. am Markt von dem Produzenten Zusa Supply Ltd., der ebenfalls in Irland ansässig ist.

Die variablen Produktionskosten für die Produktion von Zusa betragen EUR 50 pro Tonne; die Fixkosten EUR 20 Mio. Vor dem Hintergrund der Finanzkrise versucht die Zusa Supply Ltd. ihre Absatzmenge stabil zu halten und reduziert ab 2009 den Verkaufspreis pro Tonne von EUR 100 auf EUR 90, wobei nach wie vor unstrittig ist, dass alle Hersteller, die Zusa produzieren, eine Mindestmarge von 10 Prozent erzielen. Das Zwischenprodukt Zusa wird weltweit nur von wenigen Produzenten hergestellt, so dass die Preissenkung durch die Zusa Supply Ltd. in der Henkel-Gruppe schnell bekannt wird. Dennoch verändert die Ireland Detergent Ltd. den Verrechnungspreis von EUR 100 für die verbundenen Unternehmen im Konzern zunächst nicht.

Im Jahr 2010 analysiert die Betriebsprüfung für die Henkel-Konzernmutter in Deutschland die Veranlagungszeiträume 2008/2009. Prüfungsschwerpunkt sind die Verrechnungspreise im Konzern. Für die Verrechnungspreisprüfung wird eine umfangreiche Dokumentation durch die Steuerabteilung u. a. auch für die Ireland Detergent Ltd. erstellt.

Die steuerlichen Betriebsprüfer sind der Ansicht, dass der Verrechnungspreis für die Lieferung von 100 kt durch die Ireland Detergent Ltd. an die Muttergesellschaft zu hoch ist, weil der Marktpreis im Jahr 2009 von EUR 100 pro Tonne auf EUR 90 pro Tonne gesunken sei. Die Ireland Detergent Ltd. hätte maximal diesen Marktpreis als Verrechnungspreis an die Konzerngesellschaften berechnen dürfen, monieren die Betriebsprüfer. Aufgrund des nicht dem Marktpreis angepassten Verrechnungspreises sei es deshalb zu einer Gewinnverschiebung zu Lasten der deutschen Muttergesellschaft gekommen, die zu einem Steuerausfall von EUR 310 Tsd. geführt habe (siehe Abb. C-64).

## Aufgaben

1. Welche Verrechnungspreismethoden kommen aus betriebswirtschaftlicher Sicht zur Festlegung des Verrechnungspreises in Betracht?
2. Hat die deutsche Betriebsprüfung mit ihrer Kritik Recht? Ermitteln Sie *den richtigen* Verrechnungspreis für die Lieferung von Zusa an das deutsche Mutterunternehmen.

## Abb. C-64

**Steuerliche Einkommenskorrekturen**

| | | |
|---|---:|---|
| Verrechnungspreis | 100 | EUR/t |
| Marktpreis | 90 | EUR/t |
| **Preisdifferenz** | **10** | **EUR/t** |
| Liefermenge | 100 | kt |
| Einkommensausfall | 1,000 | Mio. EUR |
| Steuerquote | 31 | % |
| **Steuerausfall** | **0,310** | **Mio. EUR** |

Das Management im Henkel-Konzern wird u. a. nach der sog. EBIT-Marge incentiviert. Die Ergebnisverantwortung der operativen Manager bezieht sich deshalb auf den EBIT ihrer strategischen Geschäftseinheit (SGE).

Mit Bekanntgabe der Preissenkung für Zusa durch die Zusa Supply Ltd. entsteht in der Henkel-Gruppe eine heftige Diskussion über die Anreizfunktion der Verrechnungspreise innerhalb des Konzerns. Die deutschen Manager möchten Zusa ab 2010 ausschließlich von der Zusa Supply Chain Ltd. beziehen, um von der Preissenkung durch eine entsprechende Erhöhung ihres SGE-EBITs zu profitieren.

Das Henkel-Management beschließt, das Verrechnungspreissystem frei von Anreizeinflüssen zu gestalten. Dies wird dadurch erreicht, dass die Verrechnungspreiseinflüsse unterhalb des EBIT berichtet werden und damit außerhalb des Anreizsystems für das entsprechende Management der getroffenen SGE stehen (siehe Abb. C-65 und C-66).

## Abb. C-65

**Deckungsbeitragsrechnung Produktionsunternehmen***

| | |
|---|---|
| | Interner Umsatz durch gelieferte Güter |
| − | Plankosten der intern bezogenen Güter |
| − | Kommission als Lenkungspreisabschlag |
| − | übrige eigene Istkosten |
| = | EBIT vor steuerlichen Modifikationen |
| + | Gewinnaufschlag der intern gelieferten Güter als Lenkungspreiszuschlag |
| − | konzerninterne Lizenzen |
| = | EBIT nach steuerlichen Modifikationen |

* Das Produktionsunternehmen hat eine eigene Wirtschaftlichkeitsverantwortung, d. h. eigene Ist-Kosten, Abweichungen zu Plankosten.

3. Unter Berücksichtigung der Ergebnisse aus den Aufgaben 1. und 2.: Wie werden die EBITs vor und nach steuerlichen Modifikationen für die an den internen Lieferungen von Zusa beteiligten Konzernunternehmen unter Berücksichtigung der internen Konstruktion (siehe Abb. C-67) der EBIT-Steuerung berechnet? Lizenzzahlungen werden in dieser Aufgabe nicht berücksichtigt.

### Abb. C-66

**Deckungsbeitragsrechnung Vertriebsunternehmen***

|   |   |
|---|---|
|   | Externer Umsatz am Markt durch Endprodukte |
| − | Plankosten der intern bezogenen Güter |
| − | übrige eigene Istkosten |
| = | EBIT vor steuerlichern Modifikationen |
| − | Gewinnaufschlag der intern gelieferten Güter |
| − | konzerninterne Lizenzen |
| = | EBIT nach steuerlichen Modifikationen |

\* Das Produktionsunternehmen hat eine eigene Wirtschaftlichkeitsverantwortung, d. h. Umsatz und eigene Ist-Kosten.

### Abb. C-67

**Interne Kostenstruktur** (Angaben in Mio. EUR)

| Kostenstrukturen für die Ireland Detergent Ltd. | | |
|---|---|---|
| Interner Umsatz mit allen verbundenen Unternehmen | 50 | |
| Plankosten / Gesamtkosten | 45 | |
| **Kostenstrukturen für die deutsche Muttergesellschaft** | | |
| Externer Umsatz der betroffenen SGE | 120 | |
| Plankosten | 80 | |
| davon aus Lieferungen durch verbundene Unternehmen | | 10 |
| Übrige Istkosten | 10 | |
| In beiden Fällen werden keine Lizenzen gezahlt. | | |

## Lösungsvorschlag

**Lösungsvorschlag zu Aufgabe 1**

Die Finanzverwaltungen aller mit Verrechnungspreisen beschäftigten Länder sehen verschiedene spezifische Verrechnungspreismodelle und -berechnungen vor. Dennoch ist gemäß den OECD-Grundsätzen stets das betriebswirtschaftliche Kalkül akzeptierte Basis der Festsetzung von Verrechnungspreisen. Daher bestehen grundsätzlich folgende Möglichkeiten der Verrechnungspreisermittlung:

- Marktorientierte Verrechnungspreise
- Kostenorientierte Verrechnungspreise
- Verhandlungsbasierte Verrechnungspreise

Die Verrechnungspreisfindung durch Verhandlungen garantiert die Autonomie und Ergebnisverantwortung der beteiligten Konzernunternehmen und wirkt deshalb motivierend auf das Management der Tochterunternehmen. Dem steht jedoch die Gefahr von aus Konzernsicht suboptimalem Verhalten des dezentralen Managements gegenüber. Verrechnungspreise im Konzern sind Preise zwischen den verbundenen Konzernunternehmen. Sie sollen u. a. eine bessere Auslastung aller Produktionsstätten, Kostenreduzierungen in der Supply Chain oder eine Reduzierung des Net Working Capital sicherstellen. Ein Vertriebsunternehmen, das frei entscheiden kann, ob es von einem konzerninternen Hersteller seine Waren bezieht oder von einem im Wettbewerb stehenden fremden Hersteller, kann mit der Wahl zugunsten des fremden Herstellers zusätzliche Kosten für den Konzern verursachen. Nimmt das Vertriebsunternehmen die Waren des Konzernproduzenten nicht ab, weil es zur Gewinnmaximierung die Waren des Wettbewerbers kauft, entstehen in der Konzernproduktion Überkapazitäten, die ggf. zu Verlusten im Einzelunternehmen des Konzerns und im Verbund führen können. Der Konzernverbund bewirkt Verbundeffekte, die sich nicht nur auf ein einzelnes Unternehmen beziehen können. Ressortegoismen gilt es, wie im Beispiel gezeigt, zu vermeiden. Auch wenn das Vertriebsunternehmen isoliert betrachtet seinen Gewinn bei der Entscheidung für den externen Anbieter nicht maximieren kann, kann diese Entscheidung aus Konzernsicht die optimale sein.

Die Transaktionspartner innerhalb eines Konzerns verhalten sich in der innerbetrieblichen Marktsituation so, dass auf die Preisbildung Einfluss genommen wird bzw. Liefer- und Abnahmemengen den Preisen angepasst werden. Dieses opportunistische Verhalten des Managements in den Tochterunternehmen und Business Units steht die Forderung der Finanzverwaltung gegenüber, den Verrechnungspreis dem Marktpreis anzupassen.

Hohe transaktionsspezifische Investitionen und große Spielräume für das dezentrale Management bei Preis- und Mengenentscheidungen sind außerdem Bedingungen, die extensive Nachverhandlungen bei Marktveränderungen bewirken können. Verrechnungspreise können deshalb als Koordinationsinstrument bei transaktionsspezifischen Investitionen zu aus Konzernsicht suboptimalen Austauschprozessen führen.

Um opportunistisches Verhalten des dezentralen Managements und in der Folge aus Konzernsicht oftmals suboptimale Entscheidungen zu begrenzen, sollte die Anreizfunktion der Verrechnungspreise eingeschränkt oder ganz ausgeschaltet werden. Dies gilt insbesondere dann, wenn die Preisbestimmung mit großen Schwankungen des Marktpreises und/oder der Absatzmenge einhergeht.

In den Abbildungen werden die Spielräume für das oben beschriebene opportunistische Verhalten der Funktionen nochmals verdeutlicht.

Im Fall 1 bestimmt sich der Verrechnungspreis auf Vollkostenbasis mit einem Gewinnaufschlag im Rahmen des Cost Plus Systems. Der Gewinnanteil bestimmt sich nach Gewinnmargen aus Vergleichsstudien.

Im Fall 2 entsteht durch die zweite Produktionsstätte B ein Konkurrenzverhältnis zum Produzenten A, wenn dieser nicht auf Kostenbasis, sondern als Profit Center auftritt. Der Vertrieb V kann in diesen Fällen beide Produzenten untereinander ausspielen und das günstigste Preisangebot annehmen. Falls der Produzent B nicht zum Konzern gehört und somit externer Anbieter ist, sind die Konzerninvestitionen für die Produktion A in Frage zu stellen, falls A nicht mehr kostendeckend produzieren kann.

Im Fall 3 und Fall 4 treten die beschriebenen Konsequenzen entweder beim Produzenten oder beim Vertrieb auf. Der Fall 4 ist schließlich die extremste Ausprägung aller Fälle und stellt die Bildung des Verrechnungspreises ausschließlich auf Basis von Verhandlungen dar. Alle Konzernunternehmen (Abnehmer und Vertreiber) stehen im freien Wettbewerb zueinander. Interner Wettbewerb zwischen den Funktionen ist wünschenswert, kann aber zu den genannten opportunistischen Verhaltensweisen führen.

Lösungsvorschlag

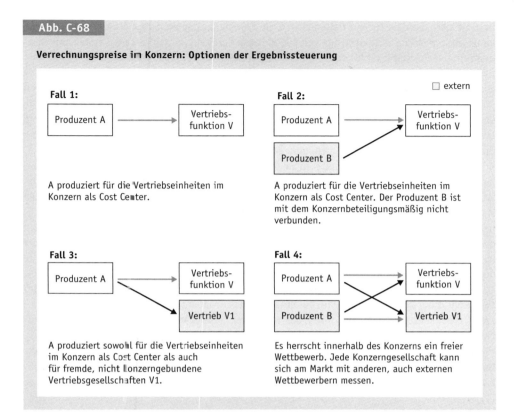

**Abb. C-68**

**Verrechnungspreise im Konzern: Optionen der Ergebnissteuerung**

Fall 1: Produzent A → Vertriebsfunktion V
A produziert für die Vertriebseinheiten im Konzern als Cost Center.

Fall 2: Produzent A → Vertriebsfunktion V; Produzent B → Vertriebsfunktion V
A produziert für die Vertriebseinheiten im Konzern als Cost Center. Der Produzent B ist mit dem Konzernbeteiligungsmäßig nicht verbunden.

Fall 3: Produzent A → Vertriebsfunktion V, Vertrieb V1
A produziert sowohl für die Vertriebseinheiten im Konzern als Cost Center als auch für fremde, nicht konzerngebundene Vertriebsgesellschaften V1.

Fall 4: Produzent A, Produzent B → Vertriebsfunktion V, Vertrieb V1
Es herrscht innerhalb des Konzerns ein freier Wettbewerb. Jede Konzerngesellschaft kann sich am Markt mit anderen, auch externen Wettbewerbern messen.

☐ extern

## Lösungsvorschlag zu Aufgabe 2

Die Heranziehung des Marktpreises als Verrechnungspreis, auf dessen Basis die Betriebsprüfer argumentieren, ist grundsätzlich möglich und sinnvoll. Im vorliegenden Fall ist jedoch zu prüfen, welche Auswirkungen ein derartig festgesetzter Verrechnungspreis auf die Profitabilität der Produktion bei einer Absatzmenge von 500 kt hätte. Die Rendite sollte mind. bei den marktüblichen 10 Prozent liegen.

**Abb. C-69**

**Preis- und Mengenabhängige Ergebnisrechnung für die Zusa-Produzenten**

| Zusa-Preis in EUR/t | Produktionsmenge in kt | variable Kosten in Mio. EUR | fixe Kosten in Mio. EUR | Gesamtkosten in Mio. EUR | Umsatz in Mio. EUR | Deckungsbeiträge in Mio. EUR | Gewinn in Mio. EUR | Marge in EUR/t | Marge in Prozent | Kostenaufschlag in Prozent |
|---|---|---|---|---|---|---|---|---|---|---|
| 90 | 500 | 25 | 20 | 45 | 45 | 20 | 0 | 0,00 | 0 | 0 |
| 90 | 600 | 30 | 20 | 50 | 54 | 24 | 4 | 6,67 | 7 | 8 |
| 90 | 700 | 35 | 20 | 55 | 63 | 28 | 8 | 11,43 | 13 | 15 |
| 90 | 800 | 40 | 20 | 60 | 72 | 32 | 12 | 15,00 | 17 | 20 |
| **100** | **500** | **25** | **20** | **45** | **50** | **25** | **5** | **10,00** | **10** | **11** |
| 100 | 600 | 30 | 20 | 50 | 60 | 30 | 10 | 16,67 | 17 | 20 |
| 100 | 700 | 35 | 20 | 55 | 70 | 35 | 15 | 21,43 | 21 | 27 |
| 100 | 800 | 40 | 20 | 60 | 80 | 40 | 20 | 25,00 | 25 | 33 |

Es zeigt sich, dass die Ireland Detergent Ltd. durch eine Preissenkung auf EUR 90 pro Tonne bei einer jährlichen Produktionsmenge von 500 kt keinerlei Rendite mehr erzielen würde, was eine inakzeptable Profitabilität für das Produktionsunternehmen wäre (siehe Abb. C-69).

Die Deckungsbeitragsrechnung für den externen Lieferanten ergibt sich bei einer Liefermenge von 800 kt ebenfalls aus Abb. C-69. Es wird deutlich, dass durch die höhere Produktionsmenge von 800 kt der Break-Even-Punkt weit überschritten wird. Vermutlich hat es sich bei der Preissenkung um eine marktstrategische Entscheidung gehandelt, die lediglich eine Margenverschlechterung auf hohem Niveau zur Folge hatte und die die Zusa Supply Ltd. offensichtlich zur Stabilisierung ihrer Produktionsmengen in Kauf genommen hat.

Die Analyse zeigt, dass im konkreten Fall trotz Vorliegen eines Marktpreises dessen Heranziehung als Grundlage zur Bildung des internen Verrechnungspreises weder zwingend noch sinnvoll ist, weil (i) die irische Produktionstochter bei einer Angleichung des Verrechnungspreises an den Marktpreis keinen Gewinn mehr erwirtschaften würde und (ii) der Marktpreis durch die Marktteilnehmer *künstlich* nach unten gedrückt wurde. Die marktpreisorientierte Methode scheidet aus den genannten Gründen somit aus; die geeignete Methode zur Ermittlung des Verrechnungspreises ist im vorliegenden Fall die kostenorientierte Methode, die steuerlich als Kostenaufschlagsmethode oder Cost Plus Method bezeichnet wird.

Durch Beibehaltung des alten fremdvergleichsüblichen Verrechnungspreises i. H. v. EUR 100 pro Tonne hat die Ireland Detergent Ltd. bei einer Produktionsmenge von 500 kt eine Umsatzrendite von 10 Prozent erzielt (siehe Abb. C-69), die, nach international anerkannten Benchmark-Untersuchungen, als Mindestrendite anerkannt ist.

Der auf Basis der Kostenaufschlagsmethode bei einem Kostenaufschlag von 11 Prozent ermittelte Verrechnungspreis (siehe Abb. C-69) ist deshalb für die internen Lieferungen mit EUR 100 pro Tonne akzeptabel.

### Lösungsvorschlag zu Aufgabe 3

Wie im obigen Fall 1 dargestellt, ist die Steuerung der Produktionsfunktion auf Kostenbasis eine sehr transparente Steuerung, die ein opportunistisches Verhalten innerhalb des Konzerns in der Praxis weitgehend ausschaltet. Die produzierende Einheit erhält die Möglichkeit, über ein entsprechendes Kostenmanagement einen Gewinnbeitrag für den Konzern zu leisten. Die durch Benchmarking-Analysen untermauerte Rendite von 11 Prozent sichert ggü. den Steuerbehörden die Akzeptanz des Verrechnungspreises zur Verrechnung der im Konzerninnenverhältnis gehandelten Waren. Mit diesen Maßnahmen zur Steuerung der Geschäftsbeziehungen zwischen verbundenen Unternehmen wird der latente Anreiz- und Incentivierungs-Konflikt gelöst und gleichzeitig die steuerliche Akzeptanz gesichert. Dies gelingt durch die Verwendung von dezentral wirksamen Steuerungsgrößen (wie z. B. EBIT) vor Berücksichtigung der unvermeidlichen steuerlichen Einflüsse, die in einer separaten steuerlich bedingten Größe (EBIT nach steuerlichen Modifikationen) erfasst werden. Durch eine solche separate Steuerungsgröße kann die Performance des jeweiligen Managements dezentral gemessen werden, ohne dass notwendige steuerliche Anpassungen zu einer Fehlsteuerung des Geschäfts (ver-)führen.

Ein EBIT vor steuerlicher Modifikationen könnte sich z. B. (wie im vorliegenden Fall) aus einem umsatzkostenbasierten einheitlichen Ermittlungsschema für Produktions- und Vertriebsunternehmen zusammensetzen. Die Ausschaltung von Verrechnungspreiseffekten führt beim Produzenten zu einer reinen Steuerung nach Kostengesichtspunkten. Nur wenn er die innerhalb des Konzerns zu vertreibender Güter kostengünstiger produzieren kann als geplant bzw. erwartet, erwirtschaftet er eine Rendite (siehe Abb. C-70).

**Abb. C-70**

**Deckungsbeitragsrechnung nach Steuerungsaspekten** (Angaben in Mio. EUR)

|   |   | Ireland Detergent Ltd. | Konzernmutter |
|---|---|---|---|
|   | Umsatz | 50 | 120 |
| – | Plankosten | 45 | 80 |
| – | Kommission/Lenkungspreisabschlag | 5 | N/a |
| – | Übrige Istkosten | 0 | 10 |
| = | **EBIT vor steuerlichen Modifikationen** | 0 | 30 |
| + | Lenkungspreiszu-/-abschlag | 5 | –1 |
| = | **EBIT nach IFRS** | 5 | 29 |

Nicht enthalten in der Steuerungsgröße sind die Gewinnaufschläge aus internen Geschäften und die zentralen Lizenzgebühren. Eine solche Gestaltung führt dazu, dass interne Umsätze zu Anreizzwecken zwischen Vertriebs- und Produktionsgesellschaften lediglich als Kostenkompensation verrechnet werden. Durch Gewinnaufschläge entstandene interne Gewinne gehen somit bei keinem Konzernunternehmen in die Steuerungsgröße ein, weder bei Produktions- noch bei Vertriebsunternehmen. So gelingt es, die notwendigen Anreize für Vertriebs- und Produktionsunternehmen zu setzen. Die Anreiz-Kompatibilität für das Produktionsunternehmen wird durch die Plankostenbasierung der internen Umsätze gewahrt. Werden die Plankosten bei einem Produktionsunternehmen erwirtschaftet, ergibt sich ein EBIT vor steuerlichen Modifikationen von Null. Der Anreiz zur Kosteneffizienz bleibt erhalten, denn Ersparnisse in den Istkosten führen zu einem positiven EBIT vor steuerlichen Modifikationen und werden entsprechend belohnt. Die Anreize des Vertriebs bleiben ebenso erhalten, da dem Vertrieb die tatsächlichen Marktumsätze zugerechnet werden, von denen die geplanten Produktionskosten abgezogen werden. Eventuelle Produktionsineffizienzen werden nicht an den Vertrieb weitergegeben. Auch kalkulierte Produktionsgewinne durch die Gewinnaufschläge fallen durch die Orientierung am EBIT vor steuerlichen Modifikationen als Steuerungsgröße nicht an. Der EBIT vor steuerlichen Modifikationen für den Vertrieb wird somit als Differenz aus externen Marktumsätzen, Planherstellkosten und beeinflussbaren eigenen Istkosten ermittelt. Erfolgen nun notwendige Anpassungen zur Gewährleistung der steuerlichen Compliance unterhalb des EBIT vor steuerlichen Modifikationen, so haben sie keinen Einfluss auf die betriebswirtschaftlichen Steuerungsgrößen. Für das Produktionsunternehmen wird ein Anreiz zur Produktivitätsverbesserung geschaffen, für den Vertrieb führt dieses System nicht zur Ablehnung von Geschäften mit positivem Konzerndeckungsbeitrag.

*Robert Risse ist Corporate Vice President und Leiter der Global Tax & Trade Group des Henkel-Konzerns.*

# 7. Praxisfall von Nestlé zum Thema Planung und Budgetierung

## Innovative Planungs- und Budgetierungsansätze bei multiplen Einflussfaktoren

*Jörg Gölzhäuser; Thomas Scigliano; Nina Warnemünde*

Die Nestlé S. A., die 1866 von Henri Nestlé gegründet wurde, ist heute das weltweit größte Unternehmen im Bereich Ernährung, Gesundheit und Wohlbefinden. Der Konzern mit Sitz im schweizerischen Vevey erwirtschaftete 2009 einen Umsatz von CHF 107 Mrd. und beschäftigte weltweit ca. 280 000 Mitarbeiter.

Der deutsche Markt ist mit einem Umsatz von etwas weniger als EUR 4 Mrd. und rund 14.000 Mitarbeitern der drittgrößte Nestlé Markt weltweit.

Nestlé Deutschland ist in den unterschiedlichsten Produktsegmenten (siehe Abb. C-71) vertreten – in vielen davon als Marktführer. Grundlage der Geschäftstätigkeit von Nestlé ist das Prinzip der Gemeinsamen Wertschöpfung. Dieses Prinzip baut auf die Erkenntnis, dass langfristiger Erfolg nur dann möglich ist, wenn die Bedürfnisse (bspw. Ernährung, ländliche Entwicklung, Wasser) der wichtigsten Anspruchsgruppen des Unternehmens erfüllt werden – der Aktionäre ebenso wie der Menschen in den Ländern, in denen Nestlé aktiv ist.

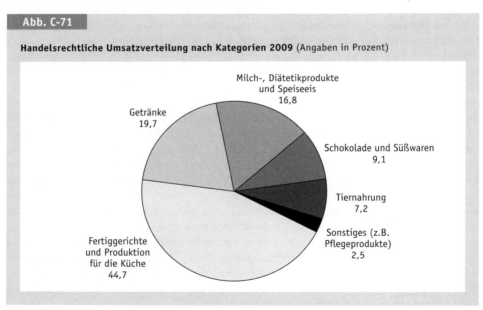

Abb. C-71

Handelsrechtliche Umsatzverteilung nach Kategorien 2009 (Angaben in Prozent)

- Milch-, Diätetikprodukte und Speiseeis 16,8
- Schokolade und Süßwaren 9,1
- Tiernahrung 7,2
- Sonstiges (z.B. Pflegeprodukte) 2,5
- Fertiggerichte und Produktion für die Küche 44,7
- Getränke 19,7

Das Nestlé Modell – ein Teilbereich der Nestlé Strategie – sieht ein gleichzeitiges Top- und Bottom-Line-Wachstum vor, das sich durch ein jährliches organisches Wachstum von 5–6 Prozent sowie eine Verbesserung der EBIT-Marge definiert. Um dem Anspruch nach gemeinsamer nachhaltiger Wertschöpfung gerecht zu werden, bedarf es sowohl einer strategischen als auch einer operativen Planung, Steuerung und Kontrolle.

# Aufgabenstellung

In der täglichen Unternehmenspraxis sieht sich Nestlé einer Vielzahl von externen Einflussfaktoren ausgesetzt, deren Volatilität in den letzten Jahren zugenommen hat. Schwankende Rohstoffkosten, sich verändernde Wechselkurse, der demographische Wandel, die Entwicklung der Einkaufsgewohnheiten sowie die Einkommensentwicklung in Deutschland – um an dieser Stelle nur einige Beispiele zu nennen – erfordern oftmals eine flexible und zunehmend makro- und mikroökonomisch fundierte Reaktion des Konzerns auf die sich verändernden Rahmenbedingungen.

Die klassische Budgetierung sieht die Festlegung von Parametern für einen festen Zeitraum – in der Regel von einem Jahr – vor und ist nötig, aber genügt nicht hinreichend den Ansprüchen an die Flexibilität einer Planung im unternehmerischen Kontext von Nestlé. Aus diesem Grund hat Nestlé zusätzlich zur jährlichen Budgeterstellung das Instrument der rollierenden Planung – im folgenden Dynamic Forecast genannt – entwickelt und als wichtiges Element im Planungsprozess implementiert.

Die jährliche Zielfestlegung innerhalb der Nestlé Gruppe erfolgt zunächst global (Global Business Strategy, GBS) und wird im Anschluss auf die Zonen[4] top-down heruntergebrochen (Zone Business Strategy, ZBS). Die Märkte[5] planen ihre Market Business Strategy (MBS) bottom-up, woran sich MBS Diskussionen mit der Zone anschließen, die zu einem Konsensus hinsichtlich der jährlichen Umsatz- und Budgetziele führen.

Der Absatzplan auf Produktgruppenebene beinhaltet die aktuellen Markt-Trends. Auf Grundlage des aktuell geplanten Absatzes wird im Dynamic Forecast eine finanzielle Vorausschau vorgenommen. Hieraus wird zeitnah ersichtlich, welche Lücke sich ggf. zum festgelegten Zielwert ergibt. Mit Hilfe von Maßnahmen zur Schließung der Lücke wird ein abgestimmter Absatzplan verabschiedet, der als neue Grundlage für den nächsten monatlichen Dynamic Forecast Zyklus dient. Mit dem Dynamic Forecast gibt Nestlé dem Management ein Controllinginstrument zur kurz- und mittelfristigen Zielerreichung an die Hand.

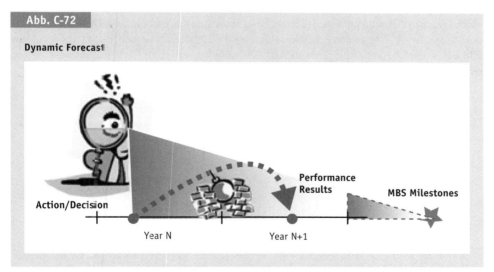

Abb. C-72

---
4   Nestlé unterteilt den Globus in drei Zonen (Amerika, Europa, Asien-Ozeanien-Afrika).
5   Die einzelnen Märkte (i. d. R. Länder, wie z. B. Deutschland, Polen) sind der entsprechenden Zone zugeordnet.

## Praxisfälle
Nestlé

Der Dynamic Forecast ermöglicht eine über das Geschäftsjahr hinausgehende, operative Vorschau für ausgewählte Kennzahlen. Auf einer rollierenden Basis erfolgt eine Planung der nächsten 18 Monate. Diese berücksichtigt, dass einige Entscheidungen und Maßnahmen ihre Wirkung nicht mehr im laufenden, sondern erst im folgenden Geschäftsjahr entfalten (siehe Abb. C-72). Der Dynamic Forecast durchbricht daher die imaginäre Budgetwand des 31. Dezember und ermöglicht es, Annahmen, Initiativen und wesentliche Einflussgrößen nach ihrer aktuellen Relevanz in die Planung einfließen zu lassen und die zukünftige Geschäftsentwicklung zu prognostizieren. Er erfolgt auf einem aggregierten Level, so dass in relativ kurzer Zeit und in regelmäßigen Abständen (i. d. R. monatlich) eine veränderte Marktentwicklung im Dynamic Forecast berücksichtigt werden kann. Dabei wird immer auf die Erreichung der vereinbarten Ziele hingearbeitet; Zielabweichungen können aufgezeigt werden, sind aber stets mit einem Maßnahmenplan zur Zielerreichung zu ergänzen.

Neben einer Vielzahl an unterschiedlichen Kaffeeprodukten stellt Nestlé den aromatischen »Nescafé Classic« her, einen löslichen Kaffee zum Aufbrühen, welcher der Kaffeegruppe »Pur« angehört. Bei der Produktion von hochwertigem Röstkaffee in Pulverform werden die Kaffeebohnen zunächst geröstet und gemahlen, bevor sie im Anschluss gekocht werden, um dem Kaffee dann das Wasser durch Sprüh- oder Gefriertrocknung wieder zu entziehen. Dieses Produkt ist die Grundlage für den im Folgenden vorgestellten Praxisfall.

Das Budget für den Nescafé Classic wird im September mit einer Absatzmenge von 4 Mio. Gläsern à 200 g für das nächste Kalenderjahr geplant. Um ein Glas Kaffee herzustellen, werden aufgrund des Verfahrens 480 g Kaffeebohnen benötigt. Ein Glas Nescafé besteht zu 75 Prozent aus Arabica und zu 25 Prozent aus Robustabohnen. Die Preiserwartung für eine Tonne Arabica liegt zum Budgetzeitpunkt bei USD 3.000 für das folgende Geschäftsjahr, die Preiserwartung für eine Tonne Robusta bei USD 1.265. Die sonstigen variablen Kosten belaufen sich auf EUR 1,16[6] pro Glas. Der Wechselkurs des USD zum EUR beträgt für das Budget des Folgejahres 1,40. Der Markt akzeptiert einen Preis von EUR 4,00 pro Glas, jedoch müssen zusätzlich Kaffeesteuern[7] in Höhe von EUR 4,78 pro KG löslichem Kaffee an den Fiskus abgeführt werden. Zusätzlich werden für den *Nescafé Classic* EUR 1 Mio. fixe[8] Marketingausgaben geplant. Die Höhe der variablen Marketingausgaben soll zu einer EBIT-Marge von 10 Prozent vom Umsatz führen.

### Aufgaben

1. Erstellen Sie eine Gewinn- und Verlustrechnung unter Budgetprämissen.
2. Aufgrund der aktuellen Wirtschaftslage stellen Sie am 1. April fest, dass die Annahmen, die Sie zum Budgetzeitpunkt getroffen haben, nicht mehr der aktuellen Situation entsprechen. Der Marktanteil[9] der Nescafé Pur Gruppe, zu der der Nescafé Classic gehört, ist im Vergleich zum Jahresende zurückgegangen (siehe Abb. C-73), und lässt daher keinen Spielraum für eine Preiserhöhung. Zudem hat der Euro gegenüber dem Dollar an Wert verloren (siehe Abb. C-74) und

---

6 Summe der Kosten für Verpackungsmaterial, Fertigungslöhne, Maschinenstunden und variable Gemeinkosten.
7 Die Kaffeesteuer wird als Verbrauchsteuer auf Kaffee und kaffeehaltige Waren erhoben. Sie beträgt EUR 2,19 pro KG Roh- oder Röstkaffee bzw. EUR 4,78 pro KG löslichem Kaffee und wird jeweils auf das Nettogewicht einer Verkaufseinheit (z. B. 6 Gläser à 200g) erhoben.
8 Hierunter sind z. B. vertraglich vereinbarte Agenturhonorare zu verstehen.
9 Marktanteile werden ex post von Panel-Providern zur Verfügung gestellt. Sie sind z. B. für März im April verfügbar und auswertbar.

beide Rohkaffeesorten sind teurer als geplant (siehe Abb. C-75). Das Management erwartet jedoch weiterhin eine EBIT-Marge von 10 Prozent. Durch welche kurzfristig wirksamen Maßnahmen könnten Sie die Erwartungen des Managements trotz der veränderten Marktbedingungen erfüllen?

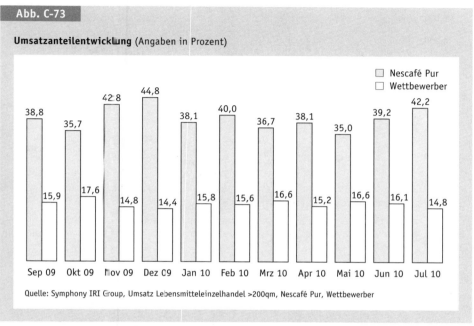

Abb. C-73

Umsatzanteilentwicklung (Angaben in Prozent)

Quelle: Symphony IRI Group, Umsatz Lebensmitteleinzelhandel >200qm, Nescafé Pur, Wettbewerber

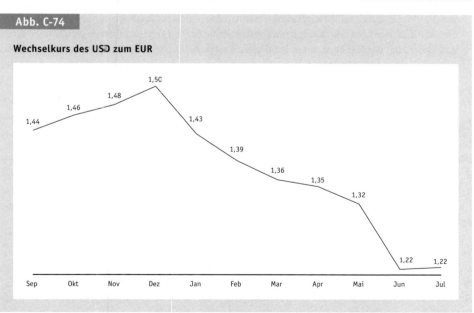

Abb. C-74

Wechselkurs des USD zum EUR

## Praxisfälle
Nestlé

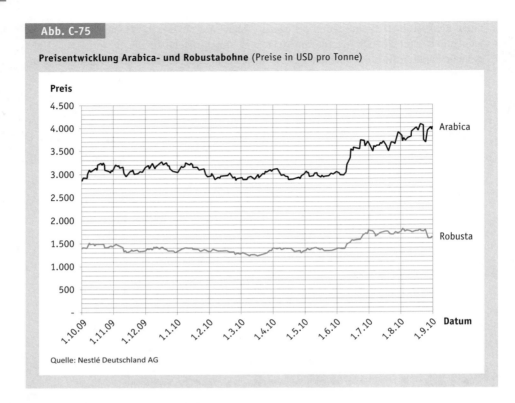

**Abb. C-75**

**Preisentwicklung Arabica- und Robustabohne** (Preise in USD pro Tonne)

Quelle: Nestlé Deutschland AG

3. Am 1. Juli hat sich Ihre Marktsituation verbessert und Sie sind in der Lage, eine Preissteigerung von 10 Prozent durchzuführen. Dadurch würde jedoch die Absatzmenge um 300 Tsd. Gläser sinken. Um den gegenüber der Konkurrenz gestiegenen Marktanteil trotz der Preiserhöhung halten zu können, hat das Management entschieden, die Marketingausgaben nicht zu kürzen, sondern entsprechend des Budgetansatzes zu belassen. Ermitteln Sie die aktuellen Werte anhand der oben gegebenen Graphen und zeigen Sie dem Management den Handlungsspielraum auf.

### Lösungsvorschlag

**Lösungsvorschlag zu Aufgabe 1**

Bei Nestlé gelten die Budgetprämissen für ein Kalenderjahr und werden im September für das Folgejahr festgelegt. Das Budget stellt einen Versuch dar, die makro- und mikroökonomischen Einflussfaktoren auf der einen Seite so genau wie möglich und auf der anderen Seite so genau wie nötig zu antizipieren.

Um den Gewinnbeitrag von Nescafé Classic zu berechnen, müssen im ersten Schritt die Rohstoffkosten des Rohkaffees eines Glases ermittelt werden (siehe Abb. C-76), die dann in Summe mit den anderen variablen Kosten die variablen Herstellkosten bilden (siehe Abb. C-77). Unter Heranziehung dieser Daten lässt sich nun die Budget-Gewinn- und Verlustrechnung aufstellen. Da Umsatz, Herstellkosten, Kaffeesteuer und EBIT-Marge feststehen, bleibt als resultierende »Spielmasse« zur Realisierung einer EBIT-Marge von 10 Prozent das variable Marketingbudget (siehe Abb. C-78).

## Abb. C-76

**Rohstoffkosten eines Glases Nescafé**

|  | Einheit | Rohkaffeesorte Arabica | Rohkaffeesorte Robusta | Gesamt |
|---|---|---|---|---|
| Preis pro Tonne Rohkaffee | USD | 3.000 | 1.265 |  |
| Wechselkurs | USD pro EUR |  |  | 1,40 |
| Preis pro Tonne Rohkaffee | EUR | 2.143 | 904 |  |
| Anteil der Rohkaffeesorte | Prozent | 75 | 25 | 100 |
| Rohstoffmenge | g pro Glas | 360 | 120 | 480 |
| **Rohstoffkosten** | EUR pro Glas | 0,77 | 0,11 | 0,88 |

## Abb. C-77

**Variable Kosten pro Glas** (Angaben in EUR)

| | |
|---|---|
| Rohstoffkosten | 0,88 |
| Variable Kosten | 1,16 |
| **Variable Herstellkosten** | **2,04** |

## Abb. C-78

**Gewinn- und Verlustrechnung, Budget**

|  | in Tsd. EUR | in Prozent |
|---|---|---|
| Umsatz | 16.000 |  |
| Herstellkosten | 8.160 |  |
| Kaffeesteuer | 3.824 |  |
| **Deckungsbeitrag** | **4.016** | **25,0** |
| Marketingbudget (variabel) | 1.416 |  |
| Marketingbudget (fix) | 1.000 |  |
| **EBIT** | **1.600** | **10,0** |

Der Planungsstand des Budgets ist jedoch nur eine Momentaufnahme. Um unterjährig auf die geänderten Gegebenheiten reagieren zu können und den sich ändernden Anforderungen gerecht zu werden, wird zusätzlich zum unveränderlichen Budget ständig der sog. Dynamic Forecast aufgestellt und fortlaufend angepasst.

## Lösungsvorschlag zu Aufgabe 2

Durch die unvorteilhafte Entwicklung des Wechselkurses und den Anstieg des Rohkaffeepreises am Weltmarkt haben sich die Rohstoffkosten gegenüber dem Budget um EUR 0,07 auf EUR 0,95 erhöht (siehe Abb. C-79) und die variablen Herstellkosten sind in der Folge auf EUR 2,11 pro Glas angestiegen (siehe Abb. C-80).

### Abb. C-79

**Rohstoffkosten eines Glases Nescafé per 1.4.**

|  | Einheit | Rohkaffeesorte Arabica | Rohkaffeesorte Robusta | Gesamt |
|---|---|---|---|---|
| Preis pro Tonne Rohkaffee | USD | 3.100 | 1.400 |  |
| Wechselkurs | USD pro EUR |  |  | 1,35 |
| Preis pro Tonne Rohkaffee | EUR | 2.296 | 1.037 |  |
| Anteil der Rohkaffeesorte | Prozent | 75 | 25 | 100 |
| Rohstoffmenge | g pro Glas | 360 | 120 | 480 |
| **Rohstoffkosten** | **EUR pro Glas** | **0,83** | **0,12** | **0,95** |

### Abb. C-80

**Variable Kosten pro Glas per 1.4.** (Angaben in EUR)

| Rohstoffkosten | 0,95 |
|---|---|
| Variable Kosten | 1,16 |
| **Variable Herstellkosten** | **2,11** |

Abb. C-73 zeigt, dass die Marktanteile von Dezember bis März ggü. dem größten Wettbewerber zurückgegangen sind und zum momentanen Zeitpunkt keine Preiserhöhung möglich ist, um die gestiegenen Kosten an den Kunden weiterzugeben und so die EBIT-Marge halten zu können.

Eine Berechnung bis zum Deckungsbeitrag zeigt, dass die erhöhten Kosten bei gleichem Absatzpreis zwangsläufig zu einem niedrigeren absoluten und prozentualen Deckungsbeitrag führen und bei gleichen Marketingausgaben die EBIT-Marge von 10 Prozent nicht mehr erreicht werden kann (siehe Abb. C-81).

Da das Management weiterhin eine EBIT-Marge von 10 Prozent erwartet, bleibt als einziger kurzfristiger Stellhebel eine Kürzung des variablen Teils des Marketingbudgets (siehe Abb. C-81).

Hierbei ist zu bedenken, dass eine kurzfristige Kürzung der Marketingausgaben zum einen den gewünschten Effekt erzielt, den EBIT zu steigern, zum anderen jedoch mittel- bis langfristig dazu führen kann, dass sich der Marktanteil weiter negativ entwickelt.

In diesem Zusammenhang wird deutlich, wie wichtig ein funktionierender Dynamic Forecast für Nestlé ist, um Marktveränderungen schnell und unkompliziert bewerten und Handlungsalternativen zur Zielerreichung trotz veränderter Rahmenbedingungen im Markt aufzeigen zu können.

### Abb. C-81

**Gewinn- und Verlustrechnung, Dynamic Forecast per 1.4.**

|  | in Tsd. EUR | resultierend in Prozent |
|---|---|---|
| Umsatz | 16.000 | |
| Herstellkosten | 8.444 | |
| Kaffeesteuer | 3.824 | |
| **Deckungsbeitrag** | **3.732** | **23,3** |
| Marketingbudget (variabel) | 1.132 | |
| Marketingbudget (fix) | 1.000 | |
| **EBIT** | **1.600** | **10,0** |

Kürzung variable Marketingausgaben um EUR 284 Tsd.

## Lösungsvorschlag zu Aufgabe 3

Die Situation hat sich gegenüber dem im April erstellten Dynamic Forecast erneut stark verändert.

Ein positiver Anstieg des Nescafé Pur Marktanteils vergrößert den Abstand zum Hauptwettbewerber. Dies eröffnet Nestlé mehrere Handlungsalternativen. Eine Option besteht darin, die Marktführerschaft weiter auszubauen, indem die Marketingausgaben erhöht werden. Eine andere Handlungsalternative ist eine Preiserhöhung, um die gestiegenen Kosten teilweise an den Konsumenten weiterzureichen. Die Preiserhöhung von 10 Prozent hätte/hat jedoch einen vorübergehenden Rückgang des Absatzes zur Folge, da mit einer Kaufzurückhaltung der Kunden zu rechnen ist. Damit steigt der Umsatz nicht proportional zur Preiserhöhung.

Auf der anderen Seite hat sich die Kursentwicklung an den Kaffeebörsen und den Devisenmärkten aus Euro-Sicht weiter verschärft, was zu einem weiteren Anstieg der Rohstoffkosten (siehe Abb. C-82) und in der Folge der Herstellkosten geführt hat (siehe Abb. C-83). Der Gesamteffekt der Veränderungen wird im folgenden Dynamic Forecast sichtbar (siehe Abb. C-84) – weitere Handlungsempfehlungen müssen die veränderte Faktor- und Absatzmarktsituation adressieren.

### Abb. C-82

**Rohstoffkosten eines Glases Nescafé per 1.7.**

|  | Einheit | Rohkaffeesorte Arabica | Rohkaffeesorte Robusta | Gesamt |
|---|---|---|---|---|
| Preis pro Tonne Rohkaffee | USD | 3.700 | 1.750 | |
| Wechselkurs | USD pro EUR | | | 1,22 |
| Preis pro Tonne Rohkaffee | EUR | 3.033 | 1.434 | |
| Anteil der Rohkaffeesorte | Prozent | 75 | 25 | 100 |
| Rohstoffmenge | g pro Glas | 360 | 120 | 480 |
| **Rohstoffkosten** | **EUR pro Glas** | **1,09** | **0,17** | **1,26** |

**Abb. C-83**

**Variable Kosten pro Glas per 1.7.** (Angaben in EUR)

| | |
|---|---|
| Rohstoffkosten | 1,26 |
| Variable Kosten | 1,16 |
| **Variable Herstellkosten** | **2,42** |

**Abb. C-84**

**Gewinn- und Verlustrechnung, Dynamic Forecast per 1.7.**

| | in Tsd. EUR | in Prozent |
|---|---|---|
| Umsatz | 16.280 | |
| Herstellkosten | 8.954 | |
| Kaffeesteuer | 3.537 | |
| **Deckungsbeitrag** | **3.789** | **23,3** |
| Marketingbudget (variabel) | 1.416 | |
| Marketingbudget (fix) | 1.000 | |
| **EBIT** | **1.373** | **8,4** |
| resultierend | | |

Trotz der gestiegenen Herstellkosten ist der Deckungsbeitrag gegenüber dem letzten Dynamic Forecast nahezu unverändert geblieben. Die umgesetzte Preiserhöhung konnte dazu beitragen, dass die gestiegenen Kosten und die zurückgegangene Verkaufsmenge aus Sicht des Deckungsbeitrages kompensiert werden konnten. Die Entscheidung des Managements, den Marketingetat konstant zu halten, relativiert jedoch die Konstanz des Deckungsbeitrags. Die in unveränderter Höhe (vs. Budgetansatz) dem Absatzrückgang entgegenwirkenden Marketingausgaben senken im Vergleich zum letzten Dynamic Forecast den EBIT absolut und prozentual.

Durch die Entscheidung, das Marketingbudget nicht zu kürzen, kann die von der Nestlé Geschäftsführung geforderte EBIT-Marge von 10 Prozent nicht mehr realisiert werden. Das Management der Unternehmenseinheiten (Business Units) muss an dieser Stelle so steuern, dass die Lücke zwischen der geforderten 10 Prozent EBIT-Marge und den per Juli erreichten 8,4 Prozent an geeigneter Stelle[10] kommuniziert wird und entsprechende Maßnahmen initiiert werden. Diese fließen in den nächsten Dynamic-Forecast-Zyklus ein und zeigen zusammen mit den sich in Zukunft verändernden und angepassten Marktindikatoren die sich ergebende neue Unternehmenssituation. Auch aus dem neu zu erstellenden Dynamic Forecast (z. B. Zyklus August oder September) wird sich voraussichtlich ein erneuter Handlungsbedarf für die Zukunft ergeben, dem wiederum Maßnahmen folgen müssen, die der Erreichung der ursprünglich vereinbarten Ziele dienen. Und so reiht sich ein Dynamic-Forecast-Zyklus an den nächsten, um schnell, flexibel und proaktiv auf mikro- und makroökonomische Veränderungen Einfluss nehmen zu können.

---

10 Eine geeignete Stelle kann je nach Situation z. B. das Produkt-Marketing, der Vertrieb, die Supply Chain oder das Controlling sein.

### Praxistipp

**Einordnung des Praxisfalls durch die Autoren**

Was in dieser Fallstudie beispielhaft verdeutlicht werden soll, ist das Fehlen einer Patentlösung, die es ermöglicht, auf die unterschiedlichen Einflüsse zu reagieren. Mittels des Dynamic Forecasts ist Nestlé in der Lage, auf aggregiertem Niveau schnell und flexibel Einflussfaktoren bewerten zu können. Zudem ermöglicht der monatliche Zyklus ein schnelleres und unmittelbareres Reagieren auf Einflussfaktoren. Die hier vorgestellten Stellschrauben spiegeln lediglich einen Ausschnitt des Handlungsrepertoires wider. Denkbar sind z. B. auch Maßnahmen wie eine Umverteilung der Marketingausgaben, um z. B. den Gross-Rating-Point[11] einer Werbekampagne in einem Medium (TV, Print, etc.) zu verändern, oder Maßnahmen, die sich mit einer geänderten Sourcing-Strategie im Bereich der Rohstoffe oder der Produktionsprozess-Effizienz beschäftigen.

Eine beispielhafte Maßnahme aus der Vergangenheit, die stabilisierend auf die Rohstoffkosten und damit auf den Dynamic Forecast einwirkte, ist das Hedging von Währungen – also der Kauf von Devisen in der Zukunft zu einem heute festgelegten Wechselkurs.

Die spannende und zugleich schwierige Herausforderung ist es, reaktiv und antizipativ die passenden Maßnahmen zum Umgang mit bereits eingetretenen und noch zu erwartenden Ereignissen zu finden und so in optimierender Form eine kontinuierliche Zielerreichung sicherzustellen.

*Jörg Gölzhäuser ist Controller im Strategischen Konzerncontrolling der Nestlé Deutschland AG.*
*Thomas Scigliano ist Leiter Konzerncontrolling der Nestlé Deutschland AG.*
*Nina Warnemünde ist Controllerin im Technischen Controlling der Nestlé Deutschland AG.*

---

11 Stellt ein grobes Maß zur Beurteilung von Werbekampagnen dar.

# 8. Praxisfall der Lufthansa zum Investitionscontrolling

## Wirtschaftlichkeitsrechnungen für Erweiterungs- sowie Ersatzinvestitionen in Flugzeuge zum Einsatz im Regionalverkehr

*Michael Wirth*

Nordic Star Airways (NSA) wird 1989 als Tochtergesellschaft eines in Hamburg ansässigen großen Reisekonzerns gegründet und bestellt 1990 ihre ersten Fluggeräte vom Typ ATR 72 beim europäischen Flugzeughersteller ATR in Toulouse.

1995 schließen die Deutsche Lufthansa AG (DLH) und NSA ein Handelsabkommen und NSA wird als Lufthansa Partner nominiert. Das Streckennetz wird daraufhin mit dem Schwerpunkt Skandinavien ausgebaut. 1999 wird die NSA in das Frequent Flyer Programm Miles&More aufgenommen. Zum gleichen Zeitpunkt wird ein Codeshare-Abkommen[12] auf Strecken zwischen Skandinavien und Deutschland abgeschlossen.

2005 wird die NSA dann von Lufthansa zu 100 Prozent übernommen und fortan im Regionalpartnerkonzept als Passagier-Zubringer für die interkontinentalen Drehkreuze Frankfurt und München eingesetzt. Damit werden das wirtschaftliche Risiko für die Vermarktung der Flugzeuge sowie die Bereiche Netzsteuerung, Vertrieb und Marketing von Lufthansa direkt übernommen. Für die Nutzung als Passagier-Zubringer zahlt die Lufthansa an NSA eine marktübliche ACMIO (Aircraft, Crew, Maintenance, Insurance und Overhead) Rate. Bei der Übernahme in 2005 umfasst die Flotte der NSA zwanzig ATR 72 Flugzeuge.

Durch die enge Partnerschaft mit Lufthansa und die Anbindung an die großen Drehkreuze Frankfurt und München sowie ab 2006 an das Drehkreuz Zürich und ab 2009 an das Drehkreuz Wien ist ein zusätzliches Wachstum von NSA möglich. Die Regionalflotte soll daher 2010 um drei Regionaljets vom Typ CRJ 700 erweitert werden (siehe Abb. C-85 und C-86). Außerdem sollen 2011 acht der dann zwölf Jahre alten ATR 72 durch sieben weitere Regionaljets CRJ 700 ersetzt werden (siehe Abb. C-86).

Für die von Bombardier hergestellten Regionaljets CRJ 700 liegt NSA für 2010 und 2011 ein Angebot in Höhe von USD 25,5 Mio. pro Flugzeug vor. Nach der Auslieferung ist im jeweiligen Folgejahr eine zusätzliche Investition in das Inflight Entertainment in Höhe von EUR 1,5 Mio. pro Flugzeug nötig.

Aufgrund des langen Betrachtungszeitraumes sind die Prämissen (z. B. Entwicklung Treibstoffpreis und Durchschnittserlöse) bei einer Wirtschaftlichkeitsrechnung mit hoher Unsicherheit behaftet. Deshalb liegt der Bewertung ein Betrachtungszeitraum von lediglich sieben Jahren zugrunde. Um der längeren Nutzung der Flugzeuge (ca. 20 bis 30 Jahre) Rechnung zu tragen, wird der »fiktive« Verkauf der Flugzeuge am Ende des Betrachtungszeitraumes angenommen. Bei beiden Flugzeugtypen wird mit einem jährlichen Wertverlust von 5 Prozent bezogen auf den Anschaffungspreis gerechnet (d. h. in 2011 beträgt der Marktpreis der in 2010 angeschafften CRJ 700 Flugzeuge USD 24,2 Mio.). Für das Inflight Entertainment wird kein Restwert unterstellt. Als Wechselkurs wird ein Wert von USD 1,25 pro EUR angenommen. Der Marktpreis für die alten ATR 72 Flugzeuge beläuft sich in 2010 auf USD 11,7 Mio. Aufgrund der derzeitigen Kapazitätssituation im

---

12 Das Codesharing ist ein Verfahren im Luftverkehr, bei dem sich zwei oder mehrere Fluggesellschaften einen Linienflug teilen. Jede der beteiligten Gesellschaften führt diesen Flug unter einer eigenen Flugnummer, dem Code. Es ermöglicht den Fluggesellschaften, Flüge anzubieten, die sie gar nicht selbst durchführen.

### Abb. C-85

**Flugzeugtypen**

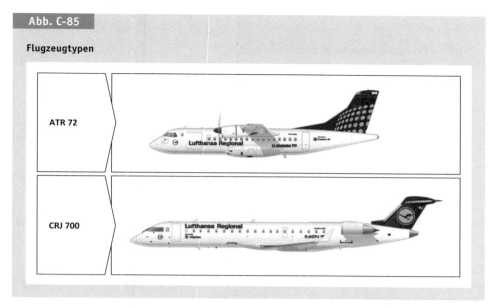

### Abb. C-86

**NSA Flotte- und geplante Flottenentwicklung**

| Flugzeugtyp | Zweck | 2009 | 2010p | 2011p | 2012p |
|---|---|---|---|---|---|
| ATR 72 | | 20 | 20 | 12 | 12 |
| CRJ 700 | Wachstum | | 3 | 3 | 3 |
| CRJ 700 | Ersatz für ATR 72 | | | 7 | 7 |
| **Summe** | | **20** | **23** | **22** | **22** |

Markt für ATR 72 Flugzeuge muss davon ausgegangen werden, dass die acht 2011 zu ersetzenden ATR 72 erst im Jahr 2012 verkauft werden können. Für die ATR Flugzeuge wird ebenfalls ein Wertverlust von 5 Prozent pro Jahr erwartet. Bezugswert für den zu berechnenden Wertverlust ist der Marktpreis in 2010 in Höhe von USD 11,7 Mio.

Die heutige ATR 72 Flotte zeigt für 2009 einen Sitzladefaktor[13] von 60 Prozent bei einem Netto-Durchschnittserlös von EUR 152,30 pro Passagier (siehe Abb. C-87). Für 2010 wird eine Steigerung der Auslastung auf 62 Prozent bei einem leicht rückläufigen Durchschnittserlös pro Passagier auf EUR 150,– prognostiziert. Aufgrund der ab 2011 anfallenden und nachfragedämpfenden Luftverkehrssteuer wird für den Betrachtungszeitraum ab 2011 eine konstante Fortschreibung hinsichtlich Auslastung und Durchschnittserlösen aus 2010 für die ATR 72 Flotte unterstellt. Der tatsächliche unmittelbare Cash-in beläuft sich jedoch nur auf EUR 145,50 pro Passagier, da 3 Prozent der Erlöse durch Forderungsausfälle nicht Cashflow-wirksam sind. Hinzu kommen zusätzliche Einzahlungen für die Weiterbelastung der Luftverkehrssteuer von EUR 8,– pro Passagier (es wird kein Forderungsbestand unterstellt).

---

13 Der Sitzladefaktor ist das Verhältnis von abgesetzten zu angebotenen Sitzen.

**Praxisfälle**
Lufthansa

### Abb. C-87

**Erlös- und Leistungsdaten der ATR 72**

|  | Einheit | 2009 | 2010p | 2011p |
|---|---|---|---|---|
| Angebotene Sitze | Anzahl Sitze | 60 | 60 | 60 |
| Beförderte Passagiere | Anzahl Passagiere | 36,0 | 37,2 | 37,2 |
| Sitzladefaktor | Prozent | 60 | 62 | 62 |
| Erlös pro Passagier* | EUR | 152,25 | 150,00 | 150,00 |
| Blockstunden | Std. pro Flugzeug | 2.500 | 2.500 | 2.500 |
| Flüge | Flüge pro Flugzeug | 2.000 | 2.000 | 2.000 |

\* Inkl. aller Aufschläge

Die Einführung des CRJ 700 bedeutet gegenüber der alten ATR 72 eine Produktverbesserung. Deshalb wird erwartet, dass die zusätzliche Sitzkapazität von 15 Sitzen weitestgehend vermarktet werden kann. Für die Jets CRJ 700 wird deshalb unterstellt, dass der bei der ATR 72 in 2009 erreichte Sitzladefaktor von 60 Prozent für den Betrachtungszeitraum ab 2010 bei höherer Sitzzahl gehalten werden kann. Beim Durchschnittserlös und Forderungsbestand pro Passagier wird für die CRJ 700 hingegen auch zukünftig dasselbe Niveau wie in 2010 erwartet.

Die CRJ 700 ist aufgrund der höheren Geschwindigkeit deutlich produktiver als die ATR 72. Mit einer CRJ 700 können pro Jahr 2.286 Flüge bzw. Blockstunden[14] »produziert« werden; mit einer ATR 72 sind es lediglich 2.000 Flüge bzw. 2.500 Blockstunden (siehe Abb. C-88). Deshalb kann nahezu die gleiche Anzahl von Flügen bzw. Blockstunden mit sieben CRJ 700 wie mit acht ATR 72 »produziert« werden. Dies führt bei einem Ersatz somit zu deutlich geringeren absoluten flugzeugabhängigen Kosten. Nachteil beim CRJ 700 ist allerdings der deutlich höhere Treibstoffverbrauch, der beim derzeitigen Treibstoffpreis zu deutlich höheren Treibstoffkosten führt.

Bei den passagierabhängigen Kosten handelt es sich im Wesentlichen um Bordverpflegungskosten sowie passagierbezogene Aufwendungen an den Flughäfen inkl. der Kosten für die Luftverkehrssteuer. Die flugabhängigen Kosten umfassen die Abfertigungs- und Landegebühren für die Flughäfen sowie die Abgaben an die Flugsicherung. Die Technikkosten beinhalten die kompletten Kosten für Wartung und Überholung pro Flugzeug. Die Crewkosten setzen sich aus den Personal-, Reise- und Ausbildungskosten für das Kabinen- und Cockpitpersonal zusammen. Die Stations-, Verkaufs- und Verwaltungskosten beinhalten die geschlüsselten Personal- und Gemeinkosten.

---

14 Die Blockzeit ist die Zeit zwischen dem erstmaligen Abrollen eines Luftfahrzeugs aus seiner Parkposition vor dem Start bis zum Abstellen aller Triebwerke auf der zugewiesenen Parkposition.

**Abb. C-88**

**Flugzeugspezifische Daten**

| | Einheit | Flugzeugtyp | |
|---|---|---|---|
| | | CRJ 700 | ATR 72 |
| Hersteller | | ATR | Bombardier |
| Antrieb | | Turboprop | Jet-Triebwerk |
| Länge | Meter | 28 | 33 |
| Flughäufigkeit | Flüge pro Jahr | 2.000 | 2.500 |
| Reisegeschwindigkeit | km/h | 520 | 818 |
| Blockzeit* | Std. pro Jahr | 2.286 | 2.857 |
| Treibstoffverbrauch | Liter pro Blockstunde | 790 | 1.750 |
| Passagierabhängige Kosten | EUR pro Pax | 23,00 | 23,00 |
| Flugabhängige Kosten | EUR pro Flug | 1.450 | 1.140 |
| Treibstoffkosten | EUR pro l | 0,45 | 0,45 |
| Technikkosten | Tsd. EUR pro Jahr und Flugzeug | 1.600 | 1.504 |
| Crewkosten | Tsd. EUR pro Jahr und Flugzeug | 1.700 | 1.631 |
| Versicherungskosten | Tsd. EUR pro Jahr und Flugzeug | 50 | 45 |
| Station, Verkauf, Verwaltung | Tsd. EUR pro Jahr und Flugzeug | 1.500 | 1.500 |

* Die Blockzeit ist die Zeit zwischen dem erstmaligen Abrollen eines Luftfahrzeugs aus seiner Parkposition vor dem Start bis zum Abstellen aller Triebwerke auf der zugewiesenen Parkposition nach der Landung.

## Aufgaben

1a. Wird mit dem geplanten Zugang von drei CRJ 700 Wachstumsflugzeugen in 2010 Wert geschaffen? Erstellen Sie hierzu eine Wirtschaftlichkeitsrechnung für die drei zusätzlichen Jets CRJ 700. Verwenden Sie im ersten Schritt die Kapitalwertmethode bei einem Kapitalkostensatz (WACC) von 7,9 Prozent. Der Betrachtungszeitraum beläuft sich auf acht Jahre ($t_0$ bis $t_7$), also 2010 bis 2017. Hierbei wird bei der DLH zwischen einer Anschaffungsphase und einer Nutzungsphase unterschieden. Die Anschaffungsphase beinhaltet die Auszahlung für die Investitionen (inkl. Inflight Entertainment) und die Nutzungsphase die Ein- und Auszahlungen durch die Nutzung des Investitionsgutes. Als Restwert sind am Ende des Betrachtungszeitraumes ($t_7$) die erzielbaren Marktpreise durch Verkauf der Flugzeuge in der Nutzungsphase zu unterstellen. Steuerauszahlungen werden aus Vereinfachungsgründen nicht berücksichtigt.

1b. Ermitteln Sie im zweiten Schritt die Verzinsung und nicht den Kapitalwert der Investition. Allerdings soll hierfür nicht die interne Zinsfußmethode verwendet werden, da die Annahme der Wiederanlage mit dem internen Zinsfuß als zu risikoreich bewertet wird. Verwenden Sie hingegen die bei Lufthansa standardmäßig verwendete Qualifizierte interne Zinsfußmethode (QIKV), bei der unterstellt wird, dass die Wiederanlage zum WACC erfolgt. Zur Berechnung des QIKV werden grundsätzlich alle Einzahlungen mit dem Reinvestitionszins (hier WACC) zur Berechnung des erzielbaren Endvermögens auf das Ende des Betrachtungszeitraums aufgezinst. Alle Auszahlungen werden mit dem Investitionszins (WACC) zur Berechnung des Kapitaleinsatzes auf den Investitionszeitpunkt abgezinst. Die Berechnung des QIKV erfolgt dann auf Basis der berechneten Werte mittels der nach der »Rendite« aufgelösten Zinseszins-Formel; Endwert = Barwert × $(1+QIKV)^t$.

**Praxisfälle**
Lufthansa

Beachten Sie die Besonderheit, dass – wie bereits bei der Kapitalwertmethode erläutert – bei der DLH in eine Anschaffungsphase und eine Nutzungsphase unterschieden wird. Die Abzinsung des Kapitaleinsatzes bezieht sich hierbei auf die komplette Anschaffungsphase; die Aufzinsung bezieht sich auf den jeweiligen Cashflow pro Jahr während der Nutzungsphase.

2. Welcher Kapitalwert bzw. welche Verzinsung wird mit dem geplanten Ersatz von acht ATR 72 in 2011 durch sieben CRJ 700 erreicht? Wird mit dem Vorhaben Wert geschaffen? Erstellen Sie gemäß 1a. und 1b. jeweils eine Wirtschaftlichkeitsrechnung für die Berechnung des Kapitalwertes und des qualifizierten internen Zinsfußes. Der Betrachtungszeitraum umfasst ebenfalls 8 Jahre ($t_0$ bis $t_7$ entspricht 2011 bis 2018). Beachten Sie die oben genannte Unterteilung in Anschaffungsphase ($t_0$ = Zeitpunkt der Investition) und Nutzungsphase ($t_1$ bis $t_7$). Nur in der Nutzungsphase sind Ein- und Auszahlungen durch die Nutzung des neuen bzw. alten Investitionsgutes zu berücksichtigen. Bei der Alternative »Kauf von sieben CRJ 700 in 2011« ist der Verkauf der dann nicht mehr benötigten ATR 72 in der Nutzungsphase (in $t_1$ = 2012) zu berücksichtigen. Die ATR 72 werden in 2011 bereits stillgelegt und nicht mehr eingesetzt, da 2011 bereits die sieben CRJ 700 betrieben werden.

## Lösungsvorschlag

### Lösungsvorschlag zu Aufgabe 1a

Die zentrale Frage ist, ob mit der Investition Wert geschaffen wird. Dies setzt voraus, dass mit dem Vorhaben die Kapitalkosten erwirtschaftet werden – die Investition also einen Kapitalwert größer null erwirtschaftet.

Zur übersichtlichen Darstellung wurde bei der Berechnung in eine Anschaffungs- und Nutzungsphase und innerhalb der Nutzungsphase zwischen Einzahlungen und Auszahlungen unterschieden (siehe Abb. C-89).

**Anschaffungsphase:** In der Anschaffungsphase sind alle Auszahlungen für die Beschaffung oder Herstellung von Vermögensgegenständen, die dem Anlagevermögen (langfristiger Nutzen) zuzuordnen sind, zu berücksichtigen. Hierzu zählen die Auszahlungen in Höhe von EUR 61,2 Mio. (USD 25,5 Mio. ÷ USD 1,25 pro EUR × 3 CRJ 700) in $t_0$ (2010). Weiterhin sind die Auszahlungen für das Inflight Entertainment in Höhe von EUR 4,5 Mio. in $t_1$ (2011) zu berücksichtigen (EUR 1,5 Mio. × 3 CRJ 700).

**Nutzungsphase:** Hier sind alle mit der Investition verbundenen Einzahlungen und Auszahlungen anzusetzen. Pro Passagier und Flug wird ein Nettoverkehrserlös (Ticketpreis abzüglich Kommissionen) in Höhe von EUR 150,– erzielt. Allerdings führen 3 Prozent des Erlöses zu einem Forderungsausfall, so dass bei der Berechnung nur EUR 145,50 pro Passagier und Flug als Cash-wirksam zu berücksichtigen sind. Dies führt zu Nettoverkehrserlösen in Höhe EUR 44,9 Mio. (EUR 145,50 pro Passagier × 45 Passagiere pro Flug × 2.286 Flüge pro CRJ 700 × 3 CRJ 700). Die 45 Passagiere ergeben sich aus dem unterstellten Auslastungsfaktor von 60 Prozent bei einer Sitzplatzkapazität von 75 Sitzen der CRJ 700. Hinzu kommen EUR 8,– pro Passagier aus der Weitergabe der Luftverkehrssteuer. Gemäß der eben aufgeführten Berechnung führt dies zu EUR 2,5 Mio. Erlösen pro Jahr.

Am Ende des Betrachtungszeitraumes ist eine Annahme für den Restwert der Flugzeuge in Höhe des Marktpreises zu unterstellen. Aufgrund des Wertverlustes von 5 Prozent pro Jahr ergibt sich ein Marktpreis von EUR 13,3 Mio. bzw. EUR 39,8 Mio. für alle drei CRJ 700 Flugzeuge

(USD 25,5 Mio. ÷ USD 1,25 pro EUR abzüglich 5 Prozent Wertverlust pro Jahr für 7 Jahre). Bei den Auszahlungen sind die passagierabhängigen Kosten (inkl. Luftverkehrssteuer) in Höhe von EUR 23,– pro Passagier anlog zur Erlösermittlung zu kalkulieren. Dies führt zu Kosten von EUR 7,1 Mio. pro Jahr. Bei den flugabhängigen Kosten ergeben sich Kosten in Höhe von EUR 9,9 Mio. pro Jahr (EUR 1.450 pro Flug × 2.286 Flügen pro CRJ 700 × 3 CRJ 700). Beim Treibstoff fallen pro Jahr Kosten

**Abb. C-89**

**Bewertung des Kaufs von drei CRJ 700** (Angaben in Tsd. EUR)

| | t0 2010 | t1 2011 | t2 2012 | t3 2013 | t4 2014 | t5 2015 | t6 2016 | t7 2017 | t7 Summen |
|---|---|---|---|---|---|---|---|---|---|
| *Anschaffungsphase* | | | | | | | | | |
| **Auszahlungen** | | | | | | | | | |
| Investition in drei CRJ 700 | 61.200 | | | | | | | | 61.200 |
| Umrüstung Sitze für drei CRJ 700 | | 4.500 | | | | | | | 4.500 |
| **Summe Anschaffungsphase** | 61.200 | 4.500 | 0 | 0 | 0 | 0 | 0 | 0 | 65.700 |
| *Nutzungsphase* | | | | | | | | | |
| **Einzahlungen** | | | | | | | | | |
| Nettoverkehrserlöse inkl. Kerosinzuschlag | | 44.903 | 44.903 | 44.903 | 44.903 | 44.903 | 44.903 | 44.903 | 314.319 |
| Luftverkehrssteuer | | 2.469 | 2.469 | 2.469 | 2.469 | 2.469 | 2.469 | 2.469 | 17.282 |
| Restwert CRJ 700 | | | | | | | | 39.780 | 39.780 |
| Restwert Forderungen | | | | | | | | | |
| **Summe** | 0 | 47.372 | 47.372 | 47.372 | 47.372 | 47.372 | 47.372 | 87.152 | 371.381 |
| **Auszahlungen** | | | | | | | | | |
| passagierabhängige Kosten | | 7.098 | 7.098 | 7.098 | 7.098 | 7.098 | 7.098 | 7.098 | 49.686 |
| flugabhängige Kosten | | 9.944 | 9.944 | 9.944 | 9.944 | 9.944 | 9.944 | 9.944 | 69.609 |
| Treibstoffkosten | | 6.750 | 6.750 | 6.750 | 6.750 | 6.750 | 6.750 | 6.750 | 47.248 |
| Technikkosten | | 4.800 | 4.800 | 4.800 | 4.800 | 4.800 | 4.800 | 4.800 | 33.600 |
| Crewkosten | | 5.100 | 5.100 | 5.100 | 5.100 | 5.100 | 5.100 | 5.100 | 35.700 |
| Versicherungskosten | | 150 | 150 | 150 | 150 | 150 | 150 | 150 | 1.050 |
| Stations-, Verkauf-, Verwaltungskosten | | 4.500 | 4.500 | 4.500 | 4.500 | 4.500 | 4.500 | 4.500 | 31.500 |
| **Summe** | 0 | 38.342 | 38.342 | 38.342 | 38.342 | 38.342 | 38.342 | 38.342 | 268.393 |
| **Summe Nutzungsphase** | 0 | 9.030 | 9.030 | 9.030 | 9.030 | 9.030 | 9.030 | 48.810 | 102.989 |
| *Gesamtbewertung* | | | | | | | | | |
| Summe Anschaffungs- und Nutzungsphase | −61.200 | 4.530 | 9.030 | 9.030 | 9.030 | 9.030 | 9.030 | 48.810 | 37.289 |
| Abzinsungsfaktor | 1,00 | 0,93 | 0,86 | 0,80 | 0,74 | 0,68 | 0,63 | 0,59 | |
| Barwert | −61.200 | 4.198 | 7.756 | 7.188 | 6.662 | 6.174 | 5.722 | 28.665 | 5.166 |
| kumulativer Barwert | −61.200 | −57.002 | −49.246 | −42.058 | −35.396 | −29.222 | −23.500 | 5.166 | |

# Praxisfälle
Lufthansa

in Höhe von EUR 6,8 Mio. an (EUR 0,45 pro Liter × 1.750 Liter pro Blockstunde × 2.857 Blockstunden pro CRJ 700 × 3 CRJ 700). Bei den Crew-, Technik- und Verwaltungskosten sind die jeweiligen Kosten pro Flugzeug mit 3 CRJ 700 Flugzeugen zu multiplizieren.

Daraus resultiert ein Barwert in Höhe von EUR 5,2 Mio., so dass durch die Investition Wert geschaffen würde und die drei CRJ 700 angeschafft werden sollten.

> **Praxistip**
>
> ### Restwert
>
> Die Prämissen bzw. Ermittlungen des Restwertes können bei Investitionsrechnungen unterschiedlich und entscheidend für die Wirtschaftlichkeit sein. Zur Ermittlung des Restwertes für z. B. eine Flugzeuginvestition wird der durch den Verkauf in Jahr 7 erzielbare Cashflow angenommen. Wenn sich dieser Restwert (Marktpreis) deutlich vom Cashflowpotenzial durch eine weitere Nutzung des Flugzeuges unterscheidet, kann als Restwert in Jahr 7 auch der erzielbare Barwert bis zum Ersatz oder zur Außerdienststellung des Flugzeuges unterstellt werden. Die tatsächliche Nutzungsdauer eines Flugzeuges beträgt zwischen 20 und 30 Jahren. Insbesondere bei Finanzinvestitionen wird in der Regel als Restwert ein »Endwert«, bzw. »Terminal Value« oder »Continuing Value« unterstellt. Dieser berechnet sich durch Fortschreibung des im letzten expliziten Planungsjahr nachhaltig erzielbaren Free Cashflows. Das heißt, es wird bei Finanzbeteiligungen vom Going-Concern-Prinzip, der Unternehmensfortführung, ausgegangen. Der Restwert bzw. der *Terminal Value* hat einen wesentlichen Einfluss auf die Höhe eines Unternehmenswertes und steuert im Normalfall mehr als die Hälfte des gesamten Unternehmenswerts bei. Die Ermittlung des Restwertes und die in diesem Zusammenhang zentralen Parameter (u. a. Wachstumsrate, Inflationsrate, Branchenentwicklung usw.) sind deshalb mit dem Controlling abzustimmen. Insbesondere die Problematik zyklisch schwankender Überschüsse zeigt die Notwendigkeit auf, dass konsistente nachhaltige Basis-Cashflows sowie sinnvolle langfristige Rendite- und Wachstumsannahmen zu treffen sind.

> **Praxistipp**
>
> ### Governance
>
> Durch die Unterteilung in eine Anschaffungs- und eine Nutzungsphase wird Transparenz hinsichtlich der Ermittlung des zu genehmigenden Investitionsvolumens geschaffen. Das Genehmigungsvolumen umfasst den gesamten Mittelverbrauch vom Beginn der Erstellung bis zur Fertigstellung des Projekt- und Investitionsvorhabens (Anschaffungsphase). Das Genehmigungsvolumen dient zum einen der Identifikation der Genehmigungsinstanz, zum anderen als Basiswert für das Monitoring des Projektes bzw. der Investition bis zur Fertigstellung.

**Lösungsvorschlag zu Aufgabe 1b**

Zur Ermittlung des Zinssatzes ist die Zinseszinsformel nach dem QIKV aufzulösen:

$$\sqrt[7]{\frac{\text{Summe Endwert (Routine)}}{\text{Summe Barwert (Projekt)}}} - 1 = \textbf{QIKV}$$

Die Verzinsung beläuft sich auf 9,1 Prozent (siehe Abb. C-90). Die Investition in die drei CRJ 700 ist wirtschaftlich, da die Rendite von 9,1 Prozent pro Jahr die durchschnittlichen Kapitalkosten in Höhe von 7,9 Prozent überschreitet.

Lösungsvorschlag

### Abb. C-90

**Kauf von drei CRJ 700** (Angaben in Tsd. EUR)

| | t0 2010 | t1 2011 | t2 2012 | t3 2013 | t4 2014 | t5 2015 | t6 2016 | t7 2017 | t7 Summen |
|---|---|---|---|---|---|---|---|---|---|
| *Anschaffungsphase* | | | | | | | | | |
| Auszahlungen | | | | | | | | | |
| Investition in drei CRJ 700 | 61.200 | | | | | | | | 61.200 |
| Umrüstung Sitze für drei CRJ 700 | | 4.500 | | | | | | | 4.500 |
| Summe Anschaffungsphase | 61.200 | 4.500 | 0 | 0 | 0 | 0 | 0 | 0 | 65.700 |
| *Nutzungsphase* | | | | | | | | | |
| Einzahlungen | | | | | | | | | |
| Nettoverkehrserlöse inkl. Kerosinzuschlag | | 44.903 | 44.903 | 44.903 | 44.903 | 44.903 | 44.903 | 44.903 | 314.319 |
| Luftverkehrssteuer | | 2.469 | 2.469 | 2.469 | 2.469 | 2.469 | 2.469 | 2.469 | 17.282 |
| Restwert CRJ 700 | | | | | | | | 39.780 | 39.780 |
| Restwert Forderungen | | | | | | | | | |
| Summe | 0 | 47.372 | 47.372 | 47.372 | 47.372 | 47.372 | 47.372 | 87.152 | 371.381 |
| Auszahlungen | | | | | | | | | |
| passagierabhängige Kosten | | 7.098 | 7.098 | 7.098 | 7.098 | 7.098 | 7.098 | 7.098 | 49.686 |
| flugabhängige Kosten | | 9.944 | 9.944 | 9.944 | 9.944 | 9.944 | 9.944 | 9.944 | 69.609 |
| Treibstoffkosten | | 6.750 | 6.750 | 6.750 | 6.750 | 6.750 | 6.750 | 6.750 | 47.248 |
| Technikkosten | | 4.800 | 4.800 | 4.800 | 4.800 | 4.800 | 4.800 | 4.800 | 33.600 |
| Crewkosten | | 5.100 | 5.100 | 5.100 | 5.100 | 5.100 | 5.100 | 5.100 | 35.700 |
| Versicherungskosten | | 150 | 150 | 150 | 150 | 150 | 150 | 150 | 1.050 |
| Stations-, Verkaufs-, Verwaltungskosten | | 4.500 | 4.500 | 4.500 | 4.500 | 4.500 | 4.500 | 4.500 | 31.500 |
| Summe | 0 | 38.342 | 38.342 | 38.342 | 38.342 | 38.342 | 38.342 | 38.342 | 268.393 |
| Summe Nutzungsphase | 0 | 9.030 | 9.030 | 9.030 | 9.030 | 9.030 | 9.030 | 48.810 | 102.989 |
| *Gesamtbewertung* | | | | | | | | | |
| Summe Anschaffungs- und Nutzungsphase | −61.200 | 4.530 | 9.030 | 9.030 | 9.030 | 9.030 | 9.030 | 48.810 | 37.289 |
| Abzinsungsfaktor | 1,00 | 0,93 | 0,86 | 0,80 | 0,74 | 0,68 | 0,63 | 0,59 | |
| Barwert | −61.200 | 4.198 | 7.756 | 7.188 | 6.662 | 6.174 | 5.722 | 28.665 | 5.166 |
| kumulativer Barwert | −61.200 | −57.002 | −49.246 | −42.058 | −35.396 | −29.222 | −23.500 | 5.166 | |
| Barwert Anschaffungsphase | 61.200 | 4.171 | 0 | 0 | 0 | 0 | 0 | 0 | 65.371 |
| kumulierter Barwert Anschaffungsphase | 61.200 | 65.371 | 65.371 | 65.371 | 65.371 | 65.371 | 65.371 | 65.371 | 65.371 |
| Endwertfaktoren | 1,70 | 1,58 | 1,46 | 1,36 | 1,26 | 1,16 | 1,08 | 1,00 | |
| Endwerte Nutzungsphase | 0 | 14.250 | 13.206 | 12.240 | 11.343 | 10.513 | 9.743 | 48.810 | 120.105 |
| kumulierte Endwerte Nutzugsphase | 0 | 14.250 | 27.456 | 39.696 | 51.039 | 61.552 | 71.295 | 120.105 | 120.105 |
| Qualifizierte interne Verzinsung | 9,1 % | | | | | | | | |

**Praxisfälle**
Lufthansa

**Lösungsvorschlag zu Aufgabe 2a**

Bei der Ersatzinvestition ist zur Quantifizierung des Vorhabens die *Delta Cashflow Methode* zu verwenden, das bedeutet: Wie ist die finanzielle Situation der Lufthansa bei einer Investition in sieben neue CRJ 700 Flugzeuge (Alternative 1) im Vergleich zum Weiterbetrieb der ATR 72 Flugzeuge (Alternative 2)? Der Delta Cashflow errechnet sich als Differenz aus dem Cashflow der Alternative 1 (die finanzielle Situation bei Durchführung des Investitionsvorhabens) abzüglich dem Cashflow der Alternative 2 (der Weiterbetrieb der ATR 72).

Die Bewertung der Alternative 1 basiert auf der bereits durchgeführten Bewertung der Wachstumsinvestition in drei CRJ 700 Flugzeuge (vgl. Abb. C-89). Die entsprechenden Ein- und Auszahlungen der Alternative 1 sind durch drei Flugzeuge zu dividieren und anschließend hier mit sieben CRJ 700 zu multiplizieren (siehe Abb. C-91). Hinzu kommt die Einzahlung durch den Verkauf der acht ATR 72 in 2012 in Höhe von EUR 67,4 Mio. (USD 11,7 Mio. ÷ USD 1,25 pro EUR × 8 ATR 72 abzüglich 5 Prozent Wertverlust pro Jahr für 2 Jahre). Die Bewertung der Alternative 1 führt zu einem Barwert in Höhe von EUR 74,5 Mio.

Zur Ermittlung des Delta Cashflows wird nun noch Alternative 2 bewertet.

**Anschaffungsphase:** In der Anschaffungsphase sind keine Auszahlungen zu berücksichtigen, da für den Weiterbetrieb keine Investitionen notwendig sind.

**Nutzungsphase:** Hier sind alle Einzahlungen und Auszahlungen, die mit dem Weiterbetrieb der ATR 72 verbunden sind, zu berücksichtigen. Pro Passagier und Flug wird analog zur CRJ 700 ein Nettoverkehrserlös nach Abzug der Forderungsverluste in Höhe von EUR 145,50 pro Passagier und Flug erzielt.

Dies führt zu Nettoverkehrserlösen in Höhe EUR 86,6 Mio. (EUR 145,50 pro Passagier × 37,2 Passagiere pro Flug × 2.000 Flüge pro ATR 72 × 8 ATR 72). Die 37,2 Passagiere ergeben sich aus dem unterstellten Auslastungsfaktor von 62 Prozent bei einer Sitzplatzkapazität von 60 Sitzen der ATR 72. Hinzu kommen ebenfalls EUR 8,– pro Passagier aus der Weitergabe der Luftverkehrssteuer. Gemäß der eben aufgeführten Berechnung führt dies zu EUR 4,8 Mio. Erlösen pro Jahr.

Am Ende des Betrachtungszeitraums ist eine Annahme für den Restwert der Flugzeuge in Höhe des Marktpreises zu unterstellen. Aufgrund des Wertverlustes von 5 Prozent pro Jahr ergibt sich ein Marktpreis von EUR 5,6 Mio. für ein ATR 72 Flugzeug bzw. EUR 44,9 Mio. für alle acht Flugzeuge (USD 11,7 Mio. in 2010 ÷ USD 1,25 pro EUR × 8 ATR 72 abzüglich 5 Prozent Wertverlust pro Jahr für 8 Jahre).

Bei den Auszahlungen sind die passagierabhängigen Kosten in Höhe von EUR 23,– pro Passagier analog zur Erlösermittlung zu kalkulieren. Dies führt zu Kosten von EUR 13,7 Mio. pro Jahr. Bei den flugabhängigen Kosten ergeben sich Kosten in Höhe von EUR 18,2 Mio. pro Jahr (EUR 1.140 pro Flug × 2.000 Flügen pro ATR 72 × 8 ATR 72). Beim Treibstoff fallen pro Jahr Kosten in Höhe von EUR 7,1 Mio. an (EUR 0,45 pro Liter × 790 Liter pro Blockstunde × 2.500 Blockstunden pro ATR 72 × 8 ATR 72). Bei den Crew-, Technik- und Verwaltungskosten sind die jeweiligen Kosten pro Flugzeug mit 8 ATR 72 Flugzeugen zu multiplizieren.

Daraus resultiert ein Barwert in Höhe von EUR 104,1 Mio. (siehe Abb. C-92).

## Abb. C-91

**Alternative 1: Kauf von sieben CRJ 700** (Angaben in Tsd. EUR)

| | t0 2011 | t1 2012 | t2 2013 | t3 2014 | t4 2015 | t5 2016 | t6 2017 | t7 2018 | t7 Summen |
|---|---|---|---|---|---|---|---|---|---|
| *Anschaffungsphase* | | | | | | | | | |
| **Auszahlungen** | | | | | | | | | |
| Investition in drei CRJ 700 | 142.800 | | | | | | | | 142.800 |
| Umrüstung Sitze für drei CRJ 700 | | 10.500 | | | | | | | 10.500 |
| Summe Anschaffungsphase | 142.800 | 10.500 | 0 | 0 | 0 | 0 | 0 | 0 | 153.300 |
| *Nutzungsphase* | | | | | | | | | |
| **Einzahlungen** | | | | | | | | | |
| Nettoverkehrserlöse inkl. Kerosinzuschlag | | 104.773 | 104.773 | 104.773 | 104.773 | 104.773 | 104.773 | 104.773 | 733.412 |
| Luftverkehrssteuer | | 5.761 | 5.761 | 5.761 | 5.761 | 5.761 | 5.761 | 5.761 | 40.325 |
| Restwert ATR 72 | | 67.392 | | | | | | | |
| Restwert CRJ 700 | | | | | | | | 92.820 | 92.820 |
| Restwert Forderungen | | | | | | | | | |
| Summe | 0 | 177.926 | 110.534 | 110.534 | 110.534 | 110.534 | 110.534 | 203.354 | 933.949 |
| **Auszahlungen** | | | | | | | | | |
| passagierabhängige Kosten | | 16.562 | 16.562 | 16.562 | 16.562 | 16.562 | 16.562 | 16.562 | 115.934 |
| flugabhängige Kosten | | 23.203 | 23.203 | 23.203 | 23.203 | 23.203 | 23.203 | 23.203 | 162.420 |
| Treibstoffkosten | | 15.749 | 15.749 | 15.749 | 15.749 | 15.749 | 15.749 | 15.749 | 110.244 |
| Technikkosten | | 11.200 | 11.200 | 11.200 | 11.200 | 11.200 | 11.200 | 11.200 | 78.400 |
| Crewkosten | | 11.900 | 11.900 | 11.900 | 11.900 | 11.900 | 11.900 | 11.900 | 83.300 |
| Versicherungskosten | | 350 | 350 | 350 | 350 | 350 | 350 | 350 | 2.450 |
| Stations-, Verkaufs-, Verwaltungskosten | | 10.500 | 10.500 | 10.500 | 10.500 | 10.500 | 10.500 | 10.500 | 73.500 |
| Summe | 0 | 89.464 | 89.464 | 89.464 | 89.464 | 89.464 | 89.464 | 89.464 | 626.249 |
| Summe Nutzungsphase | 0 | 88.462 | 21.070 | 21.070 | 21.070 | 21.070 | 21.070 | 113.890 | 307.699 |
| *Gesamtbewertung* | | | | | | | | | |
| Summe Anschaffungs- und Nutzungsphase | -142.800 | 77.962 | 21.070 | 21.070 | 21.070 | 21.070 | 21.070 | 113.890 | 154.399 |
| Abzinsungsfaktor | 1,00 | 0,93 | 0,86 | 0,80 | 0,74 | 0,68 | 0,63 | 0,59 | |
| Barwert | -142.800 | 72.254 | 18.097 | 16.772 | 15.544 | 14.406 | 13.351 | 66.886 | 74.511 |
| kumulativer Barwert | -142.800 | -70.546 | -52.449 | -35.677 | -20.132 | -5.726 | 7.625 | 74.511 | |

## Praxisfälle
Lufthansa

### Abb. C-92

**Alternative 2: Weiterbetrieb von acht ATR 72** (Angaben in Tsd. EUR)

| | t0 2011 | t1 2012 | t2 2013 | t3 2014 | t4 2015 | t5 2016 | t6 2017 | t7 2018 | t7 Summen |
|---|---|---|---|---|---|---|---|---|---|
| *Anschaffungsphase* | | | | | | | | | |
| **Auszahlungen** | | | | | | | | | |
| Investition in drei CRJ 700 | | | | | | | | | 0 |
| Umrüstung Sitze für drei CRJ 700 | | | | | | | | | 0 |
| Summe Anschaffungsphase | 0 | 0 | 0 | 0 | 0 | 0 | 0 | 0 | 0 |
| *Nutzungsphase* | | | | | | | | | |
| **Einzahlungen** | | | | | | | | | |
| Nettoverkehrserlöse inkl. Kerosinzuschlag | | 86.602 | 86.602 | 86.602 | 86.602 | 86.602 | 86.602 | 86.602 | 606.211 |
| Luftverkehrssteuer | | 4.762 | 4.762 | 4.762 | 4.762 | 4.762 | 4.762 | 4.762 | 33.331 |
| Restwert ATR 72 | | | | | | | | 44.928 | |
| Restwert CRJ 700 | | | | | | | | | 0 |
| Restwert Forderungen | | | | | | | | 2.678 | 2.678 |
| Summe | 0 | 91.363 | 91.363 | 91.363 | 91.363 | 91.363 | 91.363 | 136.291 | 684.470 |
| **Auszahlungen** | | | | | | | | | |
| passagierabhängige Kosten | | 13.690 | 13.690 | 13.690 | 13.690 | 13.690 | 13.690 | 13.690 | 95.827 |
| flugabhängige Kosten | | 18.240 | 18.240 | 18.240 | 18.240 | 18.240 | 18.240 | 18.240 | 127.680 |
| Treibstoffkosten | | 7.110 | 7.110 | 7.110 | 7.110 | 7.110 | 7.110 | 7.110 | 49.770 |
| Technikkosten | | 12.032 | 12.032 | 12.032 | 12.032 | 12.032 | 12.032 | 12.032 | 84.224 |
| Crewkosten | | 13.048 | 13.048 | 13.048 | 13.048 | 13.048 | 13.048 | 13.048 | 91.336 |
| Versicherungskosten | | 360 | 360 | 360 | 360 | 360 | 360 | 360 | 2.520 |
| Stations-, Verkaufs-, Verwaltungskosten | | 12.000 | 12.000 | 12.000 | 12.000 | 12.000 | 12.000 | 12.000 | 84.000 |
| Summe | 0 | 76.480 | 76.480 | 76.480 | 76.480 | 76.480 | 76.480 | 76.480 | 535.357 |
| Summe Nutzungsphase | 0 | 14.884 | 14.884 | 14.884 | 14.884 | 14.884 | 14.884 | 59.812 | 149.113 |
| *Gesamtbewertung* | | | | | | | | | |
| Summe Anschaffungs- und Nutzungsphase | 0 | 14.884 | 14.884 | 14.884 | 14.884 | 14.884 | 14.884 | 59.812 | 149.113 |
| Abzinsungsfaktor | 1,00 | 0,93 | 0,86 | 0,80 | 0,74 | 0,68 | 0,63 | 0,59 | |
| Barwert | 0 | 13.794 | 12.784 | 11.848 | 10.981 | 10.177 | 9.431 | 35.127 | 104.141 |
| kumulativer Barwert | 0 | 13.794 | 26.578 | 38.426 | 49.406 | 59.583 | 69.014 | 104.141 | |

Lösungsvorschlag C

### Abb. C-93

**Delta Cashflow der Alternativen** (Angaben in Tsd. EUR)

| | t0 2010 | t1 2011 | t2 2012 | t3 2013 | t4 2014 | t5 2015 | t6 2016 | t7 2017 | t7 Summen |
|---|---|---|---|---|---|---|---|---|---|
| *Anschaffungsphase* | | | | | | | | | |
| **Auszahlungen** | | | | | | | | | |
| Investition in sieben CRJ 700 | 142.800 | | | | | | | | 142.800 |
| Umrüstung Sitze für acht ATR 72 | | 10.500 | | | | | | | 10.500 |
| Summe Anschaffungsphase | 142.800 | 10.500 | 0 | 0 | 0 | 0 | 0 | 0 | 153.300 |
| *Nutzungsphase* | | | | | | | | | |
| **Einzahlungen** | | | | | | | | | |
| Nettoverkehrserlöse inkl. Kerosinzuschlag | | 18.171 | 18.171 | 18.171 | 18.171 | 18.171 | 18.171 | 18.171 | 127.200 |
| Luftverkehrssteuer | | 999 | 999 | 999 | 999 | 999 | 999 | 999 | 6.994 |
| Restwert ATR 72 | | 67.392 | 0 | 0 | 0 | 0 | 0 | -44.928 | |
| Restwert CRJ 700 | | 0 | 0 | 0 | 0 | 0 | 0 | 92.820 | 92.820 |
| Restwert Forderungen | | 0 | 0 | 0 | 0 | 0 | 0 | | |
| Summe | 0 | 86.563 | 19.171 | 19.171 | 19.171 | 19.171 | 19.171 | 67.063 | 249.478 |
| **Auszahlungen** | | | | | | | | | |
| passagierabhängige Kosten | | 2.872 | 2.872 | 2.872 | 2.872 | 2.872 | 2.872 | 2.872 | 20.107 |
| flugabhängige Kosten | | 4.963 | 4.963 | 4.963 | 4.963 | 4.963 | 4.963 | 4.963 | 34.740 |
| Treibstoffkosten | | 8.639 | 8.639 | 8.639 | 8.639 | 8.639 | 8.639 | 8.639 | 60.474 |
| Technikkosten | | -832 | -832 | -832 | -832 | -832 | -832 | -832 | -5.824 |
| Crewkosten | | -1.148 | -1.148 | -1.148 | -1.148 | -1.148 | -1.148 | -1.148 | -8.036 |
| Versicherungskosten | | -10 | -10 | -10 | -10 | -10 | -10 | -10 | -70 |
| Stations-, Verkaufs-, Verwaltungskosten | | -1.500 | -1.500 | -1.500 | -1.500 | -1.500 | -1.500 | -1.500 | -10.500 |
| Summe | 0 | 12.985 | 12.985 | 12.985 | 12.985 | 12.985 | 12.985 | 12.985 | 90.892 |
| Summe Nutzungsphase | 0 | 73.578 | 6.186 | 6.186 | 6.186 | 6.186 | 6.186 | 54.078 | 158.586 |
| *Gesamtbewertung* | | | | | | | | | |
| Summe Anschaffungs- und Nutzungsphase | -142.800 | 63.078 | 6.186 | 6.186 | 6.186 | 6.186 | 6.186 | 54.078 | 5.286 |
| Abzinsungsfaktor | 1,00 | 0,93 | 0,86 | 0,80 | 0,74 | 0,68 | 0,63 | 0,59 | |
| Barwert | -142.800 | 58.460 | 5.313 | 4.924 | 4.564 | 4.230 | 3.920 | 31.759 | -29.630 |
| kumulativer Barwert | -142.800 | -84.340 | -79.027 | -74.103 | -69.539 | -65.309 | -61.389 | -29.630 | |
| Barwert Anschaffungsphase | 142.800 | 9.731 | 0 | 0 | 0 | 0 | 0 | 0 | 152.531 |
| kumulierter Barwert Anschaffungsphase | 142.800 | 152.531 | 152.531 | 152.531 | 152.531 | 152.531 | 152.531 | 152.531 | 152.531 |
| Endwertfaktoren | 1,70 | 1,58 | 1,46 | 1,36 | 1,26 | 1,16 | 1,08 | 1,00 | |
| Endwerte Nutzugsphase | 0 | 116.112 | 9.047 | 8.385 | 7.771 | 7.202 | 6.675 | 54.078 | 209.270 |
| kumulierte Endwerte Nutzugsphase | 0 | 116.112 | 125.159 | 133.544 | 141.315 | 148.517 | 155.192 | 209.270 | 209.270 |
| Qualifizierte interne Verzinsung | 4,6 % | | | | | | | | |

Mit Alternative 1 wird im Vergleich zur Alternative 2 ein um EUR 29,3 Mio. geringerer Barwert erzielt. Der Ersatz von acht ATR 72 Flugzeugen durch sieben neue CRJ 700 führt nicht zu einer Wertschaffung und ist deshalb nicht durchzuführen. Dies zeigt sich auch in der Berechnung des qualifizierten internen Zinsfußes, der mit 4,6 Prozent Rendite nicht zur Deckung der Kapitalkosten in Höhe von 7,9 Prozent ausreicht (siehe Abb. C-93).

> **Praxistipp**
>
> ### Ersatzinvestition
>
> Eine Ersatzinvestition erreicht in der Regel nur eine ausreichende Wirtschaftlichkeit bei stark ansteigendem Technikaufwand beim *Altgerät* und gleichzeitigen Technologiesprüngen mit deutlichen Stückkostenvorteilen beim *Neugerät*. Weiterhin können Produktvorteile zu zusätzlichem Absatzwachstum führen. Um die Rationalität bei Entscheidungen für Ersatzinvestitionen zu sichern, ist es seitens des Controllings oft notwendig und hilfreich, frühzeitig Transparenz über Instandhaltungs-, Überholungskosten sowie Zuverlässigkeit und Risiken des *Altgeräts* zu schaffen.

*Michael Wirth ist stellvertretender Leiter des Konzerncontrollings bei der Deutschen Lufthansa AG.*

# 9. Praxisfall der Volkswagen AG zum Target Costing

## Marktorientiertes Zielkostenmanagement im Volkswagen Konzern

*Dr. Elmar-Marius Licharz; Sean McBroom; Holger Frese-Rietz; Cheng Yuan*

Der Volkswagen Konzern ist der größte Automobilhersteller in Europa und der drittgrößte weltweit (in 2009 Absatz von 6,3 Mio. Fahrzeugen). Er konzentriert seine Tätigkeit auf das Automobilgeschäft und bietet entlang der gesamten Wertschöpfungskette bis zum Kunden einschließlich der Segmente Finanzdienstleistungen und Finanzierung ein breites und vollständiges Dienstleistungsspektrum an. Es gehören die Marken Volkswagen, AUDI, Bentley, Bugatti, Lamborghini, SEAT, Skoda, Volkswagen Nutzfahrzeuge und Scania zu dem Portfolio des Konzerns. Weltweit verfügt das Unternehmen über 60 Fertigungsstätten in 21 Ländern mit knapp 370.000 Mitarbeitern.

**Controlling bei der Marke Volkswagen PKW und Aufgaben des Produktcontrollings (FCE)**
Innerhalb des Vorstandsbereiches Controlling und Rechnungswesen der Marke Volkswagen PKW steuert das Produktcontrolling die Fahrzeugentwicklungsprojekte in Richtung der Renditezielsetzung. Das Produktcontrolling gliedert sich im Wesentlichen in Produktlinien- und Baugruppencontrolling. Die Produktlinienmitarbeiter verantworten die finanzielle Steuerung von Produktvorhaben für Gesamtfahrzeuge und vertreten in den Fahrzeugentwicklungsteams den Finanzbereich.

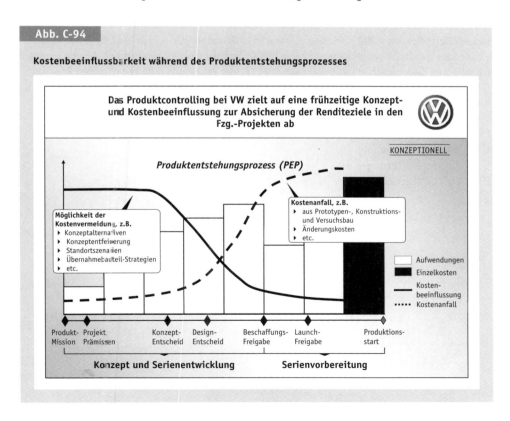

Abb. C-94

Kostenbeeinflussbarkeit während des Produktentstehungsprozesses

**Praxisfälle**
Volkswagen

Als darunterliegende Ebene ist das Fahrzeug modellreihenübergreifend nach den Fachgruppen Ausstattung, Fahrwerk, Karosserie, Elektrik und Aggregate (Motor u. Getriebe) strukturiert. Jede Fachgruppe besteht aus mehreren SETs (Simultaneous Engineering Teams). Die Mitarbeiter des Baugruppencontrollings vertreten den Finanzbereich in diesen Gremien und betreuen ihre Umfänge bis auf Bauteilebene.

In der Konzeptentwicklungsphase des Produktvorhabens wird der gesamte Produktlebenszyklus geplant, Anforderungen und Wünsche aller einschlägigen Funktionsbereiche werden analysiert, um konkrete Produkt- bzw. Prozessziele unter Berücksichtigung der Unternehmensziele zu verwirklichen. Als wichtige Methode, alle Anforderungen mit dem Unternehmensziel in Einklang zu bringen, wird das Zielkostenmanagement verwendet. Da in den frühen Phasen des Produktentstehungsprozesses eines Fahrzeugprojektes etwa 85 Prozent der Produktkosten festgelegt werden, ist der Prozess der Kostenoptimierung umso einfacher und effizienter durchzuführen, je früher er begonnen wird. Das Zielkostenmanagement ist deshalb bei Volkswagen ein wesentliches Instrument, die Zielkosten zu bestimmen, um die Renditeziele sicherzustellen und um am Markt mit konkurrenzfähigen Produkten zu bestehen.

### Zielkostenmanagementsysteme in der Volkswagen AG

Die Grundgedanken des Zielkostenmanagements wurden Anfang der 1990er-Jahre bei Volkswagen vorgestellt. Heute wird ein markt- bzw. kundenorientiertes Zielkostenmanagement als umfassendes Konzept des Produktcontrollings während der Entwicklungsphase aller neuen Projekte, wie Fahrzeuge, Aggregate (Motoren und Getriebe) und Module (z. B. ein elektrischer Fensterheber, der in mehreren Produktreihen zum Einsatz kommt), bei Volkswagen verwendet, damit in einem wachsenden Wettbewerbsumfeld eine angemessene Produktrentabilität gewährleistet werden kann.

Die Idee des Zielkostenmanagements ist, die Differenz zwischen einem durch das Marktumfeld festgelegten Zielverkaufspreis bzw. Umsatzerlös (Target Price) und dem angestrebten Renditeziel (Target Profit) in die maximal zulässigen Kosten (Allowable Costs) auf alle anfallenden Kostenarten aufzuteilen.

In der Literatur wird der TC Prozess normalerweise in drei Phasen unterteilt:
I. Zielkostenfestlegung
II. Zielkostenspaltung und
III. Zielkostenerreichung

Das Zielkostenmanagement bei Volkswagen gliedert sich wie folgt:

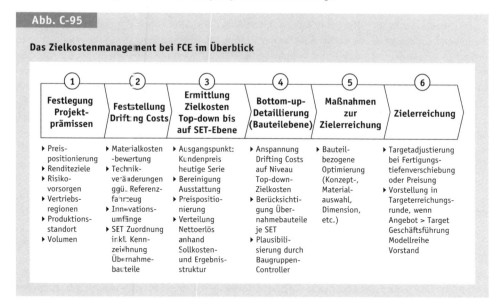

**Abb. C-95**

**Das Zielkostenmanagement bei FCE im Überblick**

① **Festlegung Projektprämissen**
- Preispositionierung
- Renditeziele
- Risikovorsorgen
- Vertriebsregionen
- Produktionsstandort
- Volumen

② **Feststellung Drifting Costs**
- Materialkostenbewertung
- Technikveränderungen ggü. Referenzfahrzeug
- Innovationsumfänge
- SET Zuordnung inkl. Kennzeichnung Übernahmebauteile

③ **Ermittlung Zielkosten Top-down bis auf SET-Ebene**
- Ausgangspunkt: Kundenpreis heutige Serie
- Bereinigung Ausstattung
- Preispositionierung
- Verteilung Nettoerlös anhand Sollkosten- und Ergebnisstruktur

④ **Bottom-up-Detaillierung (Bauteilebene)**
- Anspannung Drifting Costs auf Niveau Top-down-Zielkosten
- Berücksichtigung Übernahmebauteile je SET
- Plausibilisierung durch Baugruppen-Controller

⑤ **Maßnahmen zur Zielerreichung**
- Bauteilbezogene Optimierung (Konzept-, Materialauswahl, Dimension, etc.)

⑥ **Zielerreichung**
- Targetadjustierung bei Fertigungstiefenverschiebung oder Preisung
- Vorstellung in Targeterreichungsrunde, wenn Angebot > Target Geschäftsführung Modellreihe Vorstand

Im Folgenden wird dieser Prozess am Beispiel eines Basismodells (niedrigste Motor- und Ausstattungsstufe im Markt Deutschland) veranschaulicht:

Nach der Festlegung der in der Abb. C-95 unter ① gezeigten Prämissen wird ein Referenzfahrzeug (z.B. Vorgänger- oder ähnliches Modell der Fahrzeugfamilie) als Basis für die Entwicklung und Konzeption des neuen Modells ausgewählt. Die Materialkosten dieses Fahrzeugs werden hinsichtlich technischer Inhalte, Mehr-, Minderausstattungen und Innovationsumfängen an die Projektvorgaben angepasst. Dies geschieht auf SET-Ebene. Daraus ergeben sich die Drifting Costs für die Materialkosten, also die nach derzeitigem Stand der Technik zu erwartenden Ist-Materialkosten beim Produktionsstart des neuen Projekts (siehe Abb. C-95 unter ②).

Mit der Zielkostenermittlung Top-Down werden die maximal zulässigen Kosten (Allowable Costs) festgelegt, die nicht überschritten werden dürfen, um den Ergebnisanspruch (Target Profit) für das Gesamtfahrzeug zu erreichen. Als erster Schritt wird in Abstimmung mit dem Vertrieb eine Preisanpassung der heutigen Serie um die in der Abb. C-95 unter ③ genannten Umfänge durchgeführt. Nach Abzug von Mehrwertsteuer, Händlermarge und Erlösschmälerungen (z.B. Großkundenförderungen, Sondermodelle, Inzahlungnahmen) ergibt sich der Nettoerlös. Von diesem Wert wird das kalkulatorische Produktergebnis (z.B. 12 Prozent vom Nettoerlös) ermittelt und abgezogen. Übrig bleiben die Zielkosten, also diejenigen Kosten, die für die Herstellung des Fahrzeugs maximal ausgegeben werden dürfen.

Anhand des Referenzfahrzeugs wird die Kostenstruktur zwischen Einzelkosten und Gemeinkosten inkl. unspezifischer Risikovorsorge (Vorhaltung für übergeordnete Risiken, wie z.B. Währungseinflüsse, Kostenerhöhungen zur Erfüllung gesetzlicher Anforderungen) übernommen und ggf. projektspezifisch angepasst (Fertigungstiefe, Produktionsstandort, Fahrzeugvolumen etc.). Die Einzelkosten werden ebenfalls auf Materialkosten, Fertigungspersonalkosten und restliche Einzelkosten auf Basis des Referenzmodells unter zusätzlicher Berücksichtigung der geänderten

## Praxisfälle
Volkswagen

Produktinhalte (Mehr-/Minderumfänge) sowie nach Erfahrungswerten aufgeteilt. Somit sind die Zielkosten für den Gesamtwert Materialkosten des Fahrzeugmodells bestimmt.

Im Prozess der Bottom-Up-Detaillierung (siehe Abb. C-95 unter ④) wird von den Drifting Costs ausgehend die Anspannung ermittelt, also der Betrag, der einzusparen ist, um die Zielkosten zu erreichen. Die von den Produktlinien vorgegebenen Fachgruppenwerte werden in den Baugruppen weiter auf SETs und Bauteileebene aufgeteilt. Hierbei ist zu berücksichtigen, dass für Übernahmebauteile (Einzelteile aus Serie, Module und Motor-/Getriebekombinationen) bereits Abschlüsse mit Lieferanten vorliegen und somit für diese Umfänge die Zielkosten nicht mehr beeinflussbar sind.

In den SETs werden anschließend die Maßnahmen und Möglichkeiten eruiert, die die Drifting Costs auf das Zielkosten-Niveau oder sogar darunter senken könnten. An diesem »Kosten-Knet-Prozess« sind alle im SET vertretenen Bereiche (Produktion, Beschaffung, Entwicklung, Logistik, Finanz) beteiligt, um ein gemeinsames Verständnis für diese Maßnahmen zu entwickeln und um die Auswirkung der Maßnahmen ganzheitlich bewerten zu können (siehe Abb. C-95 unter ⑤).

Ändern sich die festgelegten Prämissen in Bezug auf den Produktionsstandort (jedes VW-Produktionswerk hat i. d. R. auch eine andere Fertigungstiefe) oder den erwarteten Nettoerlös je Fzg., so ist eine Zielkostenanpassung gem. der neuen Vorgaben durchzuführen.

Kommt es dennoch zu Zielkostenabweichungen, z. B. wenn der Abschluss eines Kaufteilpreises höher ist als die Zielkosten, dann wird hierüber in der Targeterreichungsrunde vor der Geschäftsführung der Modellreihe oder je nach Höhe der Abweichung ggf. nochmals mit dem Vorstand diskutiert und auch mögliche technische Konzeptänderungen dieses Bauteils entschieden. Kann das technische Konzept nicht geändert werden, genehmigt das Gremium die Überschreitung und fordert deren Kompensation bei anderen Bauteilen (siehe Abb. C-95 unter ⑥).

### Fallstudie »Hurricane Derivat«

Im Produktcontrolling der Marke Volkswagen PKW sollen die Zielkosten (fiktives Zahlenbsp.) für das neue Hurricane Derivat festgelegt werden, um das vorgegebene Produktergebnisziel zu erreichen.

### Festlegung Prämissen

Für das Hurricane Derivat gibt der Vorstand ein Kalkulatorisches Produktergebnisziel von 12 Prozent der Nettoerlöse vor. Als Produktionsstandort wird Emden mit der gleichen Fertigungstiefe wie das dort schon produzierte Referenzmodell Hurricane festgelegt. Der Vertrieb meldet ein Absatzvolumen von 300 000 Fahrzeugen über die geplante Laufzeit von 6 Jahren und einen Nettoerlös für das Basismodell, der EUR 3.800 über dem Referenzfahrzeug liegt.

### Teilaufgabe 1

### Feststellung der Drifting Costs

Änderungsumfänge des Hurricane Derivates ggü. dem Referenzmodell Hurricane:

Das Hurricane Derivat erhält in seiner Basisversion ggü. dem Hurricane einen leistungsstärkeren Motor mit EUR 1.000 Mehrkosten, ein Sportline-Paket mit EUR 600, ein Chrompaket mit EUR 60 und die automatische Klimaanlage (Climatronic) mit EUR 100 Kosten. Darüber hinaus wird die Basisversion nur 2-türig angeboten, was eine Reduzierung der Kosten um EUR 120 bedeutet. Das neue rahmenlose Türenkonzept des Derivates erhöht die Kosten hingegen um EUR 75. Ebenso schlägt die 2-sitzige Rücksitzbank mit zusätzlichen EUR 100 zu Buche. Alle hier genannten Kostenveränderungen beziehen sich auf die Fertigungsmaterialkosten.

Die Produktion meldet, dass die Fertigungspersonalkosten trotz der Mehrumfänge das Niveau des Referenzmodells um EUR 300 pro Fzg. unterschreiten.

Als Aufwendungen für die Mehrumfänge werden EUR 30 Mio. Investitionen Produktion, EUR 70 Mio. Investitionen Beschaffung und EUR 18 Mio. Anlaufkosten von den Fachbereichen genannt. Die vom Derivat insgesamt zu übernehmenden Entwicklungskosten werden um EUR 441 Mio. geringer sein als beim Referenzmodell (Hinweis: Verarbeitung als Normalkosten in EUR pro Fzg. = Mio. EUR Betrag /Absatz-Volumen über Laufzeit).

Zur Vereinfachung wird hier unterstellt, dass durch das zusätzliche Volumen keine Degression bei den restlichen Gemeinkosten entsteht. Zusätzlich wird ein Änderungsrisiko von EUR 142 (Vorhaltung für unvorhergesehene Kostensteigerungen in der Entwicklungs- und Erprobungsphase) sowie eine unspezifische Risikovorsorge von EUR 200 in die Rechnung eingestellt.

Die restlichen Einzel- und Gemeinkostenarten gehen in gleicher Höhe wie beim Referenzmodell in die Rechnung ein.

Berechnen Sie die Drifting Costs des Hurricane Derivates. Nutzen Sie dazu Abb. C-96.

**Abb. C-96**

**Ermittlung der Drifting Costs des Hurricane Derivates** (Angaben in EUR pro Fahrzeug)

|  | Referenzmodell Hurricane | Mehrumfänge Hurricane Derivat | FIKTIVE ZAHLEN Drifting Costs Hurricane Derivat |
|---|---|---|---|
| **Nettoerlöse** | 21.730 | 3.800 |  |
| Fertigungsmaterialkosten | – 12.860 |  |  |
| Fertigungspersonalkosten | – 2.600 |  |  |
| Garantiekosten | – 470 |  |  |
| Änderungsrisiko | N/a |  |  |
| Verkaufshilfen | – 195 |  |  |
| Beschaffungsnebenkosten | – 260 |  |  |
| **Einzelkosten** | – 16.385 |  |  |
| **Deckungsbeitrag** | 5.345 |  |  |
| Fertigungsgemeinkosten | – 1.760 |  |  |
| Anlaufkosten | – 210 |  |  |
| Einkaufsgemeinkosten | – 530 |  |  |
| Entwicklungskosten | – 800 |  |  |
| Werb.-, Vertr.-, Verw.kosten | – 750 |  |  |
| **Gemeinkosten** | – 4.050 |  |  |
| Unspezifische Risikovorsorge |  |  |  |
| **Kalkulatorisches Produktergebnis** | 1.295 |  |  |
| in Prozent der Nettoerlöse | 6,0 |  |  |

Rundungsdifferenzen +/– EUR 1,– pro Fahrzeug sind möglich.

**Praxisfälle**
Volkswagen

### Teilaufgabe 2

**Ermittlung Zielkosten Top-down für alle Kostenarten**

Die Lücke zwischen dem oben ermittelten kalkulatorischen Produktergebnis in Prozent der Nettoerlöse und dem Zielanspruch von 12 Prozent ist durch Anspannung der Kosten zu schließen (notwendige Reduzierung der Kosten). Als erster Schritt wird mit den Fachbereichen Entwicklung, Produktion, Beschaffung, Qualitätssicherung und Finanz abgestimmt, den Mehrbedarf an Aufwendungen, der zu den Drifting Costs führt, um 10 Prozent zu reduzieren. Bei Werbungs-, Vertriebs-, und Verwaltungsgemeinkosten erfolgt keine Reduzierung, da es sich um ISTwerte des laufenden Budgets handelt. Die unspezifische Risikovorsorge bleibt ebenfalls unverändert.

Die Verkaufshilfen werden für das neue Fahrzeug um EUR 20 niedriger eingeschätzt. Bei den Fertigungspersonalkosten wird keine Kostenreduzierung gefordert, da sich die Produktion das Ziel gesetzt hat, die Mehrumfänge ohne höhere Kosten zu fertigen. Bei den restlichen Einzelkosten wird in diesem Beispiel keine Reduzierung erwartet. Nach Eingabe dieser Daten ergibt sich die verbleibende Ziellücke, die allein durch Fertigungsmaterialkosten zu schließen ist.

Berechnen Sie die Zielkosten des Hurricane Derivates, und spannen Sie die Fertigungsmaterialkosten dabei so an, dass das Ziel eines zwölfprozentigen kalkulatorischen Produktergebnisses erreicht wird. Nutzen Sie dazu Abb. C-97.

#### Abb. C-97

**Ermittlung der Zielkosten des Hurricane Derivates** (Angaben in EUR pro Fahrzeug)

| | Referenzmodell Hurricane Derivat | Anspannung Top-down | FIKTIVE ZAHLEN Zielkosten Hurricane Derivat |
|---|---|---|---|
| **Nettoerlöse** | 25.530 | | 25.530 |
| Fertigungsmaterialkosten | | | |
| Fertigungspersonalkosten | | | |
| Garantiekosten | | | |
| Änderungsrisiko | | | |
| Verkaufshilfen | | | |
| Beschaffungsnebenkosten | | | |
| **Einzelkosten** | | | |
| **Deckungsbeitrag** | | | |
| Fertigungsgemeinkosten | | | |
| Anlaufkosten | | | |
| Einkaufsgemeinkosten | | | |
| Entwicklungskosten | | | |
| Werb.-, Vertr.-, Verw.kosten | | | |
| **Gemeinkosten** | | | |
| Unspezifische Risikovorsorge | | | |
| **Kalkulatorisches Produktergebnis** *in Prozent der Nettoerlöse* | | | 12,0 |

Rundungsdifferenzen +/− EUR 1,− pro Fahrzeug sind möglich.

## Teilaufgabe 3

Nachdem die Ermittlung der Zielkosten Top-Down von der Produktlinie abgeschlossen ist, erfolgt die Bottom-Up-Detaillierung des Materialkostenzieles durch die Baugruppen. Die Kostenstruktur aus der Ermittlung der Drifting Costs wird prozentual auf die Zielkosten übertragen. Hierbei ist zu beachten, dass bauteilabhängig unterschiedliche Anspannungsgrade (vorgegebene prozentuale Kosteneinsparungsziele) zu wählen sind. Erfahrungsgemäß lassen sich bei Elektronikbauteilen höhere Anspannungen umsetzen als z. B. bei Karosserieteilen mit steigenden Stahlpreisen.

Unter Berücksichtigung dieser Kenntnisse stellt sich die Zielkostenaufteilung der Materialkosten mit angepasster Kostenstruktur wie folgt dar: Ausstattung 21,5 Prozent, Fahrwerk 20,7 Prozent, Karosserie 24,2 Prozent, Aggregate 23,5 Prozent und Elektrik mit 10,1 Prozent.[15]

Bitte errechnen Sie die Zielkosten der Fachgruppen unter Nutzung von Abb. C-98.

**Abb. C-98**

Ermittlung der notwendigen Anspannung der Fertigungsmaterialkosten auf Fachgruppenebene

| | Verteilung der Drifting Costs | | Anpassung der Kostenstruktur | Verteilung der Allowable Costs | | Notwendige Anspannung |
|---|---|---|---|---|---|---|
| | in Prozent | in EUR pro Fzg. | in Prozent | in Prozent | in EUR pro Fzg. | in EUR pro Fzg. |
| **FG Gesamt** | 100,0 | 14.675,00 | – | 100,0 | | |
| Ausstattung | 21,5 | | | | | |
| Fahrwerk* | 20,7 | | – | | | |
| Karosserie | 23,4 | | 0,8 | | | |
| Aggregate | 23,5 | | – | | | |
| Elektrik | 10,9 | | –0,8 | | | |

* davon 20 Prozent Anteil SET F4

## Teilaufgabe 4

**Bottom-up-Detaillierung Zielkosten der Fachgruppen nach SETs**

Jede Fachgruppe ist in mehrere SETs untergliedert. Das SET F4 beinhaltet die Teile des hinteren Fahrwerks und hat einen Anteil von 20 Prozent am Materialwert der Fachgruppe Fahrwerk. Am Beispiel dieses SETs wird das weitere Vorgehen zur Zielkostenfestlegung gezeigt:

Übernahmebauteile sind bereits zwischen Beschaffung und Lieferant abschließend verhandelt. Als Beitrag zur Schließung der Ziellücke des SETs kann nur die verhandelte Preisreduzierung zum Ansatz kommen, in diesem Beispiel 1,5 Prozent. Die verbleibende Ziellücke muss durch Anspannung der Kosten bei den Neuteilen geschlossen werden. Da das Fahrwerk weitestgehend vom Referenzfahrzeug übernommen wurde, beträgt der Anteil an Neuteilen im SET F4 nur 5 Prozent.

---

15 In diesem Beispiel wurde eine Anpassung in Fachgruppe Karosserie +0,8 Prozent und in der Elektrik –0,8 Prozent vorgenommen. Im Fahrwerk erfolgte keine Anpassung.

## Praxisfälle
Volkswagen

Bitte berechnen Sie die notwendige Anspannung im SET F4, um die Ziellücken zu schließen. Nutzen Sie dazu Abb. C-99.

**Abb. C-99**

Ermittlung der notwendigen Anspannung der Fertigungsmaterialkosten im SET F4

| | Verteilung der Drifting Costs | | Anpassung der Kostenstruktur in Prozent | Verteilung der Allowable Costs | | Notwendige Anspannung in EUR pro Fzg. |
|---|---|---|---|---|---|---|
| | in Prozent | in EUR pro Fzg. | | in Prozent | in EUR pro Fzg. | |
| Fahrwerk Gesamt | 100,0 | | – | 100,0 | | |
| SET F4 | 20,0 | | – | 20,0 | | |

### Teilaufgabe 5

Teilen Sie die Anspannung zwischen Übernahmebauteilen und Neuteilen auf, und ermitteln Sie den Anspannungsgrad für Neuteile in Prozent. Bitte nutzen Sie dazu Abb. C-100.

**Abb. C-100**

Ermittlung der Anspannung bei Neuteilen im SET F4

| | Drifting Costs in EUR pro Fzg. | Allowable Costs in EUR pro Fzg. | Anteil Bauteile in Prozent | Anspannungsgrad | | Notwendige Anspannung in EUR pro Fzg. |
|---|---|---|---|---|---|---|
| | | | | in Prozent | in EUR pro Fzg. | |
| SET F4 | | | | | | |
| Übernahmebauteile | | | 95,0 | 1,5 | | |
| restl. Ziellücke | | | | | | |
| Neuteile | | | 5,0 | | | |

## Teilaufgabe 6

**Maßnahmen zur Zielerreichung im SET F4**

Der ermittelte Wert der erforderlichen Anspannung ist offensichtlich nicht realisierbar.

In der SET-Arbeit hat sich herausgestellt, dass die Ziellücke allein durch Anspannung der Übernahme- und Neuteile nicht zu schließen ist. Deshalb wurde ein anderes technisches Konzept gewählt (Mehrlenkerachse mit optimiertem Stahl-/Aluminiumanteil) mit einer Kostenreduzierung von EUR 5,0 pro Fzg.

Der Anspannungsgrad im Bereich der Übernahmebauteile bleibt gleich. Das Verhältnis Übernahme- vs. Neuteile ändert sich durch die Konzeptänderung auf 85 Prozent zu 15 Prozent.

Bitte berechnen Sie nun die *neue* Anspannung der Neuteile im SET F4, um die Ziellücke zu schließen. Nutzen Sie dazu Abb. C-101.

### Abb. C-101

**Ermittlung der Anspannung bei Neuteilen im SET F4 nach Konzeptänderung**

| | Drifting Costs in EUR pro Fzg. | Allowable Costs in EUR pro Fzg. | Anteil Bauteile in Prozent | Anspannungsgrad | | Notwendige Anspannung in EUR pro Fzg. |
|---|---|---|---|---|---|---|
| | | | | in Prozent | in EUR pro Fzg. | |
| SET F4 | ☐ | ☐ | | | | ☐ |
| Technische Änderungen | 5,00 | | | | | |
| *restl. Ziellücke* | | | | | ☐ | ☐ |
| Übernahmebauteile | ☐ | | 85,0 | 1,5 | | ☐ |
| *restl. Ziellücke* | | | | | | ☐ |
| Neuteile | ☐ | | 15,0 | | ☐ | ☐ |

Nach diesem Prinzip werden die Zielkosten für die SETs ermittelt. Im nächsten Schritt werden die Zielkosten der SETs noch auf Bauteilebene detailliert.

## Praxisfälle
Volkswagen

### Lösungsvorschlag zu Teilaufgabe 1

Basis ist der Hurricane. Die Produktänderungen sind entsprechend den Angaben im Text den Kostenarten zuzuordnen.

Der Mehrpreis, den der Vertrieb für den Zusatzumfang am Markt erwartet, ergibt zusammen mit dem Preis des Basismodells den Zielwert für den Nettoerlös des Hurricane Derivates.

Die zusätzlich von den Bereichen gemeldeten Aufwendungen werden durch das Volumen über Laufzeit des Hurricane Derivates dividiert, als Normalkosten umgerechnet und den Kosten des Referenzmodells zugerechnet. Bei Entwicklungskosten ist zuerst der Normalkostenwert des Referenzmodells in Mio. EUR umzurechnen. Davon sind EUR 441 Mio. zu reduzieren, um den Normalkostenwert des Derivat zu ermitteln.

### Abb. C-102

**Drifting Costs des Hurricane Derivates** (Angaben in EUR pro Fahrzeug)

|  | Referenzmodell Hurricane | Mehrumfänge Hurricane Derivat | FIKTIVE ZAHLEN Drifting Costs Hurricane Derivat |
|---|---|---|---|
| **Nettoerlöse** | 21.730 | 3.800 | 25.530 |
| Fertigungsmaterialkosten | – 12.860 | – 1.815 | – 14.675 |
| Fertigungspersonalkosten | – 2.600 | 300 | – 2.300 |
| Garantiekosten | – 470 | – | – 470 |
| Änderungsrisiko | – | – 142 | – 142 |
| Verkaufshilfen | – 195 | – | – 195 |
| Beschaffungsnebenkosten | – 260 | – | – 260 |
| **Einzelkosten** | **– 16.385** | **– 1.657** | **– 18.042** |
| **Deckungsbeitrag** | **5.345** | **2.143** | **7.488** |
| Fertigungsgemeinkosten | – 1.760 | – 100 | – 1.860 |
| Anlaufkosten | – 210 | – 60 | – 270 |
| Einkaufsgemeinkosten | – 530 | – 233 | – 763 |
| Entwicklungskosten |  | – 397 | – 1.197 |
| Werb.-, Vertr.-, Verw.kosten | – 750 | – | – 750 |
| **Gemeinkosten** | **– 4.050** | **– 790** | **– 4.840** |
| Unspezifische Risikovorsorge |  | – 200 | – 200 |
| **Kalkulatorisches Produktergebnis** | 1.295 | 1.153 | 2.448 |
| in Prozent der Nettoerlöse | 6,0 | 30,3 | 9,6 |

Rundungsdifferenzen +/– EUR 1,– pro Fahrzeug sind möglich.

## Lösungsvorschlag zu Teilaufgabe 2

Durch Anspannung der Drifting Costs sind die Zielkosten zu erreichen, die dem Unternehmensanspruch für das Kalkulatorische Produktergebnisziel von 12 Prozent entsprechen.

Zuerst werden die Gemeinkosten angespannt. Durch Reduzierung der neuen Aufwendungen können die Gemeinkosten gesenkt werden. Umfänge aus Allokationen für Plattform-, Aggregate- und Modulnutzung sowie vorhandenen Strukturen bei Gebäuden, Anlagen, Maschinen und Personal können nicht kurzfristig beeinflusst werden.

In diesem vereinfachten Beispiel gehen wir davon aus, dass Fertigungsgemeinkosten, Anlaufkosten, Entwicklungskosten, Einkaufsgemeinkosten und Werbungs-, Vertriebs-, und Verwaltungskosten keine Degression durch das Zusatzvolumen des Hurricane Derivates erhalten.

### Abb. C-103

**Zielkosten des Hurricane Derivates** (Angaben in EUR pro Fahrzeug)

|  | Referenzmodell Hurricane Derivat | Anspannung Top-down | FIKTIVE ZAHLEN Zielkosten Hurricane Derivat |
|---|---|---|---|
| **Nettoerlöse** | 25.530 |  | 25.530 |
| Fertigungsmaterialkosten | – 14.675 | 528 | – 14.147 |
| Fertigungspersonalkosten | – 2.300 | – | – 2.300 |
| Garantiekosten | – 470 | – | – 470 |
| Änderungsrisiko | – 142 | – | – 142 |
| Verkaufshilfen | – 195 | 20 | – 176 |
| Beschaffungsnebenkosten | – 260 | – | – 260 |
| **Einzelkosten** | **– 18.042** | **548** | **– 17.494** |
| **Deckungsbeitrag** | **7.488** | **548** | **8.036** |
| Fertigungsgemeinkosten | – 1.860 | 10 | – 1.850 |
| Anlaufkosten | – 270 | 6 | – 264 |
| Einkaufsgemeinkosten | – 763 | 23 | – 740 |
| Entwicklungskosten | – 1197 | 40 | – 1.157 |
| Werb.-, Vertr.-, Verw.kosten | – 750 | – | – 750 |
| **Gemeinkosten** | **– 4.840** | **79** | **– 4.761** |
| Unspezifische Risikovorsorge | – 200 | – | – 200 |
| **Kalkulatorisches Produktergebnis** | 2.448 | 627 | 3.075 |
| in Prozent der Nettoerlöse | 9,6 |  | 12,0 |

Rundungsdifferenzen +/– EUR 1,– pro Fahrzeug sind möglich.

**Praxisfälle**
Volkswagen

## Lösungsvorschlag zu Teilaufgabe 3

**Allowable Costs der Fachgruppen:**
Die Drifting Costs in EUR pro Fzg. werden prozentual aufgeteilt. Die Anpassung der Kostenstruktur wird in den Zielkosten berücksichtigt. Für die Fachgruppe Fahrwerk ergibt sich eine notwendige Anspannung von EUR 109,30 pro Fzg.

### Abb. C-104

Notwendige Anspannung der Fertigungsmaterialkosten auf Fachgruppenebene

|  | Verteilung der Drifting Costs | | Anpassung der Kostenstruktur in Prozent | Verteilung der Allowable Costs | | Notwendige Anspannung in EUR pro Fzg. |
|---|---|---|---|---|---|---|
|  | in Prozent | in EUR pro Fzg. |  | in Prozent | in EUR pro Fzg. |  |
| **FG Gesamt** | 100,0 | 14.675,00 | 0,0 | 100,0 | 14.147,00 | **528,00** |
| Ausstattung | 21,5 | 3.155,13 | 0,0 | 21,5 | 3.041,61 | **113,52** |
| Fahrwerk* | 20,7 | 3.037,73 | 0,0 | 20,7 | 2.928,43 | **109,30** |
| Karosserie | 23,4 | 3.433,95 | 0,8 | 24,2 | 3.423,57 | **10,38** |
| Aggregate | 23,5 | 3.448,63 | 0,0 | 23,5 | 3.324,55 | **124,08** |
| Elektrik | 10,9 | 1.599,58 | –0,8 | 10,1 | 1.428,85 | **170,73** |

* davon 20 Prozent Anteil SET F4

## Lösungsvorschlag zu Teilaufgabe 4

**Anspannung im SET F4:**
Das SET F4 hat 20 Prozent vom Fahrwerk gesamt. Hier ist eine Anspannung von EUR 21,86 pro Fzg. notwendig.

### Abb. C-105

Notwendige Anspannung der Fertigungsmaterialkosten im SET F4

|  | Verteilung der Drifting Costs | | Anpassung der Kostenstruktur in Prozent | Verteilung der Allowable Costs | | Notwendige Anspannung in EUR pro Fzg. |
|---|---|---|---|---|---|---|
|  | in Prozent | in EUR pro Fzg. |  | in Prozent | in EUR pro Fzg. |  |
| **Fahrwerk Gesamt** | 100,0 | 3.037,73 | 0,0 | 100,0 | 2.928,43 | **109,30** |
| **SET F4** | 20,0 | 607,55 | 0,0 | 20,0 | 585,69 | **21,86** |

## Lösungsvorschlag zu Teilaufgabe 5

**Anspannung Übernahme- und erforderlicher Anspannungsgrad der Neuteile:**
Zuerst werden die Übernahmebauteile mit 1,5 Prozent angespannt und die restliche Ziellücke prozentual auf Neuteile angespannt. Der Anspannungsgrad von 43,5 Prozent ist unrealistisch.

### Abb. C-106

**Anspannung bei Neuteilen im SET F4**

| | Drifting Costs in EUR pro Fzg. | Allowable Costs in EUR pro Fzg. | Anteil Bauteile in Prozent | Anspannungsgrad | | Notwendige Anspannung in EUR pro Fzg. |
|---|---|---|---|---|---|---|
| | | | | in Prozent | in EUR pro Fzg. | |
| SET F4 | 607,55 | 585,69 | | | | 21,86 |
| Übernahmebauteile | 577,17 | | 95,0 | 1,5 | | 8,66 |
| restl. Ziellücke | | | | | 13,20 | |
| Neuteile | 30,38 | | 5,0 | 43,5 | | 13,20 |

## Lösungsvorschlag zu Teilaufgabe 6

**Neuer Anspannungsgrad für Neuteile im SET F4:**
Durch die technische Änderung reduziert sich die restliche Ziellücke. Nach Anspannung der 85 Prozent Übernahmebauteile ergibt sich für die 15 Prozent Neuteile ein erreichbarer Anspannungsgrad von 10,0 Prozent.

### Abb. C-107

**Anspannung bei Neuteilen im SET F4 nach Konzeptänderung**

| | Drifting Costs in EUR pro Fzg. | Allowable Costs in EUR pro Fzg. | Anteil Bauteile in Prozent | Anspannungsgrad | | Notwendige Anspannung in EUR pro Fzg. |
|---|---|---|---|---|---|---|
| | | | | in Prozent | in EUR pro Fzg. | |
| SET F4 | 607,55 | 585,69 | | | | 21,86 |
| Technische Änderungen | 5,00 | | | | | 5,00 |
| restl. Ziellücke | | | | | | |
| Übernahmebauteile | 516,41 | | 85,0 | 1,5 | | 7,75 |
| restl. Ziellücke | | | | | 9,11 | |
| Neuteile | 91,13 | | 15,0 | 10,0 | | 9,11 |

**Praxisfälle**
Volkswagen

**Zielerreichung**
Im Rahmen des Produktentstehungsprozesses wird zwischen den beiden Meilensteinen Konzeptentscheid und Produktionsstart an der Erreichung der Zielkosten gearbeitet. Entscheidend dazu tragen die Abschlüsse der Beschaffung mit den Lieferanten hinsichtlich der Einkaufspreise von Kaufteilen und die benötigten Materialen für die eigengefertigten Bauteile bei.

Notwendige Konzeptveränderungen müssen in einer möglichst frühen Phase des Produktentstehungsprozesses durchgeführt werden, da sie hier am einfachsten umzusetzen sind und das größte Kostenbeeinflussungspotential haben (siehe Abbildung C-95).

Weitere Hebel zur Ergebnisverbesserung sind u. a.:
- Verwendung von kostengünstigeren Materialien
- Reduzierung des zur Herstellung benötigten Materialeinsatzes
- Fertigung in kostenoptimierten Standorten der Marke
- Veränderung der Bezugsart von Eigen- in Fremdfertigung oder umgekehrt
- Fahrzeugbau und Kaufteilbeschaffung in den Absatzregionen
- Hinterfragen von VW eigenen Standards/Normen sowie Qualitäts- und Ausstattungsansprüchen unter marktspezifischen Gesichtspunkten und Kundenrelevanz
- Weltweiter Einkauf (Global Sourcing)
- Optimierung der Fertigungsprozesse
- Vermeidung von Nacharbeit
- Qualitätsbewusste Fertigung zur Vermeidung von Garantiekosten

*Dr. Elmar-Marius Licharz ist Bereichsleiter Produktcontrolling der Marke Volkswagen PKW.*
*Sean McBroom ist Leiter Controlling der Produktlinien Mid- und Fullsize der Marke Volkswagen PKW.*
*Holger Frese-Rietz ist verantwortlich für Methoden und Konzepte im Produktcontrolling der Marke Volkswagen PKW.*
*Cheng Yuan ist Diplomandin der Betriebswirtschaftslehre an der Universität Augsburg.*

# 10. Praxisfall der Daimler AG zum Thema Benchmarking

*Björn Heinrich*

**Unternehmenskontext**

Die Daimler AG ist eines der erfolgreichsten Automobilunternehmen der Welt. Mit den Geschäftsfeldern Mercedes-Benz Cars, Daimler Trucks, Mercedes-Benz Vans, Daimler Buses und Daimler Financial Services gehört der Fahrzeughersteller zu den größten Anbietern von Premium-Pkw und ist der größte weltweit aufgestellte Nutzfahrzeug-Hersteller. Daimler Financial Services bietet ein umfassendes Finanzdienstleistungsangebot mit Finanzierung, Leasing, Versicherungen und Flottenmanagement.

Die Firmengründer Gottlieb Daimler und Carl Benz haben mit der Erfindung des Automobils im Jahr 1886 Geschichte geschrieben. Als Pionier des Automobilbaus gestaltet Daimler auch heute die Zukunft der Mobilität: Das Unternehmen setzt dabei auf innovative und grüne Technologien sowie auf sichere und hochwertige Fahrzeuge, die ihre Kunden faszinieren und begeistern.

Das Produktangebot des Geschäftsfeldes Mercedes-Benz Cars reicht von den hochwertigen Kleinwagen der Marke smart über die Premiumfahrzeuge der Marke Mercedes-Benz bis hin zur Luxuslimousine Maybach (siehe Abb. C-108).

**Abb. C-108**

Ausgewählte Produkte der Daimler AG

Weltweit verfügt Mercedes-Benz Cars über 17 Produktionsstätten. Mit Blick auf die Mobilität der Zukunft steht Mercedes-Benz Cars für die nachhaltige Gestaltung aller Entwicklungs-, Produktions- und Serviceaktivitäten. Ziel ist die Entwicklung sparsamer und umweltverträglicher Automobile ohne Verzicht auf Sicherheit, Komfort und souveränen Fahrspaß.

**Praxisfälle**
Daimler

**Ausgangssituation**
Die Produktionsstandorte der Daimler AG, an denen z. B. Fahrzeuge, Motoren, Getriebe oder Achsen gefertigt werden, müssen Jahr für Jahr Produktivitätsverbesserungen erzielen, um im globalen Wettbewerbsumfeld bestehen zu können. Doch wie sollen die Informationen beschafft werden, auf Basis derer der Verbesserungsprozess durchgeführt werden kann? In der Vergangenheit versuchte man eine Verbesserung hauptsächlich durch den Blick auf die eigenen bereits bestehenden Prozesse zu erreichen und daraus Potenziale abzuleiten. Wettbewerberbesuche oder Informationsaustausch fanden so gut wie gar nicht statt. Als die Ergebnisse aus den Vergleichen innerhalb eines Werks nicht mehr ausreichend erschienen, wurde der Blick über das jeweilige Werksgelände hinaus ausgeweitet. So entstand zuerst der Vergleich der unterschiedlichen Werke der Mercedes-Benz Cars Gruppe – ein interner Benchmark. Doch auch hier war der zusätzliche Erkenntnisgewinn geringer, als man sich dies erhofft hatte. Aus diesem Grund wurde das Benchmarking auf externe Wettbewerber ausgeweitet.

**Wettbewerbsbenchmarking**
Beim Wettbewerbsbenchmarking handelt es sich um einen Produktionsbenchmark, in dem die Fertigungszeiten und Fertigungsprozesse rund um die Herstellung der Fahrzeuge zwischen verschiedenen Wettbewerbern betrachtet werden. Durch die dadurch generierten neuen Ideen können erhebliche Produktivitätsverbesserungen erreicht werden. Außerdem kann natürlich auch ein Produktbenchmark durchgeführt werden. Dieser hat den Vergleich der Leistungsdaten und Ausstattungsmerkmale des Fahrzeugs oder Aggregates zum Ziel, muss allerdings zu einem deutlich früheren Zeitpunkt im Produktentstehungsprozess durchgeführt werden.[16]

Benchmarkprojekte mit externen Wettbewerbern (anderen Automobilherstellern) sind vor allem deswegen interessant, weil an den Produktionsstätten das gleiche Endprodukt (Fahrzeug oder Aggregat) entsteht. Da die verschiedenen Produktions- und Dienstleistungscenter, die bei der Herstellung von Fahrzeugen benötigt werden, von der Grundaufgabenstellung her sehr ähnlich sind, ist die Möglichkeit, von einem Wettbewerber durch einen Vergleich der Aufgabenstellungen Verbesserungen aufzudecken, sehr hoch. Da außerdem das grundsätzliche Know-how der Fahrzeugproduktion bei allen Benchmarkteilnehmern gegeben ist, entfällt eine Einlern- oder Erklärungsphase. Diese Phase würde bei einem branchenfremden Benchmark einen großen Teil der Zeit in Anspruch nehmen. Die Überleitung der gewonnenen Ergebnisse auf den eigenen Prozess würde ebenfalls nicht ohne Schwierigkeiten ablaufen. Da bei einem solchen Benchmark auch immer die Möglichkeit eines Gegenbesuches eingeräumt wird, entsteht für alle Teilnehmer eine Win-Win Situation. Zentrale Fragestellungen eines solchen Benchmarks sind:
- Ist die Herstellung eines Produktes/einer Komponente/eines Modells wirtschaftlich?
- Wie lange benötigen die anderen Werke des Konzerns für die Herstellung ähnlicher Produkte?
- Wie lange benötigt der Wettbewerber für die Herstellung ähnlicher Produkte?
- Können weitere Kostensenkungspotentiale gefunden werden?
- Wie hoch ist die Fertigungs-/Dienstleistungstiefe?
- Welche Kernkompetenzen werden benötigt, um die festgelegten Aufgaben zu erfüllen?
- Welche Rahmenbedingungen sind in den anderen Aufbauwerken vorhanden?

Die Daten werden durch Benchmarkbesuche gesammelt. Bei diesen Besuchen erfolgt die Besichtigung der Fertigungsanlagen im Werk des Wettbewerbers. Auf diese Weise kann man sich vor Ort von

---
16 Nicht Teil der hier beschriebenen Ausführungen.

der Situation im Wettbewerberwerk überzeugen und von den dort dargestellten Prozessen und Abläufen Rückschlüsse auf die eigenen Prozesse und Abläufe ziehen.

### Hours per Vehicle als Normgröße

Um eine Vergleichbarkeit der unterschiedlichen Hersteller im Bezug auf die Fertigungszeiten zu bekommen, ist eine normierte Größe notwendig. Die normierte Größe ist der »Hours per vehicle« (HPV[17]) Wert. Er wird definiert durch die bezahlten Anwesenheitsstunden der Mitarbeiter der Fertigung über den betrachteten Zeitraum, dividiert durch die in diesem Zeitraum produzierten Einheiten. Bei einem Benchmarkbesuch ist es daher das Ziel, genau diesen HPV-Wert für das Fremdfahrzeug zu ermitteln. Für die Errechnung des HPV-Werts werden daher alle gewonnenen Daten zusammengefasst und es wird versucht, sie in die Kenngröße umzuwandeln. Man benötigt also die möglichst genaue Mitarbeiterzahl zur Bestimmung der Anwesenheitsstunden sowie die Anzahl der produzierten Fahrzeuge.

Danach folgt eine Normierung des Wettbewerber-HPV-Werts. Der durch die Division der Arbeitsstunden der Mitarbeiter durch die Stückzahl entstandene Wettbewerber-HPV-Wert ist normalerweise noch nicht mit dem eigenen HPV-Wert vergleichbar, da im eigenen Werk meistens andere Voraussetzungen herrschen als beim Wettbewerber. Das können z. B. die Arbeitsbedingungen (z. B. Pausenzeiten) oder technische Produktinhalte (z. B. durch andere Gesetzgebung) sein. Diese Mehr- oder Minderinhalte müssen zum Wettbewerberwert hinzuaddiert oder davon abgezogen werden, um den adjustierten Wettbewerberwert mit dem eigenen Wert vergleichbar zu machen.

### Konkreter Auftrag (Praxisfall)

Es soll ein neues Fahrzeug gefertigt werden. Der Planungsbereich hat für das neue Modell einen HPV-Wert von 100 Stunden pro Fahrzeug errechnet. Dieser Zielwert für den Neutypen soll nun durch einen Produktionsbenchmark überprüft werden. Zu diesem Zweck soll ein Benchmarkprojekt bei mehreren Wettbewerbern durchgeführt und die Fertigung von Fahrzeugen der gleichen Klasse mit ähnlichem technischem Inhalt analysiert werden, um die Vergleichbarkeit der Ergebnisse zu garantieren. Die ermittelten HPV-Werte sollen nach den Besuchen zum eigenen Wert in Relation gesetzt und die Unterschiede erklärt werden. Die Aufgabe des Benchmarkteams ist es, Effizienz-Potenziale für die eigenen Fertigungslinien zu identifizieren. Die Umsetzung/Integration der Potenziale ist nicht Aufgabe des Benchmarkteams. Zu Entscheidungen hinsichtlich der Umsetzung der einzelnen Maßnahmen zur Hebung der Effizienz-Potenziale muss nach dem Benchmark auf jeden Fall der Planungsbereich hinzugezogen werden.

### Aufgaben

1. Erstellen Sie einen konkreten Zeitplan für das Benchmarking. Berücksichtigen Sie dabei folgende Fragestellungen:
   - Welche Hauptphasen würden Sie definieren?
   - In welcher Reihenfolge würden Sie innerhalb dieser Phasen welche Aktivitäten durchführen?
   - Welche Meilensteine sollten hierbei jeweils wann erreicht werden?
   - Wie lange wird das Projekt demnach insgesamt dauern?

---

17 Die Kenngröße HPV ist für die hier gestellte Aufgabe vereinfacht dargestellt.

**Praxisfälle**
Daimler

- Welche Unternehmensbereiche sollten am Benchmark teilnehmen?
- Wie würden Sie geeignete Benchmarkteilnehmer identifizieren?

2. Was sind sinnvolle Kriterien, anhand derer Sie die möglichen Wettbewerber als potenzielle Benchmarkingteilnehmer bewerten, in eine Rangreihenfolge bringen und auswählen können?
3. Entwickeln Sie einen Fragebogen, der im Rahmen der Datenerhebung an die Benchmarkingteilnehmer versendet werden soll. Überlegen Sie sich dabei bitte Fragen bezüglich der folgenden 5 Kategorien:
    - Produktionssystem
    - Personal
    - Arbeitsorganisation
    - Fertigungs-/ Dienstleistungstiefe

Bei dem Besuch des Wettbewerbers konnte als Benchmark ein HPV-Wert von 75 Stunden pro Fahrzeug ermittelt werden. Bei der Besichtigung des Wettbewerberwerks wurden folgende Auffälligkeiten festgestellt:
a. Der Vergleich der Fertigung des Wettbewerbers mit der eigenen Fertigung ergab, dass die Fertigungstiefe beim Wettbewerber geringer ist. Die Differenz entspricht 12 Stunden pro Fahrzeug.
b. Der Vergleich der Dienstleistungen ergab, dass beim Wettbewerber Dienstleistungen von 8 Stunden pro Fahrzeug von externen Firmen durchgeführt werden.
c. Der Vergleich der Anzahl der Varianten ergab, dass in der eigenen Fertigung deutlich mehr Varianten gebaut werden sollen, was 4 Stunden pro Fahrzeug ausmacht.
d. Beim Wettbewerberfahrzeug konnten Ideen für eine Vereinfachung der eigenen Montage gewonnen werden. Die Einsparung beträgt 6 Stunden.
e. Der durchschnittliche Nettolohn beträgt ca. 70 Prozent.
f. Der Vergleich im Rohbau ergab einen höheren Automatisierungsgrad im eigenen Werk, der einem Minderinhalt von 8 Stunden pro Fahrzeug entspricht.
g. Die Effizienz im Wettbewerberwerk ist um 3 Stunden pro Fahrzeug höher.

4. Errechnen Sie auf Basis der im Rahmen der Werksbesuche ermittelten Informationen den normierten Zielbenchmarkwert für den Neutypen.
5. Wie groß ist die Deckungslücke und welche Maßnahmen würden Sie ableiten, um diese zu schließen?

## Lösungsvorschlag

**Lösungsvorschlag zu Aufgabe 1**

Das Benchmarkingprojekt lässt sich in zwei Hauptphasen gliedern. Die erste Phase ist die Vorbereitung des Projektes. In dieser Phase müssen ausgehend vom Zieltermin die unterschiedlichen Meilensteine des Projektes definiert und geplant werden (siehe Abb. C-109).

Das Projekt beginnt nach der Beauftragung durch das Management mit der Festlegung des Benchmarkteams. Die Mitglieder des Teams sollten sich aus den unterschiedlichen betroffenen Bereichen des Benchmarks zusammensetzen (z. B. Planung, Produktion, Controlling,...). Danach erfolgt die Festlegung des Betrachtungsumfangs. Aus dem Betrachtungsumfang kann eine Auswahl an möglichen Benchmarkingpartnern abgeleitet werden. Die Informationen können über Zeitschriften, über das Internet oder über persönliche Kontakte zu den Wettbewerbern gewonnen

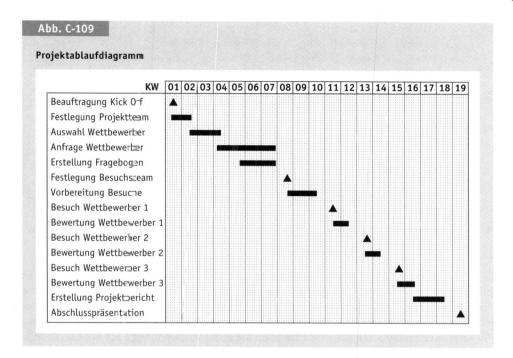

**Abb. C-109**

Projektablaufdiagramm

werden. Mithilfe einer Vergleichs-Matrix können dann diejenigen Wettbewerber ausgewählt werden, von denen man sich den größten Informationsgewinn verspricht. An diese werden dann im Vorfeld des Besuchs Fragebögen verschickt. Die Fragebögen enthalten die vom Projektteam zusammengestellten Fragen, die sowohl allgemeine Informationen über das Werk als auch Detailfragen zu den Themenschwerpunkten des Benchmarks enthalten.

Die zweite Projektphase beinhaltet die Analyse der Wettbewerber. Dazu gehören die Besuche der Werke. Nach den Werksbesuchen erfolgt jeweils die Erstellung eines detaillierten Berichts über die gewonnenen Informationen. Diese Informationen werden dann in der Abschlusspräsentation dem Management vorgestellt und weitere Schritte vereinbart. Die Umsetzung der Maßnahmen zum Heben der Potenziale ist dann nicht mehr Aufgabe des Benchmarkteams, sondern der Linie.

**Lösungsvorschlag zu Aufgabe 2**

Zum Vergleich der Wettbewerber sind fünf Kriterien definiert worden (siehe Abb. C-110).

- Effizienz: Je effizienter die Wettbewerber, desto höher die Wahrscheinlichkeit, Verbesserungen für die eigenen Prozesse aufzudecken.
- Wertschöpfungstiefe: Die Wertschöpfungstiefe sollte mit der eigenen Wertschöpfungstiefe vergleichbar sein, um möglichst geringe Normierungen vornehmen zu müssen.
- Erkenntnisgewinn: Je höher der zu erwartende Erkenntnisgewinn durch ein Benchmarking mit dem jeweiligen Wettbewerber, desto interessanter ist der jeweilige Wettbewerber als Benchmarkpartner.
- Produktportfolio: Das Produktportfolio sollte vergleichbar sein, um Normierungen zu vermeiden.

**Praxisfälle**
Daimler

### Abb. C-110

**Vergleichs-Matrix zur Auswahl der Benchmarking-Partner**

| Kriterium | Skala | Rating Wettbewerber | | | |
|---|---|---|---|---|---|
| | | A | B | C | D |
| Effizienz | 1-5 | 4 | 5 | 4 | 3 |
| Wertschöpfungstiefe | 1-3 | 2 | 2 | 2 | 2 |
| Erkenntnisgewinn | 1-3 | 2 | 2 | 3 | 2 |
| Produktportfolio | 1-3 | 1 | 3 | 3 | 2 |
| Besuchswahrscheinlichkeit | 1-3 | 1 | 3 | 2 | 1 |
| Summe | 6-20 | 10 | 15 | 14 | 10 |

▸ Besuchswahrscheinlichkeit: Je höher die Wahrscheinlichkeit einer Einladung beim Wettbewerber, desto interessanter ist der jeweilige Wettbewerber für ein Benchmarking.

Es handelt sich hierbei um allgemeine Kriterien, da zu diesem Zeitpunkt noch keine genauen Informationen über das Wettbewerberwerk vorhanden sind und deshalb nur eine grobe Bewertung der Wettbewerber vorgenommen werden soll. Die Kriterien werden dann von den Experten eingeschätzt und können z. B. aus den bisherigen Erfahrungen mit dem Wettbewerberwerk stammen. Die Wettbewerbermatrix zeigt vier Wettbewerber, die in der Vorbereitungsphase des Benchmarks ausgewählt wurden. Das Ergebnis kann eine Reduzierung der anzufragenden Wettbewerber um Wettbewerber A sein, da die Summe den geringsten Wert hat. Die Wettbewerber B bis D werden also für einen Benchmark angefragt.

**Lösungsvorschlag zu Aufgabe 3**
Der Fragebogen (siehe Abb. C-111) wird im Vorfeld an die Benchmarkpartner verschickt und kommt im Idealfall komplett ausgefüllt zurück. So können bereits vor dem Besuch die ersten Informationen über die Abläufe und Prozesse des Benchmarkingpartners gewonnen werden.

Wichtiger als der Fragebogen ist allerdings der Besuch im Wettbewerberwerk, bei dem nicht nur die Informationen aus dem Fragebogen verifiziert, sondern auch die Produktionsweise und die Prozesse direkt vor Ort angeschaut und analysiert werden können. Um in der relativ kurzen Zeit des Besuches die wichtigen Informationen filtern und aufnehmen zu können, bedarf es allerdings einer sehr guten Abstimmung des Benchmarkingteams.

### Abb. C-111

**Fragebogen Benchmark**

*Produktionssystem*
- Welche Fahrzeuge wurden am Standort gefertigt? Wann?
- Wie viele Fahrzeuge wurden im letzten Jahr gefertigt?
- Wie viele Varianten wurden produziert?
- Welche(s) Bauteil(e) ist/sind die Variantentreiber?
- Wie hoch ist die aktuelle Fertigungsstückzahl pro Linie?
- Wie ist die aktuelle Taktzeit pro Linie?
- Wie hoch ist die technische Kapazität der Linien je Stunde?
- Wie viele Stationen haben die Linien?

*Personal*
- Wie viele Produktionstage ergeben sich im Durchschnitt pro Mitarbeiter im Jahr?
- Wie ist die durchschnittliche tarifliche tägliche Arbeitszeit eines Mitarbeiters in h/Tag?

*Arbeitskräfte*
- Wie viele Arbeitskräfte arbeiten durchschnittlich am Standort/Tag?
- Wie viele Arbeitskräfte pro Schicht wurden für die Stückzahlen benötigt?

*Arbeitsorganisation*
- Wie sieht Ihre Werksorganisation aus?
- Wie sieht Ihr Arbeitszeitmodell in Fertigung und Montage aus?

*Fertigungs-/Dienstleistungstiefe*
- Welche Umfänge werden am Standort gefertigt?
- Welche Teile werden in der Fertigung mit mechanischer Vorbearbeitung angeliefert?
- Wie hoch war im letzten Jahr das fremdbeauftragte Leistungsvolumen?
- Welche Module werden inhouse am Standort montiert?
- In welchem Umfang werden Prüfungen durchgeführt?

### Lösungsvorschlag zu Aufgabe 4

Nach dem Besuch der Werke der Wettbewerber werden die gewonnenen Daten analysiert. Das Ziel des Benchmarkbesuches ist die Erstellung eines HPV-Wertes für das Wettbewerberfahrzeug. Dazu wird mit den Mitarbeiterzahlen und Produktionsmengen der HPV-Wert berechnet, der in diesem Fall 75 HPV entspricht. Allerdings muss der HPV-Wert noch normiert werden, um eine Vergleichbarkeit mit dem eigenen HPV-Wert zu gewährleisten (siehe Abb. C-112). Die Faktoren, die zu einem Unterschied beim HPV-Wert führen, können sehr unterschiedlich sein und sind normalerweise in allen Bereichen des Unternehmens zu finden. Das Herausfinden dieser Faktoren ist eine der wichtigsten Aufgaben des Benchmarkteams.

Nach der Normierung ergibt sich ein vergleichbares Bild beider HPV-Werte. Wie im Beispiel zu sehen ist, werden verschiedene Inhalte aus den Bereichen Fertigung, Dienstleistung und Produkt zum Benchmarkwert addiert oder davon subtrahiert. Es ergibt sich dann ein normierter Benchmarkwert, der mit dem im eigenen Werk festgestellten Wert vergleichbar ist. Der Zielwert für den Neutypen sollte also bei 91 HPV liegen. Lohnkosten haben für die Kenngröße HPV keine Bedeutung, diese Information wird also nicht in den Vergleich eingearbeitet.

**Praxisfälle**
Daimler

### Abb. C-112

**Vergleich der »hours per vehicle« Werte**

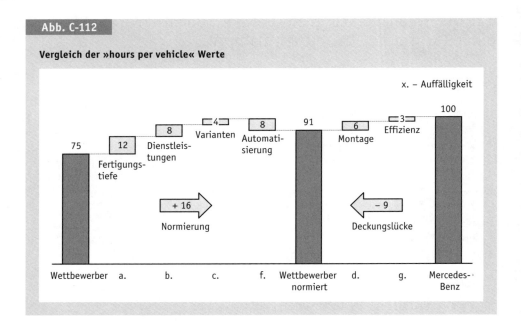

### Lösungsvorschlag zu Aufgabe 5

Es zeigt sich, dass auch nach der Normierung des HPV-Wertes eine Deckungslücke zwischen dem normierten Benchmark des Wettbewerbers und dem eigenen HPV-Wert verbleibt (siehe Abb. C-112). Der Grund liegt hier am technischen Aufbau des eigenen Fahrzeuges. Da das Wettbewerberfahrzeug einfacher aufgebaut ist und daher eine geringere Fertigungszeit hat, sollte nach einer besseren technischen Lösung gesucht werden, die die eigene Fertigungszeit verringert. Außerdem wurde beim Benchmark eine höhere Effizienz des Wettbewerbers festgestellt, so dass auch diesbezüglich im eigenen Werk nach Potenzialen gesucht werden muss. Die Aufgaben des Benchmarkteams sind allerdings mit der Analyse beendet. Die im Abschlussbericht aufgezeigte Deckungslücke und die Lösungsvorschläge werden als Ergebnis an das Management berichtet. Das Management kann dann entscheiden, wie und ob die Ergebnisse von der Linienorganisation umgesetzt werden sollen.

*Björn Heinrich ist Mitarbeiter der Abteilung SPS/BZ (Strategie & Produktionssysteme/Benchmarking & Zielsystem) der Daimler AG.*

# 11. Die Balanced Scorecard bei der Südostbayernbahn, einer Tochter der Deutschen Bahn AG

*Christoph Kraller; Irina Getzendörfer*

### Die SOB als regionaler Mobilitätsdienstleister
Die DB RegioNetz GmbH Südostbayernbahn, eine 100-prozentige Tochter der Deutschen Bahn AG (DB AG), ist als regionaler Mobilitätsdienstleister im Raum Südostbayern (zwischen München, Passau, Landshut und Salzburg) sowohl im Schienenpersonennahverkehr (SPNV) als auch im Bereich Eisenbahninfrastruktur tätig und hat ihren Hauptsitz am Knotenbahnhof Mühldorf am Inn. Mit über 700 Mitarbeitern zählt die SOB damit zu den größten Arbeitgebern Südostbayerns.

### Strategische Zielrichtung
Die Vision »Wir geben der Region eine Zukunft – flexibel, innovativ, vor Ort« ist maßgeblich für die strategische Zielrichtung der Südostbayernbahn.

Mit der Bahnreform 1995 wurde der Eisenbahnverkehr insofern liberalisiert, als dass sich die Eisenbahnverkehrsunternehmen auf dem Markt behaupten und gegen die Konkurrenz durchsetzen müssen. Die Bayerische Eisenbahngesellschaft (BEG) bestellt seither im Auftrag des Freistaates Bayern Verkehrsleistungen bei unabhängigen Eisenbahnverkehrsunternehmen und vergibt die Aufträge für bestimmte Verkehrsleistungen im SPNV, z. B. die wichtige Pendler-Strecke München – Mühldorf, in der Regel über Ausschreibungsverfahren (siehe Abb. C-113).

Um sich in derartigen Ausschreibungen durchsetzen zu können, strebt die SOB einen höheren Nutzenwert als ihre Wettbewerber an. Wichtige Kriterien dieser Ausschreibungen sind dabei vor

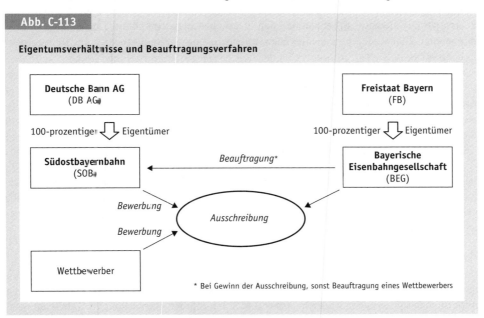

**Abb. C-113**
Eigentumsverhältnisse und Beauftragungsverfahren

\* Bei Gewinn der Ausschreibung, sonst Beauftragung eines Wettbewerbers

## Praxisfälle
Südostbayernbahn

allem günstige Preise, hohe Qualität und ein attraktives Verkehrsangebot mit modernen Fahrzeugen.

Darüber hinaus soll gegenüber der Deutschen Bahn AG als Eigentümer der SOB Vertrauen in das unternehmerische Handeln des SOB-Managements aufgebaut bzw. weiter gefördert werden. Dies soll insbesondere durch intelligente Kostensenkungsprogramme in den Bereichen Technik, Investitionen und Instandhaltung erfolgen. Derartige Investitionen sind vor allem für innovative und energiesparende und damit umweltschonende Techniken vorgesehen. Außerdem wird durch attraktive und innovative Angebote eine stetige Erhöhung der Kundenzahlen und der Kundenzufriedenheit angestrebt.

Um diese Ziele adäquat erreichen zu können, ist innerhalb der Südostbayernbahn eine effiziente und kollegiale Zusammenarbeit unablässig, für die ein Umfeld geschaffen werden muss, in dem Mitarbeiter motiviert und engagiert arbeiten können.

### Messung und Steuerung der strategischen Zielumsetzung

Da der BEG in Ausschreibungen die Kriterien günstiger Angebotspreis und hohe Qualität der Leistungserstellung besonders wichtig sind, versucht die SOB bei kontinuierlicher Qualitätssteigerung stets ihre Kosten zu senken, um der BEG bessere Konditionen als die Wettbewerber bieten zu können. Ein wichtiger Punkt ist diesbezüglich die Pünktlichkeit der Züge, da Verspätungen nicht nur ein Qualitätsmanko darstellen, sondern auch erhebliche zusätzliche Kosten verursachen. Eine strikte Einhaltung des Fahrplans stellt somit die Wirtschaftlichkeit der Südostbayernbahn sicher, da unter anderem damit die Kosten per Zugkilometer gering gehalten werden.

Dem Eigentümer der Südostbayernbahn, der DB AG, muss auch zukünftig gewährleistet werden können, dass das zur Verfügung gestellte Kapital in Projekte fließt, die das Fortbestehen der Südostbayernbahn bei einer angestrebten Umsatzrendite von mindestens sechs Prozent jährlich sicherstellen. Solche Projekte sollen innovative Techniken hervorbringen, die in der Lage sind, die Kosten per Zugkilometer zu senken und den Instandhaltungsaufwand pro Streckenkilometer zu minimieren. Zudem sollten innovative Umweltprojekte eine stetige Absenkung des Treibstoffverbrauchs erzielen.

Um die Finanzierung derartiger Projekte zu unterstützen und den Ertrag zu maximieren, ist es unerlässlich, die Kundenzahlen stetig zu erhöhen. Dabei ist die Kundenzufriedenheit ein wichtiger Aspekt, da nur zufrieden gestellte Kunden wiederkommen und die Südostbayernbahn weiterempfehlen. Mittelfristig wird daher angestrebt, zwei Drittel der Kunden so zufrieden zu stellen, dass sie die Leistungen der SOB mit gut oder sehr gut bewerten würden.

Letztlich kann keines der oben genannten Ziele ohne gut ausgebildete, engagierte und motivierte Mitarbeiter angemessen verwirklicht werden. Neben vielfältigen internen Weiter- und Fortbildungsmöglichkeiten muss die Südostbayernbahn ihren Mitarbeitern ein Arbeitsumfeld schaffen, in dem die Mitarbeiter zufrieden sind und aktiv Verbesserungsvorschläge einbringen. Es gilt, die internen sowie externen Prozesse laufend zu optimieren und ein funktionierendes Wissensmanagement sicherzustellen.

### Maßnahmen zur Zielerreichung

Um dem strategischen Ziel der Nutzenmaximierung für den Besteller, die BEG, nachzukommen, muss die Südostbayernbahn ihr Leistungsangebot stetig optimieren. Neben infrastrukturellen Anpassungen sollten auch technische Aspekte, z. B. hinsichtlich einer attraktiven Fahrzeugflotte, beachtet werden. Hierbei ist es zudem wichtig, die Flexibilität im Störungsfall zu erhöhen, um dadurch die Qualität der Leistung zu steigern. Schließlich kann Nutzenmaximierung auch durch kundenbezogene Maßnahmen erfolgen.

Um die Kundenzahlen und -zufriedenheit erhöhen zu können, müssen zunächst Maßnahmen entwickelt werden, die Reiseanlässe für die Bewohner der Ballungsräume schaffen. Dies sollte einhergehen mit der gezielten Akquisition von Neukunden und der Entwicklung auf die Region abgestimmter Ticketangebote. Darüber hinaus sollte die SOB als regionaler Mobilitätsdienstleister verstärkt integrierte Konzepte (z. B. Bus-Schiene-Konzepte) in ihr Leistungsspektrum mit aufnehmen, um durchgängige Verbindungen auch in ländlichen Regionen zu gewährleisten, und dabei auch konsistente Barrierefreiheit für mobilitätseingeschränkte Fahrgäste beachten.

Um die Prozesse effizienter gestalten zu können, muss es der SOB gelingen, sowohl in technischer Hinsicht adäquate Maßnahmen durchzuführen als auch die Zusammenarbeit der Mitarbeiter zu optimieren. Dies kann beispielsweise durch Schulungen der Mitarbeiter oder die Einführung eines kontinuierlichen Verbesserungsprozesses erfolgen.

Mitarbeiter als Repräsentanten des Dienstleistungsunternehmens gegenüber den Kunden haben für die Südostbayernbahn eine besondere Bedeutung. Ohne motivierte, loyale und fachlich hochqualifizierte Mitarbeiter könnten viele angestrebte strategische Ziele nicht verwirklicht werden. Des Weiteren muss versucht werden, sichere Arbeitsplätze zu schaffen, die durch Leistungstransparenz gekennzeichnet sind.

### Strategische Ziele der Südostbayernbahn

Ausgehend von den vom SOB-Management festgelegten strategischen Zielen, soll die Strategie der Südostbayernbahn verständlich, adäquat und messbar umgesetzt werden. Wichtig ist hierbei vor allem die Einordnung der verschiedenen Ziele in die vier Perspektiven Finanzen, Kunde, Prozesse sowie Lernen und Entwicklung (siehe Abb. C-114).

**Abb. C-114**

**Strategische Ziele der Südostbayernbahn**

| Perspektive | Fragestellung | Strategische Ziele |
|---|---|---|
| **Finanzen** | Welche Ziele leiten sich aus den zukünftigen Erwartungen der Eigentümer und der Wettbewerbssituation ab? | ▸ Wir begeistern unsere Eigentümer – Die Eigentümer vertrauen unserem unternehmerischen Handeln<br>▸ Wir gewinnen zukünftige Ausschreibungen insbesondere durch intelligente Kostensenkungsprogramme bei Technik, Investitionen und Instandhaltung |
| **Kunden** | Welche Ziele leiten sich aus der Erwartungshaltung hinsichtlich Kundenzahlen/-zufriedenheit und Angebotserweiterung ab? | ▸ Wir steigern unsere Kundenzahlen durch attraktive und innovative Angebote und steigern die Kundenzufriedenheit durch Top-Qualität<br>▸ Wir schaffen für unseren Besteller, den Freistaat Bayern, höheren Nutzen als unsere Wettbewerber |
| **Prozesse** | Welche Ziele leiten sich aus den Finanz- und Kundenzielen für die Prozesse entlang der Wertschöpfungskette ab? | ▸ Wir schonen die Umwelt durch den Einsatz innovativer, energiesparender Techniken<br>▸ Wir arbeiten kollegial und effizient in der gesamten Wertschöpfungskette |
| **Lernen und Entwickeln** | Welche Ziele ergeben sich für die Entwicklungsperspektive, um die Finanz-, Kunden- und Prozessziele langfristig erreichen zu können? | ▸ Wir schaffen ein Umfeld in dem wir motiviert und engagiert arbeiten können |

**Praxisfälle**
Südostbayernbahn

Die Finanzziele der Südostbayernbahn sind dieser Perspektive zugeordnet, da sie sich vorwiegend über Finanzkennzahlen messen und steuern lassen. Die Eigentümer der SOB, also die DB Regio AG und die DB Netz AG, sollen Vertrauen in das unternehmerische Handeln des SOB-Managements aufbauen. Dies lässt sich über Kennzahlen aus dem Finanzbereich, z. B. Umsatzrendite, am besten bewerkstelligen. Die zuvor erklärten Ausschreibungsverfahren der BEG (siehe Abb. C-113) tragen als wichtigstes Kriterium zur Vergabe den Preis. Je günstiger der Anbieter ist, desto eher bekommt er den Zuschlag. Aufgrund der Abhängigkeit von den Kosten wird dieses Ziel ebenfalls der Finanzperspektive zugeordnet.

Zur Kundenperspektive gehören bei der SOB zwei Ziele mit unterschiedlicher Zielgruppe. Zum einen wird der Fahrgast als Kunde ins Auge gefasst, der als tatsächlicher Nutzer der Verkehrsdienstleistung zufrieden gestellt werden soll. Zum anderen soll der Besteller gemäß den Ausschreibungskriterien mit hoher Qualität zu günstigem Preis überzeugt werden.

Bei den Prozesszielen stehen vor allem die Verbesserung der Effizienz der gesamten Wertschöpfungskette – also von der Fahrzeuginstandhaltung bis zum Fahrkartenverkauf – sowie die kontinuierliche Optimierung energiesparender Techniken im Vordergrund.

Hinsichtlich der Perspektive Lernen und Entwickeln ist es der SOB von hoher Bedeutung, die Mitarbeiter fortlaufend zu fördern und zu fordern. Dies hat seine Begründung im Dienstleistungssektor, in dem der Mitarbeiter als direktes Bindeglied zwischen Kunde und Produkt zu sehen ist.

### Aufgaben

In einem ersten Strategieworkshop wurden bereits die oben aufgeführten strategischen Ziele der Südostbayernbahn erarbeitet. Im darauf folgenden Workshop sitzen Sie nun mit der Geschäftsführung zusammen und haben sich zum Ziel gesetzt, geeignete Messgrößen und Maßnahmen (für die strategischen Ziele) zu entwickeln, die die Messung und Steuerung der Strategieumsetzung im Rahmen einer Balanced Scorecard (BSC) ermöglichen sollen:

1a. Definieren Sie Messgrößen für die erarbeiteten strategischen Ziele.
1b. Legen Sie für fünf dieser Messgrößen beispielhaft eine Zielwertvorgabe fest bzw. argumentieren Sie, was bei der Festlegung der Zielwerte zu beachten ist.
2. Formulieren Sie ausgehend von den in 1. erarbeiteten Messgrößen mögliche Maßnahmen zur Erreichung je eines strategischen Ziels pro BSC-Perspektive.
3. Fassen Sie Ihre Ergebnisse zu einem ganzheitlichen BSC-Reporting-System entlang der vier BSC-Perspektiven zusammen, aus dem die Soll- und Ist-Werte der Messgrößen sowie der aktuelle Status der Zielerreichung hervorgehen.

## Lösungsvorschlag[18]

### Lösungsvorschlag zu Aufgabe 1a

**Abb. C-115**

Messgrößen zur Messung der strategischen Ziele

| Perspektive | Strategische Ziele | Messgrößen |
|---|---|---|
| Finanzen | ▸ Wir begeistern unsere Eigentümer – Die Eigentümer vertrauen unserem unternehmerischen Handeln<br>▸ Wir gewinnen zukünftige Ausschreibungen insbesondere durch intelligente Kostensenkungsprogramme bei Technik, Investitionen und Instandhaltung | ▸ Umsatzrendite<br>▸ Fahrgelderlöse Ist/Vorschau in %<br>▸ Zugkosten pro km (Energie, Personal, Abschreibungen etc.)<br>▸ Instandhaltungsaufwand pro Streckenkilometer (Infrastruktur) |
| Kunden | ▸ Wir steigern unsere Kundenzahlen durch attraktive und innovative Angebote und steigern die Kundenzufriedenheit durch Top-Qualität<br>▸ Wir schaffen für unseren Besteller höheren Nutzen als unsere Wettbewerber | ▸ Kundenzufriedenheit<br>▸ Personenkilometer<br>▸ Fahrgastzahlen<br>▸ Pünktlichkeit (in Prozent pünktlich ankommender Züge)<br>▸ Fahrgastzahlen |
| Prozesse | ▸ Wir arbeiten kollegial und effizient entlang der gesamten Wertschöpfungskette<br>▸ Wir schonen die Umwelt durch den Einsatz innovativer, energiesparender Techniken | ▸ Anzahl eingebrachte Verbesserungsvorschläge<br>▸ Liter Treibstoff per Kilometer<br>▸ Anzahl Energieinnovationen |
| Lernen und Entwickeln | ▸ Wir schaffen ein Umfeld, in dem wir motiviert und engagiert arbeiten können | ▸ Gesundheitsquote (wieviele Mitarbeiter sind gesund/krank bis zu 6 Wochen in Prozent)<br>▸ Anzahl Weiterbildungsmöglichkeiten<br>▸ Anzahl Ausbildungsplätze<br>▸ Mitarbeiterzufriedenheit bzgl. der Zusammenarbeit (hierarchieübergreifend) |

### Lösungsvorschlag zu Aufgabe 1b

**Beispielhafte Festlegung von fünf Zielwerten:**

**Pünktlichkeit**

Da Verspätungen sowohl ein Qualitätsmanko gegenüber den Kunden als auch zusätzliche Kosten darstellen, sollten sie nahezu gegen 0 gehen. Als Zielwert hat die SOB daher 95 Prozent Pünktlichkeit aller Züge festgelegt.

---

18 Der Nachfolgende Lösungsvorschlag stellt den in der Unternehmenspraxis tatsächlich implementierten Lösungsansatz dar. Gerade bei einem strategischen Instrument wie der Balanced Scorecard gibt es nicht den einen richtigen Lösungsansatz, sondern eine Mehrzahl an denkbaren Lösungsansätzen.

**Praxisfälle**
Südostbayernbahn

**Umsatzrendite**
Da die Südostbayernbahn eine jährliche Umsatzrendite von mindestens sechs Prozent anstrebt, um das Vertrauen der Eigentümer in das Unternehmen zu fördern, lässt sich hieraus unmittelbar der Zielwert für die Messgröße Umsatzrendite festlegen. Eine Vergleichs- oder Vergangenheitsbetrachtung ist deswegen nicht nötig.

**Instandhaltungsaufwand per Streckenkilometer**
Der Aufwand für die Wartung und Instandhaltung der Infrastruktur ist eine wichtige Messgröße für das strategische Ziel, kostensenkende und innovative Techniken einzuführen. Der Zielwert sollte demzufolge immer niedriger als der Vorjahreswert sein. Darüber hinaus kann der Zielwert sich auch gemäß eines Benchmarking an konkurrierenden Eisenbahnunternehmen orientieren.

**Kundenzufriedenheit**
Die Kundenzufriedenheit soll kontinuierlich gesteigert werden. Daher sind Vergangenheitsbetrachtungen, aber auch Benchmarking-Studien innerhalb des Konzerns bzw. mit Wettbewerbern interessant. Der Zielwert sollte folglich jeweils höher als der Vorjahreswert sein und im Mittelfristzeitraum auf 66 Prozent steigen.

**Gesundheitsquote**
Das Verhalten der Mitarbeiter spiegelt oftmals die Zufriedenheit und Loyalität, die im Unternehmen vorherrschen, wider. Mitarbeiter, die ihre Arbeit gerne verrichten, sind weniger krank und beteiligen sich aktiv an der ständigen Verbesserung des Unternehmens. Dies ist somit an der Gesundheitsquote ablesbar, die auch Auskunft darüber gibt, inwiefern die Unternehmensleitung gesundheitsfördernde Maßnahmen für die Mitarbeiter einsetzt. Daher hat die SOB eine Gesundheitsquote von mindestens 96,5 Prozent im Jahresmittel als Zielwert definiert!

**Lösungsvorschlag zu Aufgabe 2**

**Nutzen maximieren** (Messgrößen: Pünktlichkeit, Kosten per Kilometer)
- Ausbau des Streckennetzes
- Modernisierung der Streckentechnik (Weichen, Gleise, Signale, Bahnübergänge)
- Investitionen in neue Fahrzeuge
- Vertriebserweiterungen über Neueröffnung von Service Stores
- Verbesserung der Reisendeninformation über Internet, Handy, Bahnsteig-LCD-Tafeln

**Kunden begeistern** (Messgrößen: Kundenzufriedenheit, Personenkilometer)
- Entwicklung zielgruppengerechter Ticketangebote
- Organisation von Sonderfahrten
- Sonderveranstaltungen
- Kooperationen mit ansässigen Busunternehmen
- Umbau zu barrierefreien Bahnhöfen

**Effizienz steigern** (Messgrößen: Verbesserungsvorschläge, Treibstoffersparnis, Energieinnovationen)
- Schulung der Lokführer in energiesparender Fahrweise
- Schulung der Führungskräfte in Kreativitätstechniken

- Bildung von Lerngruppen
- Einführung eines Best-Practice-Managements im Rahmen des KVP (Kontinuierlicher Verbesserungsprozess)
- Umstieg in neue Energietechniken, z. B. durchgehende Elektrifizierung, Solarenergie

**Mitarbeiter motivieren** (Messgrößen: Mitarbeiterzufriedenheit, Anzahl Ausbildungsplätze, Fort-/Weiterbildungsmöglichkeiten, Gesundheitsquote)
- regelmäßige Fort- und Weiterbildungsangebote für alle Mitarbeiter
- Führungskräfteworkshops
- Schaffung von neuen Ausbildungsplätzen
- Integrierte Ausbildungsmöglichkeiten (z. B. duale Studiengänge)
- Workshops zur Verankerung einer durchgängigen Servicementalität
- Einsatz eines Prämiensystems für Mitarbeiter

### Lösungsvorschlag zu Aufgabe 3

**Abb. C-116**

**Balance Scorecard der Südostbayernbahn**

*Südostbayernbahn* »Wir geben der Region eine Zukunft« — DB BAHN

| Kundenperspektive | Soll | Ist | Status | Trend | Finanzperspektive | Soll | Ist | Status | Trend |
|---|---|---|---|---|---|---|---|---|---|
| Kundenzufriedenheit in Prozent | 66 | 64 | 😐 | ↗ | Umsatzrendite in Prozent | 6,0 | 5,7 | 🙂 | ⇒ |
| Pünktlichkeit in Prozent | 95 | 95 | 🙂 | ⇒ | Fahrgelderlöse Ist/Vorschau in Prozent | 100 | 90 | 😐 | ⇒ |

| Prozessperspektive | Soll | Ist | Status | Trend | Lernperspektive | Soll | Ist | Status | Trend |
|---|---|---|---|---|---|---|---|---|---|
| Anzahl eingebrachter Verbesserungsvorschläge | 10 | 2 | ☹ | ↘ | Gesundheitsquote in Prozent | 96,5 | 94 | 😐 | ↘ |
| Anzahl Energieinnovationen | 10 | 5 | 😐 | ↗ | Anzahl Ausbildungsplätze | 69 | 56 | 😐 | ↗ |

*Christoph Kraller ist Leiter/Sprecher der DB RegioNetz GmbH Südostbayernbahn.*
*Irina Getzendörfer ist Projektleiterin bei der DB RegioNetz GmbH Südostbayernbahn.*

# 12. Praxisfall der Boston Consulting Group zur Portfolioanalyse

## Entwicklung einer langfristigen Portfoliostrategie für die Deutsche Strom AG

*Dr. Ulrich Pidun; Dr. Harald Rubner*

Bei der Deutschen Strom AG (DSAG)[19] handelt es sich um einen in Deutschland operierenden, integrierten Stromkonzern. Integriert bedeutet, dass alle Wertschöpfungsstufen von der Erzeugung bis zum Endkunden abgedeckt sind.

Die DSAG ist aus der Konsolidierung mehrerer Stadtwerke hervorgegangen, dabei konzentrierte sich das Unternehmen auf das Geschäft mit Strom; alle gasbezogenen Aktivitäten wurden veräußert.

Das Unternehmen ist heute in fünf Strategische Geschäftseinheiten (SGE) organisiert:

Abb. C-117

Nachdem die Konsolidierung abgeschlossen ist, stellt sich die Unternehmensführung die Frage nach der Richtung und den Schwerpunkten der zukünftigen Unternehmensentwicklung. Im Fokus steht dabei die Suche nach neuen Wachstumsmöglichkeiten, die der DSAG eine erfolgreiche Zukunft ermöglichen. Obwohl die DSAG insgesamt profitabel ist, ist es außerdem – spätestens durch die Finanzkrise – erforderlich, die Geschäftsaktivitäten hinsichtlich ihrer Werthaltigkeit und Zukunftsfähigkeit zu priorisieren, da die Mittel für eine Weiterentwicklung der Geschäfte begrenzt sind.

Die Unternehmensführung hat deshalb die Boston Consulting Group mit der Entwicklung einer Portfoliostrategie für die DSAG beauftragt. Zunächst werden, zusammen mit den Abteilungen Konzernstrategie und Controlling, sämtliche SGE in einer Portfolioanalyse aus Strategischer und Wertschaffungs-Perspektive untersucht und je SGE die spezifischen strategischen Fragestellungen abgeleitet. Im zweiten Schritt kann darauf aufbauend eine Portfoliostrategie entwickelt werden.

**Kurzbeschreibung der einzelnen Strategischen Geschäftseinheiten (SGE)**
*Erzeugung Hydro*
Trends in der Stromerzeugung aus Wasserkraft sind steigende Anforderungen bei der Projektierung neuer Anlagen durch Umweltauflagen und zunehmenden Wettbewerb um verbliebene Stand-

---

[19] Die hier dargestellte DSAG ist ein fiktives Unternehmen. Die Fallstudie basiert jedoch auf in ähnlicher Form tatsächlich durchgeführten Beratungsprojekten für europäische Energieversorger.

orte. Wasserkraft ist umweltfreundlich und hat vergleichsweise niedrige variable Kosten pro erzeugter kWh Strom, eine Substitution durch andere erneuerbare Energien ist zunächst nicht zu erwarten.

**Abb. C-118**

**Eckdaten SGE Erzeugung Hydro**

| | | |
|---|---|---|
| Marktgröße in 2009 | 37,0 | Mrd. EUR |
| Prognostiziertes Marktwachstum (2009–2014 p. a.) | 1,0 | Prozent |
| Marktprofitabilität (durchschnittliche EBIT Marge) in 2009 | 19,0 | Prozent |
| Elektrizitätserzeugung Deutsche Strom AG in 2009 | 6,2 | TWh |
| Elektrizitätserzeugung des größten Wettbewerbers in 2009 | 10,0 | TWh |

Die DSAG ist Industrie-Benchmark im Betrieb der Anlagen (Kosten, Effizienz und Verfügbarkeit) und erzielt eine gute Marge. In den kommenden Jahren werden fallende Marktpreise erwartet, was die Marge belastet; sie sollte dennoch deutlich positiv bleiben. Marktwachstum wird insbesondere im Ausland, z. B. in Italien, Osteuropa, Türkei erwartet. Die SGE Hydro plant schon länger eine Expansion in Europa.

*Erzeugung Kohle*
Im Markt für Stromerzeugung aus Kohle sind steigende Brennstoffnachfrage und damit zunehmender Verteilungskampf um Rohstoffe wichtige Entwicklungen. Gleichzeitig droht die Substitution durch erneuerbare Energie und $CO_2$-ärmere Technologien.

**Abb. C-119**

**Eckdaten SGE Erzeugung Kohle**

| | | |
|---|---|---|
| Marktgröße (Deutschland) in 2009 | 15,2 | Mrd. EUR |
| Prognostiziertes Marktwachstum (2009–2014 p. a.) | –3,0 | Prozent |
| Marktprofitabilität (durchschnittliche EBIT Marge) in 2009 | 7,9 | Prozent |
| Elektrizitätserzeugung Deutsche Strom AG in D in 2009 | 30,0 | TWh |
| Elektrizitätserzeugung des größten Wettbewerbers in 2009 | 112,0 | TWh |

Kohle ist heute die größte Erzeugungstechnologie der DSAG, leidet aber unter Standortnachteilen in der Brennstofflogistik und geringeren Skaleneffekten als wichtige Wettbewerber. Steigende $CO_2$-Preise und Risiken der Beschaffungspreisentwicklung belasten zukünftig die heute gute Profitabilität.

*Handel/Trading*
Im Handel werden die produzierten Energiemengen über den freien Markt vermarktet. Mit zunehmender Bedeutung werden auch vom eigenen Bedarf bzw. der eigenen Produktion unabhängige Handelsgeschäfte und der Handel mit $CO_2$-Zertifikaten betrieben.

Die SGE Trading ist vergleichsweise jung in der DSAG. Das Engagement finanziert sich jedoch bereits selbst und ist noch stark ausbaufähig. Das hohe Marktwachstum mindert den Wettbewerbs-

### Abb. C-120

**Eckdaten SGE Handel/Trading**

| | | |
|---|---|---|
| Marktgröße (Deutschland) in 2009 | 85,0 | Mrd. EUR |
| Prognostiziertes Marktwachstum (2009–2014 p. a.) | 8,0 | Prozent |
| Marktprofitabilität (durchschnittliche EBIT Marge) in 2009 | 2,0 | Prozent |
| Handelsvolumen Deutsche Strom AG in 2009 | 8,0 | Mrd. EUR |
| Handelsvolumen des größten Wettbewerbers in 2009 | 30,0 | Mrd. EUR |

druck, fördert aber weitere Markteintritte. Heute ist die DSAG in Breite (z. B. Individualisierung) und Qualität (z. B. Hedging) des Produktspektrums noch deutlich schlechter positioniert als der Wettbewerb.

### Verteilnetz (VN) Strom

Die Netze zählen zu den wertvollsten Vermögensgegenständen der Energiekonzerne. Die erwartete schärfere Regulierung führt zu steigendem Margen- und Kostendruck. Zusätzlich gibt es einen Trend zur Re-Kommunalisierung der Netze mit verstärktem Wettbewerb um Netz-Konzessionen.

### Abb. C-121

**Eckdaten SGE Verteilnetz Strom**

| | | |
|---|---|---|
| Marktgröße (Deutschland) in 2009 | 19,5 | Mrd. EUR |
| Prognostiziertes Marktwachstum (2009–2014 p. a.) | 0,0 | Prozent |
| Marktprofitabilität (durchschnittliche EBIT Marge) in 2009 | 6,1 | Prozent |
| Durchgeleitete Energie Deutsche Strom AG in 2009 | 33,0 | TWh |
| Durchgeleitete Energie des größten Wettbewerbers in 2009 | 106,0 | TWh |

Das Geschäftsfeld Netz hat eine durch die Regulierung begrenzte, jedoch sehr stabile Profitabilität. Als ehemaliges Stadtwerk profitiert die DSAG von einer starken lokalen Marktposition und guten Aussichten auf Verlängerung der Konzession.

### Vertrieb

Der Vertrieb ist der Zugang zum Endkunden. Es besteht sehr hoher Wettbewerbsdruck, Potenzial bieten profitable Nischen (z. B. Ökostrom) und neue Angebote (z. B. Strom für Elektroautos).

### Abb. C-122

**Eckdaten SGE Vertrieb**

| | | |
|---|---|---|
| Marktgröße (Deutschland) in 2009 | 70,0 | Mrd. EUR |
| Prognostiziertes Marktwachstum (2009–2014 p. a.) | 1,0 | Prozent |
| Marktprofitabilität (durchschnittliche EBIT Marge) in 2009 | 2,0 | Prozent |
| Kundenstamm Deutsche Strom AG in 2009 | 2,1 | Mio Kunden |
| Kundenstamm des größten Wettbewerbers in 2009 | 10,7 | Mio Kunden |

Das Vertriebsgeschäft der DSAG ist gegenwärtig deutlich verlustbringend. Die Vertriebsmannschaft, vor der Konsolidierung für Strom- und Gas-Vertrieb verantwortlich, wurde bis heute nicht reduziert. Des Weiteren werden vom Vertrieb heute Privat- (B2C) und Industriekunden (B2B) betreut.

*SGE-übergreifende Informationen*
Neben der Attraktivität des Marktes ist der vorherrschende Wettbewerb von großer Bedeutung für den Erfolg. Für die DSAG gibt die folgende Tabelle einen zusammenfassenden Überblick:

**Abb. C-123**

**Wettbewerb**

| | Hydro | Kohle | Trading | VN Strom | Vertrieb |
|---|---|---|---|---|---|
| Wettbewerbsintensität | Mittel | Mittel | Mittel | Gering | Sehr hoch |
| Erfüllung Erfolgsfaktoren gemessen am Wettbewerb | deutlich besser | schlechter | deutlich schlechter | besser | Vergleichbar |

Zur finanziellen Performance und Planung (bis 2014) der DSAG sind folgende Kennzahlen verfügbar:

**Abb. C-124**

**Unternehmenskennzahlen**

| | Einheit | Hydro | Kohle | Trading | VN Strom | Vertrieb |
|---|---|---|---|---|---|---|
| Capital employed (CE) 2009 | Mrd. EUR | 0,7 | 3,7 | 0,1 | 4,1 | 0,6 |
| Return on Capital Employed (ROCE) 2009 | Prozent | 27 | 16 | 13 | 10 | –6 |
| Wertschaffungspotenzial (Delta EVA '09–'14/CE'09) | Prozent | 3 | –12 | 11 | 2 | 10 |

Die Kapitalkosten können vereinfacht mit einem durchschnittlichen Konzern-WACC von 10 Prozent angenommen werden.

### Aufgaben

1. Stellen Sie die strategische Perspektive der einzelnen SGE in einer Matrix »Marktattraktivität vs. Wettbewerbsposition« dar
   a. Definieren Sie die relevanten Kriterien für die Bewertung der strategischen Perspektive.
   b. Entwickeln Sie dazu Kennzahlen, die diese relevanten Kriterien integrieren.
   c. Erstellen Sie die Matrix.
2. Stellen Sie die Wertschaffungsperspektive in einer Matrix »Aktuelle Performance vs. zukünftige Wertschaffung« dar. Nutzen Sie geeignete Kriterien zum Erstellen der Matrix.
3. Leiten Sie Hypothesen und strategische Fragestellungen aus der Analyse der beiden Matrizen für die Strategischen Geschäftseinheiten der Deutschen Strom AG ab

# Lösungsvorschlag

## Lösungsvorschlag zu Aufgabe 1

### 1a Definition relevanter Kriterien für die Bewertung der Strategischen Perspektive

Die zentrale Frage der strategischen Perspektive lautet: »Wie viel Gewinnpotenzial steckt in einer Geschäftseinheit?«. Dieses Gewinnpotenzial setzt sich aus zwei Dimensionen zusammen:

- Marktattraktivität: Die zukünftige Größe des verfügbaren Gewinns im Markt (Profitpool) ist abhängig von der aktuellen Marktgröße und Profitabilität sowie von der erwarteten zukünftigen Entwicklung dieser Größen. Diese Entwicklung hängt z. B. von der Wettbewerbsintensität und von Industrietrends ab.
- Wettbewerbsposition: Diese bestimmt den Anteil am zukünftigen Gewinn und ist abhängig von der heutigen Position im Markt sowie der erwarteten Entwicklung von relativer Profitabilität und relativem Umsatzwachstum. Darüber entscheiden vor allem spezifische Wettbewerbsvorteile und die Erfüllung der marktspezifischen Erfolgsfaktoren.

Auf Basis dieser Überlegungen wurden für die DSAG folgende Kriterien ausgewählt, wobei bewusst auf die aus Sicht des Managements wichtigsten Kriterien fokussiert wurde:

### Abb. C-125

**Kriterien zur Bewertung der strategischen Perspektive**

| | Kriterien | Definition Messgröße | Zentrale Fragen/ Begründung |
|---|---|---|---|
| Markt-attraktivität | ▸ Marktgröße | ▸ Aktuelles Umsatzvolumen in Mrd. EUR – Basis 2009 | ▸ Bietet der Markt eine ausreichende Größe? |
| | ▸ Marktwachstum | ▸ Umsatz-/Absatzwachstum als CAGR 2009-2014 | ▸ Wie wird sich die Marktgröße in Zukunft entwickeln? |
| | ▸ Profitabilität | ▸ Durchschnittliche EBIT-Marge 2009 der Industrie in Prozent | ▸ Wie attraktiv ist der Markt bzgl. erzielbarer Marge?<br>▸ Verwendung EBIT aufgrund solider Datenverfügbarkeit |
| | ▸ Wettbewerbsintensität | ▸ Qualitative Einschätzung der heutigen Marktsituation | ▸ Wie hart umkämpft ist der Markt?<br>▸ Wie wird sich die Marktprofitabilität entwickeln? |
| Wettbewerbs-position | ▸ Relativer Marktanteil | ▸ Gemessen am größten Wettbewerber | ▸ Wie ist das Unternehmen heute im Markt aufgestellt? |
| | ▸ Erfüllung Erfolgsfaktoren | ▸ Qualitative Einschätzung unter Beachtung der relevanten Wettbewerbs- und Erfolgskriterien | ▸ Qualitative Einschätzung, da Nutzen einer detaillierten Berechnung den Aufwand deutlich übersteigt<br>▸ Maß für die künftige relative Profitabilität/ Marktposition |

## 1b Scoring-Modell für die Bewertung mehrerer unterschiedlicher Dimensionen

Um unterschiedliche Kriterien in einer Kennzahl zu integrieren, eignet sich am besten ein Scoring-Modell. Dazu werden für jedes Kriterium Bandbreiten festgelegt, die den Wert der Messgröße in ein entsprechendes Punkteäquivalent übersetzen. Über eine Gewichtung werden die Kriterien zu einer einzigen Kennzahl zusammengeführt.

Für die DSAG wurde das Scoring-Modell folgendermaßen aufgebaut:

**Abb. C-126**

**Scoring-Modell zur Bewertung der strategischen Perspektive**

| | Kriterien | Bewertung | | | | | Gewichtung |
| --- | --- | --- | --- | --- | --- | --- | --- |
| | | 1 | 2 | 3 | 4 | 5 | |
| **Marktattraktivität** | Marktgröße (Umsatz in Mrd. EUR) | <5 | 5–10 | 10–15 | 15–20 | >20 | 20% |
| | Marktwachstum (CAGR in Prozent) | <0 | 0–2 | 2–4 | 4–6 | >6 | 25% |
| | Profitabilität (EBIT Marge in Prozent) | <3 | 3–6 | 6–9 | 9–12 | >12 | 30% |
| | Wettbewerbsintensität (qualitativ) | sehr hoch | hoch | mittel | gering | sehr gering | 25% |
| | **Gesamt** | | | | | | **100%** |
| **Wettbewerbsposition** | Relativer Marktanteil | <0,1 | 0,1–0,3 | 0,3–0,6 | 0,6–1,0 | >1,0 | 40% |
| | Erfolgsfaktoren (Erfüllung gemessen am Wettbewerb) | deutlich schlechter | schlechter | vergleichbar | besser | deutlich besser | 60% |
| | **Gesamt** | | | | | | **100%** |

Die Gewichtung der Kriterien für die Marktattraktivität wurde, mit einer leichten Überhöhung der Profitabilität, nahezu gleichwertig verteilt. Für die Wettbewerbsposition wurde die Erfüllung der Erfolgsfaktoren deutlich hervorgehoben, weil beispielsweise im Trading und der Erzeugung die reine Größe nicht so entscheidend für die Profitabilität ist.

Zur Berechnung und Erstellung der Matrix wird nun noch der relative Marktanteil benötigt, der aus der Größe der SGE (nach unterschiedlichen Messgrößen) relativ zum größten Wettbewerber berechnet wird:

**Abb. C-127**

**Berechnung des relativen Marktanteils der SGEs** (Angaben in Mrd. EUR)

| | Hydro | Kohle | Trading | Verteilnetz Strom | Vertrieb |
| --- | --- | --- | --- | --- | --- |
| Größe Deutsche Strom AG | 6,2 | 30,0 | 8,0 | 33,0 | 2,1 |
| Größe des größten Wettbewerbers | 10,0 | 112,0 | 30,0 | 106,0 | 10,7 |
| Relativer Marktanteil DSAG | 0,62 | 0,27 | 0,27 | 0,31 | 0,20 |

## Praxisfälle
Boston Consulting Group

Nun lässt sich das Scoring-Modell für die einzelnen Geschäftsbereiche erstellen:

**Abb. C-128**

**Anwendung des Scoring Modells auf die strategischen Geschäftsbereiche**

| | Kriterien | Erzeugung Hydro | Erzeugung Kohle | Trading | Verteilnetz Strom | Vertrieb | Gewichtung |
|---|---|---|---|---|---|---|---|
| **Marktattraktivität** | Marktgröße (Umsatz in Mrd. EUR) | 5,0 | 4,0 | 5,0 | 4,0 | 5,0 | 20 % |
| | Marktwachstum (CAGR in Prozent) | 2,0 | 1,0 | 5,0 | 2,0 | 2,0 | 25 % |
| | Profitabilität (EBIT Marge in Prozent) | 5,0 | 3,0 | 1,0 | 3,0 | 1,0 | 30 % |
| | Wettbewerbsintensität (qualitativ) | 3,0 | 3,0 | 3,0 | 4,0 | 1,0 | 25 % |
| | **Gesamt** | **3,8** | **2,7** | **3,3** | **3,2** | **2,1** | **100 %** |
| **Wettbewerbsposition** | Relativer Marktanteil | 4,0 | 2,0 | 2,0 | 3,0 | 2,0 | 40 % |
| | Erfolgsfaktoren (Erfüllung gemessen am Wettbewerb) | 5,0 | 2,0 | 1,0 | 4,0 | 3,0 | 60 % |
| | **Gesamt** | **4,6** | **2,0** | **1,4** | **3,6** | **2,6** | **100 %** |

Anhand des Beispiels ist zu erkennen, dass ein solches Scoring-Modell eine grobe Vereinfachung darstellt: Durch die Aggregation gehen Informationen und ihre Bedeutung für das jeweilige Geschäftsfeld verloren (z. B. K.o.-Kriterien oder Ausreißer). Verschiedene Dimensionen werden additiv bzw. gleichwertig verknüpft, auch wenn sie zum Teil voneinander abhängen oder unterschiedliche Relevanz für die einzelnen SGE haben. Wenn sich der Benutzer jedoch dieser Limitationen bewusst ist und bei der Ableitung von Schlussfolgerungen die tieferen Ursachen für eine bestimmte Einordnung berücksichtigt, kann ein solches Scoring-Modell eine pragmatische Lösung darstellen.

## 1c Die Strategische Perspektive als Matrix »Marktattraktivität vs. Wettbewerbsposition«

Auf Basis des Scoring-Modells kann nun die Matrix erstellt werden. Dabei werden Marktattraktivität auf der y-Achse und Wettbewerbsposition auf der x-Achse gegenübergestellt. Zudem lässt sich noch die Größe (z. B. investiertes Kapital – Capital Employed) über die Kreisfläche in der Matrix darstellen.

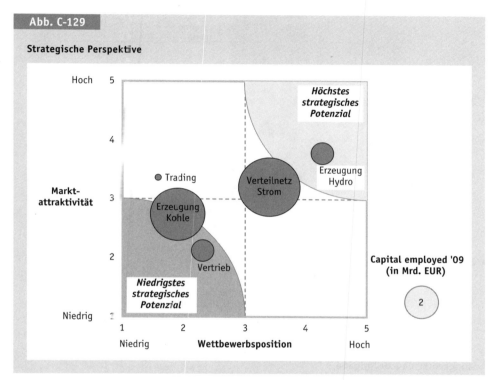

Abb. C-129

## Lösungsvorschlag zu Aufgabe 2

Die Wertschaffungsperspektive stellt die aktuelle Performance der erwarteten zukünftigen Wertentwicklung gegenüber.

Zur Messung der aktuellen Performance wird im vorliegenden Fall die Rendite in Form des Return on Capital Employed (ROCE) herangezogen, weil diese Kennzahl in den Controllingsystemen der DSAG zur Verfügung steht. Von der Rendite (ROCE) werden die Kapitalkosten (WACC) abgezogen, um die Überrendite zu erhalten.

Eine zukünftige Wertsteigerung kann auf zwei grundsätzliche Arten erfolgen, (a) durch Verbesserung der Rendite des Geschäftes, oder (b) durch Wachstum eines Geschäfts, sofern die Rendite über den Kapitalkosten liegt. Damit eignet sich eine Übergewinn-Kennzahl wie der Economic Value Added (EVA) gut als Maß für die Wertschaffung. Auch diese Kennzahl ist im Wertmanagementsystem des Unternehmens bereits vorhanden. Im vorliegenden Fall wurde die geplante Steigerung des EVA ($\Delta$ EVA '09-'14) am eingesetzten Kapital (CE '09) normiert, um eine prozentuale Größe zu erhalten.

## Praxisfälle
Boston Consulting Group

Die Matrix für die DSAG kann mit den vorhandenen Angaben nun einfach erstellt werden:

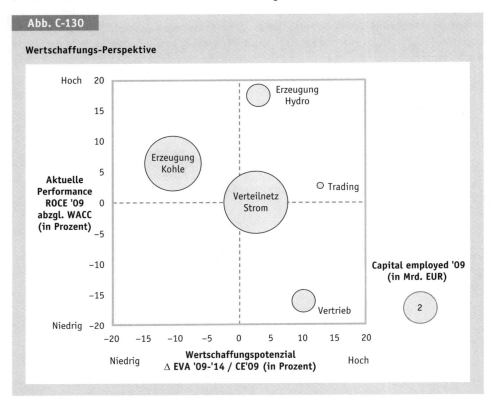

Abb. C-130

### Lösungsvorschlag zu Aufgabe 3

Aus den Einzel-Auswertungen einer jeden Perspektive (Strategisch, Wertschaffung) ergeben sich mitunter divergierende Aussagen für einzelne SGE. Um zu einer vollständigen Einschätzung zu kommen, sollten vorhandene Perspektiven immer verknüpft und gemeinsam interpretiert werden.

Nachfolgend sind die wesentlichen Hypothesen und Fragestellungen, die sich für die SGE der DSAG ableiten lassen, zusammengefasst:

## Abb. C-131

**Hypothesen und strategische Fragestellungen**

| SGE | Perspektiven | Hypothesen | Fragestellungen |
|---|---|---|---|
| **Hydro** Strategische Perspektive / Wertschaffungs-Perspektive | | ▸ Hydro ist ein langfristiges Profit- und Kernkompetenzfeld der DSAG<br>▸ Künftiges Wachstum eher im Ausland (Italien, Osteuropa, Türkei) | ▸ Wie kann die Marktposition weiter abgesichert bzw. gestärkt werden?<br>▸ Wo und wie kann noch profitabel gewachsen werden, um nachhaltig Wert zu schaffen? |
| **Kohle** Strategische Perspektive / Wertschaffungs-Perspektive | | ▸ Langfristig geringe Perspektiven (steigende $CO_2$-Preise, Risiken bei Entwicklung der Beschaffungspreise)<br>▸ Kohle (30 TWh) kann jedoch nicht durch Hydro (10 TWh, 1 Prozent Wachstum) vollständig ersetzt werden | ▸ Wie kann der erwartete Wertverfall begrenzt und die Rendite optimiert werden?<br>▸ Langfristige Aufgabe des GF Kohle? Welche Alternativen gibt es dann?<br>▸ Wie kann der vorhandene Wert am besten abgeschöpft werden? |
| **Trading** Strategische Perspektive / Wertschaffungs-Perspektive | | ▸ Relativ attraktiver Markt mit Aufholpotenzial für die DSAG<br>▸ Bereits gute finanzielle Performance, aber deutliche Schwächen gegenüber dem Wettbewerb | ▸ Wie kann die Wettbewerbsposition nachhaltig verbessert werden?<br>▸ Wie kann die Rendite weiter gesteigert werden? |
| **Verteilnetz Strom** Strategische Perspektive / Wertschaffungs-Perspektive | | ▸ Gute Position als ehemaliges Stadtwerk bei Konzessionsverlängerung<br>▸ Marktanteil kann nur durch Zukauf weiterer Netze gesteigert werden<br>▸ Produktivitätsgewinne erforderlich, aber limitiert (Regulierung)<br>▸ Netzgeschäft ist Risiko-Stabilisator | ▸ Ist eine erfolgreiche Verlängerung der Netz-Konzessionen möglich?<br>▸ Ist die erforderliche Kostenoptimierung erreichbar?<br>▸ Wie kann im Rahmen der erwarteten schärferen Regulierung weiter Wert geschaffen werden? |
| **Vertrieb** Strategische Perspektive / Wertschaffungs-Perspektive | | ▸ Wertschaffungspotenzial nur durch Kostensenkung (Turnaround)<br>– z.B. Reduzierung der integrierten Strom/Gas Vertriebsmannschaft<br>– z.B. Komplexitätsreduzierung/ Optimierung der Prozesse spezifisch für Privat- und Industrie-Kunden | ▸ Ist ein Turn-around realisierbar?<br>▸ Alternativen, wenn der Turnaround nicht wie geplant eintritt?<br>▸ Wie kann den Unterschieden zwischen B2B und B2C besser Rechnung getragen werden? |

**Praxisfälle**
Boston Consulting Group

Insgesamt verfügt die DSAG über ein relativ ausgewogenes Portfolio mit Wertschaffungspotenzial durch Wachstum (Trading, z. T. Hydro) und durch Kostensenkung (Vertrieb). Die SGE Verteilnetz Strom wirkt risikomindernd als Stabilisator. Gleichzeitig steht die DSAG aber auch vor großen Herausforderungen, einerseits der wertseitigen Bedrohung der SGE Kohle, andererseits dem notwendigen Turn-around des Vertriebsgeschäftes.

In der strategischen Perspektive hingegen zeigen sich einige Schwächen. Nur für Hydro existiert eine starke Wettbewerbsposition, die wertschaffend ausgebaut werden kann. Die meisten SGE operieren in eingeschränkt attraktiven Märkten mit begrenzten Wachstumsaussichten. Grundsätzlich muss man sich hier die Frage nach neuen Wachstumsfeldern an den Grenzen des bestehenden Portfolios, z. B. bei erneuerbaren Energien, stellen.

**Weitere Schritte/Ausblick**
Im Rahmen der Portfolio-Analyse werden viele Fragen aufgeworfen, z. B. nach der Marktentwicklung, nach Wettbewerbsvor-/nachteilen, der eigenen Positionierung, etc. Das Auseinandersetzen mit diesen Fragen und die dahinter liegenden Analysen sind eine wichtige Grundlage für die anschließende Entwicklung einer Portfoliostrategie. Diese umfasst klare Rollen und Ziele für die einzelnen Geschäfte im Portfolio sowie eine klare Akquisitions- und Desinvestitions-Strategie.

Die weiteren Aufgaben und Schritte hin zu einer gesamt- unternehmerischen Optimierung sind:
1. Ergänzung der Portfolio-Analyse um weitere Perspektiven, wobei z. B. folgende weitere Fragen beantwortet werden müssen:
    - Welche Synergien gibt es zwischen den unterschiedlichen Geschäftseinheiten?
    - Ist die DSAG der beste Eigentümer für die SGE im Markt oder kann ein anderer Marktteilnehmer einen höheren Wert schaffen?
    - In welchem Verhältnis stehen Renditen und Risiken der Geschäftseinheiten?

2. Bewertung des Gesamtportfolios, z. B. bezüglich folgender Dimensionen und Fragestellungen:
    - Was ist die erwartete Wertschaffung für das Gesamtportfolio?
    - Entspricht das Gesamtportfolio den Erwartungen hinsichtlich Rendite und Risiko?
    - Wie balanciert ist das Portfolio hinsichtlich langfristiger und kurzfristiger Wertschaffung?
    - Wie balanciert ist das Portfolio hinsichtlich Cash-Generierung und Cash-Bedarf?

3. Ableitung und Bewertung unterschiedlicher Portfolio-Entwicklungsoptionen:
    - Alternative Rollen für die einzelnen SGE im Gesamtportfolio (z. B. Wachstumsgeschäft, Finanzierungsgeschäft, Turnaroundgeschäft,...)
    - Mögliche neue Wachstums- und Investitionsfelder (organisch oder durch Akquisition)
    - Ausstiegsoptionen für identifizierte Nicht-Kerngeschäfte
    - Strategische Handlungsoptionen für die zukünftige Unternehmensentwicklung

4. Entscheidungsfindung und anschließende Implementierung

*Dr. Ulrich Pidun ist Expert Principal für Corporate Development im Frankfurter Büro der Boston Consulting Group.*
*Dr. Harald Rubner ist Senior Partner und Managing Director des Kölner Büros der Boston Consulting Group.*

# Zu den Autoren

**Jürgen Weber,** geboren am 4.11.1953 in Holzminden. Nach dem Wehrdienst studierte er Betriebswirtschaftslehre an der Universität Göttingen, promovierte 1981 an der Universität Dortmund und habilitierte sich 1986 an der Universität Erlangen-Nürnberg. Im gleichen Jahr übernahm er als Universitätsprofessor im Privatdienst den Lehrstuhl für Betriebswirtschaftslehre, insbesondere Rechnungswesen/Controlling, an der WHU – Otto Beisheim School of Management. Seit 1986 war er im Diplomstudium neben dem Wahlpflichtfach Controlling und Kostenrechnung zeitweise auch für die Wahlpflichtfächer Externes Rechnungswesen und Produktionswirtschaft zuständig. Als akademische Ämter sind ein Rektorat, mehrere Prorektorate, die langjährige akademische Leitung des Diplomprogramms und aktuell des Bachelorprogramms zu nennen. Weber leitete darüber hinaus das Kühne-Zentrum für Logistikmanagement, das Arthur-Andersen-Zentrum für Externes Rechnungswesen und Steuerrecht und seit mehr als 10 Jahren das Center for Controlling & Management (CCM) – eine Partnerschaft mit renommierten Großunternehmen, vorwiegend aus dem DAX 30. Heute leitet er zusammen mit Utz Schäffer das Institut für Management und Controlling (www.whu.edu/controlling). Im Jahre 2006 verlieh ihm die EUROPEAN BUSINESS SCHOOL (EBS) den Titel eines Doctor rerum politicarum honoris causa.

Jürgen Weber nahm zudem Gastprofessuren an der Universität Wien (SS 1990) und der Wirtschaftsuniversität Wien (WS 1999/2000) wahr. Er gehört mehreren Wissenschaftlichen Kommissionen des Verbandes der Hochschullehrer für Betriebswirtschaft e.V. an, ist Mitglied des Wissenschaftlichen Beirats der BVL und geschäftsführender Mitherausgeber der Zeitschrift für Controlling & Management (ZfCM). Rufe an die Universität Mainz (Logistik), die Wirtschaftsuniversität Wien (Controlling und Unternehmensführung) und die Technische Universität Darmstadt (Controlling und Rechnungswesen) lehnte er ab.

Außeruniversitär sind neben umfangreicher Vortragstätigkeit die Tätigkeit als Vorsitzender des Kuratoriums des Internationalen Controllervereins (ICV) zu nennen. Das ausgeprägte Praxisinteresse Webers führte schon früh zur Übernahme zahlreicher Beratungs- und Schulungsmandate. Als Mitbegründer der CTcon GmbH (www.ctcon.de), einer erfolgreichen Managementberatung mit Fokus auf den Bereich der Unternehmenssteuerung, unterstrich er bereits im Jahr 1992 die Vision, die Unternehmenspraxis ganzheitlich insbesondere bei der Bewältigung von Veränderungsprozessen zu unterstützen. Über die Funktionen als Mitgesellschafter und Vorsitzender des Wissenschaftlichen Beirats ist er der CTcon, die Büros in Vallendar, Bonn, Düsseldorf, Frankfurt und München unterhält, bis in die Gegenwart hinein eng verbunden.

## Zu den Autoren

**Utz Schäffer,** geboren am 6.11.1966 in Stuttgart. Nach Wehrdienst und einer Ausbildung bei der Dresdner Bank AG in Stuttgart studierte er Betriebswirtschaftslehre an der WHU – Otto Beisheim School of Management – in Vallendar, der EM Lyon sowie der Kellogg Graduate School of Management in Chicago. 1996 wurde er am Lehrstuhl von Jürgen Weber promoviert (»Controlling für selbstabstimmende Gruppen?«). Während Studium und Promotion war er Stipendiat der Studienstiftung des deutschen Volkes. 2001 habilitierte er sich ebenfalls an der WHU (»Kontrolle als Lernprozess«) und war erster Geschäftsführer des Centers for Controlling & Management (CCM). Im Jahr 2002 übernahm er den Lehrstuhl für Betriebswirtschaftslehre, insbesondere Controlling, an der EUROPEAN BUSINESS SCHOOL (EBS) in Oestrich-Winkel. Neben der Tätigkeit als Lehrstuhlinhaber hatte Utz Schäffer dort von 2003 bis 2007 das akademische Amt des Prorektors für Forschung und den Vorsitz des Promotionsausschusses inne. Im Jahr 2007 folgte er einem Ruf auf den Lehrstuhl für Controlling und Unternehmenssteuerung zurück an die WHU. Einen Ruf an die Technische Universität Braunschweig (Controlling und Unternehmensrechnung) lehnte er ab. Heute leitet er zusammen mit Jürgen Weber das Institut für Management und Controlling (www.whu.edu/controlling).

Utz Schäffer ist Autor zahlreicher Beiträge in wissenschaftlichen und praxisnahen Zeitschriften und wirkt für viele dieser Zeitschriften auch als Gutachter. Seine Forschungsschwerpunkte umfassen die Gestaltung, Implementierung und Nutzung von Controllinginstrumenten, Management des Finanzbereichs und Controllingtheorie. Er ist Mitglied des Kuratoriums des Internationalen Controllervereins (ICV), nahm eine Gastprofessur an der Universität Innsbruck (WS 2003/2004) wahr und gehört dem Verband der Hochschullehrer für Betriebswirtschaft e. V. sowie mehreren wissenschaftlichen Kommissionen des Verbandes an. Utz Schäffer ist zudem Mitherausgeber der Zeitschrift für Controlling und Management (ZfCM) sowie des Journals of Management Control (JoMaC). Neben seiner akademischen Tätigkeit konnte Utz Schäffer Praxiserfahrung bei der CTcon GmbH, Vallendar und Düsseldorf, sowie bei McKinsey & Company, München, sammeln. Als wissenschaftlicher Beirat ist er der CTcon weiter eng verbunden.

**Christoph Binder,** geboren am 30.08.1975 in Schwäbisch Gmünd, studierte internationale Betriebswirtschaft an der ESB Business School der Hochschule Reutlingen, am CESEM der Reims Management School (Frankreich) sowie an der University of Texas in Austin (USA). Während seines Studiums war er Stipendiat der Studienstiftung des Deutschen Volkes. Im Anschluss an sein Studium war er zwischen 2000 und 2008 bei der Topmanagement-Beratung McKinsey & Company in München und Johannesburg tätig. Inhaltliche Schwerpunkte seiner überwiegend international ausgerichteten Beratungstätigkeit waren u. a. die Entwicklung von innovativen Konzepten des Kosten- und Prozessmanagements, die strategische Neuausrichtung von Vertriebseinheiten sowie Wachstumsstrategien.

2006 wurde er am Lehrstuhl für Betriebswirtschaftslehre, insbesondere Controlling von Prof. Dr. Utz Schäffer an der EUROPEAN BUSINESS SCHOOL (EBS) promoviert (»Die Entwicklung des Controllings als Teildisziplin der Betriebswirtschaftslehre«). Im Jahre 2008 wurde er als Professor mit dem

Schwerpunkt Allgemeine Betriebswirtschaftslehre, insbesondere Kostenrechnung und Controlling an die ESB Business School der Hochschule Reutlingen berufen. Neben seiner Professorentätigkeit hat er dort seit 2008 insbesondere die akademischen Ämter des leitenden Studiendekans des Studienprogramms *BSc International Management (IPBS)* sowie des Senatsbeauftragten für Begabtenförderung und Stipendien inne. Des Weiteren ist er seit 2008 Vertrauensdozent der Studienstiftung des deutschen Volkes, Programmbeauftragter der deutsch-französischen Hochschule (DFH) – und fungiert neben seiner Gutachterfunktion für den DAAD seit 2008 im erweiterten Fakultätsvorstand als Ressortleiter für internationale Beziehungen.

Christoph Binder ist Autor nationaler und internationaler Publikationen in wissenschaftlichen und praxisnahen Zeitschriften. Seine Forschungsschwerpunkte umfassen die Entwicklung des Controllings, Kostenmanagement und Kennzahlensysteme. Seit 2009 ist er Mitglied des Kuratoriums des Internationaler Controllervereins (ICV). Sein hohes Praxisinteresse zeigt sich darüber hinaus in Beratungs- und Schulungsaktivitäten sowie Aufsichtsratsmandaten im In- und Ausland.